큰 물고기를 잡아라

큰 물고기를 잡아라

큰 물고기를 잡아라

초판 1쇄 발행 • 2006년 5월 4일

지은이 • 애덤 모건
옮긴이 • 인피니트 그룹
펴낸이 • 김건수

펴낸곳 • 김앤김북스
출판등록 • 2001년 2월 9일(제12-302호)
서울시 중구 수하동 40-2번지 우석빌딩 903호
전화 (02) 773-5133 | 팩스 (02) 773-5134
E-mail : knk@knkbooks.com

ISBN 89-89566-19-3   03320

● 값은 뒤표지에 있습니다.
● 잘못된 책은 바꿔 드립니다.

큰 물고기를 잡아라

빅 브랜드에 맞서는 도전자 브랜드 전략

애덤 모건 지음 | 인피니트 그룹 옮김

김앤김
북스

2등이라서, 저희는
더 열심히 노력합니다.

작은 물고기들은 항상 움직여야 해요. 큰 물고기가 가만히 내버려두지 않으니까요.

저희는 작은 물고기의 문제에 관해 잘 알고 있어요.

저희는 렌터카 업계에서 겨우 2등일 뿐이거든요. 저희가 더 열심히 노력하지 않으면 큰 물고기에게 잡아먹히고 말 거예요. 저희는 쉴 틈이 없답니다.

저희는 차 안의 재떨이를 늘 비웁니다. 차를 내줄 때는 연료탱크가 차 있는지 꼭 확인하죠. 배터리와 와이퍼 점검은 말할 것도 없죠.

그리고 저희가 빌려드리는 자동차는 힘 좋은 신형 포드차 못지 않습니다.

저희는 큰 물고기가 아니라서, 기다리느라 고생하실 일도 없어요.

손님들로 붐비지 않거든요.

그들은 물론 에이비스(Avis) 이전에도 존재했다. 큰 물고기의 그늘 아래에서 업계의 암초 사이를 헤엄쳐다니는 2등 브랜드들. 에이비스가 나타나기 전까지, 그들은 항상 그렇게 2등으로만 보였다. 바닥에 웅크린 채 우리가 모방하는 브랜드, 우리가 배우는 브랜드, 우리 모두가 되었으면 하는 브랜드는 브랜드 리더들이었다. "마케팅 부서의 신임 부사장 알아? 클로록스(Clorox) 출신이라고 들었거든."

그리고 렌터카 회사인 에이비스가 업계의 브랜드 리더에게 도전장을 내밀면서, 우리가 생각하던 2등의 개념이 바뀌었다. 에이비스의 전략은 영리했고, 그들의 이미지는 어느 날부터인가 브랜드 리더의 이미지보다 훨씬 더 바람직스러워 보였다. 어쩌면 우리는 2등이라는 마케팅 아이콘이 새롭게 탄생하는 순간을 목격하고 있는지도 몰랐다. 아마도 마케팅 지형의 변화를 보게 될 것만 같았다. 바로 그 순간부터 우리는 에이비스의 이야기를 전설로 받아들이기 시작했다. 어떻게 에이비스 직원들이 대의에 동참하기 위해 슬로건이 적힌 배지를 착용했으며, 어떻게 회사가 고도의 감성적 주장을 뒷받침하기 위해 세심한 방법들을 사용했는지, 어떻게 그들이 실제로는 2등이 아니었는지 등등. 그리고 자신이 2등이라고 주장한 것은 정말로 탁월한 전략이었다.

하지만 에이비스는 진정한 여명이 아니라는 사실이 드러났다. 에이비스 이후 몇 년 간 펩시로부터의 제법 강력한 시도가 있었지만 그것이 전부였다. 물론 폭스바겐의 비틀(Beetle)도 있었다. 하지만 모든 사람들이 비틀의 성공에 찬사를 보내는 만큼, 기업들에게 자신들이 진정으로 되고자 하는 것이 또 다른 비틀이라는 확신을 심어주지는 못했다.

그래서 브랜드 모델로 남은 것은 여전히 브랜드 리더들이었다. 우리는 코카콜라와 켈로그(Kellogg's), 그리고 업계를 선도해온 다른 브랜드리더들에 관해 읽고 감탄해 왔다. 만일 우리가 2등 전략을 원한다면, 에이비스나 펩시의 방식을 선택하면 된다. 즉 더 열심히 노력한다거나 더 젊어지는 것이다. 하지만 솔직히 말해서, 그런 방식은 결국 2등 브랜드에서 일하는 사람들의 허리띠를 졸라매는 것에 지나지 않았다. 모든 사람들이 여러 번에 걸쳐 그것을 씹고 또 씹고 하자 거기에는 더이상 영양분이 남아 있지 않게 되었다. 우리는 다시 차별화를 꾀하기 위해 돌아가야만 했다.

그리고 나서 1984년 어느 날 오후, 애플(Apple)이 레드스킨스와 라이더스의 슈퍼볼 경기중에 IBM을 기습했고, 도전자 브랜드는 다시 태어났다. 애플이 배포한 20쪽 짜리 제품 설명서를 기억하는 사람은 거의 없었다. 사람들은 오직 60초짜리 광고, 해머를 든 소녀, 컴퓨터 업계에 충격파를 보내고 애플과 스티브 잡스를 미국 대중 문화에 확고하게 각인시킨 포고문만을 기억했다. 이 애플 광고를 보았는가? 분명히 이 광고는 단 한 번밖에 전파를 타지 않았다.

작은 녀석이 돌아왔다. 에이비스가 부활한 것이었다.

그리고 주식 호황의 시대가 이어졌다. 그것은 새로운 사업가들의 시대였다. 투자가이며 동시에 기업가인 후이젱가, 딜러, 로딕, 브랜슨, 머독이 등장하면서 구질서의 헤게모니에 도전하는 새로운 기업과 브랜드가 폭발적으로 증가하는 듯했다. IBM은 무너지진 않았지만 흔들렸고, 갑자기 어떤 일이든 가능한 것처럼 보이기 시작했다. 대형 브랜드는 전능이 아닌 듯했다. 획일적이고 굼뜬 동작에다 구식이면서 대응이 느린 것처럼 보였다. 2등 기업은 말할 것도 없고 신생 기업의 시대가 찾아온 것이었다. 새로운 마케팅 아이콘은 1925년 이래 시장을 주도해온 브랜드들이 아니었다. 생긴 지 고작 2~3년 혹은 5년밖에 되지 않은 브랜드들이 업계의 규칙을 통째로 뒤집어 버렸다. 몇몇은 살아남고 몇몇은 사라졌지만, 마케팅 지형은 영원히 바뀌게 되었다.

내가 이 책을 쓰기 시작한 이유가 바로 이것이었다.

몇 가지 이유 때문에 나는 브랜드 리더인 기업들과 함께 일해 본 적이 없다. 커피숍, 항공사, 패밀리 카, 콘돔, 착색제, 비디오 게임 회사들과 일했지만, 근육질의 몸으로 업계를 거침없이 활보하는 거물의 편에는 서 보지 못했다. 그 대신 거물의 반대편 구석에서 팔을 늘어뜨리고 기진맥진한 채 다음 일전을 준비하는 2등이나 3등을 위해 나는 늘 마우스피스를 들고 있었다.

브랜드 리더를 흉내 내는 것이 현명하지 못하다는 것쯤은 이런 상황에 익숙지 않은 나에게조차 분명했다. 2등이 1등의 전략을 쫓아서는 성공은 불가능하다. 더욱이 1등이 소비자들과 형성하고 있는 독특한 관계를 모방하는 것만 가지고는 절대로 성공할 수 없다. "신뢰", "안심", "선택의 단순화"는 완벽한 유통망을 갖춘 1등에게는 가치가 있겠지만, 우리들에 대한 고객의 선호를 창출하기에는 충분치 않다. 다시 말해 진열대 맨 앞에 있는 빨간 캔을 무시하고, 허리를 굽혀 뒷구석에 있는 파란 캔을 집도록 하려면 다른 종류의 관계가 필요하다는 것이다.

그렇다면 대안은 무엇인가? 나는 다시 "우리 모두 틀에서 벗어나 생각하자."는 식의 절망적인 권고가 나오지 않을까 심히 걱정되었다. 우리가 직면한 전략적 어려움을 확실히 극복하는 길은 두 시간 동안의 엉성한 브레인스토밍보다는 좀더 구조화된 어떤 것에 있다. 우리의 접근 방식이 그저 "차별화"에 관한 일차원적인 이야기로 환원되는 것도 걱정스럽기는 마찬가지였다. 앞서 이 길을 걸어간 이들에게서 배울 수 있는, 이보다 나은 방법이 반드시 있지는

 큰 물고기를 잡아라

않을까? 아이콘이 된 2등 브랜드들은 틀림없이 성공을 위해 그저 "다르게" 되려는 노력 이상을 했을 것이며, 바로 이 점이 중요하지 않을까?

현존하는 모델을 찾는 노력은 성과가 없었다. 시중에 있는 대부분의 책들은 브랜드 리더와 브랜드 리더십에 관한 내용들이며, 그것들은 하나같이 브랜드 리더들로부터 결론을 이끌어내거나 각각을 비교하는 식이었다. 하지만 아무도 2등 브랜드를 가지고 동일한 시도를 하지 않은 것 같았다. 물론 개별 기업과 기업의 설립자에 관한 책들은 있었지만, 2등 브랜드이면서 성공을 거둔 기업들의 공통점에 대해 연구한 책은 전혀 없었다. 이 점은 다소 특이한데, 왜냐하면 브랜드 리더보다는 우리 같은 2등 브랜드의 숫자가 당연히 훨씬 더 많기 때문이다. 정말로 이 문제를 곰곰이 생각해 보면, 우리가 일반이고 그들은 예외다. 사전적 정의를 따르면, 어느 업종이든 브랜드 리더는 하나뿐이다.

그래서 나는 성공한 2등 브랜드들을 찾기 시작했다. 그들은 확실히 우리가 본받을 만한 잠재적인 모델이지만 — 몇몇은 자기 나름의 방식으로 일종의 아이콘이 되었고 결국 브랜드 리더가 되었다 — 앞서도 지적했듯이 그들을 한데 모아놓은 경우는 찾을 수 없었다. 시장 참가자로서 우리는 소비자의 태도와 행위의 유형에 따라 소비자를 구분하고 이름 붙이는데 반해, 브랜드에 관한 사고 방식에 있어서는 이상할 정도로 일반적이다.

나는 바로 이 점이 흥미로웠다. 성공한 2등 브랜드들에 어떤 공통점이 있는지 알아낼 수는 없을까? 만약 그들의 공통된 특징들을 찾아내고 그것들을 한데 모은다면, 나 자신의 브랜드와 기업을 마케팅하는 데 도움이 될 만한 지침을 얻을 수 있지는 않을까? 그것은 보다 구조화된 과정의 첫걸음이 아닐까?

조사를 하면 할수록, 나는 내 동료가 "도전자 브랜드"라고 이름붙인 것에 해결책이 있음을 더욱 더 확신하게 되었다. 그것은 바로 강력한 브랜드 리더에 맞서서 성장을 이루어낸 2등 브랜드들이다. 이 책은 그러한 "도전자 브랜드" 40여 개와 그들 대다수가 공유하는 8가지의 마케팅 핵심들을 살펴볼 것이다. 첫 장에서 나는 2등 브랜드들이 처한 상황을 알아보고, 어째서 그들이 자신에 관해 아주 다르게 생각할 필요가 있는지 조금 짚어볼 것이다. 이 책의 대부분은 이러한 마케팅 핵심들의 분석에 할애되고 있다. 나는 그 핵심들을 "도전자 브랜드의 8가지 원칙(Credo)"이라고 이름 붙였다.

도전자 브랜드의 8가지 원칙은 다음과 같다.

1. 직전의 과거와 단절하라.
2. 등대의 정체성을 구축하라.
3. 사고(思考)의 리더십을 장악하라.

4. 재평가의 상징을 창출하라.

5. 희생하라.

6. 과도하게 헌신하라.

7. 광고와 홍보를 전략적 지렛대로 활용하라.

8. 소비자 중심이 아니라 아이디어 중심이 되라.

이들 각각의 원칙은 그 자체로도 중요하지만, 성공하는 도전자와 종이 호랑이 간에 차이를 낳는 것은 그것들 간의 관계라는 점을 알게 될 것이다. 특히, 대부분의 마케팅 서적이 브랜드의 성공을 위한 핵심 사항으로 마케팅 전략을 꼽는 데 반해, 8가지 원칙은 성공적인 도전자 마케팅은 사실상 태도, 전략, 행동이라는 결정적인 세 가지로 이루어져 있음을 보여준다. 따라서 이 원칙들을 차례로 논하고 나서, 우리는 이 세 가지를 포괄하는 도전자 과정의 개발에 대해 살펴볼 것이다. 이를 위해 15장에서는 '바깥에서의 이틀' 프로그램(Off-Site Program)의 개요를 설명할 것이다. 이 프로그램은 마케팅 혹은 경영진 내부의 핵심 그룹들을 위한 도전자 과정을 시작하는 데 도움을 준다. 마지막으로, 나는 도전자 조직의 역동성과 정신에 대한 몇 가지 생각을 제시하면서 이 책을 마칠 것이다.

나는 애초부터 두 가지 중요한 결정을 했다. 첫 번째는 통계적으로 확실한 샘플이나 과학적 분석인 것처럼 가장하는 일을 포기한 것이다. 따라서 샘플이 상대적으로 적은 편이다. 이 점에 대해 나는 변명하지 않겠다. 나는 과학이나 공식을 목표로 하지 않는다. 여러분이 이 책에서 얻기를 바라는 것은 나침반과 같은 방향 감각이다. 그리고 그것을 제공하는 데 있어서 이 책의 샘플들이 충분히 크고 다채롭기를 바랄 뿐이다.

두 번째 결정은 전혀 새로운 사례를 찾으려는 충동을 억제하기로 했다는 것이다. 비록 새턴(Saturn)과 바디샵(Body Shop) 같이 비교적 잘 알려진 기업의 사례를 포함해야 하는지를 놓고 고민을 하긴 했지만, 이들 사례들을 모두 빼버리는 것은 올바른 길이 아니라는 결론에 이르렀다. 우리의 관점에서 볼 때, 결국 이야기의 가치는 사례들을 개별적으로 고려하기보다는 그들 모두를 함께 살펴보는 데 있다. 즉 새턴과 앱솔루트(Absolut), 원더브라(Wonderbra)와 신노동당, 심지어 간디와 가수인 스파이스 걸스 간의 공통점을 알아보는 것이 중요하다.

당장 8가지 원칙부터 시작하려는 조급한 독자들은 2부부터 읽어도 된다. 하지만 나는 여러분이 가급적이면 이 책을 맨 처음 개념에 관한 부분부터 읽어 가기를 권한다. 비즈니스 책을 처음부터 읽는 사람은 대개 그 책의 저자뿐이라는 사실을 잘 알고 있지만, 내 생각에 마케팅 오류의 가장 흔한 원인은 올바른 해결책을 생각해내지 못한 것이 아니라 사전에 문제를 올바로 파악하지 못한 것이

 큰 물고기를 잡아라

다. 그런 점에서 이 책의 1부에서는 2등 브랜드가 직면하는 구체적인 장애물을 더욱 자세히 그리려고 노력했다. 더욱 중요한 사실은 도전자들이 단순히 마케팅적 사고와 전략에 의해서가 아니라 그러한 전략을 도전자 마케팅 행동으로 실행에 옮기기 때문에 성공을 거둔다는 점이다.그리고 태도, 다시 말해 도전자가 사업을 시작하는 바로 그 때에 정립하는 기회와 필요성에 대한 주도적 인식이 그러한 완성을 이끄는 추진력이라고 할 수 있다. 이 책의 1부는 바로 그러한 태도의 형성에 관해 다루고 있다.

제1부 | 큰 물고기의 크기와 성질

제2부 | 성공하는 도전자 브랜드의 8가지 원칙

지난 15년 동안 40개의 위대한 도전자 브랜드와 기업들은 시장에서 어떤 특성들을 공유했을까? 만약 우리가 그러한 특성들을 규명한다면, 어떻게 그것들을 우리 각자의 상황에 적용해 개인적인 경쟁 우위의 원천을 개발할 수 있을까? 제2부에서는 이들 브랜드들이 공유하고 있는 8가지의 공통된 마케팅 요소를 정의하고 논의하며, 8개의 장을 통해 차례대로 살펴본다.

어느 업종에서 가장 큰 파동을 일으키는 기업은 새로 진입한 기업이다. 록 음반 사업을 하다가 항공업에 뛰어든 리처드 브랜슨, 폐기물 처리 사업을 해오다 블록버스터(Blockbuster)를 설립한 웨인 후이젱가가 그랬다. 이 장에서는 기업들이 급속한 성장을 위한 진정한 기회들을 발견하기 위해서는 그들 전략적 사고의 기초인 지식의 잡동사니로부터 자유로워져야 한다는 사실을 살펴보고, 이러한 필수적인 순수함을 얻기 위한 새로운 혁신적 방법을 제공한다.

도전자로서 성공하기 위해서는 브랜드나 기업으로서 자신이 누구인지, 혹은 무엇인지에 대한 매우 명확한 인식을 개발해야 한다. 그리고 등대처럼 그러한 정체성을 강렬하고 지속적이며 현저하게 내비춤으로써, 소비자가 당신을 위치를 찾으려고 하지 않을 때조차도 당신과 당신이 서 있는 곳을 알아챌 수 있게 해야 한다. 이 장은 그러한 정체성의 뿌리, 원천, 특성에 대해 살펴보고, 성공한 도전자가 어떻게 그러한 정체성을 구축하는지 알아본다.

마케터들은 모든 업종에 브랜드 리더가 하나만 있는 것처럼 말하는 경향이 있다. 그런데 사실은 두 개가 있다. 바로 가장 큰 시장 점유율과 가장 넓은 유통망을 가진 브랜드인 마켓 리더와 사고의 리더가 그것이다. 사고의 리더는 규모가 가장 크지는 않아도, 사람들의 입에 늘 거론되며, 소비자의 마음속에서 최고의 "인지된 모멘텀"을 가지고 있는 브랜드이다. 6장은 사고의 리더십이 무엇인지 그 본질을 분석하며, 이를 성취할 수 있는 세 가지 방안을 제시한다.

성공하는 도전자 브랜드는 마음이 급하다. 왜냐하면 그들은 소비자들의 자동 선택을 깨뜨리고 그들 자신뿐만 아니라 자신의 업종에 대한 재평가를 신속하고 강력하게 창출하기를 원하기 때문이다. 그렇게 하기 위해서 그들은 무관심한 소비자의 상상력을 사로잡고, 소비자 마음속에 있는 그들의 이미지와 소비자의 삶에서의 역할에 대한 신속한 재평가를 유도하는 크고, 강력한 행동이나 마케팅 아이디어를 창출한다. 이 장에서는 그러한 상징들 중에서 가장 획기적인 몇가지 예를 소개하고, 그러한 상징들이 무엇을 달성하기 위한 것인지, 어떤 면에서 그것이 단순히 "대중적 관심을 유발하는 행위"와 다른지 살펴본다.

도전자는 사업과 마케팅 믹스의 거의 모든 측면에서 큰물고기보다 적은 자원을 보유하고 있다. 따라서 그들의 성공에 있어서 그들이 어떤 일을 하지 않기로 결정하는 것, 즉 희생하는 것은 어떤 일을 할지를 선택하는 것만큼이나 중요하다. 이러한 희생의 본질과 그 주요한 차원이 이 장의 중심 주제다.

제3부 | 도전자 전략 프로그램의 이용

도전자가 된다는 것은 일련의 행동이 아니라 바로 마음가짐이다. 따라서 이 책은 주로 도전자 브랜드의 특별한 요구에 맞추어져 있지만, 이 장에서는 시장에서 도전자의 사고와 행동의 보다 넓은 관련성에 대해 잠시 생각해 본다. 특히 나이키, 마이크로소프트, 인텔과 같은 새로운 세대의 브랜드 리더들로부터 얻을 수 있는 교훈들과, 그들이 어떻게 브랜드 리더십의 법칙이 근본적으로 변했는지를 보여주는지, 즉 어째서 1등에 머무르는 것이 2등처럼 생각하고 행동하는 것을 의미하는지 살펴본다.

이 장은 도전자 프로그램의 도입에 관심 있는 기업을 위해 이틀간의 도전자 워크숍의 윤곽을 제시한다. 이 워크숍은 보다 엄격하고 장기간의 전략적 과정을 대체하기 위해서가 아니라, 조직의 핵심 그룹이 그것을 시도해보도록 하기 위해 고안되었다. 이 책에서 논의한 사례들을 이용하여, 워크숍에서는 각자의 비즈니스에 효과적으로 적용될 수 있는 일련의 연습들을 제공한다. 그러한 연습들은 브랜드 리더에 맞서 공격적으로 경쟁할 수 있게 해줄 기회와 잠재력을 드러낼 것이다.

이 책은 운, 감정, 위험을 무릅쓰는 자세 등과 같은 보다 무형적인 도전자의 특성들을 논의하면서 결론을 맺는다. 도전자 문화와 팀의 리더십을 위한 그 함의를 논의한 후에, 모든 진지한 도전자들이 세계에서 가장 왕성하고 비옥한 도전자의 토양인 미국 서부 해안 지역을 정기적으로 주시하고 분석해야 할 필요성을 살펴본다.

큰 물고기의 크기와 성질

More Blood from a Smaller Stone

큰 물고기의 위협

"상업적인 부조화가 만연하고 있다. 세인스버리는 은행이 되었고, 부츠는 샌드위치 바가 되었으며, 버진이 어떤 사업에 뛰어들지 않을지는 신만이 안다. 하지만 누가 오늘 우리 집 우편함에 날아든 이런 전단을 비난할 수 있는가. '이제 템스워터의 고객들은 런던 전력으로부터 더 값싸게 기름을 구입할 수 있다.' 현기증이 날 지경이다."
— 『디 인디펜던트』 1998년 4월에 온 편지

1996~97년에 국제적인 광고 대행사 TBWA는 한 가지 조사를 수행했다. 그것은 자신의 고객들 — 기존 고객과 잠재 고객 — 이 앞으로 5년 동안 직면하게 될 중요한 마케팅의 도전에 관해 살펴보는 일이었다. 고객들은 주로 미국과 유럽에서 잘 알려진 2등 혹은 3등 브랜드의 기업체 임원들로, 마케팅 책임자에서 최고 경영자까지 두루 있었다.

우리는 스트레스와 변화, 즉 더 적은 자원을 가지고 더 많은 것을 성취하도록 요구받는 어려움에 대해 그들과 인터뷰를 하였다. 그 과정에서 그들은 자신들이 전혀 새로운 종류의 마케팅 문제들에 봉착해 있다는 점을 이야기했다. 그러한 문제들은 5~10년 전에는 존재하지도 않았던 것들이었다.

1. 어떤 시장은 사상 처음으로 성숙기를 넘어 과잉 생산의 단계로 나아갔다. 비록 업계 전체는 성장하고 있었지만, 제품과 브랜드의 숫자가 자연적 수요를 초과해 매년 계속적으로 새롭게 늘고 있다. 그것은 각각의 브랜드가 점포당 매출을 유지하려면 수요가 늘어나야 한다는 것을 의미한다. 예를 들어 미국에서 퀵서비스 레스토랑은 수요를 초과해 점포를 늘리고 있다. 만일 소비자 관심이 변함 없다면 각 점포의 연간 매출은 자연적으로 5퍼센트 정도 감소하게 될 것이다. 자동차 업체 전반에 나타나는 과잉 생산 예측도 마찬가지다. 포드의 비공식적 추정에 따르면, 해마다 전 세계에서 7000만 대의 새로운 자동차들이 만들어지고 있지만 전 세계 시장이 감당할 수 있는 자연적 수요는 겨우 5000만 대뿐이다.

2. 과잉 생산은 모두에게 돌아갈 몫이 충분치 않다는 것을 의미한다. 덩치가 큰 물고기는 수지를 맞추기 위해 더욱 공격적으로 작은 물고기를 잡아먹기 시작했다. 그들은 이미 비용을 절감했고 직원수를 줄였으며 세계의 구석구석까지 유통망을 확장했다. 그들은 전 세계적 차원의 자원 조달과 마케팅 효율성을 추구했지만 수익 창출의 한계점에 도달했다. 매출과 비례 관계에 있는 경상비를 끊임없이 감축하는 일도 이제 매출을 늘리지 않으면 불가능해졌다. 그러한 매출은 다른 누군가로부터 빼앗아 올 수밖에 없게 되었다. 그리고 주주들의 몫도 챙겨야 했다.

그래서 브랜드 리더들은 더 작은 치어들에 눈길을 돌린다. 예를 들어 갤로(Gallo)는 자신이 지배하는 와인 시장에서 작은 성공을 거둔 소기업의 브랜드를 터닝 리프(Turning Leaf)라는 브랜드를 출

 제1부 큰 물고기의 크기와 성질

시해 너무나도 흡사하게 모방함으로써 법원에 고발당했다. 코카콜라는 라틴아메리카의 다른 국가에서와는 달리 베네수엘라에서는 펩시보다 우위에 설 수 없게 되자, 펩시의 베네수엘라 현지 공급업체를 매입함으로써 하룻밤 사이에 세계 2위 업체를 그 나라에서 쫓아냈다. 같은 해인 1996년 여름, 동일한 브랜드 리더인 코카콜라는 맥도널드의 프랜차이즈 점포들에 탄산음료인 닥터 페퍼(Dr. Pepper)를 버리고 오직 코카콜라 자신의 제품만을 판매하는 조건으로 4자리 수의 보너스를 제공했다. 닥터 페퍼의 모기업인 캐드버리(Cadbury)는 단지 그 프랜차이즈 로열티를 되사는 데에만 600만 달러를 지불해야 했다. 또한 브리티시 항공은 아메리칸 항공과의 항공 동맹을 추진하면서도, 기본 서비스만 제공하는 "고"(Go)라는 브랜드의 자회사를 설립하겠다고 발표했다. 이것은 특히 라이언에어(Ryanair)나 에어UK 같은 작은 기업들이 개척한 저가 항공 시장에서 공격적으로 경쟁하겠다는 의도였다.

이것들은 명백히 2등 브랜드에 대한 전면 공격이다. 하지만 『손자병법』에서 나오는 얘기처럼, 전면 공격은 가장 효과적인 전략이 아니다. 1997년 5월, 영국 공정거래위원회는 영국에서 가장 큰 전기용품 판매업체인 딕슨(Dixon)을 조사하기 시작했다. 조사 이유는 딕슨이 "불공정하고 반경쟁적인" 전략을 써서 상가 개발업자에게 딕슨의 새로운 혹은 소규모 경쟁사들에 매장을 제공하지 말도록 압력을 넣었다는 것이었다.[1] 그리고 같은 해 여름에는 컴팩이 미국의 법무장관인 자넷 르노에게 마이크로소프트에 대한 고소장을 제출했다.

3. 큰 물고기는 아래쪽은 물론이고 바깥쪽으로도 눈을 돌렸다.

우리와 이야기를 나눈 고객들은 완전히 새로운 종류의 경쟁에 직면해 있었다. 즉, 다른 업종의 브랜드 리더들이 외부에서 2등 경쟁자로서 새로운 진입을 시도하고 있다는 것이었다. 유럽의 한 신발 제조업체는 그들의 5개 주요 경쟁업체가 10년 전에는 아예 존재하지도 않았다고 지적했다. 베스킨라빈스(Baskin-Robbins)는 맥도널드가 냉동 요구르트와 디저트를 판매하면서부터, 치즈버거를 먹고 나서 아이스크림을 먹으려고 길을 건너오던 일상적인 발걸음들이 뜸해졌다고 이야기했다. 사진 업계는 휴렛팩커드와 프린터가 디지털 시대의 위협이라고 말했다. 영국의 주유소들은 식료품 체인점의 위협을 말했는데, 이제 영국에서 1등과 2등 주유소는 사실상 테스코나 세인스버리 같은 식료품 체인들이다.

4. 대기업들이 아래쪽으로 움직이자, 유통업체들은 위쪽으로 치고 올라왔다. 조사에 참석한 회사들은 시장에서 유통업체의 야망이 자신들의 마케팅 활동에 더욱 극적인 영향을 미치고 있음을 느꼈다. 경쟁 브랜드로부터 시장 점유율을 빼앗아오는 것은 더 이상 충분치 않았다. 그들이 의존하는 유통업체는 유통망을 유지하고 싶으면 전체 시장도 키우라고 요구하고 있다. 어떤 나라에서는 (청바지에서 표백제, 스테레오에 이르기까지) 유통업체 자체의 개별 상표가 번창하고 있고, 어떤 나라에서는 금융 서비스 같은 분야에서 유통업체들이 중요한 주자가 되었다.

이제 이러한 각각의 비즈니스 역학의 영향이 언론에서 다루어질 때, 분석은 대체로 브랜드 리더에 대한 함의라는 관점에서 이루어졌다. 이를테면, 『포브스』는 휴렛팩커드가 디지털 사진 분야로 진출하는 것의 함의를 코닥에 미치는 효과라는 관점에서 논의할 것이다. 『샌프란시스코 크로니클』은 JC페니의 자체 상표인 애리조나 진(Arizona Jean)의 성공을 리바이스에 미치는 영향이라는 관점에서 살펴볼 것이다. 하지만 이 점에 대해서는 따져볼 필요가 있다. 만일 휴렛팩커드가 코닥에 심각한 영향을 미친다면, 2등 브랜드인 후지에는 얼마나 큰 타격을 입히겠는가? 그리고 코닥과 휴렛팩커드가 1등과 2등이 되었을 때 코니카, 아그파 같은 3, 4등은 어디로 가게 되겠는가? 혹은 리바이스가 JC페니 점포에서 고전한다면, 랭글러(Wrangler)와 리(Lee)의 매출과 수익에는 어떠한 영향을 미치겠는가? 과연 JC페니가 이러한 2등 브랜드들의 재고를 유지해야 할 이유가 조금이라도 있겠는가? 브랜드 리더들은 본래 자신의 시장에서의 위축을 만회하기 위해 업종을 가리지 않고 영역을 확장하고 있다. 그에 따라 2등 브랜드인 우리는 업계에서 하나가 아닌 세 개 브랜드 리더들과 맞닥뜨리고 있다는 사실을 갑작스레 깨닫게 될지도 모른다. 이 가운데 둘이 당연히 다른 업종에서 건너온 브랜드 리더라는 점은 중요한 것이 아니다. 중요한 점은, 만일 시장에 수익을 내는 소수의 브랜드들을 위한 자리만 있다면, 기존의 중간 지대는 더욱 더 취약해진다는 것이다.

이러한 4가지 마케팅 문제들의 함의를 종합적으로 살펴볼 때 — 그리고 우리가 이야기를 나눈 고객들이 느끼는 변화의 속도를 감안한다면 — 결론은 분명히 다음과 같이 간단할 것이다. 즉 미래에는 중간 지대는 갈수록 살아남기 어려운 장소가 될 것이라는 점이다. 단지 또 하나의 2등 브랜드로 계속 남아있으려고 하는 것은 애초부터 큰 물고기의 아가리 속으로 들어가 그 턱이 닫히기를 기다리는 것과 마찬가지다. 브랜드 리더의 새로운 탐욕, 다른 업종에서 넘어온 투기적인 상어들, 대형 유통점의 얼굴에 드리운 악어의 미소 — 이 셋 사이의 새로운 먹이 사슬에 우리가 놓여 있는 셈이다. 따라서 중장기적으로 살아남는 길은 오직 급속한 성장뿐이다. 반드시 1등을 목표로 할 필요는 없다. 우리 시장(혹은 큰 시장의 한 부분)에서 2등이나 3등을 하더라도 건강하게 살 수 있다. 하지만 이러한 브랜드들 중 하나가 되려면 우리 자신을 경쟁자와 차별화할 수 있어야 한다. 우리는 그저 중간 시장의 선수가 되서는 안 되며 강력한 2등이 되어야 한다.

큰 물고기의 작은 버전(version)처럼 행동해서는 강력한 2등이 될 수 없다.

큰 물고기는 종류가 다른 동물이다

이 시점에서 내가 임계 규모*의 이점에 관해 말하려고 한다는 생각이 들지도 모르겠다. 다시 말해, 브랜드 리더가 게임에서 다른 상

---

* critical mass, 원래 핵분열 연쇄 반응을 일으키기 위한 최소 질량을 가리키는 용어이지만, 좀더 일반적으로는 어떤 변화를 일으키기 위해 필요한 최소한의 규모를 나타낸다 — 옮긴이.

대방에 대해 소비자, 기업, 경쟁 수준에서 누리는 규모의 이점말이다. 이것들도 물론 샘나는 이점이다. 앤호이저부시(Anheuser Busch)의 유통 지배력, 어디서나 눈에 띄는 코카콜라의 소비자 가시성, 프록터앤갬블의 연구 개발 자원을 누구라고 가지고 싶지 않겠는가?

그러나 이것은 내가 말하는 핵심이 아니다. 브랜드 리더에 대한 사회적 인정 덕분에 불특정 소비자가 느끼는 선호도 핵심이 아니다. 브랜드 리더가 누리는 가공할 만한 신뢰와 안심도 핵심이 아니다. 우리와 비교해 엄청난 마케팅 예산의 파괴력도 물론 아니다. 이것들은 우리가 잘 알고 이해하고 있는 부분이다. 결국 이것들은 "더 열심히 노력하기", "광고에서의 차별화", "집중" 같은 이야기로 우리를 데려간다. 이것은 우리가 이미 시도했던 것들이다.

내가 말하려고 하는 것은 우리가 이 모든 것을 잘 알고 있지만 여전히 대수롭지 않게 상황을 바라보고 있다는 사실이다. 실제 움직임은 이보다 훨씬 나쁘다. 단지 브랜드 리더가 더욱 크고 그에 비례해 더 큰 수익을 거두고 있기 때문이 아니다. 우리가 앞으로 살펴볼 증거들에 따르면, 이러한 우월한 이점들 덕분에 브랜드 리더는 거의 기하급수적으로 수익을 증가시키고 있다.

수익 체증의 법칙

이러한 차이를 설명하는 가장 쉬운 방법은 (다소 불완전하긴 하지만)

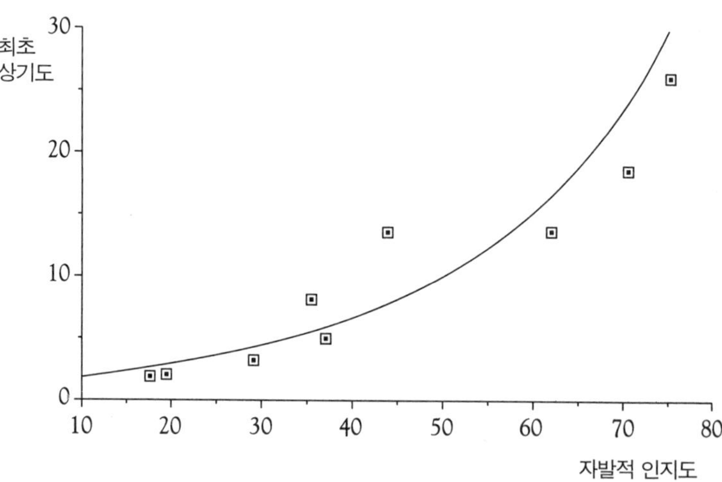

출처 : Udo van de Sandt/Ammirati Puris Lintas.

브랜드 소비자 관계를 세 단계로 나누어, 동일 업종 내에서 2위 혹은 하위 브랜드와 각 단계별로 비교함으로써 브랜드 리더의 상대적 성과를 살펴보는 것이다.

단계 1 : 소비자 인지

첫째, 인지이다. 우리의 표적 고객은 누구를 먼저 떠올릴까?

최초 상기도는 때때로 현저성이라고 부르기도 하는데, 해당 업종에 관해 생각할 때 어떤 브랜드가 가장 먼저 떠오르는 소비자의 비율을 의미한다. 최초 상기도는 햄버거나 스낵처럼 저관여 혹은 충동 시장에서 일반적인 구매 요인으로 알려져 있지만, 고관여 업종의 구매에서는 과소 평가되는 요소이기도 하다. 한편 자발적 인지도(전혀 알려주지 않더라도 브랜드에 대해 이미 알고 있는 사람들의 비율)는 분명히 브랜드의 성공에 일정 수준까지 중요한 영향을 미친다 ― 사람들은 생소한 브랜드를 좀처럼 구매하지 않는다. 하지만 자발적 인지도는 브랜드의 규모와 시장 점유율에 따라 커지는 경향이 있다. 그것은 흔히 시장 점유율과 거의 일치한다.

기업들은 일반적으로 둘 사이의 관계가 선형적이라고 가정하고 있다. 최초 상기도와 자발적 인지도가 대체로 같은 비율로 증가한다는 얘기다. 그렇지만 1990년 광고 대행사 린타스(Lintas, 지금은 아미라티 푸리스 린타스로 바뀌었다)가 프랑스의 상품 브랜드들에서 둘 사이의 관계를 살펴본 바에 따르면,[2] 표 1.1처럼 확연히 다르게 나타난다.

여기에서 주목을 끄는 점은 최초 상기도가 자발적 인지도에 비해 거의 기하급수적으로 증가한다는 사실이다. 달리 말해 만일 브랜드 리더가 다른 2등, 3등 브랜드보다 두 배 정도 규모가 크고, 자발적 인지도가 시장 지배력과 연관되어 있다면, 이 브랜드 리더의 최초 상기도는 평균적으로 거의 네 배만큼 커진다는 것이다. 마찬가지 논리로, 만일 유리한 고지에서 출발하는 브랜드 리더가 최초 상기도나 자발적 인지도 중 어느 하나를 증가시킨다면, 수익은 거의 기하급수적으로 증가하게 될 것이다. 큰 수익은 더 큰 수익을 낳을 테지만, 도전자는 작은 규모 때문에 수익이 그만큼 더 줄어들게 된다.

브랜드 리더는 더 많은 조직과 자원을 가지고 출발할 뿐 아니라,

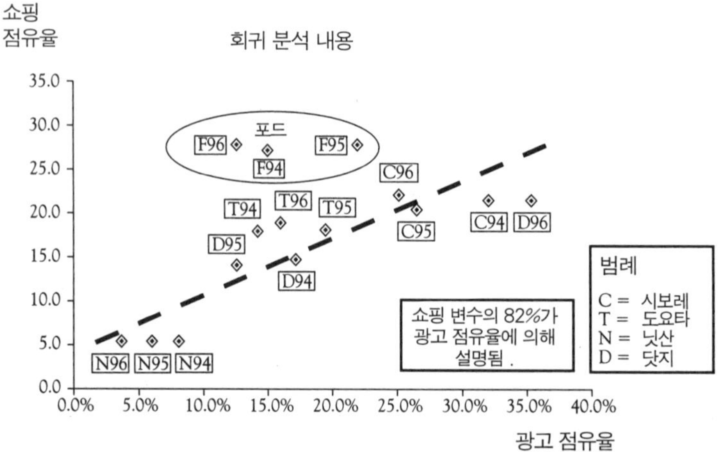

출처 : C. Scott/Allison Fisher.[3]

그러한 점으로 인해 최초 상기도의 거의 두 배만큼 수익을 거둘 수 있게 된다. 이 조사를 실시한 프랑스의 전략 플래너인 우도 방 드 상드(Udo van de Sandt)는 "자발적 브랜드 인지도"와 "일상적/선호 브랜드" 사이에는 동일한 관계가 있음을 발견했다. 따라서 우리는 생각하는 것보다 훨씬 더 철저하게 차별화해야 한다.

단계 2 : 쇼핑 행동

소비자가 집을 나설 때 어떤 일이 벌어질까?

이러한 "수익 체증의 법칙"이 소비자의 쇼핑 행동으로 직접 전환된다면 어떤 일이 일어날까? 예를 들어 픽업 트럭을 쇼핑하는

 제1부 큰 물고기의 크기와 성질

소비자를 상상해 보자. 마케팅의 관점에서 보면, 새로운 트럭의 광고를 많이 할수록 경쟁업체에 비해 고객의 발걸음이 더 많이 이어진다고 예상할 수 있다. 이것은 어느 정도까지 사실이다. 예를 들어 미국의 소형 픽업 트럭 시장에서 광고 지출과 쇼핑의 관계를 도표로 그리면(표 1.2), 포드의 레인저를 제외한 모든 브랜드들이 직선 부근에 위치한다. 오직 포드만이 비례에 따르는 수익의 일반적 법칙을 따르지 않는다.

이유가 뭘까? 레인저는 소형 픽업 부문의 리더이고, 그렇기 때문에 상대적으로 적은 광고를 하더라도 상당히 높은 쇼핑 점유율을 향유한다.

이는 야망을 가진 2등 브랜드로서 우리가 이미지에 있어서뿐 아니라 쇼핑 과정에 있어서도 상당한 차별화의 원천이 필요하다는 것을 의미한다. 기존의 법칙 하에서는 우리는 브랜드 리더와 효과적으로 경쟁할 수 없다.

단계 3 : 구매와 충성도

그래서 하나의 그림이 출현한다. 그것은 다소 덜 극적인 형태이긴 하지만, 구매와 충성도로 전환된다.

"이중 위험"(Double Jeopardy)은 마케팅 연구자들이 35년 이상 미국과 일본만큼 다양한 문화권의 여러 시장들에 대해 연구하고 모델화한 하나의 브랜드 현상이다. 이것은 높은 점유율의 브랜드가 낮은 점유율의 브랜드에 비해 얻을 수 있는 두 가지 이득의 결합 효과를 말한다. 이러한 이득 가운데 첫 번째는 명확하다. 높은 점유율의 브랜드가 낮은 점유율의 브랜드보다 더 높은 시장 침투를 향유한다(즉 더 많은 구매자를 가지고 있다)는 것이다. 두 번째는 더 흥미로운 관찰인데, 높은 점유율 브랜드의 구매자가 낮은 점유율 브랜드의 구매자보다 더욱 자주 구매한다는 점이다(표 1.3).

이 두 가지 요소의 효과가 동시에 누적되는 경우, 구매 횟수 증가의 상대적 규모에 있어 기하급수적 효과가 나타난다.

결론 : 수익성

이 모든 것이 의미하는 바는 당연히 브랜드 리더가 우리보다 훨씬

표 1.3 연간 시장 침투와 평균 구매 빈도
(시장 점유율 순서로 정렬된 미국의 주요 인스턴트 커피 브랜드들)

인스턴트 커피 (미국, 1981)	시장 점유율	시장 침투율	평균 구매 횟수*
전체 인스턴트 커피	100%	67%	–
맥스웰 하우스	19	24	3.6
산카	15	21	3.3
테이스터스 초이스	14	22	2.8
하이 포인트	13	22	2.6
폴거스	11	18	2.7
네스카페	8	13	2.9
브림	4	9	2.0
맥심	3	6	2.6
나머지 브랜드들	13	20	3.0
브랜드 평균	11	17	2.8

* 브랜드의 구매자당 구매 횟수
출처 : MRCA/Professor A.S.C. Ehrenberg/R & DI.[4]

 제1부 큰 물고기의 크기와 성질

많은 돈을 벌고 있다는 이야기이다. 표 1.4는 핌즈(PIMS, Profit Impact of Market Share) 데이터베이스에서 얻은 것으로, 브랜드 리더를 시장 지배자와 한계 리더(marginal leader)로 나누어 그들의 투자 수익률을 2등과 3등 브랜드에 비교한 것이다.

표 1.4에서 네 번째 열의 서비스 산업을 보자. 한계 리더 브랜드는 2등 브랜드보다 약간 수익을 더 올리는 데 반해, 업계를 지배하는 브랜드 리더는 그들보다 두 배 이상의 수익을 거두고 있다. 내구재의 경우를 보자. 2등 브랜드는 3등 브랜드보다 두 배의 수익을 올리지만, 시장 지배자는 다시 거의 두 배의 수익을 거두고 있다. 나는 단지 주주 수익 문제가 아니라 자원 격차의 심화 현상을 지적하고자 이것을 제시하고 있다. 도표 자료를 싫어하는 사람이라면, 코카콜라의 최고 경영자였던 로베르토 고이주에타의 보수를 통해 시장 지배자의 수익성을 더욱 생생히 그려볼 수 있을 것이다. 그는 봉급과 보너스만 10억 달러 이상이 되었던 최초의 CEO였다. 펩시나 닥터 페퍼에서는 아직 그러한 일이 일어나지 않았다.

만약 기업이 수익을 활용해 미래 경쟁의 원천을 선택하고 투자

표 1.4 투자 수익률(%, 4년 이상의 평균치)

시장 순위	미국	유럽	공업	서비스	내구재	비내구재
시장 지배자	39	36	35	52	40	42
한계 리더	27	26	26	29	29	28
2등	22	21	20	26	21	26
3등	16	12	17	12	11	11
나머지	12	9	12	17	10	9

출처 : 1998년 3500개 기업 실적에 관한 PIMS 데이터베이스.

한다면, 이러한 불균형은 브랜드 리더가 쓸 수 있는 판돈과 우리가 활용할 수 있는 자금 간의 격차를 더욱 넓힐 것이다. 그리고 우리가 본 것처럼, 그들의 판돈은 우리보다 두 배 이상 높은 비율로 그들에게 승리를 안겨줄 것이다.

이것은 어째서 소비재 시장에서 그렇게 많은 브랜드 리더들이 60년 전에 마켓 리더였던 브랜드와 동일한 브랜드인지에 대한 한 가지 이유이다.

그렇다면 무엇을 해야 할까?

이 모든 것의 핵심은 2등 브랜드가 1등을 따라잡기가 매우 어렵다는 사실을 말하려는 게 아니다. 앞으로 살펴보겠지만, 1등 브랜드는 어쨌든 절대로 2등 브랜드의 목표가 아니다. 그리고 2등 브랜드로서 우리가 생각했던 것 이상으로 그들의 화력에 압도당하고 있다는 점도 핵심은 아니다.

수익 체증의 법칙은 우리가 단지 동일한 자리에 머물고자 하더라도 브랜드 리더보다 아주 열심히 헤엄쳐야 한다는 것을 의미한다. 지금까지 이는 주로 관련성과 초점에 관한 이야기로 전환되곤 했다. 즉, 커뮤니케이션 전략과 표적 고객에 관한 결정을 내리는 것으로 할 일을 다했다고 생각했다.

그렇지만 미래에는 현재의 자리에 머무르는 것만으로 충분하지 않다면 어떻게 될까? 업계에서 이윤을 내며 생존하기 위해서는, 성장이 거의 정지된 시장에서 새로운 종류의 세 경쟁자들에 맞서서 급속한 성장을 해야만 한다면? 브랜드 리더의 모델을 따르는 것은 단지 그들의 경쟁력을 높여주는 데 일조하는 것이라는 사실

  제1부 큰 물고기의 크기와 성질

을 깨닫게 된다면?

그것의 의미는 우리가 건강하게 살아남으려면 보수주의와 점진주의를 버리고 도전자처럼 생각하기 시작해야 한다는 것이다. 그것은 완전히 다른 방식으로 우리 자신을 마케팅하는 방법에 관해 생각하고 행동해야 함을 의미한다. 우리의 목적과 전략적 목표에 관해 다른 사고 방식을 찾아야 한다. 그리고 실제로 전혀 다른 종류의 의사 결정 과정이 요구된다.

"맥도널드의 브랜드명에서는 어떤 신뢰가 연상된다."라는 비어스턴의 한 애널리스트의 언급이 최근 『파이낸셜 월드』에서 실렸다. "물론, 그는 서비스 브랜드가 바랄 수 있는 최고의 찬사를 맥도널드에 선사한 것이다."라고 잡지는 덧붙였다.[5]

서비스 브랜드? 모든 서비스 브랜드? 그것은 아마도 브랜드 리더일 것이며 성장을 추구하는 2등이나 3등 브랜드는 확실히 아니다. 안심, 단순화, 그리고 신뢰라는 통화(currency)는 AT&T와 IBM 같은 브랜드에게 비교적 최근까지 적합했을 테지만, 우리가 필요로 하는 고객 관계의 기초로서는 유감스럽게도 부적당하다. 수익 체증의 법칙에 직면해 있는 2등 브랜드들은 훨씬 강력한 것, 즉 호기심, 열망, 재평가의 통화가 필요하다. 2등 브랜드가 성공하려면 감성적 일체감, 브랜드에 대한 믿음의 힘, 그리고 우리가 주목하거나 탐색할만한 브랜드라는 인식을 창출해야 한다. 그래야 소비자가 크고 편리한 브랜드 리더를 지나쳐 구석에 있는 작은 파란 캔을 집어 들게 만드는 선택과 충성도의 적극적인 표현을 유도할 수 있을 것이다. 2등 브랜드로서 우리가 바라는 것은 단순히 욕망을 창출하는 게 아니라, 욕망의 강렬함을 창출하는 것이다. 예를 들어 할리데이비슨의 유명한 충성 고객들은 브랜드의 모터사이클 공학에 신뢰를 보내는 것이 아니며 — 그들은 그보다 낮은 가격으로 더 뛰어난 성능의 오토바이를 구입할 수 있다 — 안심과 단순화를 애타게 필요로 하는 사람들도 아니다. 그들은 악당의 기분을 느끼고 싶기 때문에 그것을 구입한다. 세상의 어떠한 오토바이도 할리처럼 악당의 기분을 들게 하지는 못한다.

이것이 요구하는 것은 다른 종류의 마케팅, 즉 다른 접근법이다. 우리는 그것이 변화, 즉 단순히 전략뿐 아니라 전략에 선행하는 태도와 전략 다음에 오는 행동의 변화까지 요구한다는 사실을 알게 될 것이다. 그리고 기계적 확대율(Mechanical Advantage) — 지렛대 같은 기계를 이용해 적은 투입으로 더 많은 산출을 만들어내는 것 — 의 개념이 각각의 결정과 사고 방식의 기초가 될 것이다. 요컨대 더 적은 자원으로부터 더 많은 효과를 창출하는 것이다. 이것은 우리의 전체 사고 방식을 위한 뼈대가 될 뿐 아니라, 우리의 내부적 업무 체계, 절차, 그리고 브랜드 뒤에 있는 기업과 사람들의 행동을 재고하는 방법에 대한 지침이 될 것이다.

그리고 마케팅에 있어 기계적 확대율의 중심에 있는 것은, 사실상 그것의 통화(currency)인 아이디어이다.

 제1부 큰 물고기의 크기와 성질

The customer Isn't

소비자는 없다

"과거는 딴 세상이다. 거기에서는 다르게 움직인다."
— L. P. 하틀리

만약 소비주의(Consumerism)가 하나의 브랜드라면, 지난 30년 동안 사람들은 이 브랜드에 대한 상당히 다른 용도와 태도, 행동을 발전시켜 왔지만, 우리가 여태껏 쓰고 있는 용어는 본질적으로 달라진 것이 없다. 우리가 소비자(consumer), 시청자(audience), 카테고리(category) 같은 용어를 사용할 때마다 은연중에 전제하고 있는 낡은 기본 구조와 개념은 이제 근본적인 결함을 안고 있다. 이 개념은 결국 대량 판매 시장의 초창기에 만들어진 것들이다. 그 때는 가족이 함께 텔레비전을 시청했고, 소비자가 된다는 것에 각별한 의미가 있었다. 무엇보다 미국에서 소비주의는 일반 대중에 의해 이미 중산층의 일원이거나 중산층으로 향하고 있는 건전한 표시로 받아들여졌다.

하지만 오늘날 세상은 그 때와는 크게 달라졌다. 결국 우리의 용어들은 그러한 변화를 반영하지 못하고 있다. 지난 30년 동안 이 세 가지 기본적인 개념, 즉 소비자, 시청자, 카테고리가 어떻게 달라졌는지를 살펴보자.

시청자는 없다

오늘날 스트레스에 대한 소비자의 감정이 진부하리만큼 많이 언급되고 있다. 하지만 아무리 상투적이고 고루하다고 하더라도, 그것이 정말로 진실이라는 사실을 무시해서는 안 된다. 그것은 소비자의 마케팅 활동, 커뮤니케이션, 아이디어와 상호 작용하는 방식에 큰 영향을 미치고 있다. 우리의 관점에서 가장 중요한 변화는 사람들과 매체와의 관계이다.[1]

1994년 여론 조사에서 미국 성인의 94퍼센트가 그들의 자유 시간을 주로 일로부터 회복하는 데 사용한다고 응답했다. 그게 사실이라면, 그것은 최근 몇 년 동안 나타난 마케팅 데이터 가운데 가장 중요한 정보 가운데 하나가 될 것이며, 우리의 주요한 마케팅 수단 즉 텔레비전에 대한 소비자의 이용 방식에 획기적인 변화가 벌어졌음을 설명하는 것이다. 그것은 우리 사회에 큰 변화가 있었음을 의미한다. 일/여가 사회(단지 일 아니면 여가라는 두 가지 기본적인 활동으로만 나누었다)로부터 세 가지로 시간을 나누는 사회, 즉 일/회복(recuperation)/여가 사회로 바뀌었다는 것이다.

왜 이것이 우리에게 중요한 것일까? 그것은 회복이 여가와는 아

 제1부 큰 물고기의 크기와 성질

주 다르기 때문이다. 우리는 회복을 다른 방식으로 사용하며 색다른 종류의 경험을 추구한다. 표 2.1은 최근 몇 년 동안 텔레비전이 어떻게 회복 활동으로서 다른 모든 활동들을 포괄해 왔는지를 보여준다.

격차가 얼마나 벌어졌는지를 주목해 보자. 이렇게 주장할 수도 있을 것이다. 스트레스가 심한 세상에서 텔레비전은 모든 다른 활동들을 포괄하고 있다. 무엇보다도 텔레비전 시청은 아무런 활동도 아니기 때문이다 — 그것은 수동적으로 그냥 "멍청하게 뻗어 있는" 것이다. 하지만 우리가 텔레비전 시청을 적극적인 회복으로 생각한다면, 그 이상의 것이다. 회복을 여가 시간의 일차적인 기능이라고 보는 사람들 가운데 75퍼센트가 텔레비전 시청을 여가에 집어넣지도 않았다. 그들에게 그것은 전혀 다른 의미를 지닌다. 그것은 필수적인 정신적 치료가 되었다.

자신을 한번 돌이켜 보라. 피로는 누구에게나 공평하다. 소비자인 당신은 누구나가 그렇듯이 목요일까지 고달픈 나흘을 보냈다.

표 2.1 하루 동안 대체로 하거나 하고 싶은 활동은?

	1988년	1996년
텔레비전 시청	61	62
편지 확인	59	53
잠자기	52	43
목욕/샤워하기	50	41
집안에 있기	46	40
사랑 나누기	*	39

* 질문 항목에 없음.
출처 : Roper 1997.

목요일 밤, 당신은 어떤 광고를 보고 싶은가? 물론, 아무 광고도 보기 싫다는 게 정답이다. 목요일 밤 아홉 시, 당신이 하고 싶은 것은 작은 탈출이다. 휴식을 취하면서 땅콩을 먹거나 아랫배를 긁는 것이다.

그것은 단순히 금방 지루함을 느낀다거나 인내심이 감소하고 있다는 – 보다 진지한 관계에 있어서조차도 – 문제만은 아니다(미국 중서부 지방에서는 이혼율이 68퍼센트에까지 이르자, 결혼 증명서를 발급하기에 앞서 의무적인 혼전 상담을 고려하고 있다). 그것은 속도의 문제다. 우리의 삶의 속도가 매우 기초적인 인간적 욕구에 심대한 영향을 미치고 있다. 우리는 친구가 줄고 있는 세상에 살고 있다. 10년 전 미국인들은 평균적으로 여섯 명의 절친한 친구가 있다고 말했지만 오늘날은 넷이라고 답한다. 우리가 사는 세상은 기업들이 화장실 휴지의 양을 점검할 만큼 각박하다. 직원들이 열심히 일할 때는 화장실에 가는 횟수가 적기 때문이라는 것이다. 그래서 생리적 욕구를 지닌 사회적 동물인 인간이 하루를 무사히 보내기 위해 이 기본적인 욕구마저 점점 줄이고 있는 마당에, 무엇을 더 빼앗길 수 있다는 말인가? 이러한 맥락에서 볼 때, 저녁 시간에 우리가 바라는 것이 회복과 탈출이라면, 광고는 이미 단순한 소음의 차원을 넘어섰다. 광고인들은 더 이상 커뮤니케이션 비즈니스를 하고 있는 게 아니라 전혀 새로운 형태의 사업, 즉 성가신 비즈니스(Nuisance Business)를 하고 있는 셈이다.

이것은 시청자가 시청을 하지 않는다는 의미다. 시청자라는 단어에는 보고 듣는다는 뜻이 담겨 있다. 실제로 우리, 즉 브랜드는

 제1부 큰 물고기의 크기와 성질

표 2.2 성인 시청자들 가운데 프로그램의 광고에 나온
　　　브랜드와 제품 이름을 기억하는 비율

연도	브랜드/제품 이름을 전혀 기억 못함(%)	브랜드/제품 이름을 기억함(%)	브랜드/제품 이름을 잘못 기억함(%)
1965	60	34	6
1974	72	24	4
1981	80	13	7
1986	80	12	8
1990	84	8	8

출처 : Newspaper Advertising Bureau.[2]

잠재 시청자의 주의를 끌려고 경쟁하면서 무대에 오르는 서너 명
의 배우 가운데 하나일 뿐이다. 아이들이 떠드는 소리, 배우자와의
대화, 음식, 잡지 ─ 텔레비전을 "보는" 소비자를 비디오로 분석한
결과를 보면, 그들은 그저 붙들린 시청자일 뿐이었다. 프로그램이
나오는 때에도 마찬가지다. 한 조사에 따르면, 미국의 골프 프로그
램 가운데 23퍼센트는 빈 방에서 틀어진다. 그리고 광고에 대한 시
청자의 반응은 더욱 선별적이 되어 가고 있다(표 2.2 참조).

　물론, 이것은 시청자가 본방송만큼 광고에 주의를 기울이지 않
기 때문이다(표 2.3 참조).

표 2.3 광고가 나오는 동안 시청자들의 반응

다른 채널을 확인한다	19%
소리를 끈다	14%
광고를 안 본다	6%
간혹 본다	53%
광고에 주목한다	7%

출처 : American Academy of Advertising.

따라서 시청자는 표적 고객을 지칭할 때 바꾸어 쓸 수 있는 단어이지만 근본적으로 결함이 있다. 우리의 표적 고객은 시청자가 아니다. 왜냐하면 시청자는 보거나 듣는다는 것을 전제하기 때문이다. 대중 마케팅과 텔레비전이 맞물리던 초창기에는 표적 고객을 설명할 때 시청자라는 단어가 좀더 유용했을지 몰라도(이것조차도 논쟁의 여지가 있다), 지금은 확실히 그렇지 않다. 시청자는 없다.

사실상 아주 실질적인 측면에서 시청자는 소비자가 아니다.

소비자는 없다

암묵적으로 소비자라는 개념에는 하나의 활동, 곧 소비를 행하는 누군가가 있다. 이것을 염두에 두고 판매자로서 우리는 소비자들에게 제품 포장, 팸플릿, 점내 홍보물, 다이렉트 메일 등을 통해 합리적 정보를 제공하는 데 열중한다.

하지만 제품 자체 이외의 다른 것들에 대한 사람들의 관심은 기껏해야 수동적일 뿐이며, 거의 대부분의 경우, 구매하거나 사용하는 실제 순간에만 집중된다 — 사람들은 어떤 제품에 대해 지속적으로 마음에 담아둘 의향이나 열의가 없다. 단순히 제품을 사용해서 생활하고 있을 뿐이다. 대부분의 경우, 제품과의 상호 작용이 적을수록 — 그들이 반응해야 하는 일이 적을수록 — 더 좋다. 어떤 조사 자료에 따르면, 사람들은 매일매일 구입하는 제품의 경우 사용이 까다롭지 않고, 선택이 간편하며, 제품 정보가 복잡하지 않

   제1부 큰 물고기의 크기와 성질

기를 원한다.

주로 미국 서부 해안에서 패스트푸드 체인점을 운영하는 잭인더박스(Jack in the Box)는 포커스 그룹(focus group)을 대상으로 제품 개선 사항을 알리는 여러 가지 새로운 점내 홍보물에 대해 조사했다. 그 그룹에서 사람들은 접이식 카드와 포스터에 확실한 반응을 보였다 — 그것들은 정보를 제공하고 주목할 만한 것으로 판단되었다. 그래서 잭인더박스는 자신의 식당 한 곳에 새로운 홍보물을 배치한 다음 — 홍보물들은 새로운 메뉴 개선 사항을 (고객의 눈과 귀를 향해) 요란스레 설명하고 있다 — 햄버거를 사려고 식당에 들어온 일반 소비자들에게 무작위 출구 인터뷰 형식으로 다시 한 번 조사를 실시했다. 이 두 번째 조사에서 대부분의 소비자들은 우리가 무슨 소리를 하고 있는지도 몰랐다. 무슨 포스터요? 무슨 카드라구요? 그들은 그저 햄버거와 튀김을 사러 들어왔을 뿐이었다. 벽에 붙어 있는 포스터를 읽지도 않았다.

어째서 다른 결과가 나왔을까? 첫 번째 조사에서는 먹는 사람이 소비자로 가정되었다. 그리고 응답자들은 포커스 그룹에 알맞게 행동했다. 두 번째 조사에서는 소비자가 잭인더박스에 패스트푸드를 사러 오는 사람으로 가정되었다. 이는 "소비자"라는 개념의 한계가 분명해지기 시작했음을 의미한다.

잭인더박스의 이야기는 상품의 자발적인 소비자라고 해서 반드시 제품의 마케팅을 쉽게 받아들이는 소비자는 아니라는 점을 말해 주고 있다(아니면 제품의 마케팅을 전혀 받아들이지 않을 수도 있다). 1970년대와 1980년대 초반의 판매자와 소비자 간에 있었던 행복한 공존은 모든 형태의 제도에 대한 냉소적 사고 방식에 의해(정부 비판을 포함해) 타격을 입었다는 것은 잘 알려져 있다. 그것은 업종을 불문하고 많은 마케팅적 주장에 대한 적대적인 태도를 낳는 지경에까지 이르렀다. 이는 단순히 사람들이 마케팅에 대해 영악해졌기 때문만은 아니다(1990년대 똑똑한 소비자들은 밴스 팩커드(Vance Packard)가 말한 보호 받지 못하는 순진함과는 정반대 위치에 있다). 그들은 기업들의 과대광고와 술책의 희생양이 되어왔기 때문에, 자기 자신 외에는 아무도 믿으려 하지 않는다.

비행기 승무원이 미소를 지으며 음료를 따르는 광고 장면을 보고 사람들이 코웃음을 치는 것도 이해가 된다. 오랫동안의 경험을 통해 그것이 꾸며낸 이미지라는 것을 알기 때문이다. 더욱 놀라운 것은 정말 월등한 제품이 시장에 등장한 경우에도 믿음을 보내지 않는다는 점이다. 예를 들어 소니의 플레이스테이션이 자신의 진정한 장점들(360도 이동, 3D 그래픽, 고해상도)에 대해 말하려고 할 때에도, 광고를 본 십대들은 그저 비웃을 따름이었다. 그것이 바라던 것이 아니라서가 아니라, 이미 세가와 닌텐도가 한물간 16비트 기술을 팔아치우려고 그런 식으로 거짓말을 했기 때문이었다. 한두 번 속고 나자 다시는 바보가 되지 않기로 작정한 것이었다.

그렇다면 소비자는 당신의 마케팅을 얼마나 많이 정말로 소비하고 싶은 것일까? 내가 제시하는 바는 정말로 모든 유용한 의미에서 소비자는 소비하지 않는다는 것이다. 마케팅의 황금 시대는 끝났다. 사실상, 소비자는 없다.

카테고리도 마찬가지다.

  제1부 큰 물고기의 크기와 성질

카테고리는 없다

무엇보다 먼저, 우리는 우리 자신의 카테고리(업종, 영역)에 너무 가까이 있다. 소비자들은 우리들처럼 명확하게 정의되는 방식으로 카테고리를 보지 않는다. 만일 포커스 그룹 앞에다 16가지 제품을 늘어놓고 그들 — 제품 사용자 — 이 판단하는 같고 다름의 기준에 따라 제품을 분류해 보라고 한다면, 우리가 "카테고리" 분류라고 간주하는 것이 흥미롭지도 유용하지도 않으며, 그리고 종종 놀랄 만큼 진부한 것이라는 사실을 발견할 것이다. 판매자인 우리는 각 제품의 카테고리를 나머지와 실질적으로 다른 것으로 생각하지만, 우리의 표적 고객은 그렇게 생각하지 않는다. 그들은 우리가 카테고리를 구분하는 조악한 방식을 뛰어넘어 카테고리를 가로지르는 상대적인 용도와 가치를 가지고 비교한다. 한 여성 참석자는 포커스 그룹에서 여성용 화장품을 분류하라고 요청하자, 그것을 두 종류로 나누었다. 그러면서 하나에는 "예쁜 것들", 다른 하나에는 "냉동 치킨과 함께 바구니에 넣는 것들"이라고 이름 붙였다.[3] 이는 카테고리가 제공하는 것에 대한 우리 자신의 물리적인 설명보다 더욱 의미 있고 유용한 방식이다. 이를테면 겨드랑이 탈취제와 그녀와의 관계에 대한 훨씬 더 정확하게 묘사할 뿐 아니라, 우리의 브랜드에 어떤 문제와 기회가 있는지 생각하게 한다. 경쟁 제품과 비교해 상대적으로 눈에 더 띄도록 제품 포장의 변경을 생각하기보다는, 어떻게 하면 "냉동 치킨과 함께 바구니에 넣는 것"에서 "예쁜 것"으로 전환할 있을지 고민하는 데 시간을 쏟는 것이 나을 것이다.

어느 경우에서도, 가장 강력한 브랜드들은 카테고리의 전통적인 용도를 뛰어넘는 감성적인 역할을 갖고 있다(원더브라의 진정한 혜택이 자신감이라고 한다면, 그것은 여전히 속옷의 카테고리에 속한다고 말할 수 있을까?) 우리는 순전히 우리 자신의 카테고리의 관점에서만 생각함으로써 브랜드의 잠재력에 제한을 가하고 있다.

더욱이 카테고리가 그어 놓은 어떤 경계에 따라 우리가 살고 있는 것은 아니다. 이러한 현상은 사실상, 명백히 보완적인 카테고리들 내에서 서로 간의 벽을 허무는 제품 개발에 의해 촉진되고 있다. 기술은 하나의 분명한 사례이다. 만일 소비자에게 전화기이면서 자동 응답기이고 아울러 팩스와 복사 기능까지 겸비한 기계를 만든다면, 그것은 어떤 카테고리에 속하는가? 이러한 경계의 모호함은 기술에 국한되지 않는다. 예를 들어 역사적으로 호텔 비즈니스와 수화물 비즈니스는 서로 보완적인 관계라고 알려져 왔다 ─ 한쪽의 이용이 커지면 다른 쪽의 수요가 더욱 늘어난다. 하지만 1996년에 처음으로 그것이 서로 경쟁자가 되기 시작했다. 샘소나이트(Samsonite)가 여행에 지친 사람들을 위해 더 가볍고 더 단단하고 더 편리하게 싣고 옮길 수 있도록 제품의 기능을 더욱 강화했을 때, 시카고의 포시즌(Four Seasons) 호텔은 "가방 없는 서비스"를 도입했다. 이것은 짐을 가능하면 줄인다는 차원이 아니라 원칙적으로 가방이 전혀 없는 여행이 가능하다는 뜻이다 ─ 입고 있던 옷의 세탁을 맡기면서 호텔측에서 빌려주는 정장을 입을 수 있다. 포시즌 호텔은 수화물에 관한 포커스 그룹 조사에서 소비자에게 묻는 전형적인 질문, 즉 "당신은 어떤 종류의 가방을 원하는가?"가 실제로는 너무 현실에서 뒤떨어지고 있음을 깨달은 것이다. 요즈음 사람들은 성가신 가방을 끌고 다니는 것을 전혀 바라지 않는다.

게다가 어떤 주요한 측면에서, 소비자는 카테고리들을 완전히 서로 다른 것으로 보려 하지 않는다. 많은 측면에서 소비자는 서비스들 간에 좀더 많은 공통점이 있기를 바란다. 20여 년 전에 모든 서비스 카테고리들은 소비자와의 관계에서 각자의 규칙을 발전시켰다 — 자동차 판매인은 자신의 방법에 따라 소비자를 대했고, 패스트푸드는 그들만의 관행이 있었으며, 항공사 역시 그랬다. 그리고 소비자들은 일반적으로 그것을 받아들였다. 그렇지만 오늘날 소비자들은 카테고리에 관계없이 무엇이 가능한지를 — 그리고 돈을 지불하면서 정말로 무엇을 기대해야 하는지를 — 알게 되었다. 한 비즈니스에서 좋은 서비스와 경험에 대해 알게 되면, 서비스 업무의 모든 업종으로 그러한 기대감이 옮겨가게 된다. 최근 항공사에 관한 포커스 그룹에서 한 응답자가 흥분해서 말했다.

우리 골목 끝에 세탁소가 하나 있는데, 큰 기업에서 운영하는 것이 아니라 작은 이탈리아인이 주인이에요. 내가 월요일에 블라우스를 맡기면서 급하다고 말했어요. 세탁소 주인은 "걱정 마세요."라고 말하더군요. 그래서 그날 저녁 퇴근길에 세탁소에 들러 옷을 찾고 보니 떨어진 단추를 다는 것을 잊었지 뭐예요. 세탁소 주인은 대수롭지 않은 듯 똑같은 단추 하나를 달아주더군요. 단추 값은 받지 않았어요. 서비스의 일부라고 하더군요.

그리고는 나는 수요일에 뉴욕행 비행기를 탔는데, 그날 점심을 먹지 못했기 때문에 땅콩 한 봉지를 더 달라고 했어요. 그런데 승무원은 승객 한 명당 한 봉지밖에 나오지 않는다며 땅콩을 줄 수 없다는 거였어요. 어찌나 화가 났던지 말문이 막히더군요. 그 세탁소에 비하면 해마다 내가 얼마나 많은 돈을 항공사에 갖다 바치고 있는데. 더구나 항공사에는 직원들이 얼마나 많아요. 시설이나 다른 모든 것은 또 어떻구요. 도대체 고개를 빳빳이 들고 어떻게 그런 식으로 이야기할 수 있는지 이해할 수가 없더라구요.

아이오아 주의 디모인(Des Moines)에서 포커스 그룹에게 새로운 통신 회사의 미래상이 어떠해야 하는지 묻자, 응답자들은 자동차 회사인 새턴의 이름을 말했다. 1990년대에 좋은 품질의 경험과 기대는 소비자가 처음으로 그것을 경험한 카테고리를 넘어 확장되고 있는 것이다.

요컨대, 우리의 카테고리는 존재하지 않는다.

결론적으로 우리가 매일 업무에서 사용하는 용어와 개념은 과거로부터 물려받은 더 이상 적실성이 없는 유산으로 새로운 비즈니스 세계에서 근본적인 결함을 갖고 있다. 그 용어와 개념들이 암묵적으로 전제하는 많은 가정들은 용어가 처음 만들어질 당시에는 정확했을지 모르지만 이제는 현실에서 멀어지고 있다. 나는 이 책에서 그것을 대체할 다른 용어를 만들지는 않겠다. 그것은 따분한 논의가 될 것이고, 도전자 브랜드의 연구라는 이 책의 주된 목적에서도 벗어나기 때문이다. 지금으로서는 이 책은 이러한 암묵적인 함정을 예리하게 인식하고 그러한 낡은 마케팅 언어들을 마치 썩은 나무 바닥처럼 생각하게 하는 역할만을 할 것이다. 그리고 우리가 그 위를 조심조심 걸어야 한다는 사실을 인식하고 있다면, 적어도 그것의 밑이 꺼져 떨어지는 일은 없을 것이다.

결국 소비자도 없고 카테고리도 없다는 사실은 우리로 하여금 기계적 확대율(Mechanical Advantage)과 아이디어의 중요성으로 돌아가게 한다.

커뮤니케이션은 없다

이처럼 카테고리, 시청자, 소비자에 대해 전혀 다른 방식으로 생각해야 한다. 그리고 이것은 우리의 마케팅 목표가 커뮤니케이션이라고 생각해서는 안 된다는 사실을 제시하고 있다. 이 모든 것을 종합해 보면 커뮤니케이션은 일어나지 않거나, 또는 필연적으로 일어나는 것은 아니라는 점을 알 수 있다. 커뮤니케이션은 적극적인 경청을 내포하고 있지만, 우리의 표적 고객은 커뮤니케이션되기를 바라지 않으며, 추가적인 메시지를 기다리지도 않는다. 따라서 "커뮤니케이션" 혹은 "통합된 커뮤니케이션"에 관해 이야기하는 사람들은 현재의 비즈니스 환경에서 잘못된 개념을 또 다시 쓰고 있는 셈이다. 앞으로의 유일한 비즈니스는 (통합된 것이든 그렇지 않은 것이든 간에) 아이디어 비즈니스다. 이 때 아이디어의 암묵적 의미는 단지 커뮤니케이션의 아이디어만이 아니라, 청중들의 상상력을 사로잡는, 유인(engagement)의 아이디어이다.

카테고리 간 경계의 모호함과 텔레비전과 소비자의 관계 변화는 서로 결합되어 광고에 중요한 의미를 던지고 있다. 아주 실질적인 의미에서, 이 새로운 세계, 특히 회복이 필요한 이 세계에서 우리의 경쟁자들은 모두 광고를 하고 있다. 우리와 주요 경쟁 상대의 광고 점유율만을 따져서는 안 된다. 만일 1995년 미국에서 집행된 광고 총액이 1620억 달러이고 우리가 연간 2000만 달러를 광고에 지출하는 브랜드라면, 우리의 광고 점유율은 0.012퍼센트인 셈이다. 만일 우리가 세탁 세제 비즈니스에 종사한다면, 우리 광고의 경쟁 상대는 다른 세탁 세제 광고가 아니라 피자, 건전지, 콜라, 맥주 등 모든 카테고리에 걸쳐서 우리의 표적 고객이 관계하고 반응하는 광고들인 것이다. 따라서 경쟁 광고를 검토할 때에는 우리의 표적 고객이 보는 모든 광고들이 포함되어야 하며, 우리의 실행 기준은 소비자가 관련성이 있고 호소력이 있다고 여기는 광고들의 실행 기준 — "우리의 카테고리" 내에 있든 밖에 있든 — 의 관점에서 평가되어야 한다.

이것이 바로 도전자인 우리에게 아이디어가 필요한 이유이다. 아이디어의 개념에는 기본적으로 사람들을 끌어들이고 자극하며 스스로 퍼져 나간다는 의미가 내포되어 있다. 아이디어는 사람들이 이미 들을 준비를 하고 있다고 가정하기보다는 표적 고객의 관심과 상상력을 포착하거나 끌어들인다. 그리고 듣는 이로 하여금 무관심하게 내버려 두는 것이 아니라 반응을 불러일으킨다. 또한 한번 씨앗을 뿌리면 외부의 영양 공급을 받을 필요가 없이 스스로

　제1부 큰 물고기의 크기와 성질

퍼져 나간다.

　이러한 아이디어의 개념은 이 책 전체에 걸쳐 등장할 것이다. 실제로 앞으로 소개할 8가지 원칙들 대부분은 그 중심에 아이디어의 개발과 실행이 담겨 있다.

도전자 브랜드란 무엇인가?

마케팅 역경의 시기에, 전에 누구도 가본적이 없는 여정, 그래서 당연히 지도나 선례가 거의 없는 여정에 나서려면 당연히 두려운 생각이 든다. 옛것을 실행하기보다 새로운 어떤 것을 창조하려면 더 많은 시간, 에너지, 그리고 노력이 요구된다. 하지만 이 세 가지야말로 우리에게 가장 허용되지 않는 것들이다. 우리는 지금 길을 안내해 주고 전반적인 방향 감각을 제공할 새로운 브랜드 모델이 필요하다. 즉 안개 낀 전장에서 우리가 의지할 수 있는 직관적인 마케팅 나침반이 필요한 것이다. 우리는 법조계의 판례들을 부러운 눈빛으로 바라본다. 신속한 의사 결정을 도와줄 우리 자신의 선례가 있다면 얼마나 좋을까.

물론 선례는 있다. 다만 그것이 우리가 이용하려는 선례가 아닌 게 문제다. 바로 브랜드 리더인 것이다. 그 대신 우리는 다른 종류의 모델, 우리에게 훨씬 더 적실성 있는 브랜드 유형을 찾아야 한다. (잘해야 업계 2위인) 우리가 본받기 위해 주시해야 할 브랜드의 기준은 다음 세 가지이다.

1. 1등 브랜드여서는 안 된다. 2등 브랜드가 최고 상한선이다.
2. 지속적이고 획기적인 성장을 보여준 시기가 있어야 한다.
3. 우리와 다른 업종의 브랜드여야 한다.

이러한 종류의 2등 브랜드들을 도전자 브랜드라고 부를 것이다.

누가 도전자 브랜드인가?

도전자 브랜드라고 표현하면, 훨씬 크고 근육질의 브랜드 리더 — 기성 브랜드 — 에 맞서는 2등 혹은 3등 브랜드가 생각날 것이다. 골리앗에 맞서는 다윗이 떠오른다. 우쭐하고 힘센 것에 맞서는 마음가짐 그리고 한 방. 그리고 도전자는 기성 브랜드에 대해 당연히 2등이어야지 더 낮은 등수는 아니라는 생각이 들 것이다. 그렇다면 4등, 5등, 6등의 위치에서는 정말로 도전할 수 없는 것인가?

1960년대까지는 그러한 생각이 일반적이었다. 하지만 에이비스가 현대의 소비자와 마케터들에게 2등 브랜드의 모든 개념을 확실히 제시했다. "우리는 2등입니다. 그래서 더욱 열심히 노력합니다."라는 유명한 포지셔닝을 시작했을 당시, 그 브랜드는 사실 2등

근처에 있지도 않았다. 확실히 에이비스는 렌터카 업계의 하위 무리에 속했고, 업계 1위인 허츠(Hertz)와는 상당한 거리를 두고 있었다. 에이비스의 전략의 뛰어난 점은 스스로를 2등이라고 주장함으로써 쫓는 무리들 가운데 선두로 나섰으며, 거대한 허츠의 발뒤꿈치를 덥석 물었다는 사실이다. 그 광고를 본 사람은 사실상 렌터카 시장에서 중요한 경기자는 오직 이 둘뿐이라는 인상을 받았다. 그 뒤에는 리처드 브랜슨(Richard Branson)의 버진애틀랜틱(Virgin Atlantic)이 영국의 항공 시장에서 브리티시 항공을 상대로 동일한 게임을 벌였다. 브리티시 항공은 미국과 유럽의 주요 항공 시장 그리고 심지어 영국 시장에서도 훨씬 더 강력한 라이벌들이 있지만, 버진은 영국 소비자들에게 항공사는 자신과 브리티시 항공 오직 두 가지 선택뿐이라는 인상을 만들어냈다.

나는 이 책의 나머지 전체를 통해 살펴볼 브랜드의 분류를 의도적으로 넓게 잡았다. 시장 내에서 도전자의 순위(하나의 브랜드만 있는 경우라도 — 예를 들어 스타벅스는 완전히 새로운 시장을 효과적으로 창출했다)와 무엇이 브랜드이고 아닌지에 대한 정의의 두 측면에 있어서 그렇게 하였다. 브랜드로서 앱솔루트, 원더브라 옆에 라스베가스, 스파이스 걸스, 영국 노동당을 놓는 것에 대해, 그리고 도전자로서 렉서스 옆에 서크드솔레와 스타벅스를 놓는 것에 대해 자연스럽게 생각하는 독자라면, 4장의 첫 번째 원칙으로 곧장 넘어가도 좋을 것이다. 하지만 보다 명확한 개념을 원하는 독자를 위해서 이 장의 나머지에서 몇 가지 정의를 제공할 것이다. 첫째는 "브랜드"가 무엇인가 하는 것이고, 둘째는 무엇이 도전자 브랜드이고 아닌지에 대한 것이다.

팽창하는 브랜드의 세계

마케팅의 우주가 폭발하고 있다. 한때 포장 제품과 기업의 영역으로 인식되던 것이 이제는 다양한 조직들과 제품들에 의해 체계적으로 수용되고 있다. 테마 파크, 도시, 자선 단체, 게임 소프트웨어, 자원 봉사 기관, 영화, 방송 프로그램, 스포츠, 예술가, 유명 인사 등이 브랜드로 등장하고 있다. 심지어 슈퍼마켓의 선반에서 볼 수 있는 포장 제품이라는 단순한 차원에서조차, 유투(U2)와 마돈나를 브랜드에 포함시켜야 하는 상황에 이르렀다. 유투의 새 앨범이 싱글 차트 정상으로 직행한 것은 단지 멜로디와 가사의 품질 — 제품의 품질 — 이 좋았기 때문이 아니라, 이 제품을 포장하고 있는 브랜드가 기껏해야 29등에 머무르는 젊은 무명 가수보다 소비자들의 마음속에 훨씬 더 강력한 자산(equity)을 갖고 있기 때문이었다. 마이클 조던(Michael Jordan)은 나이키가 자신을 하나의 꿈으로 만들어 놓았다고 말한다 — 브랜드가 어떤 식으로든 꿈이 아니라면 무엇이란 말인가? 그렇다면 마이클 조단은 브랜드가 "제품에 대한 소비자의 생각"이라는 데이비드 오길비의 정의에 전혀 부합되지 않는다. 하지만 조단의 이름을 딴 향수의 존재가 그를 살아 있는 브랜드로 확신시키기에 충분치 않다면, 마사 스튜어트*에 대해서는 어떻게 생각하는가?

마케팅이 역사적으로 창의성이 주도해온 패션 같은 다양한 카테고리들을 이끌어가고 있다. 『뉴욕 타임스』의 패션 담당 기자는 최근 구찌의 부활과 관련하여 "이제 패션 산업은 마케팅이 전부가 되었다."라고 말했으며, 폭스의 저작권 부문 사장은 "『X파일』은 매우 세심하게 관리된 브랜드"라고 언급했다. 앞으로 계속 살펴보겠지만, 만일 자신의 업종보다 다른 업종을 살펴봄으로써 더 많은 것을 배울 수 있다면, 우리는 지금 마케팅이나 브랜딩을 하기에 매우 유리한 환경에 있다. 왜냐하면 브랜드의 세계가 확장되면서 마케팅되는 카테고리들의 세계 또한 확장되기 때문이다. 이것은 달리 말해 우리가 배울 수 있는 참신한 생각들이 크게 늘어나고 있다는 의미이다.

이렇게 확장되는 우주의 풍요로움을 마음껏 받아들이면서, 나는 다음 네 가지 조건 모두를 충족시키는 실체로서 브랜드를 정의 내리고자 한다.

1. 브랜드는 구매자와 판매자를 가진다 — 스파이스 걸스는 브랜드지만 퀸(Queen)은 브랜드가 아니다(이 경우, 구매와 판매 행위가

* Martha Stewart, 가정 서적 출판에서 시작해 억만장자의 대열에 오른 여성 기업인. 그녀가 지은 요리책이 크게 성공하자 할인점 K마트의 컨설턴트 겸 대변인으로 발탁됐고 타임워너와 제휴해 『마사 스튜어트 매거진』이라는 잡지를 출간하는 등 미국에서 가정 살림의 최고 권위자로 통하는 인물이다 — 옮긴이.

 제1부 큰 물고기의 크기와 성질

반드시 금전적 거래일 필요는 없다. 정치 정당과 보이스카우트는 모두 구매자
와 판매자를 갖고 있으며, 그들간의 거래를 통해 가치를 발생시킨다).

　2. 브랜드는 구별되는 이름, 심벌, 상표를 가진다 ― 타이드
(Tide)는 브랜드이지만 설탕이나 표백제는 브랜드가 아니다. 또한
이름이나 상표 이외의 이유로 그 주위에 있는 것들과 차별화되어
보이는 것도 브랜드이다 ― 로스앤젤레스 경찰국은 브랜드지만,
보병 제14사단은 브랜드가 아니다.

　3. 브랜드는 있는 그대로의 제품 특성 이외의 여러 가지 이유로
소비자가 그것에 관한 긍정적이거나 부정적인 의견을 갖고 있다.
― 서크드솔레(Cirque de Soleil)는 브랜드이지만 콘크리트는 브랜
드가 아니다.

　4. 브랜드는 자연적으로 출현하는 것이 아니라 창조된 것이다
―『X파일』과 라스베가스는 브랜드이지만, 애덤 모건이나 켄터키
주의 애칭인 블루그래스(Blue Grass)는 브랜드가 아니다(이러한 점에
서 사실상 인물은 브랜드가 되기 쉽지 않다. 로널드 레이건과 마거릿 대처의
경우는, 비록 창조되지는 않았지만 홍보 전문가에 의해 꾸며지고 띄워졌다.
화가인 앤디 워홀은 브랜드 사업가의 면모를 자랑하며 자기 자신을 재창조해
세상에 알렸다. 스티븐 스필버그는 총괄 제작자로서 이름을 영화에 올리는데,
사람들은 대체로 그것이 가치를 더해주는 브랜드라고 생각한다).

　위에 열거된 정의에는 의도적으로 피하려고 했던 두 가지 유혹
이 있다. 첫째는 브랜드를 "마케팅되는 모든 것"으로 정의하는 일
이다. 나는 이것에 반대한다. 왜냐하면 어떤 것이 브랜드인지 아닌

지 정의할 수 있는 사람은 판매자가 아니라 오로지 구매자이기 때문이다. 어떤 것이 브랜드가 되기를 바라고, 그래서 그것을 마케팅하는 데 돈을 쓴다고 해서 브랜드가 되는 것은 아니다. 예를 들어 미국의 통신 회사들은 자신들을 브랜드로서 여기고 싶을지 모르지만, 그들은 인지된 이름 혹은 트레이드마크를 가진 범용품에 지나지 않는다. 진정한 경쟁이 없기 때문에 그 결과 소비자는 그들간의 실질적인 차이를 구별하지 못한다. 소비자는 그 브랜드가 그들의 생활에 미치는 영향을 전혀 알지 못한다. 만약 우리가 "소비자"라는 개념에 만족하지 못하고 있고, 그 단어가 처음 마케팅 통화(currency)가 되었을 때와는 근본적으로 달라졌음을 느낀다면, 브랜드에 대한 이러한 정의 역시 부적절한 것으로 거부되어야 한다.

왜냐하면 브랜드가 그 본질상 오직 소비자의 마음속에 존재하는 것이라면(무인도에서 콜라 캔은 설탕물이 가득 담긴 알루미늄 캔일 뿐이다), 소비자가 마케팅 관계에서 멀어질 경우, 브랜드가 계속 같은 위치에 머무르기 위해서는 그 자신에 대해 더 많은 것을 요구해야 하기 때문이다. 존재와 의도만으로는 충분하지 않다. 브랜드로서 자격을 갖추려면 사람들이 그것에 대해 긍정적이거나 부정적인 견해를 갖게 해야 한다.

내가 피하려고 했던 두 번째 유혹은 훨씬 더 강력한 것이다. 그것은 브랜드를 "소비자가 사고 싶은 어떤 것"으로서 정의하는 일이다. 어떤 기업이나 조직의 제품인지는 상관없다. 이러한 정의를 거부하는 이유는 아주 간단하다. 어떤 브랜드는 대개 부정적인 자산을 가지고 있기 때문이다. 브리티시 텔레콤, 일부 공공기업체,

표 3.1 마케팅되는 개념의 유형(실례)

전통적 브랜드	신세대 브랜드	마케팅되는 존재	상표가 있는 범용품
켈로그 콘플레이크 하인츠 케첩	라스베가스 서크드솔레 영국 노동당 스파이스 걸스	로널드 레이건? 마이클 조던?	대부분의 공공기업들 수 많은 통신 사업자들

슈코다(skoda, 체코 자동차 모델), 로스앤젤레스 경찰국은 모두 소비자의 부정적인 평가 때문에 어려움을 겪어왔다. 그것들이 마찬가지로 브랜드인 것은 누군가가 구매를 원하기보다는 그들이 부정적인 평가를 받는다는 사실에 있다. 범용품의 특성은 거부가 아니라 무관심이기 때문이다.

표 3.1은 마케팅되는 개념의 네 가지 유형을 보여준다. 이 책의 목적을 위해, 우리의 마케팅 영역에서 왼쪽에 있는 두 가지 유형의 브랜드는 포함시키고, 오른쪽 두 가지는 포함시키지 않기로 한다.

도전자 브랜드의 세 가지 기준

도전자 브랜드를 위한 세 가지 기준에는 시장에서의 위치, 마음가짐, 성공률이 있다.

 1. 시장에서의 위치(State of market). 도전자는 정의상으로 1등이 아니며, 틈새 브랜드도 아니다.

 2. 마음가짐(State of Mind). 이것이야말로 진정한 도전자의 특징

이다 — 2등(혹은 6등이나 18등)이 되는 것은 단순히 태생의 문제일 뿐이다. 도전자 브랜드는 다음 두 가지 핵심적인 차별화 요소를 포함하는 마음가짐을 갖고 있다.

- 자신의 전통적인 마케팅 자원을 초과하는 야망.
- 자신의 야망과 마케팅 자원간 간극에 대한 마케팅적 함의를 받아들이려는 각오.*

두 번째가 중요한 차이이다. 마케팅 계획에서 야망만으로는 충분하지 않다. 야망을 달성하기 위해서라면 어떠한 방법을 써서라도 행동하겠다는 각오가 없는 한, 남들보다 작고 희망적이라는 것은 단지 작다는 애처로움과 실망감을 가져다줄 뿐이다. 그리고 "도전자의 마음가짐"에 대해 이야기할 때 반드시 공격적일 필요는 없다는 사실에 주목하자. 역사적인 견지에서 살펴보면, 간디와 영국의 펑크록 그룹인 섹스 피스톨스(Sex Pistols)는 모두 도전자였지만, 그 가운데 하나만이 공격적이었다. 현재 상황을 바꾸려는 결심에는 반드시 과감한 공격성이 필요한 것은 아니다.

3. 성공률(Rate of Success). 도전자의 마지막 기준은 성공이다. 성공은 우리의 목적이다. 과감했지만 실패한 브랜드를 모방하는 일은 전혀 소용이 없는 짓이다. 그것은 도전이 아니라 오만이나 엉

---

* 내가 '자원'과 '마케팅 자원'을 구별한 것은 새턴 때문이다. 새턴의 마케팅 자원은 그들의 규모와 비례한다. 그러나 예를 들어, 새턴의 탄생과 그들 유통망의 많은 물리적 특성들은 거대한 모기업에 의한 엄청난 투자의 선물이었다 — 저자.

  제1부 큰 물고기의 크기와 성질

뚱한 야망에 불과하다. 우리의 모든 브랜드는 마케팅 활동을 통해 중대하고 지속적인 성장을 이루어야 한다. 하지만 이것은 오클리(Oakley)의 경우처럼 항상 일정한 속도로 성장한다는 것을 의미하지 않는다. 다만 우리가 배울 수 있는 시기, 그들이 급속한 성장을 누렸던 시기가 존재한다는 의미이다. 이것이야말로 브랜드 리더가 아니라 도전자 브랜드가 우리에게 줄 수 있는 것이다. 즉, 그들은 어떻게 하면 빠르게 성장을 이룰 수 있는지 보여줄 수 있다.

도전자 브랜드의 반대는 기성 브랜드이다. 기성 브랜드의 가장 확실한 예는 브랜드 리더이지만, 다른 브랜드들도, 심지어 영원한 2등 브랜드도 만일 야망이 부족하거나 도전자 브랜드의 마케팅적 함의를 받아들이지 않는다면 그러한 자리로 떨어지게 될 것이다.

이 책에서 다루고 있는 주요 도전자 브랜드들

여기에서 나는 1차 혹은 2차 자료를 구할 수 있거나 내가 직접 다루었던 브랜드들을 선별했다. 따라서 그 브랜드들이 모든 브랜드를 대표하는 샘플이라고 말할 수 없다는 점에서 과학적 연구는 아니지만, 나는 다음과 같은 폭넓은 브랜드군들을 포함시키려고 노력했다.

- 처음 진출 브랜드(렉서스, 앱솔루트, 골드피시)와 재진출 브랜드(원더브라, 탱고, 할리데이비슨, 잭인더박스).

- 미국의 브랜드와 국제적 브랜드.
- 강력한 성장을 계속 누리는 도전자(플레이스테이션)와 비록 최근에는 성장이 멈추었지만 과거에는 강력한 성장을 이루었던 도전자(바디샵).
- 포장 제품, 신용 카드, 패스트푸드, 자동차, 오락 등 다양한 업종들.

나는 독자에게 익숙지 않은 브랜드들도 포함시켰는데, 미국 내의 지역 브랜드(잭인더박스) 혹은 독자에게 당연히 생소한 나라나 시장(예를 들어 남아프리카)에서 활동하는 브랜드들이 그것이다. 이들을 포함시킨 것은 훨씬 친숙한 주인공을 부각시키기 위해서가 아니라 실제로 그들이 해당 업종 — 그리고 브랜드 리더 — 을 훨씬 뛰어넘는 부러운 성장률을 거두고 있기 때문이다. 예를 들어 잭인더박스는 1996년 미국에서 점포당 매출이 증가한 두 군데 패스트푸드 브랜드 중의 하나였으며, 3년 만에 모기업의 주가를 여섯 배나 끌어올렸다. 마찬가지로 영국의 신용 카드사인 골드피시(Goldfish)는 설립 첫해에 대단한 성공을 거두었다. 그해 새로 발급된 모든 신용 카드 가운데 20퍼센트 이상을 골드피시가 차지했다. 이 브랜드들은 그들의 경험에서 뭔가를 얻기 위해서 약간의 설명을 덧붙일 만한 가치가 있는 브랜드들이다.

표 3.2에서는 업종에 상관없이 도전자를 네 종류의 그룹으로 나누고 있다. 각 부분은 다른 종류의 도전자를 나타낸다. 이 책에서 대부분의 논의는 A그룹에 모아질 것인데, 그것은 해당 업종에서

 제1부 큰 물고기의 크기와 성질

A. 도전자 브랜드	B. "도전자" 브랜드
브랜드 리더가 있는 업종에 진출 혹은 재진출한 브랜드 (예들 들어 탱고, 플레이스테이션)	자신의 영역을 창출함으로써 성공한 도전자 (예를 들어 스타벅스)
C. 도전자 "브랜드"	D. 역사적 도전자
브랜드 리더가 된 신규 브랜드 (예를 들어 영국 노동당, 스파이 스 걸스)	역사적인 도전자 (예를 들어 간디, 알렉산더 대왕, 1776~1941년의 미국, 앤디 워홀)

브랜드 리더에게 도전하는 처음 진출 혹은 재진출 브랜드이다. B 그룹은 자신의 "본래" 영역이라고 여겨지던 것의 바깥으로 나아가 자신만의 영역을 창출했거나 성공을 거둔 브랜드들이다. 이들은 A 그룹과는 조금 다른 방식으로 성장을 달성했다 — 만일 성장이 시장 점유율을 높이거나 혹은 시장을 키움으로써 이루어진다고 한다면, B그룹은 자신만의 시장을 키웠다. 예를 들어 서크드솔레는 경쟁자를 여타의 서커스들에서 "도시의 다른 모든 쇼"로 재정의했다. 그래서 그들은 그해에 보고 싶은 두 편의 쇼 중 하나가 됨으로써 가끔 쇼를 보러오는 사람들을 끌어들이겠다는 목표를 세웠다. 다른 한편으로 A그룹의 브랜드(예를 들어 플레이스테이션)는 그들이 시장을 성장시킴에 따라 브랜드 리더로부터 점유율을 빼앗아올 가능성이 더욱 커진다.

커피숍이 자동차 판매에 대해
이야기해 줄 수 있는 것은 무엇인가?

방금 언급한 도전자 리스트 같은 마케팅 사례들에는 다음과 같은 문제점이 있다. 만일 그들이 우리와 같은 업종에 있다면, 우리는 이미 그들에 대해 잘 알 것이고, 그래서 오래 전부터 그들은 자극이나 영감을 줄 능력을 잃어버렸을 것이다(경쟁적 이점을 끌어낼 기회를 거의 제공하지 않는다). 반대로, 만일 그들이 우리의 업종 밖에 있다면, 우리는 그들을 가지고 무엇을 해야 할지 모른다. 스타벅스를 한번 살펴보자. 그들은 지난 10년 동안 가장 많이 언급된 시장 진출 사례이다(실제로는 재진출과 확장이다). 스타벅스는 언론에서 많이 다루어졌고 크게 찬사를 받았지만, 우리가 음료 업종에 있지 않다면 그것을 가지고 무엇을 할 수 있다는 말인가? 앱솔루트도 마찬가지다. 보드카 시장은 매혹적이지만, 그것은 이미지 마켓이고, 나는 서비스 분야에 있다. 원더브라에 대해서는 말도 꺼내지 말라. 나의 유통 시스템은 란제리와는 전혀 다르다. 마치 무늬가 있는 유리창을 통해 안을 들여다보는 것처럼, 그것은 사실상 우리가 매일매일 살아가는 구조와는 맞지 않는 것처럼 보인다. 그래서 우리는 이러한 다른 마케팅 세상을 한쪽에 접어둔 채 잊어버린다. 그리고 그들과 우리 사이를 이어주는 다리는 완성되지 않는다.

그렇지만 이 책 전체의 핵심 요지와 우리가 계속 만들어갈 전략 과정은, 다른 카테고리에 있는 브랜드를 관찰하면서 얻게 되는 이점이 카테고리 내부의 경쟁자를 분석하는 것만큼이나 크다는 것이

　　제1부 큰 물고기의 크기와 성질

다. 새롭고 탐욕스런 마케팅 먹이사슬의 역학 관계 속에서 번영하려면, 우리가 보고 배워야 할 새로운 브랜드 모델은 우리 자신의 업종에 있는 다른 브랜드나 다른 업종의 브랜드 리더는 분명히 아니다. 대신 그들은 다음과 같은 것이다.

- 2등 브랜드.
- 우리의 업종 밖에 있음.
- 급속한 성장을 이루어냈음.

이러한 시도가 성공하려면, 우리는 명백히 자신과 무관한 업종과 자신의 업종을 효과적으로 연결하는 방법을 찾아야 한다. 두 비즈니스 간에 다리를 놓는 것을 시도해 보라. 그러면 이 책에서 나중에 다룰 도전자 전략 과정의 기초를 형성할 일련의 연습들의 첫 번째를 시작하는 것이다.

스타벅스는 여러 가지 이유에서 흥미로운 사례이다. 그 가운데 하나는, 만일 소비자 조사를 했다면, 대중에게 어필하는(mass appeal) 어떤 것으로서 그것의 개념을 생각해 내지 못했을 것이라는 점이다 — 소수의 미식가들에게는 충분히 가능한 일이었겠지만 일반인들은 그것의 개념에 반응할 수 없었을 것이다. 왜 그럴까? 그들은 한 잔의 커피가 아니라 커피를 즐기는 경험을 팔고 있기 때문이다. 간단히 말해서, 누구든 스타벅스를 실제로 경험해 보지 않고서는 그러한 경험에 대한 반응을 평가하기란 불가능하다. 따라서 우리가 스타벅스로부터 배우기 위한 출발점은 다음과 같을 것이다. 우리의 비즈니스를 위해 스타벅스로부터 어떠한 교훈이나 제품 아이디어를 이끌어내려고 하든 간에, 소비자 조사를 하려고 하기보다는 스타벅스 매장을 직접 찾아가서 사람들이 거기에서 무엇을 하는지 보아야 한다. 그런 다음, 그것을 어디에 적용해야 할지 결정해야 한다. 왜냐하면 스타벅스의 교훈은 제품이 아니라 경험을 파는 것이기 때문이다.

당신이 바라는 것은 더 많은 자동차를 파는 일인데, 실제로 이것을 가지고 무엇을 해야 하냐고 나에게 묻는다. 좋다. 좀 색다른 방식으로 시작해 보자. 8년 전이라고 생각해보라. 당신은 포커스 그룹에 뽑혀 커피에 관해 말하기 위해 로스앤젤레스의 어딘가로 소집되었다. 포커스 그룹의 조정자는 우연히도 내가 맡게 되었다고 하자.

이제 시작한다. 나는 당신에게 로스앤젤레스에 스타벅스라는 커피 전문점이 문을 열 예정이라고 말한다. 이 커피 전문점은 커피 한 잔을 3.5달러에 판매하며, 가급적이면 날마다 당신이 그곳에 들러주기를 바란다. 그러면 당신은 이상한 눈초리로 나를 쳐다보면서, 날마다 커피 한 잔에 3달러씩이나 갖다 바칠 어떤 이유가 있냐고 내게 묻는다.

나는 당신에게 그게 무엇이라고 생각하는지 되묻는다. 잠시 생각하고 나서 당신은 말한다. 분명히 집까지 배달해 주거나 비슷한 종류일 것이다. 배달원이 문 앞까지 오는 서비스일 것이다.

나는 아니라고 대답한다. 당신이 매장까지 직접 가야 한다. 그리고 이 커피 전문점에 들르려면 약간 길을 돌아가야 하고 어쩌면 이

 제1부 큰 물고기의 크기와 성질

중 주차를 해야 할지도 모른다. 그래도 당신은 기꺼이 그렇게 할 것이다.

당신은 다시 생각한다. 거기에 도착하면 빠른 서비스를 받을 수 있을 거라고 짐작하며 당신은 말한다. 도착하자마자 원하는 방식으로 맛있는 커피를 마실 수 있는가? 나는 아니라고 답한다. 아마도 줄을 서야 할 것이고, 때로는 7~8분 정도 기다려야 할 것이다. 당신은 조금 황당한 표정을 짓는다. 나는 그 커피숍에 대한 설명을 계속한다. 줄을 서서 기다려야 한다는 것이 최고의 경험이다. 그것이 바로 그들이 실제로 팔고 있는 것이다. 왜냐하면 (지난 8년 간 우리는 스타벅스의 경험이 어떻다는 것을 알고 있다) 그것은 이런 것이기 때문이다. 잠시 가던 길을 멈추고 매장에 들어설 때 우리를 에워싸는 선택의 기대감, 커피 향기, 그리고 많은 커피 원두와 이국적 블렌드의 이름들. 이제는 알아듣게 된 배리스타*들의 이국적인 언어, 전혀 거부감 없이 세련된 느낌의 재즈 선율, 차례를 기다리면서 감상하고 배우는 커피 원두에 관한 지식들 ─ 나는 커피를 마시지 않더라도 3달러를 내고 10분 동안 줄서서 기다리고 싶다. 나는 하워드 슐츠가 스타벅스로 이루어낸 진정으로 훌륭한 점이 바로 이것이라고 생각한다. 그는 시간에 쫓기는 소비자들이 원칙적으로 가장 싫어하는 것, 즉 줄을 서서 기다리는 것을 그 과정의 일부로 만들었고, 그것을 가장 값진 경험으로 바꾸어 놓았다.

다시 자동차로 돌아가자. 많은 소비자들이 자동차를 구입할 때

---

* barista, 직접 커피를 만들고 커피의 종류와 기원에 대해 설명하면서 고객들과 대화를 이끌어가는 직원 ─ 옮긴이.

가장 싫어하는 일은 할부 승인이 떨어지기를 기다리며 오랜 시간 플라스틱 의자에 앉아 있는 것이다. 스타벅스의 이야기가 우리에게 던지는 질문 중의 하나는 이런 것이다. 어떻게 하면 그 순간을, 소비자가 가장 싫어하는 과정을 덜 고통스럽게, 더 나아가 실제로 가장 즐거운 과정으로 바꿀 수 있을까? 어떻게 하면 그것을 다음 날 주변의 친구들에게 전해주고 싶은 이야기로 바꿀 수 있을까? 어떻게 하면 다시 한 번 해보고 싶도록 만들 수 있을까?

어떤 방법이 있을까? 그저 오래된 『리더스 다이제스트』를 비치하는 것만으로는 안 된다. 소비자에게 즐거움을 주는 것에 대해 좀 더 많이 알아야 한다. 어떤 사람들에게 그것은 놀이일 수 있다 — 교외에 있는 판매점이라면 건물 뒤쪽에 자동차 트랙을 마련할 수도 있을 것이다. 어떤 사람은 뭔가 배울 수 있기를 바랄 것이다 — 운전 실습이 가능한 컴퓨터 시뮬레이션을 갖추거나 SUV 구매자에게는 비포장도로에서의 운전 요령을 가르쳐줄 수도 있을 것이다. 만일 비디오밖에 장비가 없다면, 경찰의 고속도로 추격 장면이 담겨 있는 영화를 보여줄 수도 있을 것이다. 기다리는 동안을 단지 짜증스러운 시간이 아니라 보다 가치 있는 시간으로 바꾸어 놓으면, 구매자는 거래를 기분 좋게 느끼고, 그것에 관해 친구들에게 이야기하게 된다.

다시 말해, 스타벅스 사례의 적실성은 커피와는 아무 관계가 없다. 그것의 적실성은 하워드 슐츠가 커피숍과 같은 영역에서 소비자들이 기대하지 않았던 무엇인가를 창출했다는 데 있다. 사실상 우리는 그보다 더 나아갈 것이다. 우리는 우리의 영역 밖에 있는 브랜드들로부터 얻은 적실성 있는 핵심 요소들을 어떤 영역에도 적용할 수 있도록 전환하는 최초의 연습 과제들을 만들 것이다.

이러한 연습 과제는 동사의 형태를 띠며, 첫 번째 동사는 이런 것이다.

슐츠 Schultz 동사 : 우리의 브랜드와 소비자의 상호 작용에서 소비자가 가장 싫어하는 부분을 가장 즐거운 요소로 바꾸어 놓는다.

우리가 8가지 원칙에서 논의하는 각각의 핵심 사례들이 바로 이러한 방식으로 바꾸어질 수 있다면, 다른 영역에서의 사고의 혁신을 우리의 영역에 효과적으로 적용할 수 있게 하고 그래서 그들의 도전과 성장을 복제할 수 있게 하는 일단의 연습 과제들을 개발할 수 있을 것이다.

우리는 물론 2등 브랜드로서 도전하기 위해서든 생존하기 위해서든, 급속한 성장이 필요하다. 중간 지대는 점점 더 살아가기에 위험한 장소가 되어 가고 있다.

8가지 원칙

우리는 이들 브랜드들 모두가 하고 있는 듯한 것에 대한 일련의 관찰로부터 시작하여, 그런 다음 우리 브랜드에 적용할 수 있는 새로운 종류의 전략 과정과 일련의 연습 과제들을 만들 것이다.

물론 이것은 심각한 사후 합리화(postrationalization)이다. 우리가 논의하고 있는 브랜드 뒤에 있는 어느 누구도 의식적으로 8가지 원칙에 대해 관해 말한 적이 없다. 그들은 본능적으로 그것을 따라 했는데, 종종 자유 의지에 의해서라기보다는 그렇게 할 수밖에 없었기 때문이었다. 하지만 그것은 우리의 목적을 위해서는 문제가 되지 않는다. 우리는 그들의 경험 곡선을 통해 배우고 있다. 어떤 경우에는 팀버랜드(Timberland)처럼 그들의 실수가 성공만큼 우리에게 소중한 도전자들도 있다.

끝으로, 도전자가 된다는 것의 핵심에는 정확히 마케팅이란 과학이 아니라 정보에 입각한 판단이라는 사실이 놓여 있다. 즉, 어떤 마케팅도 더 이상 절대적이지 않은 곳에 기회가 있다는 것이다. 내 친구는 책 표지에 앨비스 프레슬리의 옷차림을 한 허브 켈러허의 사진을 넣으라고까지 제안했다. 그리고 제목으로 "이 사람이 과학자처럼 보이는가?"라고 달자고 했다. 정보에 입각한 판단의 정신으로, 나는 핵심 가설을 가능한 철저하고 엄격하게 입증해 왔지만 어떤 지점에서는 포장된 길에서 벗어나 시장과 소비자의 미래에 대한 견해를 제시하기도 할 것이다. 그리고 그럴 때마다 그러한 주관적인 관찰들을 여러분이 가급적 명확히 식별할 수 있도록 알려줄 것이다.

성공하는 도전자 브랜드의 8가지 원칙

EATING THE BIG FISH

직전의 과거와 단절하라

"문제는 어떻게 새롭고 혁신적인 생각을 마음속에 떠올리느냐가 아니라 어떻게 낡은 생각을 떨쳐내느냐이다. 모든 마음은 구식 가구들로 가득 찬 방과 같다. 무엇이든 새로운 것이 들어올 수 있으려면, 먼저 당신이 알고 생각하고 믿는 것의 낡은 가구를 없애 버려야 한다."
— 디 호크[1]

미경험의 활력

자신이 속한 개별 시장에 실제로 충격을 준 훌륭한 도전자들의 명단을 살펴보면, 가장 먼저 눈에 띄는 사실은 그들 중 많은 수가 새롭게 진출했다는 점이다. 다시 말해서, 그들 중 꽤 많은 기업들(더 구체적으로는 기업 뒤에 있는 사람들)이 자신들이 선택한 영역에서 전혀 경험이 없다는 것이다. 예를 들어 리처드 브랜슨(Richard Branson)은 록 앨범을 팔아서 모은 자금으로 항공 사업을 시작했고, 그것이 버진애틀랜틱이다. 마이클 델(Michael Dell)은 텍사스의 오스틴에서 대학생이었을 때 제품보다는 배송 체계에 초점을 둠으로써 IBM과 컴팩을 물리칠 수 있다는 사실을 깨달았다. 그리고 1997년에 델 컴퓨터의 가치는 120억 달러가 되었다. 모터사이클 손잡이를 생산하던 오클리의 짐 제너드(Jim Jannard)는 나스카 자동차 경주 대회가 끝난 뒤 선수들을 인터뷰하는 장면을 시청하면서 카메라가 얼굴에만 클로즈업되어 자동차와 의상에 새겨진 모든 스폰서들은 거의 화면에 나오지 않는다는 사실을 깨달았다. 그 다음 주에 그는 브랜드가 찍힌 아이웨어(eyeware) 사업을 시작했다. 이안 슈레이저(Ian Schrager)의 유일한 과거 경험은 나이트클럽을 운영한 것이었지만, 그는 뉴욕의 가장 인기 있는 호텔 세 곳(파라마운트, 로열턴, 모건)을 세웠다. 웨인 후이젱가(Wayne Huizenga)는 처음 100만 달러를 폐기물 처리로 벌어들었지만, 블록버스터를 비아콤에 매각하기 전까지 비디오 시장의 구조를 통째로 바꾸어 놓았다. 그 수익으로 그는 전혀 다른 영역인 자동차 판매업에도 뛰어들었다. 하워드 슐츠(Howard Schultz)는 스웨덴풍의 주방 장비를 판매하고 있었는데, 스타벅스라는 시애틀의 작은 커피숍을 인수해 커피에 관한 미국인들의 사고 방식을 바꾸어 놓았다. 전자 제품 판매업체인 서킷시티(Circuit City)는 자동차 사업이 하이파이 오디오 판매와 다를 바 없다고 생각해 카맥스(CarMax)를 세웠다. 애니타 로딕(Anita Roddick)은 사실상 한 단계 더 나아갔다. 바디샵을 발전시키는 데 있어, 그녀는 업계 전문가들이 하는 방식과 정확히 반대로 항상 시도해 보라고 주장한다.

우리는 업계의 경험은 소중하고 아마도 필수적이라고 배웠다. 기업에서는 자신들의 사업 영역이나 업종이 특별하다고 생각하는 경향이 있다. 고유의 규칙이 있고 나머지 모든 것들과는 본질적으로 다르다는 것이다. 그래서 직업을 바꾸거나, 혹은 같은 직업이지만 다른 사업 영역으로 옮길 때마다, 항상 예상 가능한 긴장된 순간이 있다. 즉 베테랑 선배가 탁자에 기댄 채 왜 이 사업이 전에 일했던 사업과 다른지 한두 시간 설명을 한다(나의 경험에 비춰 보면, 생색을 내고 있다). 우리의 열정과 신선한 사고는 일견 이해할 수는 있지만 잘못되었다는 것이다. 이 사업에 대해 좀더 알게 되면 그 이유를 알게 될 것이라고 선배는 이야기한다.

물론 다소 제한된 측면에서 본다면, 그들이 옳을 수도 있다. 제조업의 경우를 보면, 종종 업종마다 개발 기간이나 유통 구조, 노동 협약, 혹은 심지어 (매우 흔한 경우로) 소비자의 구매 사이클의 차이가 있다.

그렇지만 소비자는 그 비즈니스에서 수 년 동안 종사하는 혜택을 누려 본 적이 없다. 그들은 어느 한 시장에서 경험한 일이 반드시 다른 시장에서 바라던 것과 반드시 달라야 한다고 생각하지는 않는다. 정말로 많은 점에서 그들은 어느 영역에서 접하는 경험이 다른 영역에서 접하는 것과 아주 비슷해지기를 바란다. 앞서 보았듯이, 동네 세탁소처럼 서비스하는 항공사가 있다면 그들은 매번 그 항공사를 이용하려 할 것이다. 일리노이 주 피오리아의 포커스 그룹에게 새로운 통신 회사가 무엇과 비슷해지기를 바라냐고 물으면, 그들은 테네시 스프링힐에 있는 자동차 회사, 즉 새턴이라고 말할 것이다.

그것이 바로 우리의 목록에 있는 많은 도전자들에게 사람들이 그렇게 열렬히 반응하는 이유이다. 해당 영역에서 경험이 없다는 것은 절대로 약점이 아니다. 오히려 그것은 새로운 참가자에게 해당 영역에서의 신선한 가능성, 즉 수 년 동안 일해 온 사람이 너무 가까이에 있어서 보지 못한 가능성을 그려보게 하는 활력을 제공한다는 사실이 입증되었다.

나는 비슷한 것이 당신과 나에게도 적용된다고 생각한다. 결국 우리는 일을 시작한 처음 한 달이 3년 동안 한 것보다 시장의 가능성에 대해 더욱 잘 이해하고 있었다고 마음 한편에서 정말로 느끼지 않는가? 처음 몇 주 동안 우리는 여러 가지 궁금증에 몰두하고 기회들을 눈여겨보았으며, 업계의 관행에도 매몰되지도 않는다. 아울러 앞으로 우리의 판단을 흐리게 할 지나친 세세함과 제조상의 문제에 굳이 제약을 받지 않는다. 그것은 너무나도 간단하고 명쾌해 보인다. 우리는 그 시장의 문을 닫는 것이 아니라 활짝 열어 놓는다. 우리는 단지 "왜"가 아니라 "왜 안 되지?"라고 질문한다. 다섯 살배기 딸아이의 우리 업종에 대한 질문이 우리가 돈을 지불하는 조사 기관의 질문보다 하찮을 이유는 전혀 없다. 왜 시계 색깔이 저렇게 칙칙하지? 왜 모두가 비슷해 보이지? 왜 사람들은 한 번에 하나씩만 입으려고 하지? 이러한 질문의 시작이 우리가 무엇인가를 변화시키려는 때이다. 브랜슨, 슈레이저, 델의 경우를 보라. 순수함, 지적인 순수함이 세상의 모든 MBA 전문가들보다 더 근본적으로 사업의 면모를 변화시킬 수 있었다.

이것은 마케팅을 초월한다. 나의 영어 선생님은 지난 200년 동안 가장 섬세한 영어권 작가는 콘래드와 나보코프라고 말씀하시곤 했다. 둘 가운데 어느 누구도 영어를 모국어로 배우지 않았다. 선생님이 주장한 것은 두 작가 모두 다른 문화권, 다른 언어권 출신

 제2부 성공하는 도전자 브랜드의 8가지 원칙

이었기 때문에 영어라는 언어의 가능성이 그들만의 놀랍고 비상한 방식으로 활짝 열리게 되었다는 바로 그 사실이었다. 또한 1960년 대 독창적인 발전, 미국 광고계의 황금 시대는 일부 뉴욕 시민들 덕분이었는데, 당시에 자신의 강력한 문화를 가진 소수 민족이 역사적으로 앵글로색슨 백인들이 도맡아온 전문 영역에 크게 유입되었다. 강력한 이탈리아와 유대 문화에서 온 창조적인 사상가들은 미국 문화의 주류에 있던 사람들이 너무 가까이에 있어서 볼 수 없었던 기존 영역에 새로운 통찰을 불어넣을 수 있었다.

이것이 바로, 직전의 과거와 단절하는 것의 준비, 마음의 준비가 도전자 브랜드의 제1원칙인 이유이다. 이것은 지금 시장에 있는 도전자에게도 그렇다.

신참자라면 이것은 누워서 떡먹기보다 쉬울 것이다. 무엇보다 치워야 할 가구가 없기 때문이다. 하지만 이미 한 업종에 오랫동안 몸을 담아왔다면, 어떻게 경험이 없는 것처럼 만들 수 있을까? 조직 내에서 그러한 분위기를 어떻게 만들어낼까?

앤드루 그로브(Andrew Grove)는 자기 자신을 해고했다. 1985년, 브랜드 리더는커녕 도전자 축에도 끼지 못했던 당시, 메모리 칩 사업을 하고 있었던 인텔이 일본산 제품의 가격 공세를 맞아 수익을 남길 수 없을 것처럼 보이자, 그로브 사장은 개인적인 위기에 몰렸다. 그는 기존 판을 진정으로 깨끗하게 쓸어버려야 할 필요성을 자신에게 감성적으로 보여주기 위해, 회장에게 마치 두 사람이 모두 해고된 것처럼 인텔 건물에서 함께 걸어 나가자고 제안했다. 그리고 그들은 앤드류 그로브와 고든 무어(Gordon Moore)가 아니라 새롭게 임명된 사장과 회장으로서 다시 건물 안으로 들어왔다.

방금 전 정신적으로 비워 주었던 중역실에 앉아서 그들은 지난 수 년 동안 경영해 왔던 사업을 새로운 눈으로 보았고 회사가 직면한 핵심 사안을 즉시 파악했다. 즉, 회사는 잘못된 사업을 하고 있었다. 회사는 메모리에서 손을 떼고, 지금까지 두 번째 우선 순위였던 마이크로프로세서에 회사의 전체 역량을 모아야 했다. 극적인 순간에 그로브는 순수한 눈을 통해 두 사람 모두가 수 개월 동안 씨름해 온 문제의 해결책을 찾을 수 있었다.

여기에서 우리는 두 번째로 새로운 동사형을 만들어낼 것이다. 기억하겠지만, 이것들은 이 책의 마지막에 나오는 이틀간의 사외 프로그램에서 일어날 일련의 행동들, 즉 우리를 도전자로 변신시키는 데 일익을 담당할 행동들을 정의하기 위해 의도된 것이다.

새로운 동사는 다음과 같다.

그로브 Grove 동사 : 스스로를 해고하고 냉정하고 빈틈없는 후임자로서 건물에 다시 들어와 회사가 직면한 핵심 사안을 파악한다.

다시 말해 큰 물고기를 파악하는 것이다. 우리는 지금까지 큰 물고기를 또 다른 주요 경쟁자라고 말해 왔지만, 사실상 그것은 이처럼 간단하지 않을 수 있다. 이러한 주요 경쟁자의 위협 혹은 성공은 문제 자체라기보다는 문제의 징후일 수 있다.

그 다음에 우리는 이러한 순수한 활력의 느낌을 개인뿐 아니라

 제2부 성공하는 도전자 브랜드의 8가지 원칙

우리들 주위의 모든 팀에 불어넣어야 한다. 혹은 적어도 회사의 사고 방식에 변화를 가져올 수 있을 만큼 충분히 주입해야 한다. 앞으로 살펴보겠지만, 당신 주변에 그러한 문화를 육성하기 위해서는 다른 종류의 질문, 한 차원 높은 질문을 던져야 한다. 즉 흐름을 거슬러 헤엄쳐야 한다.

흐름을 거슬러 헤엄치기

1997년 10월, 리처드 브랜슨은 버진원(Virgin One), 즉 버진 은행의 출범을 선포했다. 지난 몇 해에 걸쳐 버진은 이미 영국 시장에서 비교적 작은 규모의 금융 상품 — 트랙커 펀드, 개인 자산 플랜, 연금 — 을 도입하여 약간의 성공을 거두었고, 단순히 눈에 띄기만 한 것이 아니라 기성의 영국 은행들의 가부장적 이미지에 맞서 합리적이고 진솔한 이미지를 구축했다. 이제 브랜슨은 더욱 직접적으로 대규모 은행 사업에 착수하겠다고 선언한 것이었다. 기자 회견에서 발표한 새로운 은행에 대한 그의 야심은 간결했다. "우리는 영국인들이 돈에 대해 느끼는 방식을 바꾸고 싶습니다."

이것은 놀라운 발언이었다. 그가 말한 것 못지 않게 말하지 않은 것도 놀라웠다. 예를 들어 그는 "소비자들이 장기 고금리 예금에 대해 생각하는 방식"이나 "사람들이 현금 자동 입출금기를 사용하는 방식을" 바꾸고 싶다고 말하지 않았다. 아울러 금융 조언의 필요성이나 현금 서비스의 기회, 혹은 주식 시장의 숨은 장점에 대해서도 언급하지 않았다. 그 대신 브랜슨은 "영국인들이 돈에 대해 느끼는" 방식을 바꾸려는 그의 바람을 새로운 브랜드의 기초로 삼겠다고 제시했다. 그가 새로운 사업의 출발점으로 삼은 것은 불만족스런 저축 요구나 당좌 요건의 충족이 아니라 "금융 업계 전체의 정서적 관계를 변화시키는 것"이었다. 그는 흐름을 거슬러 헤엄을 쳤다.

웰스파고, 아메리카 은행, 바클레이스 같은 기성 브랜드들이 스스로 그런 질문을 던지거나 그러한 야망을 중심 목표로 세우리라고 상상하기는 어렵다. 그들은 자신들의 사업에 너무 가까이에 있어서 파문을 일으킬 입장 아니다. 우리 모두는 사업의 한 영역에 오래 몸을 담을수록 중도적 사고의 덫에 빠지게 되며, 특히 사업이 꽤 성공적일 경우에는 더욱 그렇다. 그러나 브랜슨처럼 그런 질문을 던지고 더 높은 차원의 목표를 세우면, 앞으로의 과제에 대한 전체적인 접근법이 달라진다. 예를 들어 돈에 대한 사람들이 느끼는 방식을 바꾸겠다는 브랜슨의 과제가 우리에게 주어졌다면 어떨지 생각해 보자. 우리는 그것을 어떻게 했을까?

아마도 우리는 틀림없이 다른 종류의 조사 방식을 생각해 봐야 했을 것이다. 기존의 방식보다는 훨씬 개방적인 방식 말이다. 예를 들어 이용 실태 및 만족도(Usage & Attitude) 조사는 할 수 없다. 왜냐하면 이러한 체계화된 양적 조사는 질문이 무엇인지 우리가 안다는 것을 전제로 하고 있으며, 따라서 암묵적으로 대답이 무엇일지에 대해서도 우리가 알 것으로 생각하고 있기 때문이다. 우리는 사람들을 방 안에 모아놓고 그들의 마음속에 무엇이 있는지 물어

 제2부 성공하는 도전자 브랜드의 8가지 원칙

보고 얼마나 빨리 돈에 관해 언급하는지 지켜볼 수 있을 것이다. 3쪽 짜리 논의 지침을 제시하기보다는 우리는 뒤에 떨어져 앉아서 몇 시간 동안 오고가는 대화를 듣는 것이다. 그리고 그들이 스스로 의제를 정하게끔 내버려둔다. 그들이 돈에 대해 어떤 점을 좋아하고 싫어하는지, 어떤 점이 변하기를 원하고, 어떤 금전적 결정이 다른 결정과 어떤 관련이 있는지 말이다. 우리는 그들이 사용하는 용어, 제시하는 비유, 표현하는 감정에 주의를 기울인다. 참관 시설이 갖추어진 방에 그들만 들어가게 하면, 아마도 결과가 많이 달라질 것이다. 왜냐하면 돈이란 솔직해지기 어려운 주제이기 때문이다. 그들의 집으로 가서 한동안 함께 생활할 수도 있다. 돈을 사용하는 방법을 보고, 돈을 쓰고 저축하고 계획을 세울 때 어떤 기분이 드는지 질문할 수도 있다. 기분이 좋거나 나쁠 때를 포착할 수도 있다. 그밖에도 얼마든지 있다.

톰 포드(Tom Ford)가 크리에이티브 디렉터라는 직책과 함께 구찌(Gucci)의 신뢰성 회복이라는 힘든 과제를 떠맡았던 때는 1980년대 구찌 제품이 아주 진부해진 후였다(구찌는 한때 14,000여 개의 품목에 상표를 붙일 만큼 무분별하게 확장되었다). 따라서 그의 첫 번째 패션쇼가 지극히 중요했다. 비록 오트 쿠튀르(haute couture, 고급 맞춤 의상)는 구찌의 매출에서 10퍼센트 미만이었지만, 구찌의 나머지 브랜드들의 유행을 정의했고 세계의 언론들은 포드의 첫 작업으로부터 구찌의 새로운 유행을 판단하려고 기다리고 있었다.

패션은 트렌드를 탄다. 패션은 거의 하나의 집합체로서 하나의 지배적인 분위기를 창출하는 경향이 있으며, 1990년대 초의 분위기는 섹시하지 않은 복장과 정숙함이었다. 의복 스타일은 점점 지성에 호소하고 있었다. 톰 포드는 이에 불만을 느꼈다. 그 대신 그는 흐름을 거슬러 헤엄쳤다. 그는 언뜻 보기에 너무나 명백한 질문을 자신에게 던졌다. "사람들은 왜 좋은 옷을 입고 싶어할까?" 그리고 당시의 패션 경향과는 전혀 다른 대답들을 가지고 돌아왔다. 좋은 옷은 분명히 사람들을 매혹하는 것이 전부이다. 그것은 복잡한 게 아니었다. 사람들은 섹시하게 느끼기 위해 그런 옷을 입었다. 포드는 이것이 구찌를 위한 기회임을 느꼈고, 그래서 초록과 베이지색 대신, 매우 공격적이고 매끈하며 섹시하고 매혹적인 룩을 만들었다. 그것은 터프하면서 세련된 스타일이었다. 비평가와 대중들의 호평이 즉각적으로 일어났다.

물론 때로는 소비자가 브랜드만큼 업계의 선입관에 가까이 있는 경우도 있다. 이러한 소비자는 그들이 무엇을 바라는지 말할 수 없는데, 업계가 그들을 대신해 효과적으로 그것을 정의해 왔기 때문이다. 예를 들어 스위스의 시계 제조사들이 새로운 일본 경쟁자들로 인해 고사 위기에 직면하기 전까지, 시계와 시계 제작에 대한 그들의 접근 방식이 수 세기에 걸쳐 전 세계의 시계 문화를 규정해 왔다. 시간이 소중하듯이 시계도 소중했다. 시계는 높은 신분의 물품으로서 오래가고, 묵직하며, 고가였고, 공들여 제작되고, 한 개만 착용하는 것이었다. 값이 저렴한 시계는 시간의 중요성을 이해하지 못하는 아이들에게나 어울린다고 여겨졌다.

니콜라스 하이예크(Nicholas Hayek)와 스위스인들은 그들의 큰 물고기를 잡기 위해 오랫동안 그렇게 세심하게 키우고 다듬었던

 제2부 성공하는 도전자 브랜드의 8가지 원칙

스위스 시계 제조공의 모든 유산들과 결별했다. 그들은 고가의 제품 대신 값이 저렴하고 간단히 쓰고 버릴 수 있는 시계를 만들기 시작했다. 그들은 무거운 색상보다는 밝은 색상으로 만들었다. 금속을 깎는 게 아니라 플라스틱으로 틀을 짰다. 시계에 격식의 느낌보다는 즐거움을 부여했으며, 다양성을 강조했다. 심지어 동시에 두 개를 차도 좋다고 선전했다. 그들은 패션 시즌에 맞춰 일년에 두 번 신제품 발표회를 열었다. 결과는 어땠을까? 스와치(Swatch)는 대중 문화의 아이콘이 되었을 뿐만 아니라 지난 30년 동안 가장 위대한 비즈니스 성공 스토리 가운데 하나가 되었다.

돌파구는 처음에 "우리는 어떤 사업에 종사하는가?"라는 올바른 질문을 던지는 것으로부터 나왔다. 이 질문에 대한 하이예크의 답변은 "시간 관리" 혹은 "품위"도 아닌 "패션"이었다. 일단 다른 차원의 질문을 던지고, 근본적으로 다른 방식으로 그 질문에 대답하면 그 밖의 모든 것들은 흘러 나오기 마련이다. 이 경우에는 바로 그 질문이 소비자보다 훨씬 더 중요했는데, 왜냐하면 소비자들은 그 업종을 스위스 시계 업계 이상으로 명확히 보기는 어려웠기 때문이다. 중요한 차이를 만드는 그런 질문을 던지기 위해서는 아웃사이더가 필요했다.

스위스인들이 이러한 높은 수준의 질문을 묵인하도록 만든 것은 시장에 다시 진입해야만 하는 절박함이었다. 새로운 시계를 내놓고 그 반응에 대한 인터뷰에서 하이예크는 이렇게 말했다. "만일 ASUAC나 SSIH가 1프랑이라도 이익을 남기고 있었다면, 나를 창밖으로 내던졌을 겁니다. 그들은 이렇게 말했겠죠. '자네, 미쳤군.

도대체 시계에 대해 아는 것이 뭐야?' "[2] 하지만 그들이 직면한 상황이 그들을 도전자로 내몰았다.

이와 같은 질문을 던지는 것, 그리고 나서 업계와 브랜드 리더에게 도전하기 위한 정신적 준비로서 흐름을 거슬러 헤엄을 치는 것은 당신이 정말로 어떤 사업을 하고 있고, 혹은 어떤 사업을 할 수 있는지 볼 수 있도록 할 것이다. 나는 이 장의 앞에서 도전자는 어떤 경험도 자신의 업종으로 가져오지 않는다고 말했다. 실제로 이것은 사실이 아니다. 그들은 자주 다른 업종의 경험을 새로운 업종으로 가져오며, 그래서 때로는 그것이 그들이 진출하는 업종에 새로운 시각을 제시하기도 한다. 로얄턴 호텔과 파라마운트 호텔이 오늘날과 같은 성공한 거둔 이유 중의 하나는 호텔 로비가 1990년대의 나이트클럽이라는 이안 슈레이저의 믿음이다. 이러한 생각은 우연히 나온 것이 아니다. 그는 뉴욕에서 전설적인 나이트 클럽인 스튜디오 54를 설립하고, 운영한 적이 있었다. 다시 말하지만, 소비자는 그러한 정보를 그에게 결코 제공하지 못했을 것이다. 그러한 생각이 떠오를 수 있었던 것은 한 영역의 가능성을 다른 영역으로 옮겨서 적용한 덕분이었다(마찬가지 방식으로 토크쇼 순위에서 제리 스프링거가 오프라 윈프리를 넘어 급속히 부상한 것은 제리 스프링거가 자신의 상품을 토크쇼로만 보지 않았기 때문이다 ─ 그는 그것을 "서커스 이상의 것"으로 보았다.[3] 슈레이저와 마찬가지로 이것은 스프링커의 과거 경험으로부터 탄생한 것이다. 그는 전에 정치에 발을 담갔다).

따라서 슈레이저라는 새로운 동사를 만들 기회가 생겼다.

 　제2부 성공하는 도전자 브랜드의 8가지 원칙

슈레이저 Schrager 동사 : 본질적으로 "다른" 업종에서 온 누군가가 이전 업종에서의 통찰력을 당신의 업종으로 옮겨온다면, 어떤 식으로 마케팅에 접근할지 질문을 던져본다.

이 연습은 두 가지 차원에서 적용할 수 있다. 첫 번째는 일반적인 업종의 차원이다. 파스타 소스를 예로 들어 보자. 빌 게이츠라면 그것을 어떻게 팔 것인가? 그가 2등 브랜드를 맡게 되었다고 가정하자. 그는 어떻게 행동할까? 그는 소프트웨어 시장에서 배운 경험 곡선을 적용하여 그것을 어떻게 압도적인 소비자 표준으로 만들 것인가? 렉서스에서 온 사람이라면 어떨까? 렉서스는 새로운 성능 표준을 제시함으로써 고급차에 대한 소비자의 개념을 새롭게 정의하려고 했다. 그들은 파스타를 가지고 어떻게 할까? "자동차 보닛 위의 샴페인 잔들"에 해당하는 것은 무엇이 될 수 있을까? 자동차가 아주 견고히 만들어졌다는 것을 알려주는, 묵직하게 쿵 닫히는 소리에 해당하는 것은 무엇일까? 왜 새로운 고급차는 오감을 전부 만족시키지만 한 그릇의 파스타는 세 가지 감각만을 만족시킬 뿐인지 생각해 보자. 파스타 소스의 특성을 어떻게 귀로 들을 수 있을까?

물론 이러한 질문은 우리가 새로운 업종에서 일을 시작할 때 본능적으로 하는 것이다. 즉 우리는 방금 떠나온 업종의 시장 세분화와 브랜드의 관점에서 그러한 질문을 한다. 하지만 하나의 다른 렌즈를 통해서만 계속적으로 들여다보는 것은 위험하다. 우리는 소프트웨어의 관점에서만 우리 업종을 생각하거나 고급차의 관점에서만 생각해서는 안 되며, 연속적으로 다양한 영역의 관점에서 생각해 볼 수 있어야 한다. 바디샵과 "웰빙 제품"의 렌즈는 어떨까? 앱솔루트와 백색 증류주는 어떨까? 서크드솔레는? 현대의 서커스처럼 재미있고 기상천외한 파스타는 어떻게 만들까?

연습의 두 번째 차원은 이 아이디어를 한 단계 더 진전시키는 것이다. 엄밀히 말해서 슈레이저는 그 개념을 호텔이 아니라 호텔의 일부 또는 호텔 경험이라 할 수 있는 로비에 적용했다. 당신은 차라리 브랜드를 다섯 가지 핵심 요소로 쪼갠 다음, 이 연습을 각각에 적용할 수도 있다.

"슈레이저" 연습에는 두 가지 가치가 있다. 하나는 특히 소비자에게 그 같은 질문을 한다면, 브랜드나 업종을 다른 방식으로 보게끔 유도할 수 있다는 것이다. 제너럴모터스의 이야기를 들어 보자. 제너럴모터스는 일본의 자동차가 자신들의 전통적 고객층에 큰 영향을 미치는 것에 당황해서, 자신의 자동차와 경쟁사에 관한 조사를 실시했다. 포커스 그룹의 조정자는 소비자들에게 소니에서 자동차를 만든다면 어떨지 물었다. 소비자들의 열광적인 반응을 확인한 조정자는 그들에게 소니에서 만든 자동차와 제너럴모터스에서 만든 자동차 중에서 하나를 선택하라고 했다. 그 결과, 누구에게나 당연한 사실이 제너럴모터스에게는 충격을 주었다 — 명백히 소비자들은 미국 자동차 제작사의 기계적인 경험보다는 기술적으로 섹시한 소니를 선택했다. 이 충격으로부터 그들은 어떤 방식의 대응이 필요하다는 사실을 깨달았고, 그 결과 새턴 프로젝트가 시작되었다.

이 연습의 두 번째 가치는 해당 업종에 대해 질문을 던지는 바로 그 행동이, 설사 질문이 틀렸다고 하더라도 발전의 계기가 된다는 것이다. 구찌의 톰 포드는 거리를 걸으면서 그의 생각으로는 전혀 어울리지 않게 옷을 입은 사람들을 보는 것을 좋아한다고 말한다. 어떤 사람들은 인상이 찡그려질 정도로 옷에 대한 감각이 엉망이었다. 그리고는 그는 사무실에서 앉아서 그 이유를 알아내려고 애썼다. 이것은 미적 수준이 높은 것에서 출발하는 것만큼이나 그에게 가치 있는 연습이었다.

우리는 다른 종류의 질문을 던지는 것 외에도 다른 장소에서 해답을 찾아야 한다. 수 년 동안 실질적으로 동일한 방식으로 정확히 동일한 질문을 해왔기 때문에 기업의 전통적인 지혜가 고착화되었을 가능성이 크다.

이것이 복잡할 필요는 없다. 시케이원(cKone)은 캘빈 클라인이 18세에서 25세까지의 젊은층을 겨냥해 내놓은 남녀공용 향수로서 거대 향수 제조업체들의 패권에 도전하기 위한 시도였다. 회사의 마케팅 팀이 직면한 주요한 문제들 가운데 하나는 충동적이고 종잡을 수 없는 젊은이들의 성향이었다. 어떻게 하면 빠른 시간 안에 임계 규모에 도달할 수 있을까? 당시 캘빈 클라인의 마케팅 책임자는 표적 시장의 행동에 대해 양적 조사를 실시하기보다는, 나이 어린 브랜드 팀원들을 임원실로 불러 모은 다음, 그들의 주머니와 지갑과 가방에 들어 있는 것이 무엇인지를 물었다. 팀원들은 어리둥절해하며 모든 것을 탁자 위에 꺼내 놓았다. 빗, 돈, 립스틱 사이에, 콘서트 티켓, 콤팩트디스크 영수증, 옷 광고 전단, 모발 용품이 있었다. 마케팅 책임자는 바로 이것들이 있는 곳이 우리의 유통 기지가 될 것이라고 지적했다. 회사가 표적 고객들이 일부러 찾아오게 할 수 없다면, 그들이 이미 다니고 있는 길목에 상품을 비치해야 한다는 것이었다. 그리고 그 다음 주에 세일즈 팀은 최고 판매량을 달성했다.

모든 것을 시도해 보기

그래서 도전자 브랜드는 전에 다른 브랜드들이 미처 알아보거나 인식하지 못한 시장의 장소를 알아보고 인식한다. 그것을 알아보려면 스스로 다시 순수해져야 한다. 그것을 깨달으려면 브랜드가 모든 개별적인 마케팅 요소 차원에서 몇 년 동안 습득한 온갖 짐들을 벗어버려야 한다. 그것들은 자체적으로 차별성을 만들지는 못하지만, 브랜드를 경쟁업체와 차별화하고 과거와 일관성을 유지하는 데 있어서 집단적으로 중요하다고 생각되어 온 것들이다. 따라서 기존 브랜드에게도 도전은 다시 시작하는 것이다.

당신이 이미 튼튼한 브랜드를 가지고 있으며 쇠퇴기에 접어들지 않았다면, 다시 시작한다는 것은 생각하기가 어렵다. 지금까지 브랜드 관리에 관한 대부분의 저작들은 시간에 따른 일관성에 초점을 맞추었다. 즉 현재 브랜드 자산을 인식하고 마케팅 활동을 통해 그것을 유지하는 데 관심을 가졌다. 실제로 인간은 일단 어느 정도 기본적인 가치를 성취하면 자신이 가진 것을 보호하려는 자연스러

 제2부 성공하는 도전자 브랜드의 8가지 원칙

운 반응을 보인다. 연구에 따르면, 인간으로서 우리는 위험을 싫어한다기보다는 손실을 싫어한다고 한다. 가진 것이 많은 사람일수록 모험을 하려 하지 않는 것이다. 따라서 당연히 모험을 무릅쓰는 기업가들은 아무것도 없이 시작하는 사람들인 경우가 많다.

그러나 우리가 큰 물고기를 잡기를 바란다면, 이미 가진 것을 지키려는 것은 도전자의 마음가짐에서 한참 뒤떨어진 생각이다. 도전자 브랜드들은 직전의 과거와 의도적으로 결별하는 것처럼 보인다(만일 직전의 과거가 있다면). 그들은 소비자들로부터 신속한 재평가를 받기 위해 자신의 핵심적인 측면을 의도적으로 재창출한다. 그러기 위해 먼저 모든 자산, 시장에 대한 모든 선입견, 현재의 마케팅 도구들을 위한 현재의 모든 마케팅 전략들과 결별할 태세를 갖춘다. 그런 다음 중요한 차이를 만들어 내기 위해 작은 자산들을 희생한다.

다시 한번 이것은 우리의 직관에 반하는 것처럼 보인다. 왜냐하면 우리는 마케팅과 광고의 자산을 보호하고 양성하라고 배우기 때문이다. 그렇지만 다음과 같이 자문해 보자. 만일 그것들 가운데 어느 것이 그토록 가치가 있다면, 어째서 우리는 지금 더 나은 위치에 있지 못하는 것일까? 앞으로 재검토 과정을 거치다 보면, 과거에 중요한 것들이 다시 훌륭한 것으로 부상할 수도 있다. 하지만 우리는 과거로부터 떠밀려온 잡동사니와 짐짝들에 둘러싸인 채 헤엄을 치고 싶지는 않을 것이다. 우리는 그와 같은 자산들에 대한 우리의 질문은 "가치가 있을까?"가 아니라 "충분히 가치가 있을까?"여야 한다. 우리가 이제 달성해야 하는 성장률의 변화를 위해 그것들은 충분히 가치가 있을까?

　1992년 닛산(Nissan)이 중형 세단을 재출시했을 때 그들은 용기 있게 옛 이름인 스탄자를 버리고 다시 시작했다. 스탄자는 제법 역사적인 가치를 지니고 있었지만, 새로운 자동차에 대한 닛산의 야심을 실현하기에는 충분치 않았다. 앞에서 보았듯이, 야심과 자원 간의 간극이 이따금 도전자의 가장 좋은 친구가 된다. 당시 혼다의 어코드와 도요타의 캠리 같은 위협적인 상대들과 경쟁하던 닛산은 스탄자의 모든 과거로부터 벗어나 다시 시작했다. 새롭게 이름붙여지고 재포지셔닝된 알티마는 그해에 가장 많이 판매된 차가 되었다.

　정치 무대는 도전자 마케팅을 위한 완전한 시험장인데, 왜냐하면 대체로 브랜드 리더와 도전자라는 두 주자만이 경쟁을 벌이기 때문이다. 지난 번 선거에 이르기까지 16년 동안 보수당에 밀렸던 영국 노동당은 과거 어느 때보다 집권을 향한 더욱 급진적인 길을 선택했다. 그들은 자신을 재창조하고 16년 만에 처음으로 승리를 거두기 위해 과거의 근본적인 체계와 철학의 많은 부분, 즉 노동조합과의 연대, 강경 좌파에 대한 존중(전투적인 성향과의 단절), 일방적인 핵무기 감축, 고율의 소득세 같은 주요 정책들과 획기적으로 결별했다(이 선거에서 가장 흥미로운 측면 중의 하나는 토니 블레어의 마케팅 책임자인 피터 맨델슨이 노동당 내에서 꽤 유명해졌다는 점이다. 정치에서 마케팅은 이미 오래 전에 도입되었지만, 이처럼 공개적이고 극적으로 성공한 경우는 드물었다).

　반대로, 비디오 게임의 영역은 브랜드와 회사가 과거에 집착함으로써 스스로를 충분히 신속하게 재창조하는 데 실패한 사례다. 아타리(Atari)는 아이콘(닌텐도의 마리오)의 중요성을 이해하지 못했고, 닌텐도는 경쟁 우위 요소로서 세련되어 보이는 것의 새로운 중요성을 이해하지 못했다(세가의 1992년 광고). 세가는 소니가 플레이스테이션을 출시해 업계의 경험의 기준을 전혀 새로운 수준으로 올려놓는 동안에도 16비트 기술을 버리고 차세대 32비트에 집중해야 한다는 점을 깨닫지 못했다.

중요한 자산은 재검토 과정에 종종 다시 나타나곤 한다. 스와치는 "스위스"를 자신의 DNA의 일부로 유지했는데, 스위스라는 명칭이 시계에 기술적인 무결점을 부여하기 때문이었다. 그리고 단어의 사실적인 어감은 튀어 보이는 네온 플라스틱의 시계 디자인을 한층 돋보이게 했다. 할리데이비슨은 자신들의 핵심 가치로 돌아갔다. 닛산은 자신의 모든 것들을 다시 살펴본 후에, "Mr. K"(미국에서 닛산을 설립한 가타야마)의 정신과 닷선(Datsun, 닛산의 수출용 브랜드)의 후반기를 자신의 미국 브랜드의 정신적 유산으로 인정했다. 직전의 과거와 단절하는 것은 아무 생각 없이 모든 것을 내팽개치는 것과는 다르다. 그것은 단지 도전자가 되는 것과 기성 브랜드가 되는 것의 차이를 만드는 질문과 가능성에 집중하기 위해 자신을 자유롭게 하는 하나의 방법이다.

따라서 현재의 마케팅 자산이 사실상 여전히 중요하다면, 흐름을 거스르거나(upstream) 앞서가는(downstream) 질문과 경청의 과정에서 다시 수면 위로 부상할 것이다. 그렇지만 그것들은 과거에 이미 가지고 있던 훨씬 중요한 어떤 것을 가리고 있을 수도 있다.

그리고 그것을 보유하기 위해 에너지와 자원을 소모하다 보면, 새로운 방향으로 나아가려는 힘이 약화될 수도 있다.

순진하게 듣기

순수하게 질문을 하는 것과 잘 경청하는 것은 전혀 별개의 문제이다. 우리는 마케팅과 조사에 대해 아주 "닳고 닳아서" 너무 많이 걸러내고 해석한다. 가끔은 해당 영역에 대한 가장 중요한 태도가 소비자의 입에서 먼저 나왔다는 이유 때문에 무시되기도 한다. "그들이 늘 하는 소리야." 우리는 서로에게 속삭거리며 대수롭지 않게 여긴다. "조정자에게 쪽지를 보내서 좀더 깊게 파고들라고 하자구." 우리는 교육 받은 훌륭한 프로이트주의자처럼 행동하지만(프로이트주의자들은 정말로 중요한 것은 표면 아래에 있다고 믿는다), 코앞에 있는 옳은 것을 보지 못한다. 예를 들어 즉석 해동 식품에 관한 포커스 그룹 조사를 하면 5분이 지나기도 전에, 참석자들이 하나같이 음식의 양이 "너무 적다"고 입을 모은다. 자동차에 관한 포커스 그룹에서 소비자들은 자동차 광고가 모두 똑같은 것 같아 지루하다거나, (혹시 뉴욕에 있는 사람이라면) 전부 형편없다고 말한다.

그렇지만 다른 방에 앉아 이를 지켜보고 있는 우리들은 그런 말들을 아예 무시한다. 왜냐하면 전에도 그와 똑같은 말을 들었으므로 그다지 심오한 통찰력을 얻을 수 있다고는 믿지 않기 때문이다. 어쩌면 그것들은 누구나 한결같이 말하는 정말 중요한 것인지도

 제2부 성공하는 도전자 브랜드의 8가지 원칙

모른다. 예를 들어 즉석 해동 식품의 경우, 소비자들이 말하는 본 뜻은 그 브랜드가 제대로 된 식사와는 거리가 멀다는 것이다. 즉석 식품 업종에 종사하는 사람이라면 그 말을 의미심장하게 받아들일 필요가 있다. 결과적으로 이는 도전자에게는 기회가 될 수 있다. 우리가 도전하기를 원한다면, 이처럼 아는 체하는 습관을 버리고, 좀더 순진하게 귀를 기울여야 한다.[4]

거인과 아이들

이야기 속에서 거인을 죽이는 일은 대개 어린아이가 맡는다. 아이 의 이름이 다윗이든 잭이든, 아이의 머릿속에는 작고 둥근 돌로 긴 창을 이길 수 있다는 생각이 떠오른다(2미터의 창에 맞서 싸울 때 참으 로 바보 같은 선택은 1미터짜리 창을 고르는 것이다. 길이가 안 된다면, 차라 리 다른 것을 선택해야 한다).

도전의 첫 기초는 경험이 아닌 순수함이다. 흐름을 거슬러 올라 가 모든 낡은 가정들에 대해 참신한 질문을 던지는 것이다. 실제로 그것의 정당성에 의심을 품고, 어떤 것이 그 심문을 견딜 수 있는 지 살펴보라.

흐름을 거스르거나(업종의 기본에 관한 질문) 흐름을 앞서가는(제품 이나 서비스의 정교함) 차원에서 전략적 사고를 바라본다면, 도전자 가 기성 브랜드와 경쟁을 하기 위해서는 의도적으로 중대하게 흐 름을 거스르거나 앞서가야 한다. 이미 업계의 규칙과 관행을 정립한 브랜드 리더는 흐름을 거스르는 사고의 측면에서 자신을 재검토하거나 변화를 시도하려고 하지 않는다. 마찬가지로 그들은 흐름을 앞서가는 혁신적 사고에 도달하거나 그것을 실행하기에는 몸집이 너무 크고 굼뜨다. 일단 스스로 순수해졌다면, 아마도 큰 물고기를 잡기를 위해 가장 먼저 취해야 할 것은 그들을 공격할 진정한 기회가 흐름을 거스르는 쪽과 앞서가는 쪽 중 어디에 있느냐를 판단하는 일이다. 즉 업계의 기본을 뒤집어엎을 것인지(스와치처럼) 혹은 아무도 이루지 못한 제품 개발을 할 것인지(버진애틀랜틱이 처음에 제공한 기내 오락처럼) 결정해야 한다.

이러한 점에서 직전의 과거와 단절하는 것은 다음과 같은 네 가지 목적이 있다.

1. 브랜드나 기업이 직면하는 핵심적인 사안(큰 물고기)을 새롭게 정립하는 것. 즉 뒤로 한걸음 물러서서 문제를 더 정확히 진단하는 것이다.
2. 그럼으로써 자신이 어떤 사업에 종사해야 하는지를 정의할 수 있게 돕는 것.
3. 영역의 모든 가능성을 볼 수 있도록 스스로를 자유롭게 하는 것.
4. 기회와 위협 모두를 명확하게 바라보고, 도전자 전략을 도전자 행동으로 전환하는 모멘텀을 창출할 수 있게 하는 것.

따라서 이것은 그 자체로 가치 있는 정신적인 훈련이며, 또한 도전자를 말뿐인 회사가 아니라 행동하는 브랜드로 만드는 데 결정적 요인이다.

끝으로, 신선한 통찰력이야말로 브랜드가 얻을 수 있는 가장 중요한 경쟁 우위 요소 중 하나임을 믿고 있는 일부 기업들은 깊이 있는 지식의 강점에 순수함의 이점을 연결시키고, 이 과정이 영구적으로 이루어지도록 하기 위해 그들의 기업문화 내에 새로운 종류의 팀 관계를 제도화하고 있다. 예를 들어 미국의 선도적인 다문화 광고 회사 가운데 한 곳에서는 각 프로젝트에 서로 다른 문화적 배경을 가진 두 명을 배정한다. 한 사람은 "문화 안"(즉 마케팅 활동이 전개될 표적 고객의 문화에 속해 있는), 다른 한 사람은 "문화 밖"(표적 고객의 문화 이외의 문화에 속해 있는) 출신이다.[5] 이처럼 새로운 기회와 아이디어는 깊이 있는 이해와 참신한 시각의 결합을 통해 나오는 것이다.

05

등대의 정체성을 구축하라

"광고의 일차적인 역할은 당신이 누구인지 알려주는 것이다."
— 돈 허들러, 새턴의 마케팅 부사장.

도전자 브랜드의 두 번째 특징은, 도전자는 소비자를 향해 항해하지 않는다는 점이다. 오히려 그들은 소비자로 하여금 그들을 향해 항해하게끔 한다.

"그렇기 때문에"(That's why) 광고라고 불리는 광고들이 있다. 광고 중간에 "그렇기 때문에"라는 단어가 꼭 들어가기 때문에 그렇게 불린다. 예를 들어 그런 광고는 대략 다음과 같은 식으로 전개된다.

"챔피언 헬스 푸드는 당신의 침대에서 고양이 벼룩을 발견하면 얼마나 당황스러운지를 잘 알고 있습니다."

(우리는 신문에서 눈을 떼고, 잠옷 차림의 한 남녀가 신경질적으로 흐느끼는 장면을 바라본다. 작고 까만 벼룩이 침대 위해서 폴짝 뛰어

오른다. 그리고 그들의 고통스런 목소리가 이어진다).

"그렇기 때문에 저희는 챔피언 고양이밥을 소개합니다. 고양이가 아주 좋아하는 토끼 간과 함께 벼룩을 없애는 비밀 성분이 들어 있습니다."

(우리는 남자가 잠옷을 입은 채로 24시간 편의점으로 헐레벌떡 달려가는 모습을 본다. 잠시 후 고양이밥을 찾은 그의 얼굴에서 희망과 감격이 피어난다. 화면은 바로 이어서 그것을 먹는 고양이의 모습을 보여준다. 그리고 우리는 결정적인 마지막 자막을 볼 준비를 한다. 그것은 우리를 실망시키는 법이 없다).

"뉴 챔피언 고양이밥, 벼룩은 이제 안녕."

(광고가 끝난다. 부부는 웃고 있으며, 포장지가 크게 부각되고, 고양이는 잠이 든다. 끝).

"그렇기 때문에" 광고는 소비자를 향해 항해한다. 그것은 소비자의 생활 — 혹은 광고업자가 생각하는 소비자의 생활 — 을 그대로 보여주며, 자신의 제품이 그들의 삶을 더 낫게 만들어 줄 것이라는 근거를 제시한다. 그것은 광고 대행사나 광고주 모두에게 매우 매혹적인 광고인데, 논리적으로 보면 흠잡을 데가 없기 때문이다. 게다가 그것은 실제 문제를 드러내 보인다. 즉 사람들은 침대에 고양이 벼룩이 있는 것을 알았을 때 몹시 놀란다. 그리고 광고는 소비자가 그 때문에 얼마나 기분이 상하는지 이해하고 있음을 보여준다(광고는 그들에게 흐느끼는 장면을 보여주었다. 그들은 판매업체가 자신들과 함께 그 문제를 접하고 있음을 알게 된다). 그런 다음 실질적인 해결책을 제시한다 — 작은 고양이에게 녀석이 그토록 좋아하는 토끼 간을 줄 수 있고, 제품에는 고양이 벼룩을 박멸하는 성분이 들어 있다.

하지만 우리가 살펴보는 도전자들은 이와 유사한 행동을 하지 않는다. 그들은 "그렇기 때문에"라는 문제 해결식의 광고를 하지 않는다. 실제로 많은 경우, 소비자에 대해 전혀 이야기하지 않는다. 그 대신 그들은 자기 자신에 대해 말하고, 소비자가 그것을 보고 항해하도록 유도한다. 그들은 등대의 정체성을 가진 이른바 등대의 브랜드로서 행동한다.[1]

우리는 먼저 등대라는 개념과 함께, 어째서 그것이 중요한지를 살펴보도록 하자. 그런 다음, 등대의 브랜드가 되기 위한 네 가지 핵심 차원 — 정체성, 감성, 강렬함, 현저성 — 을 다루며 이들 각각의 중요성을 차례로 논의할 것이다. 끝으로, 우리는 등대 브랜드가 되기 위한 기초, 즉 과도한 실행과 자기 믿음에 대해서 논의할 것이다.

커뮤니케이션이 아니라 네비게이션이다

요즘 세상은 더욱 복잡해지는 것이 아니라 그야말로 산산조각 나고 있다. 오늘날 사람들의 생활의 골격이 줄기차게 무너지고 있다는 사실은 아무리 강조해도 지나치지 않는다. 가정은 붕괴하고, 직업의 안정성은 사라졌으며, 존경 받던 유명 인사들과 기관들은 불

   제2부 성공하는 도전자 브랜드의 8가지 원칙

신의 대상이 되었고, 과거 비즈니스의 아이콘이었던 기업들은 재정적 어려움에 빠졌으며, 검은 금요일의 기습과 여파는 계속적인 충격을 남겼다. 친구 관계와 가정 생활 같은 기본적인 사회적 욕구는 일의 압박으로 대체되었으며, 개인의 감정도 우리가 매일 부딪히는 무수한 압력들 때문에 거의 매몰될 지경이다 — 아이들 뒷바라지도 해야 하고, 돈도 모아야 하며, 옳고 그름에 대한 판단도 해야 한다. 이러한 붕괴의 느낌은 지금까지 알지 못한 회의적이고 생생한 뉴스, 천편일률적인 논평 때문에 매일 밤 더욱 증폭된다. 매체의 역할에 대한 아주 놀라운 사례로서, 걸프 전쟁이 끝났을 때 실시된 조사를 살펴보자. 조사는 지난해 미국의 라디오 방송에서 가장 많은 욕을 먹은 인물이 누구였는지를 알아보는 것이었다. 미국과 이스라엘의 자식들에게 총을 쏘고 폭탄을 터뜨리며 화학 무기로 위협한 이라크의 사담 후세인은 2등에 그쳤다. 미국 대통령이 바로 1등이었다(매체에 도덕적인 잣대를 들이대자는 게 아니다. 조사 결과를 잠시 들여다보면 어떤 측면에서는 방송이 청취자를 아주 잘 이해하고 있음을 보여준다).

우리는 이러한 구조의 붕괴에 너무 가까이 있기 때문에 때때로 그 영향을 제대로 보기 어렵다. 그렇지만 몇 가지 증후들을 고려해볼 수 있다. 예를 들어 표 5.1의 황금 시간대 텔레비전 프로그램의 비교를 살펴보자.

1960~1961년의 프로그램은 본질적으로 서부 개척 정신과 영웅주의, 미국이 어떻게 만들어졌는지를 주제로 했다. 1995~1996년의 프로그램들에서 『응급실』과 『NFL 월요 나이트 풋볼』을 제외하

표 5.1 1960년과 1995년, 황금 시간대의 텔레비전 프로그램

1960~1961년	1995~1996년
1. Gunsmoke	1. ER
2. Wagon Train	2. Seinfeld
3. Have Gun, Will Travel	3. Friends
4. Andy Griffith Show	4. Caroline in the City
5. Real McCoys	5. NFL Monday Night Football
6. Rawhide	6. Single Guy

출처 : TV Dimensions[2]

면 나머지는 모두 패배자에 대한 코미디로서, 우리 같은 평범한 사람들이 일상의 장애물에 걸려서 어떻게 유쾌하게 무너지는지를 보여준다. 물론 여기에는 지난 20년 동안 미국에서 젊은이들의 문화에 가장 큰 영향을 준 세 편의 프로그램, 환상적인 편집증의 『X파일』, 냉소주의로 가득찬 『심슨』, 다채로운 말장난의 『비비스와 버트헤드』 같은 프로그램은 들어 있지 않다.

나는 문명 사회가 사라졌음을 슬퍼하려는 뜻은 없으며, 다만 우리에게 닥친 실제적인 결과들을 관찰하자는 것이다. 즉 오늘날의 사람들에게는 이전 세대들의 삶을 구성했던 핵심 요소들이 결여되어 있다. 그리고 방송은 그것을 보여주고 있다.

인간 사회에서 상품은 항상 바깥 세계와 자기자신에 대한 커뮤니케이션의 한 형태였었다. 이제 나는 한 단계 더 나아가려고 한다. 나는 브랜드가 단순히 커뮤니케이션이 아니라 항해(navigation)의 형태가 되었다고 말하고 싶다. 즉 불확실성의 시대에 브랜드와 제품은 점점 더 의미를 제공하는 어떤 것이 되고 있다. 이는 오늘날 번성하는 브랜드들은 자신이 누구인지에 대한 매우 분명한 인식을 가지고 있음을 의미한다. 다시 말해 그것은 단순히 구별되는 정체성이 아니라 자기 스스로 설명하는 강력한 정체성이다. 그리고 그들은 그 자체의 강렬함과 스스로에 대한 확신 때문에 경쟁자와는 달리 유독 두드러져 보인다. 오늘날 번영하는 브랜드는 불확실성의 바다에서 표류하는 소비자의 이미지를 쫓고 있는 브랜드가 아니라, 이른바 등대의 정체성을 가지고 있는 브랜드들이다.

이 점에서 나의 생각에 반대하는 독자가 있을지도 모르겠다. 그들은 항해라는 비유에 반대하면서, 그 이유로 소비자의 관여도가 명백히 낮은 영역들이 존재하므로 그러한 항해의 모델이 실제로는 맞지 않다고 주장할 것이다. 예를 들어 자동차나 스포츠화 같은 고품격 혹은 고가치 제품의 경우는 그럴지 몰라도, 바닥 세척제 같은 경우는 그렇지 않다는 것이다. 그렇다면 패스트푸드는? 건전지는? 독자는 나에게 다음과 같은 티셔츠 테스트를 던져 놓을지도 모른다. 소비자가 특정 브랜드 로고가 새겨진 티셔츠를 입으려고 한다면, 소비자가 그 브랜드와 연관되는 것을 자랑스러워한다고 할 수 있다. 하지만 그것을 입으려 하지 않는다면, 등대의 브랜드 이론은 전체적으로 문제가 있다는 것이다.

이에 대한 대답으로서 나는 낮은 관여도의 브랜드들에 의해 향유되는 두 가지 형태의 사회적 통화(currency)를 지적하고자 한다. 그들은 자신들만의 방식으로 티셔츠 테스트를 통과한 브랜드들이다. 잭인더박스는 패스트푸드 브랜드다. 패스트푸드를 즐기는 젊은 애호가도 패스트푸드가 높은 지위를 드러낸다고는 생각하지 않는다. 패스트푸드는 먹고 돌아서면 그만이기 때문이다. 그런데 앞으로 7장에서 살펴보겠지만, 양복을 차려입은 어릿광대 잭은 분명히 자신의 중역실을 날려버리고 나서 회사를 다시 장악했고, 자신의 방식으로 하나의 상징이 되었다. 새로운 브랜드 정체성을 도입하고 세 달이 지난 뒤, 회사는 잭의 머리 모양을 안테나 공으로 제작했다. 이 안테나 공은 자동차의 안테나 끝에 꽂는 것으로 잭인더박스 매장에서 99센트에 판매했다. 그후 일년 동안 포드 레인저에서부터 닛산 Z에 이르기까지 자동차의 안테나에 작은 광대머리를 달고 다니는 사람은 남부 캘리포니아와 텍사스에서 100만 명 이상이나 되었고, 지금은 150만 명을 넘어섰다.

이와 마찬가지로 에너자이저 버니(Energizer Bunny)도 대중 문화의 일부가 되었다. 영화나 텔레비전, 정치 만평에 자주 등장해 온 버니는 "오래 가는(long lasting)"이라는 업종의 대표적 속성을 소유하게 되었다. 예를 들어 『다이 하드 3』에서, 아무리 용을 써도 주인공인 브루스 윌리스가 죽지 않자 악당은 신경질적으로 화를 낸다. 브루스 윌리스는 자신을 에너자이저 버니에 비유에 비유하며 악당에게 면박을 준다. 에너자이저 버니는 계속해서 앞으로 전진한다. 이처럼 모든 매체들이 버니를 한결같이 그런 식으로 언급하는 것은 그만한 대가를 지불했기 때문이 아니다. 건전지는 관여도가 높은 제품도 아닐 뿐더러, 작가나 관객이 열렬한 건전지 애호가이기 때문도 아니다. 이유는 단지 에너자이저가 잭인더박스처럼 자기 나름의 방식으로 등대 브랜드이기 때문이며, 이제 그것이 나타내는 바가 누구나 기꺼이 그 일부가 되고 싶어하는 사회적 통화가 되잭은 상징이 되었다.

었기 때문이다.

이 두 브랜드가 그들 소비자의 삶을 형성하는 데 심오한 의미를 갖고 있는가? 아니다. 그렇다면 사람들의 삶의 새로운 틀을 대변하는가? 역시 아니다. 그렇지만 그것들은 일관되게 전달되는 분명한 정체성을 가짐으로써 누구나 공통적으로 이해하는 참고점이 되었다. 그래서 소비자들은 비록 관여도가 낮은 영역에서 온 것이라 할지라도 그 브랜드와 그 의미의 일부가 되는 것에 사회적 가치를 부여했다. 이 두 브랜드의 성공은 실제로 관여도가 낮은 업종은 존재하지 않는다는 것을 말해준다. 오직 관여도가 낮은 브랜드만 존재할 뿐이다.

소비자들이 그런 브랜드의 자신감이 호소력이 있다고 여기는 것은 놀라운 일이 아니다. 삶에 있어서 사람들은 강한 것과 스스로에게 진실한 사람에게 끌린다. 마케팅에서 있어서, 즉 일종의 커뮤니케이션 혹은 심지어 네비게이션으로서 상품을 사용하는 데 있어 사람들은 강한 브랜드에 끌린다. 1등 브랜드인 경우, 이러한 힘은 브랜드 리더의 친숙함과 편재성(ubiquity)으로부터 나온다. 그렇지만 2등 브랜드인 경우, 자신이 누구인지 강렬하게 보여줌을 통해 그러한 힘을 갖게 된다.

등대 브랜드의 뚜렷한 특징

정체성, 강렬함, 자신감 — 우리는 등대 정체성을 가진 도전자 브

 제2부 성공하는 도전자 브랜드의 8가지 원칙

랜드의 주요 특징들을 좀더 구체적으로 살펴보아야 한다. 그 특성
은 네 가지로 볼 수 있다.

1. 자기 설명의 정체성 : 도전자 브랜드의 모든 마케팅 행동의
주된 목적은 그들이 어디에 서 있는지 우리에게 알려주는 것이다.
등대 브랜드는 우리들에 관해 무언가를 말하려고 하지 않는다. 그
리고 분명히 그들은 우리들을 바라보며 항해하려고 하지도 않는다
(중요한 점 : 소비자는 없다).

2. 감성 : 그들은 소비자와 이성적 관계가 아니라 감성적 관계
를 창출하려고 한다. 도전자는 합리적인 욕구의 충족을 통해 성공
하려고 하지 않는다. 대신에, 등대의 정체성을 통해 감성적 동조
(realignment)를 유도한다.

3. 강렬함 : 그들은 자신이 하는 모든 일들을 통해 자신이 누구
인지를 강렬하게 전달한다. 선호도가 낮다고 해서 후발자가 기죽
을 이유는 없다. 도전자는 활기가 넘쳐야 한다.

4. 현저성 : 그들은 언제나 우리의 의식 속으로 침입해 들어온
다. 굳이 그들이 있는 쪽을 보려고 하지 않아도 — 그들 업종의 제
품을 구매하지 않더라도 — 그들의 활동을 알아채지 않을 수 없다
(중요한 점 : 시청자는 없다).

이 장의 나머지 부분에서 우리는 위의 특성들을 차례로 논의하
고, 아울러 정체성의 뿌리가 어디에 있는지, 특히 어떻게 하면 강
력한 정체성에 도달할 수 있는지에 대해 알아볼 것이다.

자기 설명의 정체성

도전자들은 자신 이외의 다른 것의 뜻에 따라 항로를 선택하지 않는 듯이 보인다. 그들은 세상으로 하여금 자신을 기준으로 항해하도록 유도할 만큼 자신감이 넘친다. 새턴의 마케팅 부사장은 이 점에서 광고의 역할을 정의한 것으로 유명한데, 실제로 새턴이 새로운 자동차를 출시하기 앞서 수 개월 동안 광고에서 직설적으로 정체성을 표현한 것은 그것의 중요성에 대한 회사의 신념 때문이었다(과거 미국 자동차 업계에서 사전 광고로서 덮개로 싸여 알아볼 수 없는 형체에 대해 수수께끼 같은 목소리로 설명하는 것을 기억할 것이다).

무엇보다도 그들은 자신이 누구인지에 대해, 그들의 외적인 이미지가 아니라 그들 내부의 고유한 정체성에 관해 매우 분명한 인식을 가지고 있다. 그것은 종종 그 회사의 중심에 설립자가 있기 때문인데, 회사는 설립자의 개인적 신념을 반영하고 증폭한다. 리처드 브랜슨은 버진 내부에 자신만의 개인적 문화를 주입하고 있다. 그는 웃음 짓는 혁명가, 털 점퍼를 걸친 기업가, 기성 체제의 폭로자이다. 애니타 로딕(Anita Roddick)의 개인적인 신념과 이상은 바디샵 내에서 신봉되고 있다.

기업의 다른 모든 특성들 — 행동, 이미지, 커뮤니케이션, 문화 — 는 바로 이것으로부터 흐르게 된다. 그렇지만 우리가 살펴보는 다른 도전자 브랜드들 가운데 설립자가 불분명한(혹은 존재하지 않는) 경우, 예를 들어 앱솔루트, 원더브라, 렉서스, 게이트웨이 2000, 폭스, 디젤, 스와치, 오렌지, 오클리, 골드피시는 엄청난 자

 제2부 성공하는 도전자 브랜드의 8가지 원칙

신감과 함께 자신이 누구인지에 대한 인식을 자기 나름의 방식으로 드러냈고, 주변 세상의 허락을 받거나 주변 세상을 참조하지도 않았다. 이들이 디자인을 통해(스와치나 오클리처럼) 자신을 표현하든, 혹은 광고를 통해서 표현하든, 기준점은 언제나 자기 자신이다 — 어떤 비교도 없고 "그렇기 때문에" 식의 광고도 하지 않는다. 그들과 다른 기업들 간의 경계선은 현저하고 명확하다. 이들 도전자들을 구분해 주는 정체성에 있어 차이는 마케팅 팀이나 광고 대행사에서 브랜드의 개성을 표현하는 이런저런 단어들의 뉘앙스를 놓고 몇 주간의 토론을 거쳐 만들어 내는 미묘한 차이가 아니다. 이들의 정체성은 즉시 눈에 띌 만큼 알아보기 쉽고, 업종 안팎에 있는 다른 기업들과 비교해도 매우 명확하다. 얼굴 없는 금융 서비스의 바다를 헤엄치는 오렌지색 물고기(골드피시), 자신만의 생활 철학을 가지고 있는 청바지 회사(디젤), 성인 만화를 좋아하는 방송국(폭스), 애초부터 "com", "tel" 같은 이름을 쓰지 않고 색깔로 이름을 정한 통신 회사(오렌지)가 바로 그들이다.

실제로 내가 조사한 어떤 브랜드들은 그들 자신 외에 어떤 것을 참조해서는 설명할 수 없는 매우 분명한 상태의 정체성을 만들어 냈다. 라스베가스는 자기 자신과 대중들에게 "미국인이 즐기는 방식", "누구보다도 뛰어나다", "미국의 유흥 수도"라는 많은 포지셔닝 진술을 해왔다. 하지만 이제는 "라스베가스는 라스베가스"라는 간단한 주장만으로 상품의 탁월한 독특함, 브랜드 정체성, 태도 등을 드러내게 되었다. 마찬가지로 타코벨(Taco Bell)은 "세상에서 하나뿐인 패스트푸드"라는 말로 회사에서 일하는 모든 사람들에게 자신을 정의함으로써, 햄버거와 치킨이 난무하는 패스트푸드 업계에서 다른 경쟁업체와 섞여 방향을 잃는 일이 없도록 자기 자신을 내부적으로 단속했다. 등대의 정체성은 자신만의 국가가 있고, 자신만의 언어가 있다. 예를 들어 그란데 절반에 디카페인 더블 톨에 아몬드를 얹진 모카를 달라는 식이다. 내가 디카페인을 말했나? 잠시 말이 헛나갔는지 모르겠다. 그러니까 내 말은 카페인 없는 커피를 달라는 뜻이다.

이들과는 대조적으로, 자기 자신이나 소비자에게조차 정체성을 확립하는 데 실패한 2등 브랜드는 과연 어떻게 되었는지 살펴보자. 리복은 자신의 정체성을 분명하게 정의하는 데 번번이 실패한 2등 브랜드이며, 나이키가 주도하는 운동화 시장에서 미약한 도전을 펼치고 있다. 리복은 나이키가 운동화의 영역에서 이미 입지를 확고히 했다는 사실을 받아들였어야 했다(어쨌든 나이키는 자신의 브랜드가 대학 스포츠에 기원을 두고 있고, 리복은 에어로빅 패션에 기원을 두고 있다고 강력하게 주장하고 있다). 그리고 다른 영역을 개척해 진정 자신을 차별화하는 방안을 모색해야 했음에도 불구하고, 그저 미약하게 나이키를 따라하려고만 하면서 지난 몇 년을 허비했다. 리복의 브랜드는 정체성이 부족하고, 자신이 누구인지, 무엇이 될 수 있는지, 어떤 점을 보여줄 수 있는지에 대한 자신감도 없다. 상인집단에서 태어난 리복은 진정한 방향도 모른 채 결국 리더가 될 입지를 다지는 데 실패했다. 한편, 운동 선수들의 자식이라 할 수 있는 나이키는 자신감과 실재감을 느낄 수 있는 정체성과 방향성을 지니고 있다.

도전자가 등대의 정체성을 개발하고 수립한다고 해서 처음부터 그러한 인식(혹은 재인식)을 지니고 출발한다는 뜻은 아니다. 버진 애틀랜틱과 앱솔루트 같은 몇몇 도전자들은 애초부터 마음속에 어느 정도 완성된 정체성을 가지고 세상에 발을 내딛었지만, 다른 도전자 브랜드들의 경우에는 그들의 정체성이 그들 자신에게조차 항상 분명하는 것은 아니었다.

예를 들어 서크드솔레가 처음 캐나다의 근거지를 떠나 확실히 영어권 관객들이 있는 곳(나이애가라 폭포 근처)으로 국경을 넘어왔을 당시, 그들은 신중한 고민을 거친 끝에 자신들의 이름[Crique du Soleil]을 좀더 평범한 영어 명칭인 "태양의 서커스"(Circus of the Sun)로 바꾸었다. 미국 관객들에게 프랑스어로 된 이름이 너무 생소할 것 같았기 때문이었다. 하지만 이름을 바꾼 것은 재앙을 초래했다. 서커스 운영단은 서커스에 실망해 환불을 요구하는 고객들에게 시즌 내내 시달려야 했다. 왜냐하면 관객들이 (영어로 번역된) 서커스단의 이름을 보고 당연히 그 서커스가 사자 조련사와 코끼리가 등장하는 종래의 서커스와 같을 줄 예상했기 때문이었다. 결국 이런 과정을 거치면서 서크드솔레는 자신의 정체성이 부분적이나마 종래의 서커스와의 차별성을 부각시키는 데 있다는 사실을 깨달았다. 그들은 이름을 본래대로 다시 바꾸었고, 더 나아가 이제는 관객들이 흔히 봐 왔던 서커스와 자신의 차이를 더욱 극대화하는 데 주력했다. 결국 모든 쇼의 분위기와 스타일은 확연히 달라졌으며, 그것은 관객들에게 익숙한 다른 서커스는 물론이고, 불과 2년 전에 했던 공연과도 전혀 다른 것이 되었다.

사진 : Al Seib.

 제2부 성공하는 도전자 브랜드의 8가지 원칙

서크드솔레 — 후프/구름 스윙

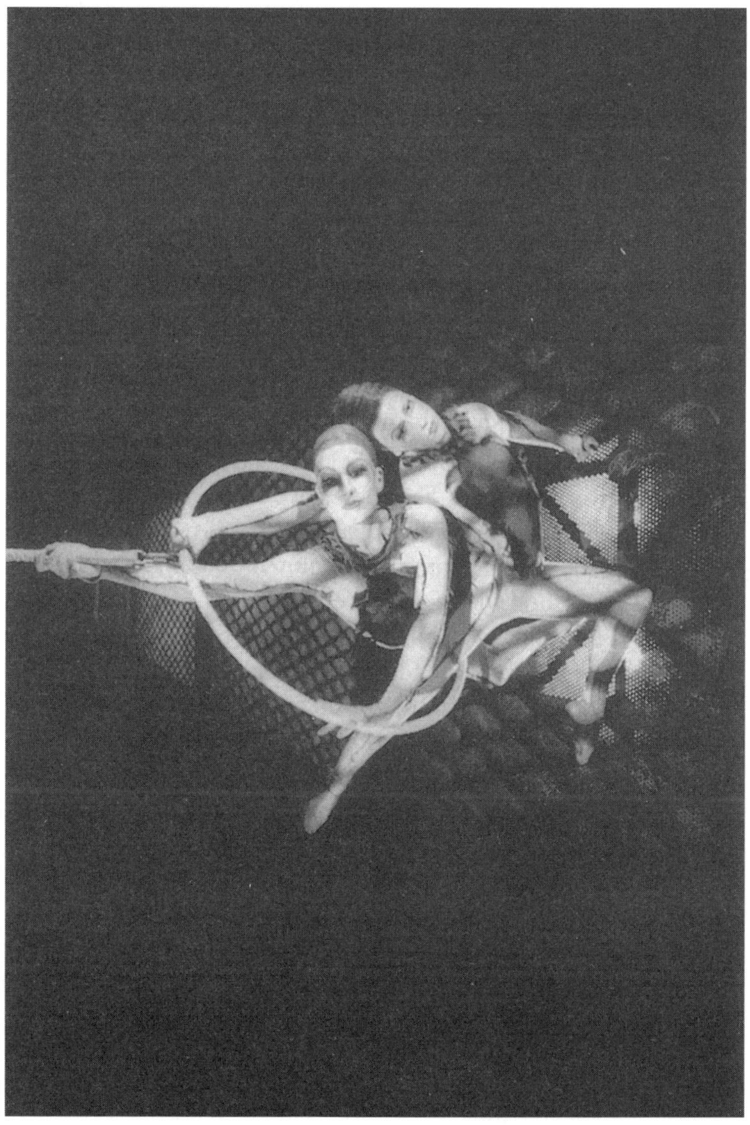

의상 : Domiinique Lemieux.

폭스는 이제 미국에서 매우 선명한 브랜드 이미지를 구축했지만
(젊고 불손하며 관행을 타파하는 이미지), 초기만 해도 네 번째 방송사
로서 광고를 따내는 데에만 관심이 있었다. 당시 배리 딜러의 지휘
아래 있던 경영진의 신념은, 폭스가 단지 독창적이고 잘 만들어진
프로그램만 제공한다면 그것으로 충분하다는 것이었다. 폭스의 초
기 프로그램들은 독창적이기는 했지만, 질적인 수준과 성격이 뒤
죽박죽이었다. 싸구려 잡지 같은 『리포터들』(The Reporters)부터 오
스트레일리아식 미래형 잡지 같은 『내일을 넘어』(Beyond Tomo-
rrow), 작가들의 파업으로 겨우 기한만 맞출 수 있었던 『미국 최고
의 공개 수배』(America's Most Wanted), 『21 점프 스트리트』(21 Jump
Street), 『아이와 결혼했어요』(Married with Children)까지 있었다.

그후 2년이 지나는 동안, 시청률은 방송사의 기회가 어디에 있
는지를 보여주기 시작했다. 전통적인 소재를 다룬 프로그램들이
고정 관념을 깨뜨리는 다른 프로그램보다 시청률이 확연히 떨어졌
다 — 『아이와 결혼했어요』의 엉터리 조롱이나 특히 『21 점프 스트
리트』에서의 젊은 조니 뎁이 그러했다. 폭스의 초대 편성 책임자인
가스 앤셔는 10년 전을 회상하며 이렇게 말했다. "처음 6개월 동안
우리는 다른 방송사들과 비슷한 프로그램을 내보내려고 노력했습
니다. 솔직히 우리가 배운 것은, 만일 다른 방송사와 비슷해지려고
한다면 시청자가 굳이 우리를 선택할 이유가 없다는 점입니다."[3]

그들이 달라야 한다는 것을 깨달은 것은 첫 걸음이었다. 자신이
정말로 누구인지에 대한 더욱 정확히 인식이 여전히 필요했다. 처
음에 경영진에게는 그것이 코미디 시리즈인 것처럼 보였다. 그들

은 일요일 밤에 다른 채널에서 모두 "지겨운 주말" 영화를 내보내는 것과는 정반대로 코미디 프로그램을 계획하고 있었다. 바로 이 때부터 폭스는 "코미디 방송사"로서 기억되기 시작했다. 그리고 그런 식으로 폭스를 마케팅하는 것은 다른 차원에서 활력을 불어 넣었다. 광고 대행사는 그들에게 기발한 신문 광고를 제안했는데, 그 중에는 얼마 전 사기 행각으로 명예를 실추한 베이커 목사 부부 사진 아래에 "이제 이들이 갔으니, TV에서 우리가 제일 웃깁니다."라는 광고도 있었다. 그런 광고 태도는 폭스에게 안성맞춤이었다. 바로 그 곳이 폭스가 가장 자신감 있게 설 수 있는 장소였다.

이후 폭스는 성인 만화 영화 『심슨』(The Simpsons)을 내놓았다. 그런 다음 『비벌리힐스』(Beverly Hills 90210), 『멜로스 플레이스』(Melrose Place), 『X파일』, 『다섯의 파티』(Party of Five) 같은 기념비적인 작품들을 연달아 내놓았는데, 이들 작품은 과거 다른 채널에서 볼 수 없는 소재를 다루고 있었다. 오늘날 폭스는 자신의 정체성을 좀더 세련되게 다듬어 이제 코미디 이상으로 나아가고 있다 ― 독특하고 대담하며 때로는 외설적이고 신랄하며 반항적이고 반문화적이며 방송에 걸맞지 않은 소재까지 다루고 있다. 그 결과, NBC 방송사의 간부인 브랜든 타르티코프가 한때 "허수아비 방송사"로 무시했던 폭스는 이제 텔레비전에서 진정으로 유일한 브랜드가 되었다.

이제 소비자들은 무엇이 폭스의 프로그램이고 아닌지 기대할 만큼 브랜드 정체성이 강력해졌다. 1996년에는 『파트너』(Partners), 『네드와 스테이시』(Ned and Stacey)라는 두 편의 프로그램이 나왔는데, 이 두 작품은 잘 만들었고 대본도 좋으며 배우들의 연기도 괜찮다고 여겨졌지만 시청률은 별로였다. 당시 사람들은 두 작품 모두 소재 자체에는 문제가 없으며, 예를 들어 『파트너』의 경우 NBC에서 방영했다면 성공을 거두었을 테지만, 폭스의 등대 정체성에는 맞지 않았다고 입을 모았다.

폭스의 이야기는 기업의 정체성이 반드시 마케팅 팀의 사무실에서 완성된 후 밖으로 나올 필요가 없다는 점을 보여준다. 하지만 다른 모든 활동의 토대로서 정체성에 대한 추구가 모두가 믿고 적극적으로 지향해야 하는 원칙이 되어야 한다. 폭스 역시 사업을 처음 시작할 당시에는 정체성이 분명하지 않았지만, 그래도 리복(Reebok)과는 달리 자신의 정체성을 찾고 그것을 향해 나아갔으며 남들과 차별화하려고 노력했다. 중요한 것은 일단 정체성을 수립한 후에는 브랜드의 커뮤니케이션과 행동들이 모두 정체성에서부터 흘러 나와야 한다는 것이다.

예를 들어 이미지는 종종 뜻대로 창조되거나 혹은 재창조될 수 있는 것으로 말해지곤 한다. 그런데 현실에서 소비자의 후각은 매우 예민하기 때문에 가짜를 알아챈다. 정체성에 뿌리를 둔 이미지와 그렇지 않은 이미지의 차이는 실제와 마케팅 허상의 차이다. 이것이 말하고자 하는 바는 이미지가 변화하거나 브랜드에 대한 획기적인 사고 방식을 제공할 수 없다는 것이 아니라, 그것이 항상 브랜드의 정체성에 뿌리를 두어야 한다는 것이다. 그 자체가 분리된 실체로서 창조되거나 마케팅되어서는 안 된다. 실제로 도전자 브랜드에게 있어 모든 것은 정체성으로부터 나온다. 이미지, 행동,

 제2부 성공하는 도전자 브랜드의 8가지 원칙

제품 혁신, 심지어 내부적인 문화까지도 정체성에서 비롯된다. 이는 도전자의 성공에 설립자가 매우 결정적인 이유이다. 회사의 설립자는 단지 아이콘으로서 혹은 홍보의 핵심 요소로서만 중요한 것이 아니다. 그들은 신념 체계의 뿌리일뿐만 아니라, 정체성의 원천을 제공하고 그것을 지속적으로 선전하기 때문에 중요하다.

소비자 내부

등대의 호소력을 살펴보면서, 우리는 그것의 주요한 가치가 자신의 최종 사용자에게 대한 강한 호소력에 있다고 말했다. 하지만 엄밀하게 말해서 도전자 CEO들은 이것을 주요한 경쟁 이점으로 여기지 않는다. 이른바 "소비자 중심" 시대의 마케팅에 관해 놀랄만한 것 중의 하나는, 성공적인 브랜드 리더나 성공적인 도전자들은 최종 사용자를 그들의 주요한 표적으로 보지 않는다는 사실이다. 브랜드 리더들은 주주를 더 우선시하기 때문에 최종 사용자를 부수적으로 여긴다. 반대로, 많은 도전자 CEO들은 주요 표적은 자신의 직원들이기 때문에 최종 사용자를 부차적으로 생각한다.

지금까지 논의한 많은 브랜드들에서 정체성의 가장 중요한 가치는 바로 여기에 있다. 도전자 기업들은 직원에 대한 관리나 권한 위임보다는 직원들에게 영감을 불어넣는 것을 더 중시한다. 이것은 CEO의 젊은 열정에 기인한 것이 아니라 필요성의 문제다. 앞에서 보았듯이, 야망과 마케팅 자원의 간극으로 인해 도전자는 더욱 큰 마케팅 창의력이 요구되며, 또한 그러한 간극은 도전자 조직의 직원들 내부에서 그것이 단순히 업무 이상이라는 절박한 감정을 요구한다 ─ 그들은 업계 혹은 정말로 세상을 뒤집으려 한다. 바디 샵에 대한 로딕의 비전으로 돌아가면, 그녀의 공공연한 바람은 직원들을 회사와 단단히 이어주는 (그녀의 표현대로) 흥분과 열정을 창출하는 것이었다. 로딕은 직원들이 스스로 중요한 일을 하고 있다고 느끼고, 그렇게 함으로써 모종의 동기 부여가 일어나기를 바랐다. 그저 샴푸와 바디 로션을 판매한다면 절대로 성취할 수 없는 일이었다. 브랜드 리더에게는 그녀의 이야기는 아주 순진하게 보일지 모르지만, 도전자 기업에서 "중요성"에 대한 이러한 인식은 모든 곳에서 찾아볼 수 있다. 예를 들어 실리콘벨리에서 스티브 잡스는 코카콜라의 존 스컬리에게 결코 잊을 수 없는 열렬한 호소를 던졌다("당신은 평생 설탕물을 팔면서 남을 인생을 보내고 싶소, 아니면 세상을 바꾸고 싶소?") 그리고 이것은 마이크로소프트의 직원들이 다급하게 자신의 업무 프로젝트를 지하드, 즉 이교도에 대한 성전(聖戰)이라고 부르게 만드는 결과로 이어졌다. 브랜드 리더는 사명 선언문을 가지고 싶어 하지만, 도전자는 사명을 실천해야 한다.

컴퓨터 업계이니까 그런 것일까? 스타벅스가 커피에 대한 느낌에 대해 자신의 직원들을 어떻게 교육했는지를 눈여겨보라. 완벽한 에스프레소 커피를 위한 정확한 온도와 시간과 기술을 익히는 24시간 훈련, 전문가의 자질만으로는 충분치 않다 ─ 소위 바리스타가 되려면 커피 제조 기술 외에도 고객에 대해서도 알아야 한다.

이러한 측면에서, 강력한 정체성은 이미 그러한 브랜드를 개발하고 있거나 활성화하고 있는 기업들에게 강력한 채용 도구이자

동기 부여 수단이 된다. 도전자 기업은 대개 급여 수준이 낮으면서도 직원들에게는 더 큰 성과를 요구하는 것이 현실인데, 앞으로 살펴보겠지만 특히 경쟁 우위의 많은 부분은 직원들이 제공하는 경험에 의해 좌우된다. 더 나은 인재들을 뽑고, 그들에게 올바른 동기부여를 해서 업무에 더 열정적이 되게 한다면, 아마도 고객과 브랜드 간에 강렬한 관계가 형성될 것이다. 기계적 확대율이 다시 작동되는 것이다.

이러한 정체성에 대한 명확한 인식에는 단순히 자신이 누구인지뿐 아니라 실제로 어떤 비즈니스에 종사하는지도 포함된다. 원더브라(Wonderbra)는 비록 외견상 여성 속옷 브랜드이지만, 자신감 비즈니스 ― 더 강하게 말하자면 파워 비즈니스 ― 로 옮겨감으로써 비즈니스와 소비자의 아이콘이 되었다. 위로 받쳐주는 브래지어의 장점은 한동안 잘 알려지지 않았는데, 그래서 원더브라는 제품의 장점을 멋지게 보여주는 (당시까지는) 무명의 체코 모델이 나오는 흑백 광고와 함께 시장에 재등장했다. 그리고 그 광고에는 "당신의 발이 보이지 않아요."라는 문구를 넣었다. 그런데 정말로 원더브라 브랜드의 방향성과 정체성을 잘 살린 광고는 그 다음에 등장했다. 여전히 원더브라와 짧은 팬츠만을 걸친 이 모델은 활짝 웃는 얼굴로 사람들의 시선을 사로잡았다. 그녀의 옆에는 "이봐 남자들"(Hello Boyes)이라는 두 단어가 쓰여져 있었다. 이는 편안함이나 조용한 유럽풍의 관능미를 추구하는 전통적 란제리 사용자를 위한 광고처럼 보이지 않았다. 이것은 단순히 큰 가슴뿐 아니라 그것이 주는 파워 ― 불량하게 행동하는 파워 ― 를 즐기길 원하는 이들을 위한 광고였다.

우리는 앞에서 뉴욕의 파라마운트 호텔과 로열턴 호텔의 설립자인 이얀 슈레이저가 호텔 로비를 "90년대의 나이트클럽"으로 보았다는 사실을 언급했다. 대부분의 사람들은 호텔 로비를 식사하러 가기 전, 혹은 택시를 기다리면서 간단한 음료를 마시는 장소로만 여겼는데, 슈레이저의 비전은 그것을 종착지로 바꾸어 놓았고, 따라서 그것은 경쟁 우위의 요인이 되었다. 그는 색다른 직원을 고용하고, 색다른 장식과 색다른 조명을 꾸몄다. 결과적으로 그는 그런 분위기를 좋아하는 단골 고객을 모으는 데 성공했다. 식당, 서비스, 객실이 아니라 바로 로비가 이 호텔들에서 요동 치는 심장부였다. 물론 유명한 필립 스탁(Philippe Starck)이 디자인한 객실들도 훌륭했지만, 마음을 움직이게 만드는 것은 호텔 로비에서 앱솔루트를 홀짝이는 사람들이다(주목할 점은 슈레이저가 언제나 영역을 넘나들며 다른 차원의 생각을 떠올리고 있다는 사실이다. 그는 1977년 공동으로 설립한 뉴욕의 전설적인 클럽인 스튜디오 54에서 손님을 가려서 받는 전략을 사용했다. 마치 "샐러드를 만들듯이" 부분의 합보다 더 호소력이 있는 전체를 만들어 내기 위해 개별 손님들의 입장을 일부러 제한한 것이다).

정체성이 조직을 움직인다

정체성과 비즈니스 정의의 결합은 직원 채용에 이르기까지 조직의 모든 측면을 움직인다. 왜냐하면 조직은 한 사람의 의지나 기질에 전적으로 따를 수는 없기 때문이다. 빌 게이츠처럼 이메일 키를 눌

 제2부 성공하는 도전자 브랜드의 8가지 원칙

러 동시적이며 거의 실시간으로 전 세계의 모든 직원에게 자신의
의지를 전할 수 있다고 해도 마찬가지다. 도전자들은 직원을 채용
할 때 회사의 설립자가 본질적이라고 여기는 핵심적인 특징을 유
지하려 한다. 오클리(Oakley)는 직무에 대한 기술적 능력은 물론이
고 업무 외 스포츠에도 적극적인 관심이 있는 사람들을 뽑는다. 오

클리의 CEO인 마이크 파넬(Mike Parnell)은 아이웨어를 생산할 때, 직원들은 자신들의 삶과 좋아하는 것에 실제로 영향을 미치는 어떤 것을 하고 있다는 느껴야 한다고 주장한다(이는 또한 직원들이 젊고 극도로 경쟁적이라는 것을 의미한다. 이것은 파넬이 조심스럽게 자신의 기업을 경쟁업체인 레이 반과 구별하는 부분이다. 그는 억지 웃음을 지으며 이렇게 얘기할 것이다. "레이 반에도 물론 좋은 친구들이 있을 거예요. 하지만 나는 그 사람들과는 술 한 잔 하고 싶지 않아요." 이러한 경쟁심은 대개 점심시간 크로스컨트리 산악 자전거 타기, 실내 농구 경기, 주말 스키 대회 같은 재밌지만 공격적인 일상의 경쟁 문화들 속에서 강화된다). 오클리에 있어 바람직한 직원의 경쟁적인 정체성은 브랜드의 경쟁적인 정체성을 고스란히 반영하고 있다.

감성과 강렬함

강력한 정체성의 목적은 도전자와 사용자 간의 강렬한 관계를 유도하고 창출하는 것이다. 브랜드와 브랜딩의 가치는 때때로 "고객의 선택 과정을 촉진하고 보다 효과적으로 만드는 일"과 관련된 어떤 것으로 설명되지만,[4] 대체로 성숙한 시장에 진입하거나 재진입하고 있는 브랜드인 우리는 그것과는 아주 멀리 떨어져 있다. 도전자 브랜드는 더 큰 편의와 신뢰를 제공함으로써 성숙한 시장에서 돌풍을 일으키는 것은 아니다. 그들은 기성 브랜드가 따라올 수 없는 감성적인 보상 혹은 관계를 소비자에게 제공하기 때문에 성공

 제2부 성공하는 도전자 브랜드의 8가지 원칙

한다. 특정한 제품 믹스를 통해서 특정한 합리적 욕구를 만족시킬 수도 있겠지만, 도전자는 대체로 그런 합리적인 욕구의 만족을 통해 성공하지 않는다(어쨌든 어떤 주어진 성숙한 시장에서도 많은 합리적 욕구란 거의 남아 있는 않다). 그보다 그들은 등대의 정체성을 통해서 소비자 감성의 재구축을 유도한다.

도전자 브랜드는 어떤 이유에서든 브랜드 리더보다 더 강력하고 감성에 바탕을 둔 관계를 가져야 한다. 그저 강력하다는 것으로는 충분치 않다. 실제로 소비자와 브랜드의 긍적적 관계에 있어 다음과 같은 강도의 차이가 있다(부정적인 자산은 잠시 잊도록 하자).

- **무관심.** 쇠퇴하는 브랜드들은 무관심한 취급을 받는다. 그것은 범용품으로 전락하거나 소멸한다.
- **안심.** 자기 변화를 하지 못하는 견고한 기성의 브랜드 리더는 안심을 제공한다. 안심은 첨단 기술 분야처럼 소비자가 불안해하는 새로운 업종에서는 한동안 가치가 있지만, 맛있는 음식처럼 소비자가 잘 아는 업종에서는 효과적이지 않다.
- **약한 선호.** 이 수준은 경쟁적인 가격 혹은 다른 공격적인 보복 전술에는 취약하다. 패스트푸드처럼 대규모 저관여 업종에서는 약한 선호로도 충분할 수 있지만, 유통망의 제약을 딛고 구매 변화의 모멘텀을 창출해야 하는 도전자로서는 불충분하다.
- **열렬한 선호.** 이것이야말로 도전자가 열망하는 수준이다. 아주 적은 수의 업종에서 브랜드 리더가 이것을 향유하고 있다. 예를 들어 고급 수입차 시장에서 렉서스가 그러하다. 나이키

의 목표는 팬 같은 고객을 창출하는 것이었다.

- **일체감.** 사용자가 브랜드의 제품을 자신과 동일시할 정도의 선호가 일어난다. 할리데이비슨의 사용자들이 극단적인 사례에 속하지만 — 이들은 자신의 몸에 할리 브랜드의 문신을 새길 정도다 — 애플도 그와 같은 감성적 일체감을 향유하고 있다. "나는 맥 유저이다."라는 겉보기에 순수한 말 속에는 사용자 자신의 창조성, 세상에 대한 시각, 생각의 독창성 등 여러 가지 관련된 믿음이 숨어 있다.

- **강화된 자아.** 브랜드는 단순히 사용자의 바람에 자신을 맞추거나 일체감을 구축하는 차원이 아니다. 브랜드는 소비자가 그것을 원하는지 깨닫지 못했지만 일단 한번 경험하게 되면 전보다 더 많은 것을 느끼게 만드는 어떤 것을 전달한다. 스타벅스나 원더브라는 이러한 강화된 자아의 느낌을 제공한다. 스타벅스의 이용자는 단순히 커피를 구입하는 것이 아니라 세련됨과 교양, 힘든 하루에서 고급스러운 느낌의 순간을 구매한다. 원더브라는 외견상 풍만한 가슴뿐 아니라 착용자가 보통은 누리지 못하는 자신감과 파워를 제공한다.

따라서 우리는 브랜드에 관한 한 모든 실질적인 측면에서 사랑의 반대말이 증오가 아니라 무관심이라는 사실을 알 수 있다. 무관심은 도전자에게 분명히 위험한 것이며, 약한 선호도 마찬가지다. 열렬한 선호는 도전자가 목표로 해야 할 최소한의 수준이다.

이러한 정도의 선호에 도달하기 위해서는 자기가 누구인지, 무

 제2부 성공하는 도전자 브랜드의 8가지 원칙

엇이 남들과 다르게 하는지에 대해 분명한 인식을 가지고 그것을 명확히 전달해야 한다. "그렇기 때문에" 광고는 소비자에게 공감과 해결책을 줄 수는 있지만 일체감을 주지는 못한다. 그것들은 문제 해결을 통해 단기적인 매출을 올릴 수는 있지만, 중장기적 모멘텀을 낳는 강력한 브랜드 관계를 창출하지는 못한다.

스와치의 니콜라스 하이예크는 감동적으로 말하고 있다. "감성적인 제품은 메시지에 관한 것이다. 그것은 사람들에게 당신이 누구고 왜 그 일을 하는지를 알려주는 매우 흥분되고, 독특하며, 진정한 메시지이다. 스와치의 메시지를 구성하는 많은 요소들이 있다. 고품질, 저가격, 도발, 삶의 기쁨. 하지만 스와치 메시지의 가장 중요한 요소는 다른 기업이 절대로 모방할 수 없다. 궁극적으로 우리는 단순히 시계를 제공하는 것이 아니다. 우리는 우리 자신의 개인적 문화를 제공하고 있다."[5]

현저성

등대의 마지막 특징은 그것이 사람들의 의식 속으로 밀고 들어온다는 점이다. 굳이 보려고 하지 않아도 그것은 보인다. 보드카를 즐기는 사람이 아니더라도 앱솔루트가 무엇인지는 안다. 스트로베리 구아바 바디 로션을 절대로 쓰지 않더라도 라트비아인에게 바디샵의 가치관이 무엇인지 설명할 수는 있다. 『별난 가족 힐』을 본 적이 없더라도 폭스의 방송이 어떤지는 안다. 집에서 건전지를 쓰지 않더라도 에너자이저의 특성을 몇 단어로 적을 수는 있다.

이것은 한편으로 정체성 자체와 관련이 있으며, 다른 한편으로는 도전자가 마케팅 커뮤니케이션과 행동을 통해 정체성을 드러내는 방식과도 관련이 있다. 현저성의 전반적인 문제와 도전자 브랜드가 그것을 성취하는 방법은 이 책의 6장, 7장, 10장에서 더욱 자세하게 다루고 있다. 여기서는 단지 도전자에게 있어 현저성의 중요성이 2장에서 살펴본 두 가지 도전적 이슈, 즉 '카테고리는 없다' 와 '소비자는 없다' 에 뿌리를 두고 있음을 지적하고자 한다.

정체성의 원천

그 자신의 개인적 문화에 대한 니콜라스 하이예크의 언급을 보면, 아이디어나 집단이 할 수 없는 방식으로 한 개인이 브랜드의 정체성과 그것의 문화적 표현을 주도한다는 사실이 분명해 보인다. 예를 들어 스타벅스같이 설립자가 주도하는 회사에서, 직원들에게 돌아가는 각종 혜택은 하워드 슐츠의 개인적 삶과 깊은 관련이 있다. 그는 1995년의 인터뷰에서 자신의 아버지에 대해 말했다. "아버지는 1년에 2만 달러 이상을 벌지 못했어요. 나는 아버지의 자존심과 자부심이 무너지는 모습을 지켜보았습니다. 그것은 블루칼라 노동자로서 아버지가 직장에서 어떤 대우를 받았는가와 많은 관련이 있었어요."[6] 그 결과 슐츠는 직원들을 가장 중요한 목표 대상으로 여기고, 빈 스톡(Bean Stock) 제도를 만들어 모든 직원들이 회사

 제2부 성공하는 도전자 브랜드의 8가지 원칙

의 주식을 소유하도록 했다. 이는 경영 기법이 아니라 그가 절실히 느낀 개인적인 이상에서 비롯된 것이었다. 슐츠가 회사를 경영하는 동안에는 어떤 인사 책임자가 오든지 그것은 절대로 바뀌지 않을 것이다.

하지만 이것이 도전자로 변화하려고 하는 우리들과 무슨 상관 있을까? 우리들 중에서 많은 이들은 "강력한 개인적 문화"를 가지고 있지 못하다. 혹은 그것이 적어도 한눈에 알아볼 수 있을 만큼 분명하지 않다. 하지만 조직은 개인적 문화를 가질 수 있고, 반드시 가져야만 하며 조직 내부에 자신의 개인적 문화를 창출할 수 있다. 그렇다면 설립자나 핵심적인 비전 제시자가 없을 경우, 야심찬 도전자를 위한 제대로 정의된 정체성은 어디에서 찾을 수 있을까?

정체성은 실제 살아 있는 설립자를 갖고 있는 것에 달려있지 않다. 앱솔루트의 병이나 할리데이비슨의 신화 같은 정체성을 보라. 조직 내부에 설립자나 강력한 CEO가 없다면, 대체적으로 다음 네 가지 원천으로부터 강력한 정체성이 출현할 수 있다. 그것은 간과된 과거, 열성 사용자들과의 관계, 경쟁사의 약점, 광고나 마케팅 아이디어이다.

간과된 과거

어떤 이들은 성숙한 브랜드의 경우 브랜드 플래닝의 역할은 가치를 더하는 것이 아니라 가치를 추출하는 것이라고 말한다.[7] 다시 말해 그 적실성과 잠재력이 주목받지 못했던 특정한 브랜드의 역사와 본질을 찾아내 강화하는 것이다.

예를 들어 영국의 협동 은행(The Cooperative Bank) 이야기를 살펴보자. 영국의 주요 4대 은행에 비해 역사적으로 노동자 계층과 저소득층 고객을 가진 이 유서 깊은 은행은 시장 점유율을 회복하고, 당좌 예금 고객층을 확보하며, 확장하는 금융 서비스 영역에서 수익을 거둬야 할 필요가 있었다. 특히 그들은 신용 카드 시장에서도 성공적으로 경쟁할 수 있기를 바랐는데, 두 가지 어려움이 있었다. 첫째 그들은 시장에 또 다른 신용 카드를 너무 늦게 내놓았고, 둘째 신용도의 문제였다. 그렇다면 노동자 계층의 은행이 신용 카드 사업을 시작하기 위해 한 일은 무엇이었을까? 은행으로서는 이것은 꼭 해야만 하는 사업이었고, 따라서 그 문제를 광고 회사의 경쟁 프리젠테이션에 맡겼다.

이 일을 따낸 광고 대행사(Partners BDDH)는 문제를 해결하는 방법으로서 브랜드의 과거를 살폈다. 그래서 은행의 브랜드 정체성에는 소비자와 특히 직원들이 생각하는 "노동자의 은행"이라는 희석된 개념보다 훨씬 더 풍부한 이야기가 담겨 있음을 발견했다. 사실상 협동 조합(Cooperative Society)은 "로치데일 선구자들"(Rochdale Pioneers)이라고 알려진 그룹들 간의 소매 협약으로서 시작되었다. 그들은 1820년대 영국에서 일반적인, 교활하고 비윤리적인 사업 관행에 반대했다. 일례로 무게를 속이는 일이 그러했다. 당시에 고객을 속아서 실제보다 더 많은 무게의 상품을 구입했다고 믿게 하거나, 혹은 밀가루 같은 기본 식량에 껍질이나 다른 찌꺼기를 섞어서 밀가루 포대의 무게를 부정하게 늘였다.

 제2부 성공하는 도전자 브랜드의 8가지 원칙

광고 대행사는 협력 은행의 기원을 조사하면서 은행의 정체성의 핵심은 특정 계층과의 관련성이 아니라 비윤리적인 사업 관행에 맞선 이상 지향적 기관이라는 사실임을 깨달았다. 따라서 그들은 원래의 정체성을 복제하기보다는 오늘날에 맞게 그 의미를 바꿀 수 있는지 살피면서 스스로 질문을 던졌다. 만일 오늘날 그 은행을 새로 설립한다면, 지배적인 사업 관행에 대한 어떤 윤리적 태도가 시장에 어필할 수 있을까? 이것으로부터 이를테면 동물 실험 등에 태도를 분명히 하는 "윤리 은행"이라는 아이디어가 자라났다. 소비자 조사는 윤리적인 태도를 표방하는 것이 매력적이라는 그들의 믿음을 입증해 주었고, 그들 정체성의 뿌리에 다른 주요 4대 은행 누구도 가지지 못했거나 가질 수 없는 신뢰성을 부여했다. 그 결과는 어땠을까? 1992~97년의 기간 동안 협동 은행은 브랜드 점유율이 두 배나 증가했고, 같은 기간 동안 1600만 파운드 적자가 5500만 파운드 흑자로 바뀌었다. 1997년에 협동 은행은 유럽에서 골드 비자 카드를 가장 많이 발급했다. 아울러 이들은 자신의 정체성을 외부 소비자에 대해서뿐 아니라 내부 소비자들에 대해서도 재정의했다.

때때로 이러한 정체성을 발견하기 위해서는 촉매가 필요하다. 은행 자신은 일상적인 현실에 너무 가까이 있어서 자신이 정말 누구였는지 그리고 그것을 어떻게 현재의 것으로 전환할 수 있는지 알지 못했다. 즉 은행은 너무 과도하게 성장해 있었다. 그래서 은행은 광고 대행사를 고용했고, 그들은 새로운 가치를 추가하기보다는 과거로부터 그것을 추출했다. 그리고 그 정체성은 고유한 것이었고 은행에 관한 진실에 기초했기 때문에, 다른 어떤 것보다 훨씬 더 강력했다.

열성 사용자들과의 관계

많은 경우 브랜드는 소규모의 열성 사용자들이나 얼리아답터* 사이에서 매우 분명한 정체성을 발전시켜 왔다. 이러한 정체성은 거의 적극적인 마케팅 활동과 상관없이 생겨나는데, 왜냐하면 이런 사용자들이 브랜드를 알게 되는 과정에서 그 브랜드에 관해 무엇인가를 발견했거나 투영해 왔기 때문이다.

오스트레일리아 맥주인 포스터가 그런 경우이다. 포스터는 1980년대 초, 그랜드 메트로폴리탄에 의해 영국 전역에 유통되기 전에 특히 런던 얼스코트 — 오스트레일리아 배낭 여행자들의 고향 — 부근에서 열성적 지위를 누리고 있던 틈새 브랜드였다. 그랜드 메트로폴리탄 이전의 다른 맥주 업자들이 그 맥주를 들여오면서 만들어낸 이미지는 오스트레일리아의 본다이 해변, 파도타기, 태양 같은 것들이었다. 그랜드 메트로폴리탄 팀은 포스터를 출시하면서 그 브랜드가 열렬한 얼리아답터들 사이에서는 오스트레일리아인의 생활 양식의 밋밋하고 진부한 면이 아니라 오스트레일리아 맥주 애호가들의 삶에 대한 직설적이고 건조하며 유머러스한 태도와 동일시되고 있다는 사실을 발견했다. 이것은 오스트레일리아인에

---

* early adopter, 제품이 출시될 때 가장 먼저 구입해 평가를 내린 뒤 주위에 제품 정보를 알려주는 성향을 가진 소비자 집단 — 옮긴이.

대한 그들의 경험이나 혹은 베리 메켄지* 같은 오스트레일리아의 반문화적인 아이콘에 대한 존경에서 비롯된 것이었다. 이 두 가지 원천 중 하나로부터, 사용자들은 포스터 브랜드의 정체성에 관해 매우 분명한 느낌을 만들어냈다. 그것은 현실적이고, 진솔하며, 투박한 이미지였다. 실제로 포스터의 출시 광고는 오스트레일리아 출신의 영화 배우 폴 호건(Paul Hogan)을 출연시켜, 영국의 얼리어답터들의 세계관에 큰 영향을 미친 떠돌이 애주가와 아주 흡사한 대변자를 만들어 냈다.

자신의 정체성을 정의하는 데 있어 열성적인 얼리어답터와 브랜드 간의 이러한 관계의 가치는 물론 출시 시기에만 한정되는 것은 아니다. 할리데이비슨의 경우 이러한 열성적인 사용자들은 브랜드 정체성을 살아 있게 하는 존재였고, 회사가 정체성을 바꾸려고 할 때에도 그것을 지켜냈다. 일본산 오토바이가 시장을 지배하면서 다시 도전자로 내몰렸을 때, 그들이 부활시킨 것은 그러한 가치들이었고, 회사가 더욱 홍보했던 것은 자신의 정체성이었다.

경쟁자의 약점이 정체성을 정의한다

새턴은 디트로이트의 대척점에 있다. 그것은 경쟁사의 특징에 반대되는 요소들로 자신의 긍정적인 정체성을 형성한다.

* Barry MacKenzie, 오스트레일리아 출신 작가가 쓴 『배리 맥킨지의 모험』에 나오는 주인공 — 옮긴이.

전통적인 미국 자동차 회사	새턴
산업 도시	미국의 작은 도시
강압적인 판매 방식	신사적인 판매 방식
자신만의 규칙이 있음	다른 소비재와 동일한 규칙
(예를 들어, 가격 흥정 가능)	(예를 들어, 가격 흥정 없음)
금속 제품을 판매	경험을 판매
장사꾼인 판매원	"친구" 같은 판매원
일회성 거래	관계

그밖에도 더 있다. 소비자의 머릿속에 업계의 나머지 브랜드들에 대한 아주 명확한 정체성이 있다면, 이는 브랜드로 하여금 마치 원판의 음화(photographic negative)처럼 동일한 정도로 명확하고 강력한 정체성을 채택할 수 있게 한다. 이러한 방법은 상대적으로 쉬운데, 그에 관해서는 "병든" 업종에서 다룰 것이다(12장 참조). 이 업종의 소비자들은 업계의 서비스나 제품의 주요 특징에 몹시 불만을 느끼고 있다. 그러나 그것은 그런 병든 업종에만 국한되지 않는다. 앞서 보았듯이 바디샵은 주류 화장품 산업에 반대가 됨으로써 자신을 명확히 했다.

아이디어가 정체성을 정의한다

정체성의 네 번째 원천은 외부의 인식뿐 아니라 내부 문화를 형성하는 시금석으로서 중요한 광고나 마케팅 아이디어를 이용하는 것

 제2부 성공하는 도전자 브랜드의 8가지 원칙

이다. 잭인더박스의 재출시 광고가 구형의 플라스틱 머리를 한 설립자 잭을 대중들과 기업의 의식 속에 각인시켰을 때, 회사 내부에서 그의 가치는 흥미로운 대변인 이상이었다. 잭은 회사 내부에서 변화의 동인이었다. 잭인더박스의 크리에이티브 책임자는 잭이라는 아이콘에 그가 회사의 어떤 행동을 용인하고 용인하지 않을지와 같은 일정한 태도를 주입함으로서 "이런 상황에서 잭은 어떻게 행동할까?"라는 질문을 실제로 의미 있게 만들었다. 예를 들어 점보잭에 들어가는 토마토의 품질을 낮추자는 제안이 나왔을 때(토마토는 햄버거의 단위 원가에 비교적 영향이 크고 계절적으로 변동이 심하다), 잭인더박스는 내부 회의에서 잭이라면 자기 이름이 들어간 햄버거에 질 좋은 재료가 들어가기를 고집할 것이라고 판단해 그 제안을 거부했다.

정체성의 뿌리 : 과도한 실행과 신념

"제품에 대한 집착이 무엇보다 우선적이다."
— 짐 제너드, 오클리 CEO

등대의 정체성에는 자신이 누구인지, 어떤 사업에 종사하는지에 대한 명확한 인식 외에 두 가지 필수적인 토대가 있다. 그것은 제품 품질과 신념인데, 하나가 다른 하나를 더욱 자극한다. 다시 말해 분명한 정체성이 외부적으로 차별화를 가져온다고 한다면, 정체성이 제품의 구체적인 품질을 바탕으로 하는 경우, 그것은 내부적으로 신념을 불어넣는다는 것이다. 자신이 어떤 중요한 차원에서 기성 브랜드와 다르고 오히려 더 낫다는 사실을 알게 된다면, 이것은 자신의 업무 수행과 태도뿐 아니라 소비자와의 관계에도 영향을 미치게 된다.

브랜드 리더는 "그저 적당히" 전략을 구사한다. 소스에 그저 적당히 버섯을 넣고, 병의 인체 공학에 대해 그저 적당히 생각하며, 자재 조달에서 그저 적당히 품질 관리를 하고, 안내 데스크에서 그저 적당히 친절을 보인다 — 비행기의 승객 일인당 땅콩 한 봉지만 준비하면 그만이다. 헨리 포드는 "그저 적당히" 철학을 멋지게 구사했다. 포드는 직원들을 미국 전역의 폐차장에 보내 오래된 포드 엔진을 찾게 했다. 그리고 그것들을 디트로이트까지 끌고와서 쓸 만한 부품들을 찾아 자동차 성능을 낮추는 방법으로 비용을 절약했다.[8]

"그저 적당히"는 어떤 의미에서 브랜드 리더에게 단지 훌륭한 상업적 감각인 반면, 단순히 제품 만족이 아니라 제품에 대한 열광을 창출하려는 도전자에게는 하나의 기회를 제공한다. 광고 회사 WCRS의 대표인 로빈 와이트는, 소비자들의 마음속에 아이콘 같은 지위를 누리는 브랜드는 단지 솜씨 좋게 처리한다기보다는 과도할 정도로 무엇인가를 해낸다는 점을 관찰했다. 그들은 단지 제품 성능이 아니라 과도한 제품 성능을 제공한다. 다시 말해 그들은 도전자로서 선택한 어떤 차원에서 소비자에게 아주 월등한 제품 성능을 제공함으로써 브랜드 약속을 지킨다. 아이스크림에 황당할 만큼 많이 초콜릿를 얹어주거나, 온두라스의 세 섬에서 구한 재료

 제2부 성공하는 도전자 브랜드의 8가지 원칙

로만 제품을 만든다든지, 호텔에 우선적으로 체크인할 수 있도록 운전수가 달린 리무진을 무료로 제공하는 일 등이 그런 경우이다. 와이트는 그러한 브랜드들에는 고유의 설계 기준이 있는데, 그것은 소비자의 바람과 욕구에 대한 조사에 기초한 것이 아니라 제품이 어떻게 기능해야 하고, 어떻게 그것이 경험될 수 있어야 하는지에 대한 거의 망상에 가까운 집착으로부터 비롯된다고 말한다. 그의 말에 따르면, 랜드로버는 자신의 자동차가 기름 주유 외에는 다른 어떤 것도 추가로 필요로 하지 않으면서 비포장도로를 4000마일 쉬지 않고 달릴 수 있어야 한다는 설계 기준을 가지고 있다. 오늘날 4000마일의 남극 지역을 주행하는 것을 실제로 보기는 어렵지만, 그것은 랜드로버를 만드는 사람들의 설계 기준이었다(그리고 비록 랜드로버 구매자가 특별히 이런 이야기를 듣지는 못하지만, 알게 모르게 그들은 자동차가 월등한 성능을 가졌다고 이해한다).

우리가 논의하고 있는 많은 도전자들은 과도한 실행(over-performance)이라는 와이트의 개념을 반영하고 있다 — 실제로는 그것을 과시하고 있다. 그들은 브랜드 리더보다 훨씬 의도적으로 극단적이다. 자신을 표현하는 방식의 강렬함에 있어서뿐 아니라 그들이 제공하는 제품 성능에서도 그렇다. 예를 들어 자동차 엔진이 6000rpm인 상태에서 보닛 위에 세 층으로 올린 샴페인 유리잔이 균형을 유지하는 경우는 극히 드물다. 하지만 렉서스는 출시 광고에서 그것이 가능하다고 선전했다. 1980년대에 컴퓨터가 익숙지 않았던 사업가들에게 드래그 앤 클릭(drag-and-click) 기능은 하나의 구원이었는 데, 그 다음에 애플은 "삭제(delete)"라는 이름의 드래그 앤 클릭 상자 대신에 휴지통 아이콘을 내놓음으로써 컴퓨터 작업을 일상의 언어로 바꾸어 놓았다. 누군가가 음식의 작은 위안을 필요로 할 때, 밴앤제리스는 그저 많은 양이 아니라 엄청나게 많은 양의 초콜릿을 얹어 주었다. 그들은 아이스크림에 어떠한 즐거움이 있어야 하는지에 대해 나름의 생각을 가지고 있었다. 항공 여행 사업에서 버진애틀랜틱은 승객들에게 장시간의 즐거움을 경제적으로 제공했다. 그들은 헤드폰 선택뿐 아니라 고전 BBC 코미디를 전면 스크린에 연속해서 상영했다(당시에 다른 항공사들은 8시간 비행을 하면서 영화 한 편만을 보여주는 게 고작이었다). 그리고 그것으로 충분치 않은 듯 라이브 공연을 하기도 했다. 뉴욕을 운항하는 일부 비행기에는 마술사가 탑승했다. 아마도 더욱 흥미로운 점은 비즈니스 클래스를 비행기 위층에 마련한 것이었다. 대부분의 항공사들이 좌석의 발 뻗는 공간을 넓히는 데 주력한 반면, 버진의 특급 클래스는 목 마사지나 비행 중에 이용할 수 있는 바를 제공했다. 그들은 승객들을 정말 고공 비행으로 안내했다.

렉서스, 벤앤제리스, 버진의 상층 좌석 등, 과도한 실행은 고급스런 것(premium)을 의미하는가? 반드시 그렇지는 않다. 사우스웨스트 항공은 고유의 방식으로 과도한 실행을 하는데, 그것은 열정과 친근함이다. 그것은 모든 사람의 취향에 맞지는 않겠지만, 그것을 좋아하는 사람들의 마음만은 확실히 사고 있다.

패션은 더욱 다양한 사례를 제시한다. 패션은 역사적으로 미적인 것에 의해 주도되는 것으로 여겨졌지만, 많은 젊은 패션 브랜드들은 더 나은 제품 아이디어에 기초한 신뢰성에서 출발했다. 모시모(Mossi-mo)는 배구(volleyball) 반바지를 위한 더 좋은 아이디어에서 시작했다. 그들은 반바지를 엉덩이가 넉넉하고 다리통이 헐렁하게 만들었다. 레드샌드(Redsand)는 눈에 띄는 노란색 배구공 모양으로 시작했다. 오클리는 손 모양에 맞게 굽어진 모터사이클 손잡이로 시작했다. 테바(Teva)의 샌들은 래프팅 가이드들에 의해 물에서 신기 편리한 래프팅 슈즈로 개발되었는데, 흠뻑 젖는 테니스화로는 급류를 헤쳐나가기 어려운 점을 해결한 것이었다. 닥터마틴(Dr. Marten's)의 신발은 부분적으로는 패션을 통해, 부분적으로는 인체 공학적인 밑창 덕분에 멋진 제품이 되었다. 패션의 세계에서 최첨단의 성능은 쿨하게 느껴진다(실제로 팀버랜드는 이러한 기반 위에서 "당신이 필요로 하는 것 이상의 신발"이라는 한 마디로 자신을 명시적으로 선전했다). 그리고 스와치의 화려한 플라스틱 패션 표현을 떠받치는 것은 매우 높은 수준의 엔지니어링이었다. 스와치 제품은 모두 방수이고 충격을 흡수한다. 스와치의 정밀 시계는 300달러 가격표가 붙은 다른 정밀 시계 못지 않은 성능을 가지고 있지만, 가격은 80달러밖에 하지 않는다. 그리고 그것은 밝은 초록색, 전체가 해파리 모양이다. 스와치가 급속하게 시장에 범람하는 수많은 모방자(예를 들어, 로루스, 봉주르)를 경쟁에서 물리칠 수 있었던 것은 기술적인 우수성 때문이었다. 스와치는 과도하게 실행했다.

도전자에게 과도한 실행의 가치는 무엇일까? 부분적으로 그것은 얼리어답터들을 전도사로 만드는 것이다. 하지만 물론 다른 것도 있다. 나는 지금까지 논의하지 않았던 브랜드의 사례를 이용하려고 한다. 이 브랜드는 브랜드 리더이면서 동시에 도전자라는 특이한 위치를 점하고 있다. 그것은 워버턴스이다.

워버턴스는 영국 북서부에 있는 패밀리 베이커리로서 1876년에 앨런 워버턴이 대중을 위해 처음으로 빵을 구우면서 시작했다. 여전히 가족이 운영하는 워버턴스는 이후 원래의 랭커셔에만 머물기에는 너무 크게 성장했고, 가장 최근인 1996년까지 모두 네 지역에 확장되었다. 워버턴스의 빵은 가격과 품질 면에서 월등하다. 그들은 업계에서 가장 좋은 빵을 만들기 위해 업계의 누구보다도 질 좋은 원료를 사용하며, 세계의 어느 제빵업자도 손에 넣을 수 없는(캐나다의 제빵업자도 마찬가지다) 특별한 종류의 일등급 밀을 캐나다에서 직수입한다. 그들이 들이는 헌신의 정도는 원재료에 지불하는 가격이나 — 이러한 밀은 세계에서 가장 값비싼 종류이다 — 가까이에 있는 다소 품질이 떨어지는 밀 대신 전량을 수입한다는 데에서 뿐만 아니라, 워버턴스의 기술 책임자인 데이비드 핸더슨이 구매 계약을 하기 위해 밖으로 나가 있는 시간을 보면 더욱 여실히 드러난다. 핸더슨은 거래를 성사시키기 위해 캐나다 밀 생산자 협회의 회원과 개별적으로 만나 로비를 한다 — 캐나다 밀 생산자 협회는 500명의 강성 회원들로 이루어져 있다(핸더슨이 협회의 마지막 면담을 마치는 순간까지도 영국 제빵업계의 브랜드 리더의 회장은 캐나다에 첫 발조차 디디지 않았다는 사실에서 그의 헌신의 정도는 더욱 강하게 다가온다).

이러한 헌신이 워버턴스에 가져다 주는 혜택은 분명히 월등한 품질의 제품이다. 워버턴스의 마케팅과 세일즈 책임자인 조너선 워버턴은 품질에 대한 이러한 헌신이 알려져서 소비자와 브랜드의 관계에 깊은 영향을 미친다고 믿고 있다. 이 소비자는 빵을 사먹는 일반 대중이 아니다. 재료의 놀라운 품질은 회사가 최종 고객들에게 전달하는 것이 아니다. 고객들은 좋은 빵은 빵을 만드는 재료가 아니라 굽는 사람의 실력에 달려 있다고 믿을 뿐이다. 조나단 워버턴의 생각에 재료의 품질에 대한 이러한 노력이 깊은 영향을 미치는 또 다른 소비자가 있다 — 그것은 다름아닌 회사 내부에 있는 소비자, 즉 직원이다.

켈빈 에인즐리는 워버턴스의 다섯 지역 중 하나의 판매 책임을 맡고 있다. 에인즐리는 데이빗 핸더슨이 캐나다를 방문해 회사의 빵을 다른 어떤 것보다 더 뛰어나게 하는 어떤 특별한 일을 수행했다는 사실을 알고 있다. 하지만 그게 무엇인지는 모른다. 그는 밀의 종류, 혹은 빵의 부풀음, 버터 사용의 효과에 대해서는 말해줄 수 없다. 그가 아는 사실은 워버턴스의 빵을 세계 최고로 만들기 위해 핸더슨이 오랫동안 나가 있었다는 점이다. 이 때문에 그는 경쟁 업체에서 "판매"하던 방식과는 다르게 일을 할 수 있다. 새로운 거래를 협상하거나 처리할 때 그는 자신감이 넘친다. 왜냐하면 제품의 성공을 절대적으로 확신하기 때문이다. 새 고객을 확보한 후 처음에 품목이 효과적이지 않을 경우, 그는 효과가 있을 때까지 신속히 재조정을 한다. 그의 자신감은 전염성이 있다. 그는 자신이 나아졌다는 것을 안다. 승자의 기분을 느끼며 고객의 사무실에 들어서기 전에 이미 승자가 되었다. 아마도 바로 이런 이유 때문에 1997년 워버턴스는 비록 영국의 절반 지역에만 진출했음에도 불구하고 영국에서 빵을 가장 많이 판매한 브랜드가 될 수 있었다.

따라서 과도한 실행은 도전자에게 많은 이점을 제공한다. 그것은 단순히 도전자의 감성적 포지션을 정당화하는 극단적인 차별화 요소만은 아니다. 그리고 열광적인 사용자층(따라서 신화 — 10장 참조)을 형성하기 위한 것만도 아니다. 그것의 다른 가치는 회사 내부에서 최고의 자기 믿음과 확신을 창출하는 데 있다. 그리고 회사 바깥의 사람들도 그것을 느낄 수 있다.

과도한 실행은 기업이 진정으로 제품에 신경을 쓴다는 점을 보여주며, 이것은 기업이 브랜드 약속을 지키기 위해 노력한다는 것을 의미한다. 그리고 그것은 기업에게 등대가 될 수 있는 자신감을 심어준다.

도전자 조직을 위한 함의

요컨대 성공하는 도전자는 적어도 공개적으로는 소비자를 바라보며 항해하지 않는다. 그 대신 브랜드와 상호 작용하는 모든 지점에서 적극적이고 열정적으로 전하는 그들의 정체성에 대한 강력한 인식이 소비자로 하여금 그들을 바라보며 항해하도록 유도한다. 등대처럼, 굳이 찾으려 하지 않아도 보이는 것이다.

우리가 도전자 과정 혹은 전략적 접근의 첫 단계를 창출하기 위해 처음 두 가지 원칙을 함께 고려할 경우, 우리는 즉시 명백한 모순에 직면하게 된다. 말하자면 브랜드와 기업으로서 자신이 누구인지에 대한 지식의 필요성(등대의 정체성 구축하기)과 업종의 한계

  제2부 성공하는 도전자 브랜드의 8가지 원칙

와 기회에 대한 지적인 순수함의 필요성(직전의 과거와 단절하기), 이 양자 간의 긴장을 어떻게 해소할 수 있을까? 도전자로서 번영하려면 조직 내에 양자가 공존해야 한다 — 성장의 기회를 찾기 위해 후자가, 그 기회를 실현하고 자신의 것으로 만들기 위해 전자가 필수적이다. 하지만 어떻게? 프로세스나 특정한 인적 결합을 통해 우리는 브랜드에 대한 지식과 업종에 대한 미경험 간의 지적인 충돌을 창출하는 방법을 찾을 필요가 있다. 12장에서는 어떻게 도전자 기업이 역동성과 아이디어의 체계적인 생산에 있어 그러한 명백한 긴장을 관리하는지 살펴볼 것이다.

Assume Thought Leadership of the Category

사고의 리더십을 장악하라

우리는 브랜드 리더십에 대해 그것이 마치 각 업계에서 하나의 브랜드에 대해서만 진실인 것처럼 말한다 — 가장 큰 업체 말이다. 사실상 각 업종에는 두 종류의 브랜드 리더가 있다. 하나는 가장 규모가 큰 마켓 리더인데, 모든 사람들과 함께 생활하는 브랜드이다 — 그리고 아마도 모든 사람들은 그 브랜드와 함께 성장했을 것이다.

하지만 브랜드 리더에는 또 다른 종류가 있다. 그것은 사고의 리더인데, 업계에서 사람들의 입에 오르내리는 브랜드이다. 이것은 가장 크지는 않지만 가장 많은 주목을 받는 브랜드이며, 대중 문화에 침투해서 변화를 주도하는 브랜드이다. 현재의 마켓 리더가 한때는 그러한 브랜드였다. 그러나 극소수의 예외를 빼면, 브랜드 리더는 정상에 오르면 더 이상 파장을 일으키지 않는다.

우리가 살펴보고 있는 대부분의 브랜드들은, 만일 그들이 마켓 리더가 아니라면 사고의 리더가 되어야 한다는 것을 신속하게 알아차렸다. 만일 그들이 마켓 리더가 될 수 없다면, 모든 사람들의 입에 오르내리는 존재가 되어야 했다. 즉 역동적으로 보이는 브랜드가 되어야 하는 것이다.

그들은 단지 제품 혁신이나 광고 전략을 통해서가 아니라 행동을 통해서 사고의 리더가 되는 것을 목표로 한다. 그들이 뒤늦게 진입 혹은 재진입하려는 업계의 모든 관행이 아니라 한두 개의 관행을 선택해 소비자를 놀라게 하는 방식으로 깨뜨림으로써 그렇게 한다.[1]

업계의 관행을 깨뜨리는 행동

현실 세계에서 마케팅의 첫 번째 법칙은 누구나 소비자를 가장 중시해야 한다고 말하지만, 실제로는 아무도 그렇게 하지 않는 것이다. 기업 사명문은 "소비자들을 놀라게 하고 기쁘게 하는 것"에 대해 이야기하지만, 소비자가 바라는 것과 소비자가 얻는 것의 차이는 어떤 업종에서든 여전히 크다.

기업들은 자신의 업계에서 그들 제품의 마케팅을 지배하는 규칙이나 관행들에 매여있다. 예를 들어 세제 광고에는 항상 두 명의 여성이 부엌에 나란히 있는 장면이 나오고, 치약 선전에는 언제나 치과 의사가 등장한다. 금융 상품은 늘 진지한 브랜드 이름이 필요하며, 항공사 광고에는 제복 차림의 승무원이 빠지는 법이 없다. 소비자들이 특정 업종이 제공해야 하는 것에 대한 어떤 기대를 갖고 있는 것처럼 보인다. 예를 들어 서커스를 보러 간다면 코끼리, 사자 입 속에 머리를 집어넣는 조련사, 말 위에 올라탄 아가씨, 공연장을 돌며 서로의 얼굴에 물을 뿌려대는, 큰 바지와 긴 신발 차림의 광대들을 기대한다. 그리고 만일 고급 승용차를 구입하려 한다면 유명 브랜드의 차를 기대하는 식이다.

하지만 이러한 관행들의 특징은 그것들이 종종 소비자가 진정으로 바라는 것 혹은 바랄지도 모르는 것의 이해와는 전혀 관계가 없다는 점이다. 그 관행들은 판매자들(그리고 마켓 리더)에 의해 만들어진 것으로, 이제는 그 이유가 잊혀졌지만 그대로 계속 유지되고 있다. 각 업종의 2류 브랜드들은 브랜드 리더가 세워 놓은 기존의 관행들을 따르면서, 편안하지만 별 볼일 없는 생명을 유지한다. 아울러 기성 브랜드들에 의한 이러한 반복은 특정 제품이 어떻게 보여야 하고 그런 종류의 상품은 어떻게 마케팅되어야 하는지에 대한 소비자의 기대를 형성한다. 때때로 기성의 기업들이 실시하는 조사는 이러한 관행의 타당성을 확인해 주곤 한다. 왜냐하면 질문을 하는 당사자가 해당 업종에 너무 밀착되어 있어서 천편일률적인 낡은 대답을 미리 가정하고 질문을 하기 때문이다. 그래서 소비자는 그밖의 다른 어떤 것이 제공될 수 있는지 알지 못한다.

하지만 도전자는 당연히 뒤늦게 시장에 진입(혹은 재진입)한다. 시장에 뒤늦게 진출했기 때문에 도전자는 아주 분명히 자신을 차별화해야 한다. 소비자가 선택할 강력한 이유를 제시해야 하며, 정체성을 분명히 드러내야 한다.

하지만 그러한 강력한 선택의 이유를 찾기란 쉽지 않다. 진정한 제품 혁신이 브랜드의 창출보다 먼저 이루어지는 경우가 있을 수 있겠지만(다이슨 사이클론의 진공 청소기처럼), 사실 그러한 일은 흔치 않다. 예를 들어 미국의 통신 분야를 살펴보면, 규제 완화는 다양한 브랜드 선택의 기회를 만들어 냈지만, 대부분의 브랜드들은 초기에는 그들 간의 진정한 차이가 무엇인지 알지 못했다. 그들 브랜드들은 창출(혹은 재창출)과 동시에 소비자가 자신을 선택해야 하는 이유를 만들어 내야 했다.

업계의 관행은 이러한 차별성을 창출할 수 있는 자연스런 지점을 제공한다. 먼저 도전자는 혁신적인 통찰력으로 소비자가 진정으로 원하는 것이 무엇인지 꿰뚫어 보아야 한다. 그런 다음 업계의 관행 중에서 한두 개를 골라, 자신을 부각시키는 방식으로 의도적으로 깨뜨려야 한다. 이는 시장에 진입하는 도전자에게 단기적인 지렛대를 제공한다. 만일 그러한 관행 타파가 여론이나 광고를 통해 조명된다면, 극적인 상황이 연출될 수도 있다(이것은 합기도의 핵심 철학 중의 하나로, 상대방의 힘을 자신에게 유리하게 이용하는 것이다). 어떤 관행이 유지된 기간이 길수록, 그리고 소비자가 그것을 받아들이는 정도가 클수록, 관행을 깨뜨릴 때 나타나는 효과도 그만큼 극적일 수 있다.

그렇지만 지적해야 할 점은 이러한 관행 타파가 그저 시선을 끌기 위한 깜짝 쇼에 그쳐서는 안 된다는 것이다. 확실히 주목을 받는 동안, 관행 타파의 단기적 목표는 자신의 정체성과 포지셔닝을 효과적으로 전달하는 것이다. 그리고 장기적 목표는 업계의 틀, 특히 소비자의 선택 기준을 도전자의 의도대로, 그래서 장기적 이득이 되게끔 재구성하는 것이다. 즉 자신에게 유리하도록 법칙을 영원히 바꾸는 것이다.

모든 업종에는 다음과 같은 세 가지 관행이 존재한다.

1. 표현(representation)의 관행.
2. 매체(medium)의 관행.
3. 제품 경험(product experience)의 관행.

앞으로 나타날 사례들에서 보는 것처럼, 관행 타파가 일시적인 혈기나 바람으로 이루어지는 경우는 거의 없다. 오히려 도전자는 광고 예산이나 유통망 같은 자원의 제약 때문에 어쩔 수 없이 그것을 해야만 하는 상황이 더 흔하다. 그렇지만 그러한 부득이한 변화가 바로 소비자를 부추기고 유혹하는 행동을 촉진시킨다. 아울러 업계의 규칙도 바꾸어 놓는다.

표현의 관행

표현의 관행은 어디에서 어떻게 자신과 자신의 정체성을 표현할지에 관한 문제다. 이것은 광고(요구르트 광고는 입 속으로 들어가는 스푼을 늘 확대해서 보여준다), 포장(청량 음료는 항상 투명한 병에 담긴다), 로고, 이름 등을 모두 포함한다(광고의 관행에 대해서는 이 장에서 다루지

  제2부 성공하는 도전자 브랜드의 8가지 원칙

않는다. 광고의 관행을 깨뜨리는 데에 홍미가 있는 독자는 장 마리 드루의 『붕괴』(Disruption)에서 훌륭하고 폭넓은 논의를 찾을 수 있을 것이다).

자신의 이름을 스스로 선택하는 기회를 갖는 경우는 드물다. 사업을 시작하면서 그럴 경우가 있다면 그것은 매우 괴로운 사치일 것이며, 신참자는 대개 기존 기업들에게서 단서를 얻는다. 예를 들어 폭스는 미국의 네 번째 방송사를 출범시키면서 처음에 이름을 FBC라고 지을 계획이었다. 왜 그런지는 어렵지 않게 알 수 있다. 그것이 ABC, NBC, CBS처럼 방송사들이 이름을 붙이는 방식이기 때문이다. 성공을 바란다면 그것은 틀림없이 모든 새로운 배우가 밟아야 하는 무대인 것이다.

하지만 갓 태어난 기업에 알파벳 세 글자를 새기기 전에 배리 딜러와 그의 핵심 출범 팀은 다시 생각했다. 비록 폭스의 브랜드 개성과 정체성이 완전히 개발되고 분명하게 표현된 것은 그로부터 몇 년 후의 일이었지만, 그들은 사업을 시작하기 전부터 남들과 달라야 한다는 점을 분명히 생각하고 있었다. 아직까지 이러한 차별화를 직접적으로 모든 프로그램 편성에 반영할 만한 배짱은 없었지만(폭스의 개막 프로그램은 결국 『조안 리버스』였다), 방송사 이름을 FBC에서 폭스로 바꾼 결정은 단순히 방송사라기보다는 하나의 브랜드가 되겠다는 욕망을 알리는 것이었다. 결국 폭스는 텔레비전의 마케팅 방식을 변화시킨 브랜드가 되었다.

골드피시(Goldfish)는 명백히 기존 기업들이 정한 규칙에 의해 움직이고 있는 시장에 뒤늦게 뛰어든 또 다른 브랜드였다. 모기업인 골드브랜드는 영국에서 새로운 신용 카드 사업의 진출을 앞두고 먼저 광고 대행사들과 접촉했다. 당시 조사에서는 새로운 신용 카드의 이름으로 "밴티지"(Vantage)가 가장 유력했다. 최종적으로 선정된 광고 대행사는 이미 성숙기에 접어든 시장에서 경쟁자들이 점유율을 높이기 위해 극심한 경쟁을 벌이고 있기 때문에 진정한 차별화가 절대적이라는 점을 강조했다. 그리고 과도하게 많은 금융 브랜드들의 폭격을 받고 있는 소비자들의 관심을 끌려면 더욱 획기적인 이름이 필요하다는 관점을 피력했다.

금융 서비스 상품의 명칭을 골드피시로 정한 것은 용감한 선택이었다. 금융업계에서 근무한 사람이라면, 그런 선택은 실제로 위험하다고 말해 주었을 것이다. 금융은 진지한 비즈니스라고 그들은 말했을 것이다. 금융의 권위 혹은 무게와 관계없는 이름을 가질 수 없다면, 적어도 중립적인 이름을 택해야 한다. 반드시 피해야 하는 것은 불손하거나 외견상 가벼운 명칭이다.

하지만 이미 시장에는 400종이나 되는 신용카드가 나와 있고, 그 해에만 또 다른 140종의 카드가 추가되기 때문에, 관행의 타파는 가장 현명하고 위험이 적은 결정이었다. 고도의 차별화는 사업의 필수품이다. 골드피시는 여러 가지 면에서 성공을 거두었지만, 그 가운데 가장 중요한 것은 관행에 얽매이지 않으면서 그 목적 ― 신용 카드가 소수의 점유물이라기보다는 일상적이고 보편적이며 누구나 손쉽게 소유할 수 있다는 점 ― 을 훌륭하게 전달하는 이름을 지었다는 사실이다. 골드피시는 사업 첫해에 60만 명의 이용자를 확보했고, 80퍼센트가 이름을 알았으며, 다른 어떤 카드보다 사용 빈도가 높았다는 점에서 그것은 성공적이었다.

　제2부 성공하는 도전자 브랜드의 8가지 원칙

버진(Virgin)의 명칭은 이제는 아주 자연스럽게 받아들여지고 있
다. 버진은 록 음반 사업에서 출발해 항공 사업까지 진출했지만,
이제는 록 업계에서조차 회사 이름을 버진으로 불렀던 브랜슨의
홍보 능력을 쉽게 과소 평가한다. 그가 영국에서 첫 사업체를 설립
하기 몇 해 전만 해도, 어떤 사람이 여성 병원을 선전하는 전단에
"성병"이라는 꽤 저속한 용어를 표기했다는 이유로 정부에 의해
고발된 적이 있었다(그 어떤 사람은 브랜슨 자신일 수도 있다). 본래 의
학 용어인 "성병"이 위대한 영국 대중에게 차단될 필요가 있다고
생각되는 정도였다면, 자신의 이름을 처녀란 뜻의 "버진"(Virgin)이
라고 부르는 것은 충격적이고 엄청난 일이었다. 심지어 요즘도 우
리는 거대하고 공격적인 회사들이 아무런 뜻이 없는(글자 그대로 단
어의 의미에서) "디아지오(Diageo)" 같은 엉터리 이름을 짓는 것을

보고 있다. 이름을 지어 주는 회사가 어떤 이유를 갖다 붙이건 간에 말이다. 따라서 우리는 브랜슨 제국의 이름이 그를 성공하게 만든 정체성과 태도를 세우는 데 도움이 되었다는 점을 느끼지 않을 수 없다.

다른 도전자들에게는 제품 포장의 관행에서 벗어나는 것이 이름보다 더 확실하게 브랜드의 정체성을 드러냈다. 시장에 재진출하는 브랜드의 경우, 보통 제품 포장의 변화가 새로운 출발의 첫번째 요소이다. 영국의 탄산 음료 인 탱고(Tango)는 광고로도 유명하지만, 제품 포장 역시 매우 흥미롭다. 탱고의 제품 포장은 검정색이 지배적이다. 검정색은 오랫동안 음식에는 거부되는 색깔이었다. 그 이유는 단순히 장례식과 관련이 있다는 것부터 좀더 복잡한 설명까지 여러 가지가 있다. 그 이유 중에는 동물은 황금색과 빨강색의 먹이를 찾지만(건강과 숙성의 색깔) 검정색이나 자주색은 피한다(주로 부패와 질병의 색깔)는 것도 있다.

하지만 탱고는 이 모든 것에 맞서기로 했다. 영국의 탄산 음료 시장에서 오랫동안 중간에 머문 그들은 수 년 동안 제대로 된 광고를 하려고 시도해 왔지만, 대기업과의 경쟁에 아무런 영향을 미치지 못했다. 새로운 포장과 광고를 동시에 개발하면서 그들은 극적 연출이 필요했고, 검정색의 사용이 그들에게 그것을 가져다주었다. 첫째, 그것은 탱고의 맛을 "감각적으로" 표현하면서 캔의 중앙에 있는 과일 그래픽을 극적으로 부각시키는 색깔이었다. 둘째, 그것은 선반 위에서 제품을 극적으로 두드러지게 했다 — 코카콜라와 유사 콜라 제품의 거대한 빨강색 블록에 맞서 싸우는 검정색 블

 제2부 성공하는 도전자 브랜드의 8가지 원칙

록처럼 보였다(탄산 음료들은 브랜드 리더의 유통 지배력 때문에 어려움을 겪는다). 셋째, 그것은 강력한 반응을 불러일으키는 포장이었다 ─ 실제로 포커스 그룹 조사에서 사람들은 그에 대해 논쟁을 벌였다. 어떤 소비자들에게는 그것이 단순히 잘못된 것으로 보였고, 그리고 다른 소비자들에게는 바로 그 잘못됨이 그것을 흥미롭고 우상 파괴적이며 매력적으로 보이게 만든 요인이었다. 하지만 탱고가 번성하기 위해서는 강력한 반응을 이끌어 내는 브랜드가 될 필요가 있었다. 그래서 탱고의 모기업인 브리트빅(Britvic)은 사람들의 주목을 끄는 전략을 선택했다. 그리고 이 신제품은 광고의 지원을 받아 6년 동안 매출을 두 배로 늘렸다.

포장의 관행을 깨뜨릴 때 바디샵(Body Shop)은 그래픽에 국한되지 않았다. 기존의 업계 경쟁사들은 미용 상품이 본질적으로 여성의 사치스러운 작은 욕망의 충족을 대변하고 있으므로, 그래서 포장은 우아하고 제품에 품격을 주어야 한다고 믿었다 — 실제로 많은 면에서 포장 때문에 돈을 지불하는 것이나 마찬가지였다. 그렇지만 애니타 로딕(Anita Roddick)은 제품을 값싼 플라스틱 병에 담고 전면에 간단한 초록색 상표를 부착했다. 로딕이 노린 것은 다른 종류의 감성적 가치였다. 외부보다는 내부에 초점을 맞췄다. 바디샵의 화장품 용기는 사실상 아무런 치장이 없는데, 왜냐하면 그것이 브랜드의 실제 정신을 빼앗아 버리기 때문이었다. 이 브랜드의 정신은 자연적이고 정신적인 편안함이었다. 저가 포장은 이 신생 기업에게 재정적으로 여러 가지 이득을 주었지만, 포지셔닝의 이점만큼 크지는 않았다.

로딕이 포장의 관행을 따르면서 광고를 통해서만 차별성을 전달하고자 했다면 브랜드의 정체성을 소비자에게 극적으로 표현하기가 어려웠을 것이다. 화장품 병을 중요하지 않게 만든 것은 소비자들이 병 속에 든 것과 포장 밖에 있는 것에 관심을 갖게 했다. 그것은 소비자로 하여금 새로운 선택 기준을 알게 했고 회사가 그 새로운 기준을 발전시키게 했다. 그것은 제품에서의 새로운 감성(예를

들어 고급 디저트처럼 들리는 달콤한 제품 설명)과 제품을 판매하는 점포에서의 새로운 감성(포스터와 각종 팸플릿에 전달되는 정신과 자연에 관한 철학)이었다. 바디샵은 차별화뿐 아니라, 학습과 실험의 작은 여

정을 제공했다. 즉, 그들은 부분적으로 포장의 관행을 깨뜨려서 새로운 선택의 기준에 관심을 갖게 함으로써 그것을 성취했다. 오늘날 새로운 미용 용품 브랜드들은 자연스러움과 신체에 대한 철학을 담은 팸플릿을 갖춰 놓지 않는 경우가 없다.

생수 업계의 한 도전자는 최근 바디샵과 반대되는 방식으로 포장의 관행을 깨뜨림으로써 일시적인 모멘텀을 얻었다. 생수는 언제나 투명한 병 안에 담긴다. 이는 안에 든 액체의 순수함을 예찬하고, 그것이 보통 물보다 낫다는 환상을 퍼뜨리기 위해서다. 역사적으로 프랑스가 생수의 본고장이기 때문에, 타이난트(Ty Nant)는 주류 업계의 앱솔루투처럼 자신의 물이 어디 산(産)인지를 알리는 시도를 전혀 하지 않았다. 그 대신 짙은 암청색 유리를 사용해 속이 보이지 않는 병을 제작했다. 이것은 엄청난 호기심을 불러일으켰고, 병과의 이러한 의외의 관계는 새로운 브랜드를 가지고 다양한 시도나 실험을 하도록 유도했다. 병의 외양이 내부보다 더 중요해진 것이었다. 타이난트의 본거지인 웨일스와 아주 멀리 떨어진 로스앤젤레스의 패션숍들에서는 암청색의 빈 병을 이용하여 진열창을 꾸미기 시작했다. 다른 생수 업체인 에비앙이 병의 처분을 쉽게 하기 위해 플라스틱 기술 개발에 한창일 때, 타이난트의 병은 산타모니카의 미용실들을 장식하기 위해 계속 비워지고 있었다. 이러한 사실은 누구도 들어본 적이 없고 여전히 소수만이 발음할 줄 아는 이 생수의 명성을 널리 확산시켰다.

바디샵과 타이난트는 그들의 업계에서 제품과 포장의 관계라는 관행을 변화시켜 소비자에게 새로운 브랜드의 도착을 알렸다. 오렌지는 한 걸음 더 나아갔다. 그것은 제품을 전혀 보여주지 않았다(따라서 포장도 없었다). 영국 이동 통신 시장에 진출하게 된 그들은 많은 신생 통신업체들과 소프트웨어 기업들의 도전에 직면했다.

만일 판매하는 제품이 눈으로 볼 수 없는 것이라면 도대체 무엇을 제품이라고 내보이겠는가? 그리고 제품이 무형의 것이라면, 포장은 무엇이고, 어떻게 그것을 제시할까? 오렌지는 이동 통신 영역에 늦게 뛰어들었지만, 만일 그들이 그 영역을 차지할 수 없다면, 차지할 수 있는 새로운 영역을 창출하겠다고 생각했다. 그들은 색깔로 자신의 이름을 지음으로써 새로운 무선 세계의 개념을 창출했다 — "선이 없는 미래에, 당신은 장소가 아닌 사람에게 전화한다. 그리고 거기에서는 누구나 미래의 기술로부터 혜택을 얻는다." 이때 소비자에 대한 주요 신호는 광고를 비롯한 소비자 대중 시장 커뮤니케이션에서 휴대폰을 절대로 보여주지 않는 것이었다.

1980년 앱솔루트 보드카가 미국에 상륙할 때, 업계의 관행은 진정한 러시아산임을 표시하는 라벨이 없다면 이미 죽은 것이나 마찬가지라는 것이었다. 러시아산 진품이라는 방호벽에 맞서서 스웨덴제 칼을 휘두르는 것의 가능성을 조사하면서, 그들은 자신들의 칼이 솔직히 무디다는 사실을 깨달았다. 소비자들에게 완만한 옥수수 평야를 보여주면서 스웨덴에 관해 떠오르는 것이 무엇인지 묻자, 그들은 하나같이 차가운 금발에 대해서만 말했다. 그래서 그들은 결국 처음에는 술병에 아예 라벨을 부착하지도 않았다. 그들은 보드카의 품질을 알리는 다른 방법을 찾아야만 했다. 그들은 업계의 핵심 관행과 결별하지 않으면 안 되었다. 해결책은 품질에 대해 말하는 것이 아니라 당연하게 가정하는 것이었다. 재치와 스타일로 순수함에 대해 이야기함으로써 그리고 매체의 혁신적 활용을 통해, 그들은 증류주 시장에서 가장 경쟁력 있는 브랜드가 되었다.

   제2부 성공하는 도전자 브랜드의 8가지 원칙

매체의 관행

매체의 관행은 물리적이고 감성적으로 브랜드가 전달되는 방식과 관련이 있다. 이것은 유통(예를 들어 방향제는 항상 약국에서 판매된다)과 메시지 전달(란제리는 항상 여성 잡지에서 광고된다)을 포함한다.

사람들은 특정 업종은 특정한 종류의 매체에서 모습을 드러낼 것으로 기대한다. 도전자가 직면하는 딜레마는 이렇다. 해당 업종에서 정당한 경쟁자로 보여지기 위해 낮은 매체 점유율을 받아들이면서 동일한 매체를 이용할 것인가? 아니면 통상적인 경로에서 벗어나, 소비자가 해당 업종과의 연관성을 떠올리기 어려운 전혀 뜻밖의 매체를 통해 자신을 드러냄으로써 가능한 이점(아마도 불확실하고 단기적인 이점)을 노릴 것인가?

도전자는 종종 결정을 강요당하는 입장에 처한다. 그들은 관행을 따를 여유가 없다. 앞에서 살펴 보았듯이, 돌파구는 단순히 자신이 더 돋보일 수 있는 매체를 활용해야 한다는 사실을 깨닫는 데서 오는 것이 아니라, 그러한 새로운 매체의 활용으로 인해 그것의 비관행적인 성격을 자신에게 유리하게 활용할 수 있다는 사실을 깨닫는 데서 온다.

원더브라의 가슴을 올려주는 브래지어 출시 캠페인("이봐, 남자들")을 생각해 보라. 이 광고 캠페인은 꽤 유명하다. 처음에 광고는 속옷 브랜드가 성적 매력에 대한 여성들의 태도 변화를 활용할 필요가 있다는 강력한 전략적 통찰에 기초하였다. 그러한 전략적 사고는 원더브라가 제공하는 남성을 압도하는 힘(그 결과로 불량한 행동의 즐거움)에 초점을 맞추는, 더 강력하고 창조적인 아이디어로 발전되었다.

그렇지만 여러 가지 면에서 정말로 혁신적인 것은 전략적 발상이나 창조적인 생각이 아니라, 그것의 표현으로서 매체의 선택이었다. 역사적으로 영국에서 속옷 광고는 광고사와 잠재 구매자간의 조심스럽고 사적인 거래였기 때문에, 모든 커뮤니케이션은 대중의 시선에 노출되지 않는 채 여성 잡지의 은밀한 경계 안에서만 이루어졌다. 하지만 만일 원더브라의 모든 포지셔닝이 성적 매력에 대한 과감함을 여성들에게 부추기는 데 있다면, 진정한 의미에서 광고 매체도 그러한 메시지의 한 부분이 되어야 마땅했다. 여성 잡지에 "이봐, 남자들" 같은 도발적인 광고를 싣는 것과, 시내를 오가는 대중 교통 수단의 측면에 포스터를 부착하는 것은 전혀 별개였다. 50만 파운드의 옥외 광고 캠페인 비용을 들여 브랜드는 2주 동안 뉴스 기사와 홍보에서 약 5000만 파운드의 효과를 거두었다(남아프리카에서 원더브라는 특이한 매체의 개념을 점포 안에서 시도했다. 캠페인이 시작되자, 대형 매장 내의 여성 의류 코너 바닥에는 "자신의 발이 보인다면 원더브라를 착용하세요?"라는 유혹의 글귀가 부착되었다).

패션 디자이너인 베라 왕(Vera Wang)은 야회복 컬렉션을 시작할 때 매우 적은 비용을 사용할 수밖에 없었다. 대개 이런 사업을 시작할 때의 일반적인 매체는 최고급 패션쇼였다. 사람들은 길게 뻗은 좁은 무대, 슈퍼모델들, 유명 인사들, 번쩍이는 조명에 익숙해 있었다. 그것은 디자이너가 매년 지불하는 비용처럼 보였다. 하지만 그것은 50만 달러에 달하는 많은 비용을 들여야 하는데, 왕은

 제2부 성공하는 도전자 브랜드의 8가지 원칙

그럴 여력이 없었다. 왕은 과거 스케이트 선수인 낸시 케리건의 의상을 디자인한 이력이 있어서 어느 정도 이름이 알려져 있었지만, 재정적인 측면에서 그녀의 회사는 이제 막 걸음마를 시작 단계였다. 그래서 그녀는 다른 매체를 찾아 시작해야 했고, "이미지 북"(image book)을 만들었다.

패션 전문지들은 길게 뻗은 무대에 초대되는 대신에, 표지에 은색으로 『베라 왕, 제1권』이라는 제목이 쓰인 페이퍼백 크기의 검은 책을 받았다. 28쪽으로 된 책에는 24벌의 드레스를 입은 모델들의 사진이 실려 있었다. 후원자도 없고, 보석도 없으며, 오직 의상을 자세히 찍은 사진만이 있었다.

책에서 풍기는 소리 없는 자신감은 그것을 받아본 패션 전문지, 단골 고객들, 잠재적 거래처 등 7,500개 강력한 표적 고객들로부터 상당한 주목을 이끌어냈다. 언론 보도는 물론이고, 이 모든 곳에서 주문 전화가 왔다. 하지만 이것의 성과는 사람들의 주목이나 매출 성장에만 그치지 않았다. 이미지 북의 예기치 않은 특성은 관행적인 매체가 제공할 수 없는 두 가지 부가적인 이득을 가져다 주었다. 그녀가 주로 결혼 의상으로만 잘 알려져 있던 당시에, 그것은 그녀의 디자인 철학 ─ 그녀의 정체성 ─ 을 표현할 수 있도록 했고, 아울러 그녀의 위치를 패션 사업의 최첨단으로 올려 놓았다. 이후 그녀는 뉴욕에 본점을 열었고, 바니스 비벌리 힐스 같은 현대적인 백화점 내에 매장을 차렸다.

처음에 게이트웨이 2000(Gateway 2000)은 전통 매체를 통해 정체성을 구축하는 비용을 감당할 여유가 없어서, 이미 가지고 있는 매체를 이용했다. 즉 컴퓨터를 판매할 때 담는 종이 상자를 활용한 것이다. 그것은 컴퓨터 회사들(그리고 정말로 백색 및 갈색 가전 제품 회사들 모두)이 전통적으로 모델 번호와 배송시 유의 사항 외에 어떠한 목적으로도 사용되지 않은 품목이었다. 그것을 이용하여 테드 웨이트는 게이트웨이 2000의 상자를 검정색과 흰색이 어우러진 젖소 무늬로 꾸몄다. 원더브라처럼, 소비자에 대한 커뮤니케이션의 힘은 혁신적인 메시지와 비관행적인 매체 간의 상호작용으로부터 나왔다. 매체로서 사용된 컴퓨터 상자를 보는 것도 놀라움이었지만, 그보다 더 놀라운 것은 최첨단 제품을 농장의 젖소 무늬로 감싼 점이었다(만약 동일한 디자인이 기술적인 것과는 거리가 먼 포스터 같은 매체에 사용되었다면, 상호작용의 힘은 상실되었을 것이다). 게이트웨이 2000이 "실리콘 초원"(Silicon Prairie)이라 부르는 그 가치는 새로운 열성 사용자들에게 단순하고 직접적으로 전달되었다.

1984년의 로스앤젤레스 올림픽에서, 나이키는 거대한 벽면으로 도시의 상상력과 텔레비전 방송국 카메라를 사로잡았다. 벽면에는 나이키가 후원하는 운동 선수들, 경쟁과 열정과 승리에 사로잡힌 크고 빼어난 인물들이 그려져 있었다. 세계는 올림픽 경기의 공식 후원자인 나이키에 찬사를 보냈고, 그것이 선수들의 노력을 매우 멋지게 그렸다는 평을 내놓았다. 올림픽의 공식 후원업체는 나이키만이 아니라 콘버스도 있었다. 하지만 콘버스는 자금을 지원한 반면, 나이키는 매체의 관행을 깨뜨려 영광을 독차지했다.

현재 디오르의 크리에이티브 디렉터인 영국의 디자이너 존 갈리아노(John Galliano)는 패션쇼의 손님들에게 붉은 비단으로 만든 발

게이트웨이 2000의 상자

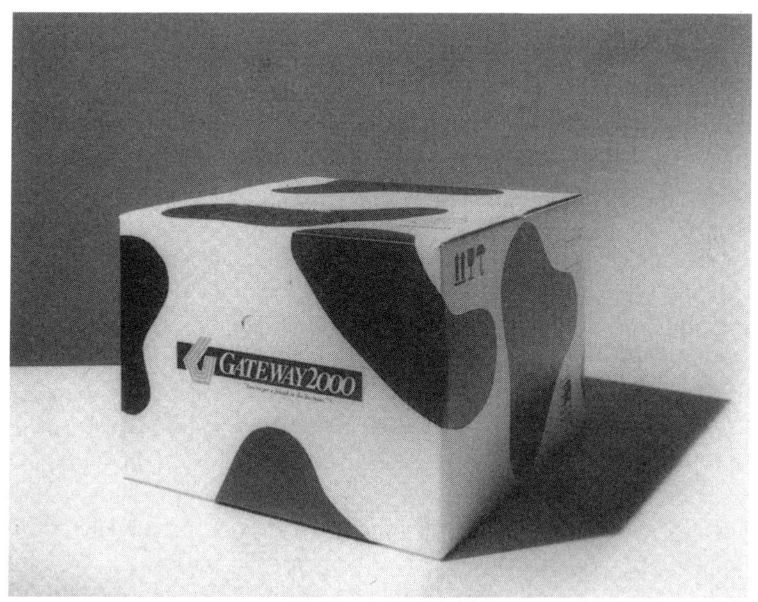

레 신발, 수지 스핑크스 양의 성적 통지서, 아마추어 복싱 경기의 광고 포스터, 모래 속의 총알 같은 특이한 형태의 초대장을 보냈다. 갈리아노는 전혀 예상하기 힘든 매체를 초대장으로 활용해서 번잡한 패션 시즌에도 유독 두드러졌고, 일반적으로 시큰둥한 언론 관계자들 사이에서 그의 기발한 쇼에 대한 기대를 드높였다.

"매체의 관행"이 일반적으로 커뮤니케이션 매체만을 지칭하는 것은 아니다. ("당신이 누구고 무엇인지"의 개념과는 대조적으로) "당신이 어디에 있는지"라는 폭넓은 의미에서 파악하면, 그것은 또한 제품의 장소 ─ 소비자가 당신을 발견하는 곳 ─ 를 포함할 수 있다. 영국에서 플레이스테이션의 출시는 이 새로운 시스템이 시장에서 가장 막강하다는 생각에 초점이 맞춰졌다. 플레이스테이션은 이것을 18~30세의 성인 게이머들에게 직접 어필할 수 있는 기회로 보고, 미니스트리 오브 사운드 같은 런던의 클럽에 게임장을 설치했다. 음악이나 술과 같이 성인 의식을 부추기는 것들과 관련된 그와 같은 장소는 플레이스테이션에게 닌텐도보다 한 차원 높은 오락 경험을 제공한다는 사실을 보다 세련된 표적 고객들에게 알릴 수 있는 기회를 제공했다.

제품 경험의 관행

제품 경험의 관행은 제품과 그것이 제공하는 주변 경험과 관계가 있다. 단순한 차원에서 보면, 골프채 브랜드인 핑푸터의 독특한 소리(혹은 할리데이비슨의 엔진음)는 소비자에게 친숙한 업종에서 도전자가 경험의 차별화를 꾀하는 하나의 방식이다. 좀더 복잡한 차원에서, 스타벅스는 전통적인 커피숍의 경험을 변화시킴으로써 그 자체가 하나의 목적지가 되었다.

서크드솔레는 사람들이 흔히 시대에 뒤처졌다고 말하는 분야에서 새로운 삶을 시작했다. 갈수록 재미만을 추구하고 특수 효과가 난무하는 연예 오락 분야에서 — 할리우드는 그것을 "뜨는 것"이라고 표현한다 — 서커스는 어린 시절을 떠올리게 한다. 즉 항상 내용이 같고 예측 가능하기 때문에 우리는 서커스의 줄거리를 알고 있고 그것을 과거의 것으로 물리쳐 버렸다. 지금은 확실히 컴퓨터 애니메이션과 아이맥스 영화관의 시대이다. 만일 1980년대 초에 어떤 곡예단이 캐나다의 벤처 자본가를 방문해서 새로운 서커스를 하고 싶다고 한다면, 그는 가까운 복합 영화관에 가서 『터미네이터2』를 보라며 물리쳤을 것이고, 더 이상 기억에 떠올리지도 않았을 것이다. 하지만 서크드솔레는 서커스 경험에 대한 수많은 관행을 깨뜨렸다. 첫째, 그들은 어른들을 위한 서커스를 목표했다. 퀴담, 살탱방코, 알제리아 같은 사람들이 이해하지 못할 제목으로 섬세한 남녀 양성의 쇼를 선보였다. 더 나아가서 그들은 동물이 나오지 않는 서커스, 아니 동물 중에서도 가장 놀라운 동물인 사람이 등장하는 서커스를 만들었다. 또한 음악, 무용, 연극의 요소를 서커스에 담았다. 2년마다 내용을 새롭게 개발했기 때문에 일정한 틀에 매몰되는 일은 불가능했다. 그들은 매번 도시를 방문할 때마다 완전히 달라진 볼거리와 분위기를 제공했다. 물론 큰 천막과 같은 일부 관행은 남아 있다. 광대, 곡예사, 힘센 장사들도 여전히 있다. 그렇지만 중요한 것들은 모두 바뀌었다.

그들이 그렇게 한 것은, 성공의 열쇠가 다른 서커스들과의 경쟁이 아니라 도시의 다른 모든 쇼들과의 경쟁이라고 보았기 때문이었다. 그 결과 서크드솔레는 이제 상설 순회 극단 세 개를 보유하고 있으며, 라스베가스와 도쿄같이 멀리 떨어진 도시에서는 상설 공연을 하고 있다.

세인스버리는 수 년 동안 영국 식료품 소매 시장을 주도했다. 세인스버리가 개점 이래 줄곧 경쟁사인 테스코(Tesco)에 맞서며 1위 자리를 지킬 수 있었던 것은 음식의 품질과 구색에 있어 인정을 받았기 때문이며(1980년대와 1990년대 초에 영국인의 입맛이 확대되고 다양해지면서 그 현상은 더욱 가속화되었다), 1990년대 초반에 많은 사람들은 세인스버리의 자리를 넘볼 다른 회사가 없을 줄로 생각했다.

테스코는 두 단계의 사업 전략을 세웠다. 첫째는 점포와 상품의 품질을 한 단계 높이는 것으로, 이는 브랜드 리더와 대등하게 맞서기 위해 어쩔 수 없는 선택이었다. 다음으로 테스코가 직면한 문제는 어떻게 하면 경쟁에서 이기는가였다. 세인스버리는 식료품 부문을 전쟁터로 규정했지만, 브랜드 리더가 되기 위해 테스코는 자신이 차지할 수 있는 다른 영역을 찾아내야 했다.

테스코가 선택한 싸움터는 식료품 구매 경험 전반이었다. 그들은 한발 떨어져서 식료품점에서 소비자가 전반적인 쇼핑 과정과 어떤 관계를 맺고 있는지 다시금 살펴보면서, 그 관계에서 식료품의 구색과 품질이 틀림없이 중요한 요소임에는 틀림없지만, 식료품점과의 상호작용이라는 보다 넓은 차원에서 소비자가 불만스러워하는 점이 있음을 깨달았다. 즉, 소비자는 쇼핑 과정에서 자신(혹은 어린 자녀들)의 마음을 수시로 진정시켜야 하는 온갖 소동을 겪고 있었다. 예를 들어 넓은 주차장에서 잘못된 곳에 자동차를 세운다든지, 한시도 가만히 있지 못하는 아이 둘을 데리고 계산대에서 한참을 줄 서서 기다려야 한다든지, 물건을 쇼핑 바구니에 담는 와중에 계산원은 돈을 요구하고 아이들은 초콜릿을 사달라고 떼를 쓰는 것 등이었다. 이것이 과연 테스코가 차지할 수 있는 영역일까? 경험? 테스코는 바로 이것이 식료품의 품질이 좋은 세인스버리에 맞서 쇼핑 경험에서 혁신을 일으킬 것이라고 판단했다. 테스코의 광고 대행사는 활동의 초기 단계에서 "작은 일이라도 기꺼이

 제2부 성공하는 도전자 브랜드의 8가지 원칙

도와드리겠습니다."(Every little helps)라는 광고 문구를 개발했다. 그들은 이 표현이 지친 소비자들의 심금을 울릴 것임을 알았다. 그리고 그들은 그것을 커뮤니케이션뿐만 아니라 혁신을 위한 핵심 요소로 간직하면서 일련의 제품 개선에 착수했다. 그 자체로는 최상의 서비스는 아니었지만 그러한 노력들이 합쳐져 테스코를 찾은 소비자들의 쇼핑 경험에 향상이 이루어졌다. 테스코에서는 직원이 쇼핑 봉투를 담아주었고(아직도 영국에서는 이런 곳이 드물다), 두 사람 이상의 고객이 줄을 서면 계산대를 추가로 개방했으며, 아기 기저귀를 갈 수 있는 장소와 자녀들을 동반한 고객의 전용 주차장을 마련했으며, 그밖에도 많은 점들을 차례로 개선해갔다. 다른 소매업자들은 번거로운 쇼핑 경험을 필요악으로 내버려 두었던 반면, 테스코는 바로 그곳을 싸움터로 삼았다.

그 결과 세인스버리로부터 브랜드 리더 자리를 빼앗아올 수 있었다. 1995년에 테스코는 세인스버리의 매장 면적당 매출을 따라잡았고 시장 점유율에서 앞서게 되었다. 이후 이 글을 쓰는 시점까지 테스코는 줄곧 브랜드 리더 자리를 지키고 있다.

자동차 업계를 다시 살펴보자. 새턴은 아마도 지난 20년 동안 가장 많이 분석된 두 개의 신제품 출시 사례 중 하나일 것이다. 주된 이유 중의 하나는 그들이 오로지 하나의 관행을 깨뜨리는 데 사업의 총력을 쏟았기 때문이다. 그것은 바로 경험의 관행이다. 많은 소비자들은 자동차를 구입하는 과정에서 실랑이를 벌이거나 스트레스를 받는다. 실제로 판매점에서 자동차를 몰고 빠져나올 때에는 진저리를 칠 정도라고 말한다. 새턴이 깨뜨린 것은 자동차만을 상품으로 간주하는 관행으로, 그들은 자동차보다는 자동차를 구매하는 경험을 판매하는 데 주력했다. 즉 판매점에서 새로운 종류의 구매 경험을 제공하였고, 자동차 및 제조사와의 새로운 관계를 유도했다. 새턴의 광고에서는 자동차를 인도받기도 전에 새턴에 편지를 보내는 사람들에 대해 이야기하고 있었고, 몇 년 후 스프링힐에서 열릴 "홈커밍 행사"에 참가하기로 한 새턴 자동차의 주인들에게 축하 메시지를 보냈다. 새턴이 경험으로 관심을 돌린 것은 부득이한 일이었다. 일본 자동차와의 경쟁에서 이겨야했지만 아주 놀랄 정도의 제품은 아니라는 점 때문에, 그들이 목표를 달성할 수 있는 유일한 길은 자동차와 관련된 소비자의 경험을 바꿔 놓는 방법밖에 없었다.

갈리아노와 그의 패션쇼를 다시 살펴보면, 그가 경험의 "관문"을 이용한 것은 무척 흥미롭다. 그는 무대를 거창하게 꾸미는 재능이 있는데(예를 들어 "환상적인 숲"을 만들기 위해서 높이가 10미터가 넘는 가문비나무를 운동 경기장에 옮겨 심었다), 패션쇼 공연장의 입구를 위해서도 그렇게 하였다. 어떤 해에는 관람객들은 의상실을 걸어 나가자, 차가운 눈이 발목까지 쌓인 스페인 도시의 지붕 위에 서 있는 자신을 발견했다. 갈리아노는 브랜드에 대한 경험을 몹시 중요하게 관리할 뿐 아니라, 우리를 그의 세계로 끌어들였다.

그러므로 점점 더 도전자는 경험의 비즈니스를 통해 경쟁하고 승리하고 있다. 즉 도전자는 업계의 관행을 깨뜨리는 경험을 남보다 먼저 제공해야 한다.

가격의 역할과 몇 가지 오해

브랜드 리더는 품질로 판매하지만 2등 브랜드는 가격으로 경쟁을
한다는 주장이 있다. 하지만 가격을 경쟁의 발판으로 삼은 브랜드
가 중장기적인 관점에서 성공한 예는 없다. 실제로 가격은 초창기
포지셔닝의 한 요소가 될 수 있고, 특히 사우스웨스트 항공과 버진
애틀랜틱은 저가 항공으로 잘 알려져 있다. 하지만 이들 브랜드가
가격만으로 성공을 거둔 것은 아니다.

영국의 저가 항공사의 설립자인 프레디 레이커(Freddie Laker)가
항공 업계의 약자들에게 가르친 것이 있다면, 가격만 가지고 경쟁
하려고 할 경우에는 언제라도 큰 기업들에게 목숨을 빼앗길 위험
이 있다는 사실이다. 유나이티드 항공이 미국 서부 해안의 저가 전
쟁에 뛰어들고, 브리티시 항공이 특별히 고안한 새로운 서비스로
유럽의 저가 시장에 진입하자, 가격만을 무기로 삼아 경쟁에 나선
도전자들의 입지는 확실히 흔들렸다.

그런 점에서 버진도 항공 사업에 뛰어들면서 가격을 하나의 경
쟁 요소로 삼았지만(정말로 버진은 어떤 시장에 들어가든지 그렇게 했다),
항공사로서 현재의 성공은 승객들에게 재미를 주는 특성과 가격
대비 품질의 우월성과 관계가 있다(사실상 버진이 일본 노선을 취항할
당시, 일본 정부는 자국 항공사를 보호할 목적으로 버진이 브리티시 항공보다
더 비싼 가격을 제시하도록 주문했다). 마찬가지로 미국의 통신 회사인
MCI는 가격을 브랜드 약속의 핵심으로 삼았지만, 실제로 성공으
로 이끈 것은 "친구와 가족"이라는 아이디어(친구나 가족에게 거는 장

거리 전화요금을 할인해 주는 로열티 프로그램)였고, 그것은 가격의 이점을 보다 높은 감성적 차원으로까지 끌어올렸다.

우리의 다른 도전자들 중에서 새턴은 비싸지는 않지만, 그렇다고 그것을 선전하지도 않는다. 스와치는 최근 조사에서 처음에 소비자에게 제시한 것보다 가격을 더 높인다면 더 큰 이익을 얻을 수 있다는 결과를 얻었다. 앱솔루트는 극심한 불경기에도 가격 할인이나 쿠폰 발행을 하지 않았다. 탱고는 코카콜라보다 10퍼센트 높은 가격에 팔린다. 공교롭게도 테스코는 수 년 동안 가격 선도자로서 활동했지만, 경험의 본질을 바꿈으로써 도전자로서 성공을 거두었다. 성공적인 도전은 가격과 관련이 없다. 그것은 브랜드로서 어떻게 생각하고 행동할 것인가에 관한 것이다.

두 번째로 자주 일어나는 오해는, 관행을 깨는 사고의 리더십이 전통적으로 바람직한 요소들, 특히 품질 평가를 소홀히 여긴다는 것이다. 하지만 우리가 살펴보고 있는 도전자들의 품질 평가는 그렇지 않았다. 예를 들면 사우스웨스트 항공은 품질에 대해 많은 말을 하지 않으며 기내 승무원에게 비싼 유니폼을 입히거나 고급 기내식을 내놓는 일도 없지만, 미국 항공사 품질 평가에서 2년 연속 정상을 차지했다. 새턴은 제품 품질을 언급하지 않고 방송에서 자동차를 많이 내보이지도 않지만, 소비자들은 4년 동안 새턴을 포드와 같은 품질 수준으로 받아들였다. 버진은 8년 연속 우수 항공사 상을 받았다.

끝으로, 어떤 관행을 선별적으로 타파하는 것과 단지 엉뚱하게 행동하는 것간에 이따금 혼동이 있다. 실제로, 후자의 경우를 따르

 제2부 성공하는 도전자 브랜드의 8가지 원칙

는 사람들이 있다. 어떤 이들은 나름대로 정당성을 가지고 주장하기도 한다. 만일 막대한 광고비를 들일 여력이 없다면, 약간의 도발적인 방식을 시도함으로써 각종 매체에 공짜로 오르내릴 수 있다는 것이다. 그것은 사람들의 주의를 끄는 것 외에도 치열한 경쟁 상황에서 약간 비껴날 수 있는 이득을 제공한다.

그러나 여기에서 우리가 관행에서 벗어난 방식으로 표현, 매체, 경험을 활용하는 것에 대해 말하는 것은 단지 홍보 효과를 노린 광고 이상의 의미를 지닌다. 분명한 것은 이것이 금기를 조롱하는 일이 아니라 경쟁 우위를 확보하는 문제라는 점이다. 따라서 현명하게 수행된다면, 그것은 엉뚱한 기업가의 아주 위험한 선택이라기보다는, 적은 자원으로 많은 것을 성취하고자 하는 도전자의 성장을 위한 저 위험의 방식으로 간주되어야 한다.

사고의 리더십은 모든 관행의 타파가 아니다

관행을 깨뜨리는 것은 뜨거운 주제가 되었다. 그러나 도전자가 열망하는 것이 대대적인 원칙의 파괴가 아니다. 오히려 도전자는 표현, 매체, 경험의 관행들 중에서 어떤 것을 깨뜨리고, 어떤 것은 지켜야 할지를 이해해야 한다.

예를 들어 렉서스는 몇 가지 제품 경험의 관행들을 바꾸었지만, 다른 표현의 관행은 그대로 유지하기로 조심스러운 결단을 내렸다. 그들에게 변화는 부득이한 것이었다. 개발 조사에서 그들은 미국의 고급차 구매자가 바라는 다섯 가지 요소가 평판, 안전성, 처분 가치, 성능, 스타일 순이라는 것을 발견했다. 하지만 렉서스는 당장 처음부터 평판과 처분 가치를 높일 방안이 없었고, 따라서 성능과 스타일 같은 나머지 요소들에 주력했다. 그들은 제품 경험의 관행을 깨뜨림으로써 고급차를 새롭게 정의했다. 그래서 탄생한 제품은 그 결과에 따른 가격 기준에서 고급차가 어때야 하는지를 새롭게 정의했다.

하지만 렉서스의 신규 사업팀은 고급차의 개념을 새롭게 규정하는 과정에 모든 관행을 타파하지는 않았다. 예를 들어 팀 내부에서는 새로운 자동차에 라디에이터 그릴을 포함해야 하는지를 놓고 격론이 오갔다. 렉서스 디자인 팀의 많은 인원들은 그릴을 떼어내는 쪽에 손을 들었는데, 실제로 인습의 타파를 기대했던 언론 매체들은 전시회가 열렸을 때 새로운 자동차에 그릴이 달린 것을 보고 놀라움을 표시하기도 했다. 하지만 구니히로 우치다를 포함한 고위 간부들과 디자이너 책임자는 그릴을 유지하도록 지시했다.

그후 인터뷰에서 우치다는 어째서 그릴을 포함하도록 결정했는지 질문을 받았다. 많은 기자들이 그릴이 없는 쪽이 미래형 자동차에 더 가까울 것이라고 생각했다. 우치다의 답변은 자신은 고급차에는 그릴이 있어야 한다고 굳게 믿는다는 것이었다. 그는 도전자가 사실상 모든 관행을 한 번에 깨버릴 수는 없다는 점을 깨닫고 있었다. 그들이 깨뜨리는 제품 경험의 관행에 대중의 관심을 모으기 위해서는 새로운 자동차에서 표현의 관행 일부를 유지할 필요성이 있었다.

 제2부 성공하는 도전자 브랜드의 8가지 원칙

사고의 리더십과 행동

따라서 제3원칙은 업계에서 사고의 리더십을 장악하는 것이다. 이 것은 업계의 일부 관행에 뿌리박고 있으면서, 한편으로 다른 관행들을 의도적으로 깨뜨리는 것에서 시작된다.

사고의 리더십은 마케팅 전략에만 국한되지 않는다. 그것은 행동과 관련이 있다. 우리가 살펴본 대부분의 경우, 기업들은 부득이 관행을 깨뜨려야 했다. 대체로 관행을 따르기에는 자금이 부족하거나(베라 왕, 게이트웨이 2000), 태생의 한계(앱솔루트, 렉서스) 때문이다. 그렇지만 그들은 소비자가 당연하게 받아들이는 관계를 변화시킴으로써 이것을 강점으로 바꾸어 놓았다. 즉 어떤 제품과 그것이 표현되는 방식, 혹은 어떤 제품과 그것이 활용하는 매체, 혹은 어떤 제품과 그것이 제공하는 경험과의 관계를 바꾸어 놓았다.

그 결과 그들은 자신에게 유리하도록 규칙을 정할 수 있었다. 앱솔루트의 성공은 케텔원, 로열티와 같이 규모는 작지만 성장하는 최상급 보드카의 탄생을 가능하게 했다. 이들은 러시아산 보드카는 아니지만, 제품 증명서보다는 스타일을 무기로 삼고 있다(앱솔루트보다는 못하지만). 렉서스의 성공은 고급 승용차의 성능을 다시 생각하게 했다. 버진애틀랜틱이 이코노미 승객에게도 오락거리를 제공한 것은 브리티시 항공이 자신을 재점검하는 계기가 되었다.

끝으로 우리는 이러한 리더십이 항상 처음부터 일반적으로 수용되지는 않는다는 점에 주의해야 한다. 사고의 리더를 언제나 모든 사람이 동시에 받아들이는 것은 아니다. 예를 들어 음악 시장을 되돌아보며 엘비스가 처음 등장했을 때를 생각해 보자. 사우스웨스트 항공의 사장이 이따금씩 변신하는 엘비스가 아니라 진짜 엘비스 말이다. 이제 엘비스는 미국의 음악 역사에서 중심에 선 인물이 되었지만, 초창기에는 어려움이 많았다. 엘비스를 탄생시킨 전설적인 샘 필립스(Sam Phillips)는 당시 음악계의 관행을 깨뜨릴 만한 퓨전 가수, 즉 흑인의 목소리를 지닌 백인 가수를 찾고 있었다. 오늘날 엘비스의 주된 이미지는 라스베가스의 나이든 부인들 앞에서 노래하는 차분한 중년의 사내이지만, 초창기에 샘 필립스가 추구했던 음악과 함께 엘비스가 보여준 모습은 그것과는 확연히 다른 것이었다. 그가 『하운드 독』(Hound Dog)을 부르면서 선보인 무대 동작은 지나치게 선동적이라는 이유로 금지 처분을 받았다. 라디오 방송국은 그의 음악을 내보냈다는 이유로 살해 협박을 받았다. 학부모 교사 협의회는 그의 노래를 "저속하고 동물적인 소음"으로 일컬었고, 이 로큰롤의 황제를 "로큰롤 망나니", "섹스 미치광이"라고 불렀다. 경찰은 그의 쇼를 녹화했고, 『괜찮아요, 엄마』(That's All Right Mama)가 나온 지 1년 6개월이 지난 후에도 엘비스는 여전히 "로큰롤에서 가장 논란이 많은 인물"로 방송 프로그램에서 소개되었다.

　따라서 사고의 리더십의 성공은 처음에는 즉각적인 대중 시장의 호응이 아니라 주요 표적 고객들과의 강렬한 관계에 의해 평가되어야 한다.

재평가의 상징을 창출하라

"항상 큰 놈이 작은 놈을 먹는 것은 아니다. 항상 빠른 놈이 느린 놈을 잡아먹는다."

— 유럽 BMW 회장, 1989년

이른바 탈문자(postliterate) 사회에서 살아가는 우리로서는 마케팅에서 아이콘과 상징의 힘에 대해 굳이 논란을 벌일 필요는 없다. 세상에서 가장 가치 있는 브랜드는 말보로인데, 약 400억 달러의 가치가 나간다. 이 브랜드는 전적으로 단 하나의 아이콘을 중심으로 구축되어 왔다 — 카우보이는 현대 대중 문화에서 상업적 가치가 가장 높은 신화가 되었다. 말보로는 정말로 기계적 확대율의 가장 순수한 사례이다. 지난 30년 동안 하나의 아이디어(혁신이 아니라 아이디어)가 본질적으로 변함없이 반복되었고, 그것을 바탕으로 세상에서 가장 가치 있는 브랜드가 구축되었다.

세상에서 두 번째로 가치 있는 브랜드는 코카콜라다. 코카콜라의 독창적인 포장 아이콘(여체 모양의 병)은 매우 강력해서, 오늘날 병을 대신한 알루미늄 캔의 측면에도 그것의 그래픽 표현이 사용되고 있다. 빨강색처럼 근본적이고 강력한 상징을 갖고자 한 코카콜라의 결의는 (안타깝게도 잘못된) 대중 신화에까지 반영되어 있다. 즉, 이제는 보편화된 산타클로스의 빨간 코트는 코카콜라의 디자이너인 해던 선드브롬의 뻔뻔스러움에 기인한다. 1931년 그는 크리스마스 브랜드 마케팅 행사를 위해 파란 코트의 요정을 빨간 옷의 다 자란 어른으로 바꾸어 놓았다.

상업적 가치는 제쳐두고라도, 브랜드 구축에서 기업들이 상징에 부여하는 중요성을 이해하기란 어렵지 않다. 가장 기본적인 면에서 인간의 커뮤니케이션 가운데 70퍼센트가 비언어적이라고 한다면, 어떤 시각적 형태로 정체성을 표현하고자 하는 것은 당연하다. 실제로, 소비자가 마케팅 관계에서 멀어지려 하는 경우, 인상적인 시각적 이미지는 소비자의 거부감을 유발하지 않으면서 브랜드를 알리는 가장 강력한 방법이 될 수 있다.

물론 정체성의 시각적 전달이 중요하긴 하지만, 도전자 브랜드를 위한 상징의 고유한 이점은 그 이상의 것이다. 첫째, 그것은 즉각성 곧 정체성의 순간적 전달과 관련있다. 나이키의 필 나이트는 에어 조단(Air Jordan) "점프 맨" 아이콘에 대해 언급해 왔는데, 그것은 1980년대 브랜드의 태도를 거의 구현했고, 그래서 많은 시간을 절약해 주었다. 60초 안에 많은 설명을 할 수는 없지만, 만일 마이클 조던을 보여준다면 아예 설명할 필요도 없을 것이다.

도전자를 위한 두 번째 이점은 감성을 전달할 수 있다는 것이다. "점프맨"의 사례를 계속 이야기하면, 아이콘이 보여주는 덩크슛은 모든 아마추어 농구 선수들이 꿈꾸는 성취이며, 다리를 멋지게 벌리는 것은 단순히 성취가 아니라 별로 힘들임 없는 화려한 성취라는 것을 보여준다. 그러한 이미지의 호소력은 그것이 선수의 능력뿐 아니라 그 사람의 감성과 스타일에 관해 뭔가를 전달한다는 데 있다. 그래서 이것에는 정말로 놀라운 함축이 있다. 하지만 아이콘을 그렇게 가치 있게 만드는 것은 그토록 짧은 시간 안에 아이콘이 불러일으키는 감성이다.

감성과 속도는 물론 도전자의 두 가지 핵심 요소이다. 도전자는 필연적으로 빠르게 움직여야 하는 브랜드이다. 그것은 단지 생활의 속도가 빨라져서 사람들이 지름길과 빠른 해결책만을 찾게 되었다거나, MTV 이후의 세대들이 빠른 속도의 커뮤니케이션과 브랜드 대화를 기대하기 때문만은 아니다. 그것은 도전자의 성공과 생존이 빠른 변화를 이루는 데 달려 있기 때문이다. 즉, 도전자에게는 모멘텀과 임계 규모가 무엇보다 중요하다. 그리고 그러한 변화는 감성적 호소력을 구축하는 데 달려 있다.

그래서 우리가 도전자들의 두드러진 특징 중 하나가 상징과, 이미지를 통한 상징적 표현(iconography)에 대한 갈구라는 사실을 언급할 때, 이는 캘로그 광고에 등장하는 토니 더 타이거(Tony the Tiger)나 필스베리 도우보이(The Pillsbury Doughboy) 같은 형태의 아이콘을 말하는 것이 아니다. 우리는 변화의 상징에 관해 말하고 있는 것이다. 즉, 도전자는 재평가를 촉진하기 위해 아이콘과 상징을 특정하게 활용한다. 그들은 놀랍고 인상적인 시각적 장치와 이벤트를 창출하는데, 그것은 소비자의 자동 선택(autopliot)을 깨뜨리기위해 고안되었다. 그것은 동시에 자신이 누구인지를 반영하고 전달한다.

왜냐하면 우리의 표적 고객들은 눈앞의 브랜드에 대한 자신들의 마음이 변하기를 기다리고 있지 않기 때문이다. 대부분의 구매 결정에서 이미 자신의 욕구를 충족시켜 주는 일련의 브랜드들을 갖고 있다. 사실상 구매 결정은 대체로 진정한 결정이 아니다 — 그것은 습관이다. 이 점을 놓치기 쉽다. 뉴욕 사람들의 세계관을 그린 스타인버그의 낡은 만화처럼, 마케터로서 우리는 자신의 선입견에 맞춰 표적 고객의 세계를 자연스럽게 왜곡한다.

우리가 표적 고객의 소비와 선택 — 예를 들어 생선 튀김 — 에 대해 생각하는 데 모든 시간을 쏟기 때문에, 포커스 그룹에서 생선 튀김에 대해 전혀 생각하지 않는다거나 혹은 생각하고 싶은 마음도 없다라는 말을 들을 경우, 당연히 약간은 실망하게 된다. 그들이 생각하는 것은 딸이 발레 연습을 하는 동안 어떻게 아들에게 축구 연습을 시킬지, 대학 등록금을 어떻게 마련할지, 아내의 기분이 상한 이유가 무엇인지 혹은 목요일 저녁 파티에 가기 전에 어디서 세차를 할지 등이다. 그들이 시간과 정력을 바치는 것은 바로 이것들이다. "소비"와 브랜드 결정이란 측면에서 그들은 자동 선택을 한다.

그러나 자동 선택은 분명히 현상 유지에 유리하고, 그리고 브랜드 리더에게도 유리하다. 그렇기 때문에 도전자는 자동 선택의 세계에서는 살아갈 수가 없으며, 현상 유지 하에서는 번영할 수 없다. 따라서 도전자의 목적을 달성하기 위해, 상징은 현저성과 재평가를 창출하면서 소비자들이 해당 업종에 대해 갖고 있는 기존 기대로부터 벗어나게 해야 한다.

지배적인 자기만족 타파하기

우리의 표적 고객이 기대하는 세상의 모습은 어떤 시장 내에서든 분명히 다차원적이며, 수많은 기대와 이른바 "자기만족"이 서로 엉켜 있다. 내가 그것을 "자기만족"이라고 일컫는 까닭은 그것이 단순한 태도 이상의 것이기 때문이다. 그것은 고착화된 소비자 의견으로, 브랜드 세계에 관한 그들의 사고 방식에 깊숙히 박혀 있다. 이러한 자기만족 중에 일부는 진실을 바탕에 두기도 하지만, 어떤 것은 단순한 의견일 뿐이다. 예를 들어 고지방 식품이 나에게 안 좋다든지, 위스키는 아버지가 드시는 술이라는 식이다. 프랑스인은 세련되지만 거만하다는 식이다(올해 졸업생들의 음주 조사 : 프랑스산 고지방 위스키에 대한 마케팅 전략 제안). 맥주는 남성들을 위한 것이라든지, 흡연은 반사회적인 행동이라는 식이다. 또는 어떤 특정 브랜드가 구식이라든지 청소년용이라거나 여피족을 위한 것이라는 식이다.

각각의 시장 내에는 그러한 자기만족과 습관들이 서로 뒤엉켜 있기도 하지만, 한 가지가 가장 중요할 것이다. 왜냐하면 그것은 수반되는 다른 많은 속성들의 중심적인 출발점이기 때문이다. 우리는 그것을 "지배적인 소비자 자기만족"이라고 부르고자 한다. 재출시되는 브랜드의 경우, 지배적인 소비자 자기만족은 소비자들이 제품에 대해 가지고 있는 부정적인 견해일 수 있다(예를 들어 할리데이비슨이나 잭인더박스). 특정 업종에 대한 소비자의 견해가 극복되어야 할 지배적인 자기만족일 수 있다(어쩌면 시가나 고지방 식품 또는 모피 같은 사치품의 경우). 반대로, 이미 기성 브랜드가 성공적으로 자리잡은 시장에 어떤 브랜드가 뛰어들 경우, 지배적인 자기만족은 기성 기업에 대한 소비자의 시각일 수 있다(예를 들면 항공 시장에서 국적 항공사에 대한 국민들의 시각).

도전자는 이러한 걸림돌을 한꺼번에 제거하기를 바랄 수는 없다. 대신 변화시켜야 하는 지배적인 소비자 자기만족을 먼저 파악해야 한다. 이것들은 도전자가 모멘텀을 얻는 데 있어 중요한 장벽들이며, 반드시 허물어뜨려야만 한다. 그리고 동시에 도전자는 이것들을 허무는 작업을 자신이 누구인지 주장하는 데 이용해야 한다. 즉 등대의 정체성을 구축해야 하는 것이다(제2원칙).

예상하는 것처럼, 종종 도전자의 전략적 루트는 지배적인 소비자 자기만족에 정면으로 공격을 가해 놀라움을 유발하는 것이다. 도전자는 전혀 조합이 기대되지 않는 사물들을 한데 조합하는 방식을 쓴다. 자동차 보닛 위의 샴페인 유리잔, 초고층 빌딩과 시계, 발전소와 브래지어, 달걀과 두뇌, 젖소와 컴퓨터 등이 그것이다. 각각의 경우에서 이러한 조합은 사람들로 하여금 짝지어진 것의 한쪽에 있는 우리의 위치를 재평가하도록 요구한다.

 제2부 성공하는 도전자 브랜드의 8가지 원칙

지배적인 소비자 자기만족 :
소비자가 당신을 어떻게 보는가

몇몇 기업들은 지배적인 자기만족이 사실상 그들 자신이라는 사실을 깨닫고는 브랜드에 대한 소비자의 기존 인식과의 획기적인 단절을 알리기 위해 폭발 장면을 텔레비전으로 내보냈다. 1980년대 중반, 영국의 휴일 행락 업체인 버틀린스(Butlins)는 자신의 낡은 캠프 중 하나를 폭파시키는 모습을 내보내 신세대 휴일 행락객들의 관심을 끌기 시작했고, 저렴한 휴일 패키지 상품으로 이들을 스페인의 태양, 모래, 상그리아로 성공적으로 불러들였다. 광고 회사인 힐 홀리데이 코스모포울로스 코너스(Hill Holiiday Cosmo-poulos Connors)는 수명이 다해가는 컴퓨터 업계의 왕(Wang) 컴퓨터를 위해 광고를 제작했는데, 왕 컴퓨터의 초고층 빌딩이 폭발해서 서서히 무너지는 모습을 보여주면서 왕 컴퓨터가 새로운 탄생을 위해 변화하고 있다는 해설자의 목소리를 곁들였다.

잭인더박스는 자신을 두 번이나 성공적으로 폭발시킨 유일한 회사다. 1993년 미국 북서부 지역에서 비극적인 사건(잭인더박스의 햄버거를 먹고 700명이 복통을 일으키고 4명이 사망한 사건 — 옮긴이)을 겪은 후 매출과 소비자 신뢰가 떨어지자, 잭인더박스는 자신들의 과거를 극적으로 청산하는 내용을 광고로 내보냈다. 잘못된 경영을 실행한 책임을 물어 회사의 임원 회의실을 폭발시킨 것이다. 세로줄무늬 양복을 입고 진지한 태도로 변화와 개혁을 약속하면서 폭탄의 버튼을 누른 사람은 어릿광대 모습을 한 잭인더박스의 신임

CEO였다. 하지만 그는 전혀 새로운 인물은 아니었다. 사실 새로운 어릿광대는 잭인더박스가 자신의 최초 아이콘으로 사용했던 낡은 자산의 환생이었다. 그 어릿광대는 아이들의 잭인더박스 장난감에서 빌려온 것이었다. 그것은 약 15년 전 광고에서 잭인더박스가 아이들을 위한 음식에서 보다 어른 취향의 메뉴로 전환함을 알리기 위해 스스로 폭발시켰던 자기 자신이었다.

이 광고는 다이너마이트가 종종 그렇듯이 예기치 못한 논쟁을 촉발시켰다. 광고 캠페인은 애리조나의 피닉스에서 가장 먼저 전파를 탔다. 조용한 크리스마스 직후 기삿거리가 궁했던 지역 언론사 기자가 광고의 해악성을 비난하기 시작했다. 바로 직전에 뉴욕 지하철 폭발 사고가 있었기 때문에 광고가 아직 애리조나 주 바깥에 나가지도 않았는데도 그 이야기는 삽시간에 미국 전역으로 퍼졌다. 텔레비전들은 『애드버타이징 에이지』(Advertising Age)를 인용해 광고가 고약하고 잭인더박스의 사업에도 안 좋은 영향을 미치고 있다고 보도했다.

하지만 소비자들은 그렇게 생각하지 않았다. 광고에 대한 사전 조사는 잭인더박스에게 확신을 심어주었다. 소비자들은 약속의 급진적인 성격을 환영했고, 아울러 정장을 차려입은 광대의 우스꽝스러움 뒤에서 회사가 추진하는 변화의 진지한 메시지를 이해했다.

언론이 연신 호들갑을 떨어대자, 회사의 임원들은 언론이 과연 옳은지, 사전 조사가 광고 아이디어 대해 불편해 하는 소비자의 마음을 제대로 파악하지 못한 것은 아닌지 알아보기 위해 오토바이

 제2부 성공하는 도전자 브랜드의 8가지 원칙

잭인더박스 : 임원 회의실

브루크스 브라더스 양복을 입은 남자가 화면으로 걸어온다. 그는 양쪽에 칸막이가 있는 복도를 걸어간다. 깔끔한 정장 차림, 플라스틱으로 된 커다란 광대 머리가 유난히 돋보인다.

잭 : 안녕하세요, 저는 잭인더박스의 설립자 잭입니다. 아마도 여러분은 저를 기억하실 겁니다 …

과거 잭인더박스의 어릿광대를 폭파하던 장면이 나온다.

잭 : 사업에서 좌절을 맛본 뒤로, 언제가 저는 잭인더박스의 사장으로서 저의 정당한 자리를 되찾을 것을 선언했습니다. 성형 수술의 기적을 통해 다시 책임자의 자리로 돌아온 저는 잭인더박스를 과거 어느 때보다 훌륭하게 만들 준비가 되어 있습니다.

잭이 양쪽으로 여닫는 육중한 문 앞에 멈춰 선다. 금빛 명판에는 "잭인더박스 임원 회의실"이라고 적혀 있다. 잭이 주머니에서 폭발 장치를 꺼내 빨간 단추를 누른다. 회의실 안의 폭발로 복도가 흔들리고 연기가 솟구친다. 잭의 웃는 머리가 화면 가까이 잡힌다.

서서히 로고가 나타난다.
돌아온 잭

족에서부터 모르몬교도에 이르기까지 다양한 소비자 200여 명과 현장에서 대화를 나누면서 이틀을 보냈다. 그들은 아무것도 찾지 못했다. 이틀 후 그들은 미국 서부와 텍사스 지역에도 광고를 내보내기 시작했다.

앞서 잭인더박스의 새 광고 캠페인이 어떤 반향을 불러왔는지 언급했지만, 재미있는 여담으로 이 광고의 인지도가 얼마나 높았는지 지적하고자 한다. 그로부터 석 달이 지난 후 그 광고로 인해 야기된 이미지 변화를 추적 조사한 광고 회사는 이 광고를 보지 않은 대조 표본을 형성할 충분한 응답자를 구할 수 없었다. 조사에 참여한 400명의 사람들 중에서 이 광고를 모른다고 말한 사람은 단지 4명밖에 없었다.

(물론, 브랜드를 폭파하기 위해서 반드시 다이너마이트가 필요한 것은 아니다. 코카콜라처럼 그저 뉴코크를 출시할 수도 있다. 세상에서 가장 유명한 이 마케팅 실수는 회사의 운명을 거의 뒤바꿔버릴 만한 하나의 마케팅 결정이었다. 그것은 뜻밖에도 브랜드와 소비자의 관계를 극적으로 재평가하게끔 했다. 그리고 이듬해부터 시장 점유율이 큰 폭으로 증가했다).

브리티시 텔레콤의 이미지가 급상승한 유일한 경우는 자신의 비효율성에 대한 하나의 아주 강력한 상징을 제시했을 때였다. 그것은 어느 장소에서든 항상 부서져 있고 오줌 냄새를 풍기는 지긋지긋한 공중 전화 부스였다. 그들은 광고에서 1년 안에 그것을 수리하겠다고 약속했고, 실제로 약속을 지켰다.

어떤 면에서 이러한 종류의 커뮤니케이션은 또한 소비자와 자기 자신에게 직전의 과거와 단절하라는 제1원칙을 강력하게 전달하는 역할을 한다. 성공을 하려면, 이러한 것들은 단순한 혁신이나 신제품 출시 이상의 것이어야 했다. 그것들을 재평가의 상징으로 만든 것은 새로움 그 자체보다는 포장, 즉 맥락이었다. 예를 들어 닷지 바이퍼(Dodge Viper)를 닷지 브랜드에 대한 강력한 재평가의 상징으로 만든 것은 그것이 단순히 스포츠카라는 사실이 아니라, 강렬한 붉은 색, 불룩 튀어나온 보닛, 엔진 소리에서 보여지듯, 극단을 대변한다는 점이었다. 요컨대 그것의 과격한 비실용성은 과거 차분하고 이성적인 브랜드로 알려진 닷지와는 정반대였다. 그리고 광고와는 달리, 1.25톤 붉은 강철의 분명한 존재는 어떤 논쟁도 허용하지 않는다(로렐 커틀러는 바이퍼가 3억 달러의 광고 효과를 거둔 것으로 추정했는데, 실제 그들이 들인 비용은 7000만 달러에 불과했다).

플리머스의 프롤러(Prowler)는 한 걸음 더 나아갔다. 1993년 북미 자동차 쇼에서 프롤러가 첫 선을 보이자, 한 잡지는 그 차가 "자동차 관련 매체의 목을 움켜쥐고 있다."고 표현했다. 몇 달 후 『오토위크』(Autoweek)는 다음과 같은 기사를 실었다. "프롤러를 만든 크라이슬러에 찬사를 보낸다. 그 차는 이미 성공을 거두고 있다. 한 이웃이 어디서 만든 차냐고 물어서, 우리가 플리머스라고 대답하자 그녀는 못 믿겠다는 표정이었다. '플리머스요? 와우, 꽤 먼 길을 왔군요.' 라고 말했다. 판매가 아주 순조로울 것 같다." [1]

이것은 제품 출시에만 해당되는 것은 아니다. 폭스가 NFL(북미 프로 미식 축구 리그)의 중계권을 사들였을 때, 방송사들과 업계 전문가들이 받은 충격은 폭스에게 있어 그것의 가치가 단지 시청률만이 아니라 이제 폭스가 주류에 진입하고 있다는 사실을 업계와 애널리스트들, 소비자들에게 일깨워주고 있음을 보여주었다. 영국의 패션 디자이너 갈리아노가 프랑스의 전통적인 패션 명가인 지방시, 그리고 이후에는 디오르의 크리에이티브 책임자로 단독 임명된 것은 즉시 패션계에 조만간 이 회사들이 위축된 평판을 신속하게 바로잡을 것이라는 사실을 전달했다.

지배적인 소비자 자기만족 :
소비자가 업계를 어떻게 보는가

시가가 다시 고상해진 것은 "의외의" 사람들이 그것을 피우는 모습이 각종 매체에서 보여졌기 때문이다. 다시 말해서 시가 흡연자의 전형적인 모습과는 아주 다른 인물들이 등장했기 때문이다. 먼저, MTV의 화면에서 도시의 흑인 랩퍼들이 시가에 불을 붙이기 시작했고, 그 다음에 『시가 아피시오나도』(Cigar Aficionado) 지가 시가를 피우는 데미 무어를 표지에 실었다. 섹시한 몸으로 유명한 그녀는 이전에 남성 사업가들의 은밀한 영역으로 인식되어온 자극적인 남근의 상징을 스스럼 없이 피우고 있었다. 유명 여배우가 등장한 것 이상으로, 이것은 하나의 전복이었다. 그리고 그러한 모습은 거리에서도 볼 수 있게 되었다. 시가의 유행을 타고 가장 유명해진 브랜드는 시가 브랜드가 아니라 시가 잡지인 『시가 아피시오나도』였다. 그것의 아이코노그래피(iconography, 이미지를 통한 상징적 표현)가 이러한 소비자의 재평가를 가장 먼저 촉진시켰기 때문

    제2부 성공하는 도전자 브랜드의 8가지 원칙

이었다.

출시 당시 렉서스는 고급 자동차에 대한 소비자의 기준을 위신을 강조하는 감성적 호소에서 승차감으로 바꿔야 했다. 그래서 그들은 고급스러움의 시각적 상징에 성능에 대한 합리적 약속이라는 옷을 입혔다. 비교 실험이나 치약·세제 회사들이 즐겨 사용하는 비교 그래프 대신에, 그들은 LS 400의 보닛 위에 샴페인 잔을 쌓고 rpm이 붉은 색에 가까워지는데도 흔들이지 않는 모습을 보여주었다. 그것은 업계의 오랜 기준을 바꾸어 놓았다. 엔지니어링 전통과 반짝이는 크롬 문양으로 대표되던 고급 자동차 시장은 이제 탁월한 승차감과 성능을 중시하는 시장이 되었고, 자동차 가격은 45,000달러가 채 되지 않았다. 캐딜락의 마케팅과 제품 전략은 전적으로 뒤집어졌다. 캐딜락 STS의 뛰어난 마력과 성능, 노스스타 엔진 개발은 대체로 1989년 렉서스의 시장에 대한 재정의에 의해 촉진되었다. 8년 후 그들은 텔레비전 광고에서 엔진의 힘만을 놓고 메르세데스와 자신을 비교하고 있었다. 렉서스의 샴페인 잔 이미지는 아주 유명해서 니산 알티마의 출시 포지셔닝을 위한 중심적인 참고점으로 이용되었다. 세단인 알티마는 "고급차" 수준의 가치를 인정받길 원하면서 렉서스의 아이디어를 도용하였다.

미국에서 가장 유명하게 회자되는 마약 퇴치 캠페인은 팬 위에서 지글지글 끓는 달걀의 이미지를 활용한 것이었다. 그것은 마약이 두뇌에 끼치는 영향을 소름 끼치게 표현했는데, 어떠한 이유나 논리보다도 훨씬 더 강력했다.

도전자에게는 차별화, 두드러진 차별화는 필수적이며, 재평가의 상징을 통해 업계의 기대를 놀라게 하는 것은 도전자가 스스로 확실히 차별화된 포지셔닝을 신속히 구축할 기회를 제공한다. 우리는 지난 장에서 게이트웨이 2000이 자신을 "컴퓨터 회사 같지 않

 제2부 성공하는 도전자 브랜드의 8가지 원칙

은 컴퓨터 회사"로 포지션하기 위해 젖소와 컴퓨터의 조심스런 충돌을 활용했음을 언급했다. 그것은 어떤 의미에서는 사과를 한 입 베어낸 애플 로고의 아이디어를 모방한 것이다. 상징적인 단어(예를 들어 크라이슬러의 "캡포워드"[cabforward, 보닛 공간을 축소해 실내 공간을 넓힌 디자인 방식]) 역시 이러한 재평가 수단이 될 수는 있지만, 시각적 이미지만큼 강력하지는 못하다.

지배적인 소비자 자기만족 :
기성의 브랜드 리더

일부 도전자들은 기존 질서에 대한 소비자의 인식을 허물어뜨리기 위해서 자신을 경쟁업체와 대비시킨다. 물론 1960년대 폭스바겐은 순수하게 미국에서 자동차 소유에 있어 외로운 이성의 대변자(voice of reason)로 자신을 선전했고, 미국 자동차 산업의 맥락에서 매우 특이한 제품 덕분에, 그것의 상징이 곧 그 자신이 되었다.

비틀은 본래 미국에 들여오기 어려운 자동차였다. 그것은 모든 소비자 조사와 시험 판매에서 실패할 것이 불을 보듯 뻔해 보였다. 왜냐하면 미국에서 자동차는 과시적인 외양, 수영장 같은 연료 탱크, 켄터키 주만한 뒷좌석이 있어야 했다. 반면 비틀은 미국의 자동차 시장이 중시하는 모든 것과 정반대였다. 하지만 폭스바겐은 그러한 점을 감추기보다는 오히려 강조해 수십만 대의 자동차를 판매했다. 미국에서 폭스바겐은 자신의 타고난 요소를 정말로 영리하게 포지셔닝했다. 그들은 허세를 부리는 기존 자동차 회사들과는 정반대의 이미지를 보여주었다.

광고에서 도전자가 자신을 업계의 거물과 직접 대비시킨 가장 유명한 사례는 애플의 1984년 광고이다. 그것은 슈퍼볼 경기 중에 단 한 번 방송되었지만, IBM과 대중들에게 잊을 수 없는 인상을 남겼다. 그 광고는 제품을 전혀 보여주지 않을 만큼 자신감이 넘쳤었다. 그 광고 이후에는 경쟁 제품과 비교해 매킨토시의 장점을 설명하는 지면 광고와 텔레비전 광고들이 뒤따랐다.

우리가 여기서 논의하고 있는 것은 우연한 사건을 현명하게 활용해야 한다는 것이 아니라, 상징을 좀더 의도적이고 전략적으로 도입해야 한다는 점이다. 이러한 상징은 회사 전체의 장기적인 마케팅 또는 리마케팅의 일부로서 의도적으로 창출되어 왔다. 예를 들어 소닉의 경우처럼 말이다.

세가는 닌텐도의 친근하지만 유치한 배관공과 맞서 싸울, 더 강하고 빠른 상징으로서 소닉 더 헤지호그를 선보이면서 비디오 게임계에 발을 내딛었다. 사실상 마리오의 특성은 닌텐도의 소프트웨어 개발자에게는 당시 기술의 한계 때문에 어쩔 수 없는 선택이었다. 마리오가 귀여운 배관공이 된 까닭은 애초에 화면의 선명도가 낮아서 코 밑 수염을 붙여야만 입과 구분할 수 있었고, 배관공 작업복을 입혀야만 팔의 동작을 알아볼 수 있었기 때문이었다. 하지만 세가는 그런 제약이 없었다. 소닉을 개발할 당시 그들은 발전된 기술을 가졌고 그것을 이용해 비디오 게임에 대한 새로운 태도를 상징하는, 선명한 선과 더 선명한 이미지의 아이콘을 만들었다.

소닉은 단순한 게임 이상이었다. 소닉과 이후 등장한 캐릭터들은 게임과 마케팅에 대한 세가의 정체성과 태도를 구현했다(여기에 원숭이와 바나나는 없다 — 세가의 모털 콤뱃(Mortal Kombat)이란 게임에서는 머리에서 선혈이 뿜어져 나온다). 세가는 소닉을 통해 비디오 게임에서 진입 조건을 재미에서 멋으로 바꿔 놓았다.

마찬가지로 에너자이저 버니도 기성 브랜드인 듀라셀과 연관된, 북치는 장난감 토끼의 이미지를 뒤엎었다. 전지의 지속성을 나타내는 기성의 아이콘(북치는 토끼)을 빌려왔지만 거기에 선글라스, 샌들, 자신만의 태도를 덧붙임으로써 에너자이저는 전지 업계에 새로운 차원, 즉 재미, 즐거움, 재치를 불어넣었다. 처음에 아무런 반응을 보이지 않던 듀라셀도 에너자이저가 향유하기 시작한 이미지와 판매 성장에 점점 더 놀라게 되었고, 결국에는 비교 시연 광고뿐 아니라, 그들 브랜드의 핵심이자 사실상 어떤 건전지 브랜드에도 타당한 유일한 이점인 "오래 가는" 특성에 대한 주장도 내던져 버리기에 이르렀다.

버진애틀랜틱을 출범시켰을 때, 브랜슨은 기성의 항공 업계의 눈에 상징적 손가락을 찔러 넣으며 처음부터 불손함과 엔터테인먼트를 앞세웠다. 나머지 항공사들이 국기 문양과 상징 동물로 꾸며진 근엄한 장식을 뽐낸 반면에, 브랜슨은 할 수 있는 모든 방법으로 새롭고 신선한 항공사의 아이콘을 창조했다. 문양 대신에, 그는 비행기 꼬리 날개에 시각적 환상을 그려넣었다. 브랜슨은 버진의 첫 비행기에 프랑스의 성이나 일리노이의 도시 이름이 아니라, Scarlet Lady(행실이 나쁜 아가씨)라는 재미난 이름을 붙였다. 비행기의 모든 것이 상징적으로 점잖은 브리티시 항공과는 정반대임을 전했다.

달 로켓과 가속력

우리는 지금 도전자가 상징을 활용해 자신이 선택한 방향으로 신속히 나아가는 것에 대해 이야기하고 있다. 상징과 아이콘은 소비자가 논리가 아니라 감성으로 중심적 이슈에 대한 자신의 습관적인 태도를 재평가하도록 촉구한다. 만약 이러한 상징에 극적인 느낌을 불어넣을 수 있다면, 그것은 특히 가속력을 만들어낼 수 있다. 즉, 브랜드가 더욱 빨리 소비자 임계 규모의 도달할 수 있도록 돕는 것이다.

달을 향해 떠난 로켓은 첫 1마일을 날아가기 위해 연료의 절반을 소모한다는 사실은 잘 알려져 있다. 지구를 벗어날 수 있는 결정적인 모멘텀을 얻고 원하는 속도에 달하기 위한 것이다. 그 이후로는 나머지 연료는 주로 방향을 바꾸거나, 특별히 까다로운 전환(재진입, 달 착륙 등등)에 대처하기 위해 쓰인다. 비록 브랜드는 편안히 통과할 수 있는 무중력 지대를 갖고 있지는 않지만, 적어도 브랜드가 땅에서 이륙하려고 할 때는 그와 유사한 논리가 적용된다. 즉 진정한 난관은 초기의 결정적인 모멘텀을 얻는 데 있다. 따라서 가용 연료의 절반은 소비자 무관심이라는 중력에서 벗어나는 데 전적으로 사용되어야 한다.

 제2부 성공하는 도전자 브랜드의 8가지 원칙

코메르츠방크의 스와치

도전자의 경우에는 매체와 판촉 예산이 상대적으로 적다. 따라서 그 예산을 어떻게 쪼개서 써야 하는지는 그다지 큰 문제가 아니다. 왜냐하면 금전만이 아니라 아이디어, 창의력, 열정도 도전자의 연료이기 때문이다. 극적으로 실행된 재평가 상징의 활용은 바로 이러한 맥락에서 바라보아야 한다. 새로운 마케팅 캠페인의 초기에 브랜드 모멘텀을 신속하게 창출해낼 수 있다면, 그것은 순간적인 공상이 아니라 매우 영리한 마케팅 결정으로 간주해야 한다.

예를 들어 스와치의 독일 진출을 살펴보자. 그들은 거대하고 완벽하게 작동하는 150미터 높이의 스와치 시계를 만든 다음, 프랑크푸르트에서 가장 높은 빌딩 — 코메르츠방크(Commerzbank) —
에 매달았는데, 시계에는 이렇게 세 가지만 적혀 있었다.

스와치. 스위스. 60마르크.

처음에는 그저 사람들의 시선을 끌기 위한 구경거리로 보였던
것이 사실은 브랜드를 재포지셔닝하는 뛰어난 노력이었다. 그것은
스와치를 세상에 알렸고, 모든 스위스 시계는 고급 제품이라는 신
화를 깨뜨렸으며(하지만 스위스제 시계의 품질은 여전히 강조하면서), 과
거 스위스제 품질에 대해 붙여진 적이 없는 가격을 제시했다.

그리고 스와치 그룹(SMH)의 회장인 니콜라스 하이예크가 지적
했듯이, 그것은 스와치 브랜드 약속의 핵심을 즉각적으로 전달했
다. "거대하고 무시무시한 마천루에 시계를 매다는 것은 큰 도발이
었다. 그것은 재미있고 기상천외했으며, 하나의 조크, 즉 삶의 기
쁨이었다. 시계를 떼어낼 즈음엔 우리가 도달하고자 했던 모든 이
들이 우리의 메시지를 전달받았다."[2] 만일 그들이 프랑크푸르트에
있는 어느 대형 시계를 멈추게 해서 단지 여론의 관심을 끌었다면,
그들은 모멘텀이 아니라 악명만을 얻었을 것이다.

원더브라는 대중 노출을 통해 상징을 창출할 다른 이유를 갖고
있었다. 6장에서 우리는 영국에서 속옷 광고는 본래 광고주와 잠
재 구매자 간의 조심스럽고 사적인 비즈니스였지만, 원더브라의
모든 포지셔닝은 매체는 실질적 의미에서 메시지의 일부가 되어야
한다는 것을 의미했음을 살펴 보았다. 그들은 옥외 포스터로 만족

하지 않고 한 단계 더 나아갔다. 게릴라식 작전으로 원더브라는 템스 강 보트에서 약 45미터 높이의 배터시 발전소에 "이봐, 남자들"이라고 쓰여진 광고 화면을 투사하였고, 경찰의 경비선이 도착한 후에야 그 소동은 중지되었다. 다음 날 신문들은 전날 밤에 벌어진 강변의 교통 체증을 주요 기사로 다루었다. 전례가 없을 정도의 뻔뻔스런 이미지는 원더브라가 소비자에게 약속하고 있는 자신감과 파워, 그리고 그들이 단지 란제리 이상의 다른 사업을 하고 있다는 사실을 극적으로 부각시켰다.

자동차 출시의 경우, 그러한 놀라움은 더 이상 새삼스러운 일이 아니다. 이들은 사람들이 정말로 예상하지 못한 것들을 제공하고 있다. 앞서도 보았듯이 닛산 알티마는 렉서스를 유명하게 만든 상징적인 실험을 뻔뻔스럽게도 흉내 낸 다음 겨우 13,000달러의 가격을 제시했다. 알티마는 그런 방식으로 경쟁 관계에 있는 다른 중형 세단들을 차례로 제쳤고, 『월 스트리트 저널』은 그것을 "아마도 미국 역사상 가장 성공적인 자동차 출시"라고 불렀다. 렉서스는 이제 그런 대중 실험을 텔레비전으로 내보내는 것을 그만두었는데, 다른 고급 자동차 업체가 자신들을 모방할 수 있기 때문이 아니라, 그것이 경쟁사 중급 세단의 판매를 돕는 상징을 창출하고 있다는 우려 때문이었다.

이 같은 상징의 활용에서 볼 수 있는 극적인 느낌의 창출은 또한 그들 조직 내부에 있는 도전자의 특성을 규정한다. 애플의 스티브 잡스는 극적인 느낌을 창출하는 데 귀재였다. 1983년과 1984년 애플의 동맥에 아드레날린을 주입한 것은 복도에 울려퍼진 그의 우렁차고 공개적인 함성이었으며, 그 결과 100일만에 매킨토시가 만들어졌다. 마이크로소프트는 경쟁자들에 대한 지하드 — 성전 — 를 이야기했고, 지금도 이야기하고 있다. 그것은 아주 중대하고, 단순한 업무 이상의 것이다. 그리고 당신이 말하고자 하는 것이 정말로 중요하다고 느낀다면, 이 세상의 모든 것이 브랜드를 위한 잠재적 무대가 될 수 있다. 운동화를 위한 로스앤젤레스에 있는 벽, 브래지어를 위한 런던의 발전소, 시계를 위한 프랑크푸르트의 마천루를 생각해 보라. 그것은 소비자들의 머릿속의 진부한 생각을 바꾸는 무대인 것이다. 소비자가 광고를 기다리지는 않겠지만, 그들은 늘 새로운 소식을 고대하고 있으며 훌륭한 아이디어에 숨 죽일 채비를 하고 있다. 극적인 장면이 바로 그것이다.

비록 위와 같은 브랜드들은 아니지만, 대중적 이슈에 대한 획기적인 태도의 변경은 그러한 점을 강화하는 데 도움이 될 수 있다. 영국 다이애나 왕세자비가 런던의 미들섹스 병원에서 AIDS 환자와 악수하는 장면을 담은 한 장의 사진은 수 년 동안 대중들에게 홍보하고 기사를 쓰고 광고한 것보다 훨씬 더 AIDS 감염 경로와 그 병에 걸린 환자와의 관계에 대한 영국 대중들의 인식을 바꾸어 놓았다. 아름다움과 행운의 화신으로 여겨지는 영국 왕실의 고귀한 여성이 많은 영국인들이 여전히 화장실 변기를 같이 사용해도 감염될 수 있다고 생각하는 에이즈 환자의 몸에 손을 댄 것은 바로 지배적인 소비자 자기만족에 대한 단순하지만 극적인 도전이었다.

(이와는 반대로, 가톨릭 교회에 의한 웹 사이트 개설은 비록 몇몇 언론에서 다루어지기는 했지만 재평가의 상징을 구축하지는 못했다. 이들은 자신들의

커뮤니케이션 정책을 보다 개방적이고 시대에 맞게 변화시키려고 하지만, 교회와의 관계 변화의 핵심에 있는 지배적인 소비자 자기만족에 도전하지 못하고 있으며, 극적인 요소도 결여하고 있다).

역사적인 도전자는 대중의 상상력을 사로잡고 대중들의 관점을 형성하기 위해 상징을 매우 잘 활용하였다. 물론, 일단 도전자가 권력을 잡게 되면 대중들의 관점 형성은 정치 선전(propaganda)과 밀접히 연결된다. 러시아인들은 항상 아이콘 창출의 중요성을 깨달았고, 그것은 혁명 이후 러시아 예술에서 최고조에 달했다(질적인 면이 아니라 양적인 면에서). 간소한 흰색 의복을 입고 삭발한 머리를 한 간디에 대해 생각해 보자. 그는 겉모습과 옷차림의 중요성을 홍보 전문가가 대처 총리를 위해 조언하기가 훨씬 이전부터 이해하고 있었다.

그리고 전혀 다른 차원에서, 1859년 하퍼스페리에서 존 브라운*의 교수형에 대해 헤르만 멜빌은 "미국 시민 전쟁의 별이 진 것"이라고 말했다. 하지만 이것은 사건에 대한 진정한 통찰이 아니었다. 롱펠로는 처형이 있던 날 아침 자신의 일기장에 다음과 같은 글을 남겼다. "오늘은 우리 역사에서 위대한 날, 새로운 혁명의 날이 될 것이다. 그것은 과거의 혁명만큼 필연적인 혁명이다." 이 사건이 하나의 전환점이라는 즉각적인 느낌을 불러일으킨 것은 노예 제도의 폐지를 위해 죽은 백인, 바로 그것의 상징이었다.

---

* John Brown. 버지니아 주 하퍼스페리에 있는 연방 무기고를 습격하다가 교수형된 인물로 노예제 폐지 운동의 순교자로 추앙받고 있다 ― 옮긴이.

그렇지만 아마도 이미지를 재평가의 상징으로 이용한 역사적으로 가장 유명하고 단순한 사례는 1944년 2월 미군 해병 6명이 이오지마 섬에 미국 국기를 세우는 사진이다. 20세기 미국에서 가장 유명한 이미지 중 하나이고 퓰리처상을 수상한 이 사진은 제2차 세계 대전뿐 아니라 20세기의 가장 결정적인 순간을 담고 있다. 당시 이 전투에서 미군은 36일간의 맹공 끝에 일본군을 격퇴함으로써, 적군의 공중 및 해양 전투력을 무력화할 수 있는 중요한 기지를 확보하였다.

돌이켜 보건대, 이 이미지는 보다 일반적인 의미에서 승리자로서 미국을 상징하는 것처럼 보인다. 즉 세계 무대의 주요 열강들 중 하나였던 이 젊은 도전자가 이제는 노쇠한 유럽 국가들을 누르고 자유 세계 최고의 지도국으로 우뚝 섰음을 보여주고 있다.

보통의 미국인(사진의 인물들 중에 중사 이상의 계급은 없었다)의 투쟁, 용기, 그리고 성취의 이미지는 나중에 알링턴 국립 묘지에 있는 전사자들을 기리기 위해 청동 동상으로 재창조되었다. 동상의 제막식에서 닉슨 대통령은 그것의 힘을 다음과 같이 요약했다.

이 동상은 미국인의 희망과 꿈, 그리고 우리 외교 정책의 진정한 목적을 상징하고 있습니다. 우리 자신의 자유를 지키기 위해서는 세계의 다른 곳의 사람들이 자유를 잃은 것을 가만히 지켜보아서는 안 된다는 사실을 깨달았습니다. 미래에는 이 동상이 나타내는 희생이 필요치 않게 할 길을 찾고, 사람들이 자유로울 수 있고, 국가들이 독립을 누릴 수 있고, 사람들이 평화와 우정을 나누고 함께 살아갈 수 있

 제2부 성공하는 도전자 브랜드의 8가지 원칙

는 세계를 건설하는 것보다 정치가에게 더 위대한 도전은 없을 것입니다.

그렇지만 그것의 위력에도 불구하고, 아마도 이 사진에 관해 가장 의미심장한 사실은 이 사진이 고지를 점령하고 깃발이 처음 세워지던 바로 그 순간에 찍혀진 것이 아니라는 점이다. 당시 중위 한 명과 다른 세 사람이 작은 깃발을 본래 있던 철봉에 달았고, 다른 사진 작가가 그것을 찍었다.

성취에 대한 어떤 불굴의 느낌을 가진 실제 순간을 찍은 첫 사진은 그리 나쁘지 않았다. 하지만 그것은 역사에 의해 거의 잊혀졌다. 왜냐하면 거기에는 세 시간 후에 찍혀진 두 번째 이미지와 같은 힘이 없었기 때문이었다. 해병대 지휘관은 다른 군인들을 보내 봉을 새로 세우고 두 번째의 더 큰 깃발을 달도록 했고, 다른 작가가 그 사진을 찍었다.

요점은 이렇다. 행동은 그 나름의 의미가 있다. 즉 깃발을 세우는 것은 적군의 사기를 떨어뜨리는 것만큼이나 아군들을 고무시킨다. 하지만 그 행동이 표현되는 방식은 그것을 전혀 차원으로 가져간다. 재평가의 상징과 함께, 이미지는 행동 자체만큼이나 하나의 메시지이다.

그리고 해병대 지휘관은 이오지마 섬에 단순히 깃발을 세우는 것이 아니라 큰 깃발을 세워야 한다는 점을 36일간 일본군 진지를 뺏기 위해 총공격을 펼치는 와중에도 깨닫고 있었다. 새로운 사진으로 퓰리처상을 받은 조 로젠탈의 도움으로, 해병대 지휘관은 앞

으로 계속해서 해병대를 고무할 승리의 이미지, 그리고 실제로는
욱일승천하는 미국의 이미지를 만들어냈다.

다른 청중들

재평가의 상징은 많은 소비자들을 가지고 있다. 그들에게 극적인
변화의 신호를 보내야 할 필요성이 재평가의 상징을 창출하는 이
유 중 하나이다. 앞서 우리는 많은 도전자 CEO들이 자신의 직원들
을 가장 중요한 청중으로 여긴다는 점을 언급했다. 그것은 자신의
이익을 위한 것이지 기업의 박애주의가 아니다. 그들은 브랜드가
어떠해야 하는지에 대한 인식, 그리고 브랜드의 우수성과 임박한
성공에 대한 절대적 믿음을 직원들에게 심어 줄 수 있다면, 그 밖
의 모든 일은 저절로 이루어질 것으로 믿는다.

물론, 당신의 군대에게 변화가 불가피하다는 신호를 극적으로
보내는 다양한 방식들이 있다. 18세기 영국 해군은 "다른 병사들
을 독려하기 위해" 반항적인 빙(Byng) 제독을 총살대 앞에 세웠다.
공개적인 총살과 일시 해고(layoff)는 새로운 방향의 필요성에 대한
신호를 보내는 감성적으로 힘든 방식이다(예를 들어 누구나 루 거스너
회장의 취임과 함께 IBM이 약 10만 명의 직원을 일시 해고한 이야기는 무엇
보다도 앞으로 닥칠 조직과 전략의 변화를 매우 강력하게 암시하는 것이었다
고 생각한다). 조직 변화 컨설턴트는 이러한 종류의 동기 부여를 "불
타는 갑판"이라고 부른다. 그것은 바다에서 석유 굴착 설비 위에서

 제2부 성공하는 도전자 브랜드의 8가지 원칙

의 안전 훈련에서 따온 은유어로, 작업자들을 물속에 뛰어들게 하는 유일한 방법은 정말로 갑판에 불이 붙었다고 믿게 하는 수밖에 없다는 것이다.

하지만 가장 강력한 상징은 정신을 고취하는 상징이다. 즉 그것은 사람들을 결집시키는 깃발, 맞서 싸워야 하는 적군 같은 것이다. 이는 우리가 "평상복을 입는 금요일"(casual Friday) 정책의 도입 이상의 것을 찾고 있음을 의미한다. 그것은 매주 청바지 한 벌을 나눠주는 것보다는 의도의 선언으로서 좀더 극적인 것이어야 한다. 예를 들어 새턴의 출생지는 단순히 모기업의 과거로부터가 아니라 미국 자동차 산업 전체의 과거에서 벗어나기 위해 디트로이트와는 정반대되는 곳이 되었다. 테네시 주 스프링힐의 현실은 광고에서 묘사하는 이상적인 작은 도시 아메리카는 분명 아니겠지만, 직원들에게 강력한 선언이 되기에는 거의 충분했다. 만일 그것이 단순히 디트로이트의 다른 생산 라인에서 만들어졌다면, 과연 완전히 다른 자동차를 만드는 열성적인 사람들을 채용할 수 있었을까?

소비자와 직원 외에 재평가의 상징의 세 번째 청중은 여론 주도자들이다. 폭스는 전 세계 시장 곳곳에서 주요 방송사로서의 자신의 존재를 알리고 확인하기 위해 크고 극적인 제스처를 줄기차게 취해왔다. 여기서 폭스의 청중은 소비자뿐 아니라 언론, 경쟁 방송사, 프로그램 제작자도 포함된다. 일례로, 미국에서 이 새로운 방송사가 처음으로 전파를 내보낸 저녁, 로스앤젤레스 언덕 위의 유명한 "할리우드" 흰색 광고판이 "폭스"로 바뀌었다. 그것이 바뀐 것은 역사상 오직 이때뿐이었다. 광고 대행사 사람들은 줄지어 서서 350개 탐조등의 스위치를 일제히 켰다. 그것은 바뀐 광고판에 서부터 폭스가 방송을 하고 있는 센추리 시티까지 이어졌다. 폭스는 첫방송 저녁 시청률에 모든 마케팅 예산과 에너지를 쏟아 붙고 나서 프로그램으로 승부를 걸기로 결정했다. 그들의 핵심 목표는 로켓을 지상에서 띄우는 것이었다.

1980년대 초, 할리데이비슨은 일본 모터사이클 업체들의 공격을 받고 조직이 위축되고 2등으로 추락했는데, 1987년에 그들은 한 장의 종이 위에 여론 주도층과 직원들을 위한 강력한 재평가의 상징을 창출했다. 1983년에 이 망가진 모터사이클의 전설은 조직과 이미지의 전면적인 재구축에 들어가면서, 로비를 통해 미국 정부가 일본 모터사이클에 대해 관세를 부과하도록 했다. 관세는 일본 오토바이의 우월한 성능의 현실로부터 자신을 보호하면서 자금, 제품 디자인, 이미지를 정비할 시간을 벌기 위한 것이었다. 동정적인 미국 정부는 기꺼이 관세 장벽을 1988년까지 설치하기로 결정했다. 그런데 관세 보호가 아직 시행중이던 1987년 5월 17일, 미국 정부는 관세 폐지를 요청하는 한 장의 문서를 받았다. 이 요청을 제기한 쪽은 일본 업체가 아니라 할리데이비슨이었다. 그들은 이제 개방된 시장에서 다시 경쟁을 할 준비를 갖추고 있었다.

보호를 1년 앞당겨 철회한 큰 자신감은 할리데이비슨의 주주와 여론 주도층, 그리고 직원들에게 불과 몇 년 전 역사의 한 페이지로 기록된 회사와는 다르다는 것을 입증하였고, 모멘텀의 상승을 더욱 가속화는 데 도움이 되었다. 2년이 지난 후, 할리데이비슨은

　제2부 성공하는 도전자 브랜드의 8가지 원칙

다시 대형 모터사이클 시장을 지배하게 되었다.

따라서 지금까지 살펴본 바와 같이, 재평가의 상징은 광고나 마케팅일 필요는 없으며, 한 장의 종이일 수도 있다. 중요한 것은 바로 그 의미인 것이다.

08 제5원칙

Sacrifice

희생하라

온갖 소음과 정보들이 넘쳐나는 세계에서, 브랜드가 직면하는 가장 큰 위험은 거부가 아니라 무관심이다. 거부는 쉽게 눈에 띄고 쉽게 치료되지만 — 큰 변화를 주거나 사업에서 손을 떼면 된다 — 무관심은 훨씬 더 위험하고 값비싼 문제이다. 선택적인 의견 청취는 기업들로 하여금 여기저기 조금만 손보면 모든 것이 잘될 것으로 생각하게 만든다. 그리고 그들은 더욱 더 많은 돈과 시간을 더욱 더 적은 효과를 위해 쏟아 붓게 된다.

지난 몇 개의 장에서 우리는 도전자에게 있어 무관심을 해결하는 방법이 강력한 정체성, 그리고 이를 통한 소비자층과의 강력한 관계 형성에 있음을 살펴보았다. 필연적으로 그것의 의미는 희생과 밀접한 관계를 맺고 있다. 필연적으로, 이는 도전자 브랜드의 성공이 그러한 관계와 정체성을 창출하기 위해 무엇을 희생할 것인지 매우 신중하게 고려하는 것에서 비롯된다는 것을 의미한다.

정말로 자신의 초점, 목소리, 행동을 희생하고 더 좁게 집중하는 능력은 도전자가 가진 몇 가지 이점 중의 하나다. 두 전선에서 동시에 전투를 벌인다면 전투력은 약화될 수밖에 없다 ― 1941년 러시아 침공으로 히틀러는 3년 뒤 프랑스를 지배할 힘을 잃어버렸다. 브랜드 리더는 많은 전선에서 동시에 전투를 해야 한다. 그렇기 때문에 종종 도전자에게 빈틈을 보이기도 하는데, 그것은 어디까지나 그저 빈틈에 불과하다. 말하자면 자신을 희생할 준비가 있어야지만 그 빈틈을 활용할 수 있다는 것이다.

만일 희생의 실용성이나 수익적 측면에 의심을 품고 있다면, 사우스웨스트 항공을 살펴보도록 하자. 사우스웨스트는 확실히 모든 이들에게 환영을 받는 항공사는 아니다. 사우스웨스트의 승무원 콜레트 밀러의 이야기를 들어 보자. 그녀가 승객들을 서비스하는 방식은 조금 특이하다. "우리는 고무 바퀴벌레 같은 작은 장난감들을 많이 갖고 있어요." 그녀는 웃으면서 말한다. "만일 음료수에 바퀴벌레를 넣고 싶은 정도로 고약스런 사람이 있으면 고무 바퀴벌레를 넣곤 하지요."[1] 아마도 콜레트가 약간 정신이 나갔다는 생각이 들 것이다. 사우스웨스트의 기준에서도 마찬가지다. 하지만 그렇지 않다. 인터뷰할 당시 콜레트는 우수 항공 승무원 상을 받았고, 사우스웨스트에서 12년 동안 근무한 베테랑이었다. 그녀는 항공사가 고객 서비스의 모범으로 전 세계에 소개할 만큼 자랑스러워하는 직원이다.

물론, 비행 승무원에게 이 정도로 재량권을 허용하는 것은 고객들 입장에서는 상당한 희생을 요구한다. 아마도 워렌 버펫 정도의 승객이라야 글렌피딕 위스키 잔에 고무 바퀴벌레가 들어 있어도 크게 놀라지 않을 것이다. 하지만 이것이야말로 1등이 아니라 2등 브랜드의 미덕이다. 굳이 대중의 동의를 구할 필요가 없다. 자신만의 색깔을 가지고 그것을 내세울 수 있다. 사실상 두드러지려면 그래야 한다. 우리는 희생이 잠재 사용자와 수익을 줄인다고 생각하며 실제로는 종종 주저하고 있지만, 사우스웨스트의 이야기는 그와는 정반대로 희생은 승객들의 더 큰 충성도를 이끌어냄으로써 분명히 수익을 발생시키는 것임을 말해 주고 있다. 사우스웨스트 항공의 재무 성과를 다른 항공사들과 비교해 보자. 1990년에서 1993년 사이, 미국 항공 산업은 40억 달러 감소했다. 하지만 사우스웨스트은 사업 개시 이래 항상 수익을 냈고, 1994년에는 수익이 1억 7900만 달러에 달했다. 희생으로 수익이 생기는 것은 희생으로 충성도와 성장을 얻었기 때문이다.

그리고 색깔 — 심지어 사우스웨스트의 브랜드 색깔 — 이 어떻다고 해서 우수한 제품이 되지 말라는 법은 없다. 1996년 사우스웨스트 항공은 항공사 품질 평가에서 아메리칸, 유나이티드, 델타 항공을 앞지르며 2년 연속 최고점을 받았다. 대기 시간 10분, 자신의 음식 싸가지고 오기, 고무 바퀴벌레, 그리고 최고의 품질의 항공사로 선정. 우리 모두는 80 대 20의 법칙을 알고 있다. 사우스웨스트는 그것을 적절히 실행하는 것의 가치를 우리에게 보여주고 있다.

내 바퀴벌레는 어디 있는가?

도전자가 하는 희생은 소 라인 확장이나 조사 예산 혹은 보조 홍보 인력 등과 같이 사업의 부수적인 영역에 있지 않다. 그것은 유통, 메시지, 청중 같은 사업의 핵심 요소의 희생이다. 그리고 희생의 최우선의 목표는 핵심 청중들에게 올바르고 중대한 영향을 미치는 것이다. 즉 당신의 목소리가 임계 규모에 신속하게 도달하게 하는 것이다.

우리가 중점적으로 살피고 있는 도전자들은 핵심 청중들과 더욱 강력한 관계를 창출하기 위해 다양한 종류의 희생을 하고 있다. 그 중에서 가장 일반적인 것은 표적의 희생, 조사의 희생, 메시지의 희생, 라인 확장의 희생, 유통의 희생, 품질 전달의 희생 등이다.

표적의 희생 : 충성도를 위해 수를 희생한다

우리는 앞서 사우스웨스트의 개성이 일부 승객들을 당황케 하고 다른 승객들을 매료시킨다는 점을 살펴보았다. 텔레비전 방송사인 폭스도 마찬가지라고 말할 수 있다. 폭스의 혁신적인 프로그램들 (『심슨』, 『X파일』, 『마틴』, 『밀레니엄』)은 나이가 많고 좀더 보수적인 잠재 시청자들에게 외면을 받았다. 그렇지만 그 대신 그것은 개성 없는 기성 방송사들에 대해 명확한 차별성을 폭스에 주었을 뿐 아니라, 18~34세의 가장 변덕스러운 시청자층에서 두 종류 충성도로 보상받았다. 첫째는 시청률이었다. 폭스의 종합 시청률은 4위에 불과했지만 18~34세, 18~49세 주요 시청자층의 주말 핵심 시간대에서는 선두를 달렸다. 이것은 폭스에 돈벌이가 되었다. 광고주들이 가장 선호하는 대상이 바로 그 연령대의 시청자들이기 때문이다.

둘째는 개별 프로그램 내의 충성도이다. 그것은 프로그램이 방송되는 동안 시청자 관심의 정도를 말한다. "미국 전역에 방영된 TV 프로그램들 가운데 성인 시청자가 완전히 집중해서 본다고 응답한 비율"을 기준으로, 폭스는 상위 프로그램 7개 가운데 5개를 차지했다. 개별 프로그램 내에서도 폭스는 선택된 시청자들과 강한 관계를 맺고 있었다. 직관적으로 우리는 사실상 두 가지 충성도 간에는 관련성이 있고 하나는 당연히 다른 하나를 예측한다고 가정할 수 있다. 개별 프로그램 내의 관심도/몰입도가 감소하면, 조만간 반복 시청의 충성도가 줄어들 것이기 때문이다(이것은 또한 도전자가 다른 영역으로부터 어떻게 배울 수 있는지의 실례를 제공한다. 대부분의 업종들은 오직 한 가지 충성도만을 측정한다. 하지만 관심과 몰입의 충성도는 경험 비즈니스에서 활동하는 도전자의 주요 측정치가 될 수 있다. 일례로 이것은 슈퍼마켓 쇼핑이나 패스트푸드 업종에서 중요한 측정치로 활용할 수 있다).

소비자 도달 혹은 빈도의 희생: 정체성을 위해 수를 희생한다

앱솔루트가 자신의 최근 광고 집행의 틀을 만들기 위해 일관되게 잡지 뒤표지를 점유하는 것은 값이 비싸며 — 내지에 전면 광고를

싣는 것보다 추가 비용을 부담한다 — 그래서 그렇게 하기 위해 광
고 집행 빈도와 소비자 도달을 희생한다. 하지만 그 위치가 제공하
는 가시성과 배타적인 느낌은 앱솔루트가 탄생 이후 가꾸어온 명

성을 강화시켰으며, 브랜드를 대중적 아이콘으로 만드는 데 결정적인 역할을 했다. 이러한 이득은 앱솔루트가 추진해온 일관된 희생 때문에 가능했다. 브랜드 담당자가 어떤 해에는 한 번 해보고 다른 해에는 포기하는 식이었다면, 브랜드는 소비자의 마음속에서 잡지 위치와의 유리한 연결을 구축하지 못했을 것이다. 맥주 브랜드인 보딩턴 비터도 지난 5년 동안 그와 유사한 전략을 성공적으로 추진해왔다.

이와는 전혀 다른 영역과 매체에서, 새턴은 명백히 비싼 60초짜리 텔레비전 광고를 전략적으로 이용한다. 새턴의 전체 포지셔닝은 소 도시에서 실랑이 없는 거래를 하는 자동차 회사가 제공하는 경험을 파는 데 집중되기 때문에, 자동차를 만들고 판매하는 것에 접근하는 방식에 대해 조용하고 서둘지 않은 느낌을 만들어낼 그러한 긴 광고 시간이 필요하다. 말하자면 미국의 다른 자동차 브랜드들이 30초 내에 끓이려고 안달하는 "잡탕 수프"와는 완전히 대조되는 느낌인 것이다. 앱솔루트와 마찬가지로 새턴도 특별한 형식을 제공하기 위해 메시지의 도달과 횟수를 희생하지만, 그 희생은 독특한 제품 이득으로 이어지는 독특한 감성적 개성을 확보했다. 그리고 새턴이 희생을 통해 얻은 이득은 다른 경쟁업체들이 그렇게 할 수 없기 때문에 더욱 부각되었다.

유통의 희생 : 호감도을 위해 이용의 용이성을 희생한다

유통의 희생은 브랜드로 하여금 소비자와 강력한 관계를 형성하고

  제2부 성공하는 도전자 브랜드의 8가지 원칙

그것을 유지하도록 하는 데 도움을 준다. 예를 들어 오클리는 제품의 발견 가능성과 진품성에 특별한 가치를 둔다. 이것은 오클리가 스포츠 매장들과 거래를 확대할 때, 유통망을 조정하고 제한함을 의미한다. 예를 들어, 만일 자전거 매장이 세 곳 있는 도시에 진출한다면, 점포 모두는 원칙적으로 오클리의 아이웨어를 취급하려 하겠지만, 오클리는 세 곳 가운데 가장 열성적인 매장 한 군데에만 제품을 공급한다. 그럴 경우 그 지역의 여론 주도층 사이에서 사용자 의식이 생겨나고, 중장기적인 차원에서는 브랜드의 신뢰성과 좋은 평판의 씨앗이 더욱 넓은 잠재 고객들 사이에 뿌려진다.

마찬가지로 사우스웨스트의 성공에도 불구하고, 허브 켈러허는 사우스웨스트가 양 연안을 오가는 장거리 노선에 취항할 생각이 없음을 밝혔다. 사업의 규모가 커지면 직원과 운영 기반을 확충해야 하는데, 그럴 경우 브랜드와 고객층과의 관계에서 (가격과 함께) 핵심으로 꼽을 수 있는 직원들의 단결심을 유지하기 어렵기 때문이다. 오클리와 사우스웨스트 모두 유통망의 확대를 통해 단기적인 이득을 크게 늘릴 수 있겠지만, 그것이 중장기적으로는 브랜드의 쇠퇴를 가속화할 위험이 있었다. 따라서 그들은 유통망 확대를 통한 성장보다도 소비자 및 직원과의 강력한 관계를 중시했다.

스포츠 용품 브랜드인 오션 퍼시픽(Ocean Pacific)의 과도한 확장과 그후의 쇠퇴는 모든 도전자들에 하나의 경고가 되고 있다. 어디에서나 이용할 수 있다는 것은 코카콜라와 AT&T 같은 기성 브랜드들에게는 좋은 것이지만 독특한 취향의 커피 전문가, 파도타기 애호가, 혹은 산악 자전거 애호가 등 좀더 한정된 표적 고객들과 더욱 강한 친밀감을 창출하려는 도전자 브랜드에게는 위험한 것이다.

메시지의 희생 : 명료함을 위해 깊이를 희생한다

기업이 전달하고자 하는 다양한 메시지의 양, 그리고 커뮤니케이션에서 소비자에게 확실히 전달하기 위한 메시지의 단순성, 이 둘 사이에 위치한 심연은 우리가 가장 건너기 어려운 것이다. 브랜드 입장에서 보면 전달해야 할 사항이 너무나 많은 것 같다. 구매 유인책, 그리고 조사 결과가 제시하는 경쟁력 있는 핵심 차별성 등이 그것이다. 어찌됐든 소비자를 한 시간 반 동안 방에서 앉히고 우리 브랜드가 월등한 모든 이유를 설명해줄 수 있다면, 우리는 그들을 충성스러운 구매자로 바꿔 놓을 수 있을 거라고 생각한다.

하지만 현실을 외면할 수는 없다. 강한 브랜드는 커뮤니케이션에 있어 반드시 단순하고 한 가지에 집중한다. 설사 그것이 이차적으로 중요한 메시지의 희생을 의미한다고 할지라도 말이다.

다시 앱솔루트를 살펴보자. 이 브랜드가 자신에 대해 말할 수 있는 이야기는 매우 많다. 예를 들어 1879년에 관한 이야기, 앱솔루트의 설립자로 연속식 증류법을 개발한 라스 올슨 스미스(Lars Olsson Smith)의 이야기, 혹은 중세 도시 이야기를 들려줄 수 있다. 스웨덴 밀의 장점, 귀중한 액체를 만드는 데 이용되는 정류 과정(경쟁사의 숯 여과 방식보다 훨씬 뛰어난 과정으로 소비자의 감탄을 자아낸다)을 일러주고 싶을 것이다. 또는 재미와 수익을 목적으로 앱솔루트를 여러 가지 새로운 음료나 전통 음료와 섞어 마시는 방법을 알

THE MOST POPULAR AD CAMPAIGN OF ALL TIME NEED NOT RUN FOR ALL TIME.

*I*t was good advertising. It had a good, long run. But everyone knows what must come to all good things.

Ironically, the old ads were, in a way, too charming. Too engaging, really too much fun. They were diverting consumers' attention from a far more important story.

Don't get us wrong, it was right for the time. It was fun and we'll miss it. Gee, it's been 17 years and hundreds of ads since ABSOLUT PERFECTION first ran, way back in 1980. But times change and so must the way we relate to our customers. We think people deserve more; more information about their favorite vodka.

We all know what's on the outside of  the bottle (the old campaign certainly saw to that), but now we think it's high time we got to the heart of the matter – it's time to talk about what's inside the bottle.

You are now reading the first ad in the new Absolut Vodka campaign. The first in a series of messages from a company that has a lot to say about vodka.

SO LET'S TALK WHEAT

That's right, wheat. More specifically, wheat from the fields in and around the medieval town of Ahus, Sweden, the birthplace of every single drop of Absolut Vodka. This grain is key to the character of the world's favorite vodka.

Pour a touch of Absolut Vodka into a snifter and savor the aroma. You are experiencing a distillation of the finest grain on earth – golden Swedish wheat, rich in flavor from the minerals and nutri-ents found in the soil of the fields of southern Sweden. And so it has been since 1879 when Lars Olsson Smith produced the first bottle of what the world now knows as Absolut Vodka.

But it's not enough to have the fields and grow the wheat. It's important to know what to do with the grain once it's brought in from the harvest.

Absolut Vodka is produced using centuries-old distilling expertise and tradition in combination with modern distillation technique, and an elaborate modern purification process called rectification. It's what makes Absolut *Absolut*.

The best vodka is clean vodka. When the spirit is charcoal filtered, which many vodkas are, impurities generated by fermentation and distillation are left behind, and those can wind up in your Martini. Charcoal filtering is a highly inefficient method of removing unwanted impurities.

Rectification, the process used by Absolut Vodka, may be expensive and painstaking – it involves a sophisticated and rare continuous distillation process which runs the vodka through several apartment building-sized columns – but it produces a product unusually free of impurities, while still maintaining the essence of the golden grain of southern Sweden.
This is the secret to Absolut.

BE IT EVER SO NORDIC, THERE'S NO PLACE LIKE HOME

If your vodka is distilled under license in 30 industrial locations around the world, chances are the quality is uneven.

The entire world supply of Absolut Vodka is produced at the same distillery in southern Sweden, in the town of Ahus. Every single drop of water comes from the same underground spring that has contributed to the mystique of Absolut Vodka for centuries, and so it continues to this day.

Moreover, it is vital for the producer of a great spirit to have complete control of the entire distillation process from grain to glass. Absolut Vodka is just such a spirit.

A FAMILY OF FLAVORS

It's not as easy as it seems. We've experimented with hundreds of possibilities. After all, we're not just producing a flavored vodka, we're producing flavored Absolut!

And our customers have been glad for our efforts. Lemony Absolut Citron (actually a blend of four citrus fruit flavors) is today the world's most popular flavored premium vodka. Absolut Kurant, flavored with the delicate essence of natural black currant, is equally tasty. And our third flavor, Absolut Peppar, is perhaps the most rewarding and unexpected variety in our family.

IT'S NICE TALKING TO YOU

We believe a dialogue with our customers is critical to the vitality of our company. And a dialogue is exactly what we wish to begin, with this new, more informative approach to advertising. So say goodbye to our old voice and hello to our new, customer-oriented style of communication.

Let's start the dialogue right now. Pick up the phone and give us a call with any questions, comments or ideas at 1.800.324.2224.

And remember, it doesn't really matter what's in the ads, it's what's in the bottle that counts.

And that's Absolut.

CALL WITH ANY QUESTIONS, COMMENTS OR IDEAS: 1.800.324.2224.

려 줄 수도 있을 것이다.

이 모든 것은 가치가 있으며, 어떤 면에서 소비자들의 흥미를 끌 수 있을 것이다. 그러나 사실상 앱솔루트는 단 한 번을 제외하고 이 모든 메시지들의 희생을 선택했다. 『뉴욕 타임스』에 실은 한 광고에서 앱솔루트는 이 모든 이야기들을 동시에 털어놓았다. 브랜드를 유명하게 만든 절제된 광고가 이젠 끝났음을 선언하면서 제품에 대해 더 많은 것을 이야기하고 싶은 바람을 드러내 보였다. 이 광고를 자세히 들여다보면 밀밭, 신선한 칵테일 사진, 정류의 본고장, 수많은 광고 문구들이 보이는데, 모두가 진실이고 흥미롭다.

하지만 이 모든 세세한 사항은 진짜였지만, 광고 자체는 그렇지 않았다. 페이지 위쪽의 날짜가 4월 1일 만우절이다. 앱솔루트 성공의 중심은 메시지의 희생이다. 그것은 모든 부차적인 커뮤니케이션을 희생했다. 그 대신 모든 자원과 아이디어를 하나의 핵심적인 커뮤니케이션 과제 — 최고의 세련됨(premium sophistication) — 를 위한 임계 규모를 얻는 데 집중했다.

라인 확장의 희생

라인 확장에서 희생이 얼마나 중요한지에 대한 가장 인상적인 설명은 그렇게 하지 않았던 팀버랜드(Timberland)의 사례이다.

팀버랜드는 도전자로서 1994년까지는 모든 것을 제대로 하는 듯이 보였다. 신발 시장에서 비교적 작은 기업이었던 그들은 자신의 정체성에 대한 명확한 인식을 갖고 있었고, 오로지 신발 분야에만 매진하고 있었다. 그들 스스로도 그것에 대해 자랑스럽게 생각했다. 그들은 패션보다는 진품성과 기능성을 강조했고, 그것으로 인해 유행이 되기도 했다. 그리고 그들은 3년 만에 매출액이 두 배로 신장시켰다. 하지만 성장을 하면서 그들은 어떻게 해서 자신들이 그 위치까지 오르게 되었는지를 잊어버렸다. 신발 외의 영역으로 사업을 다각화하면서, 그들은 폴로와 격자무늬 셔츠 같은 의복과 액세서리 부문에까지 손을 뻗었는데, 거기에서는 패션에 대한 일시적인 관심 외에는 어떠한 신뢰성도 얻지 못했고, 진품성과 정체성은 마케팅적인 허울로 희석되었다. 그래서 그들의 성공을 보고 나이키와 리복 같은 경쟁업체들이 신상품을 출시하자, 소비자들은 팀버랜드를 더 이상 특별하게 생각하지 않았다. 도전자인 팀버랜드는 비틀거리며 어쩔 수 없이 미국 공장의 문을 닫고 재고 처분에 나설 수밖에 없었다.

팀버랜드는 재빨리 자신의 핵심 정체성, 그리고 그 정체성을 반영한 제품에 다시 주력함으로써 자신을 다시 발견했다. 팀버랜드뿐이 아니었다. 할리데이비슨과 나이키도 한때 길을 잃었던 시기에 그들의 정체성을 넘어 확장했던 적이 있다. 할리데이비슨은 카페레이서 풍(Cafe Racer-style)의 "일본식 오토바이"가 되었고, 나이키는 운동화에서 벗어나 캐주얼 슈즈가 되었다. 두 기업에게 그 실수는 그들이 진정 누구인지를 일깨워 주는 값비싼 기억으로 남았고 그들의 핵심 정체성에 다시 주력해 새롭게 성공을 거둘 수 있었다. 모든 브랜드가 이와 동일하게 쉽게 회복 가능한 것은 아니며, 만일 도전자가 라인 확장을 통해 너무나 빨리 소비자들로부터 너무 많은 것을 거둬들이려 한다면, 2~3년 안에 급속히 성장하고 급속히 쇠퇴하게 된다.

폭스는 특히 『X파일』의 장기적인 마케팅 전략을 개발하기 위해 총괄 마케팅 책임자를 임명하면서 이 점을 깨달았다. 문제는 어떻게 더 넓은 대중들 사이에서 브랜드의 잠재력을 활용하면서(예를 들어 장편 영화, 상품, 서적 등의 형태로), 계속해서 열성적인 시청자들의 충성도를 유지하는가였다. 따라서 새로운 직책의 핵심 과제 중 하나는 이를테면 판촉 파트너들의 관리였다. 폭스는 핵심 시청자들에게 지나친 상업화로 비춰지지 않기를 바랐고, 또 팀버랜드처럼 2~3년 만에 일반 시청자와 핵심 시청자들로부터 신뢰를 잃고 싶지 않았다.

제품 품질 전달의 희생

품질은 마케터들에 있어 언제나 쉬워보이지만 어려운 영역이었다. 시장 상황이 좋았던 시절에는 품질과 마케팅 성공 간에 상관성이 있음을 보여주는 많은 증거들이 있다(표 8.1 참조).

이것을 가지고 품질이 판매를 결정한다고 주장할 수 있을까?

하지만 1990년대의 도전자들에게는 어떻게 품질을 전달하는가(communicate)라는 질문이 매우 어려운 문제이다. 우리는 앞에서 과도한 실행에 뿌리박힌 정체성에 대한 인식을 가지고 있는 성공적인 도전자에 대해 이야기했는데, 그러한 과도한 실행의 어떤 측면을 이야기할 것인가 — 그래서 어떤 측면을 희생할 것인가 — 는

 제2부 성공하는 도전자 브랜드의 8가지 원칙

표 8.1

브랜드의 시장 서열	품질 비교 지수
시장 지배자	+14
한계 리더	+6
2등 브랜드	+0.3
3등 브랜드	-2.7
나머지 브랜드	-3.1

출처 : 3500개 사업체의 실적에 대한 PIMS 자료, 1989년.[2]

매우 어려운 결정이다. 이때 수많은 근본적인 질문들에 부딪히게 된다.

첫째, 품질은 진정으로 무엇을 의미하는가? 아마도 이것은 현대 마케팅에서 가장 느슨하게 사용되는 개념이다. 품질의 속성이 업종마다 아주 다르다는 점에서 그것은 아무것도 의미하지 않으며, 그리고 종종 업종 내에서 소비자가 중요시하는 성능의 모든 측면을 포괄한다는 점에서 모든 것이라고 할 수도 있다. 전략적으로 가치가 있으려면 그것의 의미는 매우 명확히 정의되어야 한다.

둘째, 자신의 영역에서 품질이 실제로 무엇을 뜻하는지 엄격한 정의를 내릴 수 있다면, 현재 표적 고객의 품질에 대한 정의 — 브랜드 리더가 수 년 동안 선전해온 정의를 거의 확실히 반영하고 있다 — 위에서 경쟁해야 하는가? 아니면 자신에게 유리하게 그것을 재정의해야 하는가?

셋째, 소비자들이 점점 더 모든 제품의 품질이 동일해지고 있다고 느끼고 있는 증거들을 어떻게 해석해야 할까?

넷째, 소비자들이 광고에서 말하는 품질에 관한 합리적인 주장 — "맛있다"거나 "건강에 좋다"라는 식의 주장뿐만 아니라 — 을 믿지 않는다고 말할 때, 우리는 어떻게 대응해야 하는가?(새턴은 품질이나 JD 파워 평가 결과에 대해 직접적으로 언급한 적이 없다. 이미 많은 기업들이 광고에서 이야기하므로 소비자가 다른 자료를 통해 그것을 듣는 것이 더욱 효과적이라고 믿기 때문이다).

끝으로, 만일 도전자가 제품의 특성이나 기능보다는 오직 자신이 누구인지에 대해서만 말하기로 한다면, 소비자는 제품에 대해 어떤 방법으로 알게 되는가? 브랜드 리더는 제품의 품질에 관한 이야기를 전체적인 커뮤니케이션의 일부로서 전달할 여유가 있지만, 도전자는 자신의 메시지를 전달하는 데 집중해야 한다.

분명히 가격/가치 방정식을 변화시킴으로써 성공을 거둔 뛰어난 도전자들이 있다(예를 들어 렉서스 혹은 버진 항공의 위층 좌석). 그들은 더 낮은 가격에 더 많을 것을 제공한다. 하지만 도전자들에게 해결책은 더 자주 물리적 품질이 아니라 감성적 품질을 전달하는 데 있다. 그들은 대중 매체에서 합리적인 품질 정보의 전달을 희생하지만, 그들이 선택한 차별화된 포지셔닝에 대한 호소는 소비자의 마음속에서 추정된 혹은 추론된 품질을 만들어낸다. 즉 소비자로 하여금 그것을 믿고 싶도록 만드는 것이다. 밀워드 브라운(Millward Brown)의 공동 설립자인 고든 브라운은 그것을 다음과 같이 품위 있게 표현했다. "광고는 사람들로 하여금 어떤 것을 믿도록 설득할 수 없다. 광고가 할 수 있는 것은 사람들이 스스로를 설득하는 위치에 그들을 데려다 놓는 것이다."[3]

사람들은 그들 나름대로 품질을 인식하는 지름길을 갖고 있다. 브랜드가 오랫동안 주변에 있었는지(닛산의 "꿈의 차고" 광고), 그것이 가족형 기업에 의해 만들어졌는지(워버턴스), 제품을 만드는 사람들이 자신의 일에 관심을 보이고 즐기는지(새턴, 사우스웨스트), 상품을 만드는 데 들이는 시간의 양(많은 최상급 위스키) 등을 따진다. 바로 그러한 것들이 믿어 달라고 하는 많은 합리적인 설명보다 소비자의 마음에 품질에 대한 더욱 강력한 단서이다.

따라서 직접적인 제품 품질 메시지의 희생은 반드시 제품 품질의 인식이나 품질 평가에 있어 측정 가능한 향상을 희생하는 것이 아니다. 제품의 포지셔닝을 명확히 하면, 소비자는 스스로 제품의 품질을 추정하거나 추론하게 된다.

우리는 앞에서 새턴이 출범을 하면서, 자동차를 만드는 자신들의 철학과 자신들의 일에 대한 애착을 중시했으며, 4년이 채 지나기 전에 품질 이미지에서 포드를 따라잡았다는 사실을 살펴보았다. 포드는 수 년 동안 "품질 최우선"을 역설해 온 기성 브랜드였다. 한편 앱솔루트는 러시아산이라는 보증서는 없지만 자신의 순수한 맛을 주장하는 메시지를 계속 전달함으로써 끝내 보드카 품질 평가에서 러시아산 스톨리치나야를 물리치게 되었다.

따라서 여기에서 명심할 사항은, 제품 품질의 명시적인 전달을 희생하는 것에 관한 언급이 도전자가 제품의 중요성이나 제품에 관해 이야기하는 것의 가치를 부정하는 것이 절대로 아니라는 점이다("브랜드와 품질" 중 어느 것이 중요한가 논쟁하는 것은 잘못된 것이다. 제품은 브랜드의 약속을 이행하는 것으로 보여져야 한다. 둘은 서로 얽혀 있다). 실제로 모든 포지셔닝이 제품 품질에 대한 소비자의 기대를 재정의하는 데 집중되어 있는 몇몇 도전자 — 예를 들어 렉서스 혹은 닛산 알티마 — 도 있다.

관찰한 바에 의하면, 대신에 많은 도전자들은 품질에 대한 인식을 간접적으로 달성하고 있다. 그들은 명시적인 제품 주장을 희생하지만 고품질이라는 평가를 받는다. 왜냐하면 표적 고객들이 브랜드가 자신을 표현하는 방식을 보며 간접적으로 품질을 추론하거나(앱솔루트), 그들이 소비자와 형성하는 관계가 소비자로 하여금 제품이 좋다고 믿고 싶게끔 유도하기 때문이다. 그리고 소비자가 브랜드의 품질을 스스로 추정하는 이러한 상황의 부가적인 가치는, 소비자는 우리가 가장 가치 있다고 여기는 특성이 아니라 소비자 자신들이 가장 가치 있게 생각하는 특성을 추정하는 경향이 있다는 점이다. 왜냐하면 품질은 업종마다 다른 의미를 전달할 뿐 아니라, 같은 업종 내에서도 사람들마다 다른 특성을 의미하기 때문이다. 심지어 동일한 브랜드의 핵심 고객들 내에서도 그러하다.

자동차를 예로 들면 소비자의 눈에서 품질은 자동차의 구조에서부터 안전성, 내부의 안락성 등 제품의 다양한 차원을 의미할 수 있으며, 개별 소비자마다 각각의 차원들에 약간씩 다른 비중을 두고 있다. 따라서 소비자가 품질을 추론하게 하는 것은 그들로 하여금 자신들이 가장 중요하게 여기는 차원에 따라 그것을 해석하게 하는 것이다.

그리고 마지막으로, 2장에서 언급한 것과 마찬가지로, 도전자의 제품은 도전자가 선택한 핵심 제품 차원에서 실행되거나, 심지어

   제2부 성공하는 도전자 브랜드의 8가지 원칙

과도하게 실행되어야 한다. 과거 나쁜 경험을 겪은 소비자들은 이제 실제 증거를 보고자 한다. 미주리 주의 별명이 "보여 줘"(Show Me)라면, 마케팅 용어에서 고객 회의주의는 이제 우리가 미주리의 시대에 접어들었음을 의미한다.

희생의 전략적 목적

어쩌면 희생은 집중의 다른 이름이 아닐까?

희생과 집중의 차이점은 집중이 2차적이고 3차적인 목표까지 허용한다는 것이다. 그것은 실제로는 집중이 아니며, 다른 말로하면 우선 순위인 것이다.

따라서 희생의 가치는 단순히 외부적으로 마케팅 힘을 집중하는 것만이 아니다. 그것은 또한 식물의 혹독한 가지치기와 같은 내적인 가치를 가지고 있다. 기업에서 모든 에너지와 동력은 가장 중요한 목적에 전적으로 투입되어야 한다. 이는 브랜드 리더도 마찬가지다. 코카콜라는 영화에 대한 관심을 끊고 병 공장 사업을 포기한 뒤 탄산 음료 판매에 집중함으로써 다시 도약했다. 몇 년 후, 펩시도 식당 사업을 분사하면서 코카콜라의 전략을 따르게 되었다. 도전자는 기성 브랜드가 하는 것보다 더 한정된 에너지와 자원을 더욱 제한된 분야에 집중하는 것이 필수적임은 이제 두말할 필요도 없다.

그러므로 앞에서 살펴본 사례들에서 우리는 희생이 도전자를 위한 세 가지 주요한 전략적 기능에 기여한다고 말할 수 있다.

1. 희생은 정체성을 희석시킬 수 있는 활동을 제거함으로써 내부적·외부적으로 정체성의 표현을 집중시킨다.
2. 희생은 약하고 일반적인 호소에서 더욱 강력하고 더욱 좁혀진 호소를 추구하도록 조직의 마음가짐을 바꿔놓음으로서 강력한 차별화 요소의 창출(예를 들어 고무 바퀴벌레)을 가능하게 한다.
3. 희생은 부차적인 마케팅 활동들을 벗어던지게 함으로써 정체성과 차별성의 전달에 있어 임계 규모를 만들어낸다. 희생은 한정된 마케팅 자원이 주어진 상황에서 도전자의 소비자 존재(presence)를 극대화하는 핵심적 요소이다.

브랜드 리더는 대중에 대한 폭넓은 호소를 자신의 자산으로 인식하고 있으며, 그래서 선호도가 약화되는 것을 어느 정도 용납할 수 있다. 왜냐하면 그것은 어디서나 이용 가능한 특성과 유통망의 편의성에 의해 보상을 받기 때문이다. 하지만 도전자는 더욱 극단적인 행동과 몸짓이 필요하다. 진정한 차별화를 통해서 더 큰 비율의 "헌신적이고", "열정적인" 사용자들을 창출할 필요가 있다. 따라서 도전자의 자산은 중용이 아니라 극단성이다. 즉, 최고의 선호도이거나 아무것도 아닌 것이다. 그리고 이것은 우리가 스스로 강력한 차별성을 만들어야 함을 의미한다. 그러한 차별성은 때로는 고객층을 극단적으로 갈라놓을 수 있지만(예를 들어 모든 소비자들이 새턴의 정가 정책, 원더브라의 대담함, 사우스웨스트의 유머 감각, 폭스의 관행 타파, 라스베가스의 화려함을 좋아하는 것은 아니다), 그러한 차별성은 그것이 차단하는 이상으로 더 많은 사람들을 강력하게 끌어들일 수 있어야 한다.

즉, 아무도 관심을 두지 않는 방보다는 분리된 방이 낫다. 그리고 일단 우리가 그러한 차별화된 요소를 통해 우리의 정체성의 윤곽을 그리고 나면, 그러한 정체성을 직접적으로 지원하지 않는 모든 마케팅 활동을 벗어버려야 한다. 어떤 브랜드든지 포지셔닝은 희생이다. 도전자에게 그것은 성장으로 가는 길이다. 하지 않기로 선택한 것이 정말 자신이 누구이고 무엇인지를 정의한다.

피카소에 관한 이야기가 있다. 피카소의 작업실을 찾은 한 방문객은 작업실 한가운데에 있는 커다란 돌덩이를 보고는 그것이 무엇인지 거장에게 물었다. 피카소는 사자라고 대답했다. 그러자 방문객은 이 다듬어지지 않은 돌덩이가 어떻게 사자냐고 물었다.

"간단해요." 피카소가 대답했다. "정을 가지고 사자처럼 보이지 않는 부분을 깎아내면 됩니다."

09

과도하게 헌신하라

"결정적인 순간에는 아무리 강해도 지나치지 않다."

— 나폴레옹

1996년 닛산의 고객 팀은 미국의 자동차 시장을 면밀히 조사하라는 지시를 받았다. 흥정이 불필요한 새턴의 정가 정책은 대단한 관심과 논란을 불러일으켰으며 상당한 대중적 지지를 받았다. 제너럴모터스가 자신의 브랜드의 다른 차종에 대해 동일한 판매 프로그램을 내놓을 정도였다. 그래서 닛산 고객 팀은 시장 탐색의 일환으로 각각의 제너럴모터스 브랜드들을 판매하는 대리점들을 상대로 암행 조사를 실시했다. 전반적인 새턴의 고객 응대 철학까지는 아니더라도, 적어도 "정가 판매"만큼은 지켜지는지 알아보기 위한 것이었다.

암행 조사에서 새턴은 자신의 모든 약속을 지켰고, 포커스 그룹의 소비자들이 칭찬을 아끼지 않던 모든 것을 시행하고 있었다. 즉 손님을 압박하지 않고, 공손하게 대하며, 필요할 때 귀를 기울이고, 그렇지 않을 때는 조용히 물러났다. 젠 체 하거나 싸구려 농담을 던지지도 않았다.

제너럴모터스의 또 다른 자회사인 올즈모빌(Oldsmobile)은 동일한 정가 정책을 제시했지만, 쇼핑 경험은 조금 다르다는 사실이 드러났다. 암행 조사원인 젊은 여성이 로스앤젤레스에 있는 올즈모빌 판매점을 방문했을 때, 판매 직원은 한 명뿐이었다. 판매원은 자신의 책상에 앉아 수화기를 들고 개인적인 대화에 열중하고 있었다. 그래서 조사원은 그의 책상 곁에서 참을성 있게 기다리면서 자신이 어떤 정보를 찾고 있다는 분명한 몸짓을 했다. 그렇지만 판매원은 아무런 반응을 보이지 않았다. 통화가 계속 길어지고 더 요란해지자 암행 조사원은 그 곳을 떠나 전시된 자동차 모델 주변을 서성거렸다.

달라지는 게 전혀 없었다. 10분이 훨씬 지난 뒤에도 판매원은 여전히 수화기를 붙들고 있었다. 조사원은 결국 기다리기를 포기하고 안내 데스크로 향했다. 단순 업무를 맡고 있는 안내원 뒤쪽 벽에는 자동차 모델들과 정가가 적힌 큰 포스터 한 장이 붙어 있었다. 조사원은 안내원에게 올즈모빌의 가격 정보를 찾고 있다고 말했다. 그러자 판매원이 다소 바쁜 척 하는 것이 보였다.

"아, 그래요?" 안내 데스크의 여직원은 판매원을 향해 고개를 끄덕이며 대답했다. "판매 담당자가 무관심했나 보군요. 판매원은 새 정가 정책이 마음에 들지 않나 봅니다." 안내원은 자기 뒤쪽에 있는 포스터를 가리키며 말했다. "저기, 가격이 나와 있는 팸플릿은 없지만, 혹시 괜찮으시면 이 포스터를 복사해 드릴 수 있어요."

거래는 그것으로 끝이 났다. 두 경우 모두 정가 정책은 동일했지만, 경험은 확연히 달랐다. 새턴의 경우, 그 가망 구매자는 이 회사에 대해 존경심을 품고 가격 제안을 이해하며 거래에 관심을 갖고 돌아갔다. 올즈모빌의 경우, 가망 구매자는 안내원 뒤쪽에 붙어 있는 포스터의 흑백 복사본 한 장만을 가지고 돌아 나왔다. 한 곳은 스스로를 차별화하고 고객을 끌어들일려고 노력한 반면, 다른 한 곳은 사실상 가망 구매자를 떨쳐내 버렸다. 정가 정책은 소비자에게 호소력이 있다는 게 입증되었고, 더 나아가 두 경우 모두 동일한 모기업에 의해 제도화되었고 지원을 받았다. 그렇지만 둘 중 한 곳에서는 그에 대한 저항으로 인해 그 정책을 훼손하고 역효과를 초래하기까지 했다(이 암행 조사원에게는 분명히 그렇다). 차라리 올즈모빌이 그러한 가격 제안을 하지 않았더라면 고객과의 거래를 성사시킬 수 있는 더 강력한 위치에 있었을 것이다.

업무에 큰 변화를 시도하는 기업들의 주요한 실패는 의도를 정의하지 못하는 게 아니라, 그 의도를 행동으로 옮기지 못하는 것이다. 의도와 실행 간 괴리의 중요성은 1990년에 실시한 한 조사에서 특히 부각되었다. 이 조사에서는 응답자의 오직 14퍼센트만이 고객 서비스 기업 직원들의 태도에 대해 불만을 느끼지 않았다.[1] 그 수치의 다섯 배에 해당하는 68퍼센트는 서비스 기업 직원들의 '무관심' 때문에 다른 브랜드로 충성심을 옮기고 있었다. 이러한 무관심은 회사 고위층들이 회사의 성장에 관심이 없거나 고객 서비스의 중요성을 모르기 때문이 아니다. 고객에게 "무관심한" 회사들 가운데 85퍼센트는 "훌륭한 서비스로 고객에게 기쁨과 감동

 제2부 성공하는 도전자 브랜드의 8가지 원칙

을 선사한다."는 식의 문구를 기업 사명 선언문에 넣어 두고 있었다. 따라서 이러한 무관심은 전략적 의도를 행동으로 옮기지 못한 데서 비롯된다.

새턴과 같은 위치에 있는 브랜드는 자신의 핵심적인 차별화 요소에 승부를 걸어야 하며, 다른 선택은 있을 수 없다. 도전자로서 이미 250개 이상의 모델이 팔리고 있는 미국 자동차 시장에서 성공하기 위해서는 처음부터 강한 인상을 심어 줘야 했다. 그러기 위해서 (올즈모빌과는 다르게) 새턴은 자신이 의도하고 약속한 차별화의 핵심을 진정한 행동으로 보여 줘야 했다. 괜찮은 편이지만 놀랄 만큼 뛰어나지는 않은 새로운 자동차를 판매할 때, 성공을 위한 유일한 길은 구매와 소유 경험을 변화시키는 것이었다.

새턴이 했던 것은 과도한 헌신이었다. 그들은 왜 의도를 행동으로 옮기지 못하는지 모든 이유를 미리 예측하고, 사업의 구조를 변경하여 그 장애물을 제거했다. 그래서 예를 들어 자동차 판매상으로서(편의상 폰티악이라고 하자) 가격을 깎아 주려는(따라서 정가 정책에 반하는) 가장 큰 유인책은 한 블록 너머에 있는 다른 경쟁업체의 브랜드 판매자가 아니라, 인접 구역에 있는 다른 폰티악 브랜드 판매자이다. 만일 내가 흥정을 거절하고, 다른 판매자가 고객에게 조금만 더 양보하기만 하면 나는 거래를 잃게 된다. 따라서 새턴은 지리적인 영역에 따라 새턴의 판매권을 단체로 부여하는 방식을 택했다. 이 새로운 협정에 따라, 한 대리점이 자동차 가격을 할인해 주지 않는다고 할 때 인접 구역의 같은 대리점에 고객을 빼앗긴다는 걱정을 할 필요가 없어졌다. 이들은 모두 같은 곳에 소속된 대리점이기 때문이다. 마찬가지로 자동차를 구매하는 고객에게 압력을 행사하지 못하게 하기 위해서 새턴은 판매원에게 지급하는 급료 체계를 개선했다. 즉, 전통적인 성과 중심의 방식을 건전한 봉급제로 바꾸었다. 반면, 올즈모빌은 어떠한 구조적 개선을 꾀하지 않았기 때문에 오히려 정책 변화의 불똥이 고객의 얼굴에 튀게 만든 꼴이 되어 버렸다.

올즈모빌의 실행과 새턴의 실행 간의 차이는 우리가 과도한 헌신이라고 부르는 것이다. 새턴은 전략이 문제 해결의 50퍼센트도 되지 않는다는 점을 이해했다. 그들은 또한 조직은 태생적으로 아무리 탁월한 전략적 의도조차도 — 태만, 적극적 저항, 오해(예산, 이기심, 그리고 현재 상황에 대한 두려움)를 통해 — 희석시키는 방법을 찾는다는 사실을 이해했다. 이러한 희석은 중요한 차이를 소비자들이 실질적으로 그것을 인식하지 못하는 정도까지 약화시킨다. 따라서, 차별화 요소의 지속적 유지라는 전략적 의도를 이행하기 위해 도전자에게 필요한 것은 단순한 헌신이 아니라 과도한 헌신이다. 즉, 차별화를 유지하기 하기 위해서는 꼭 해야 하는 것보다 더 많은 것을 해야 하는 것이다. 도전자가 "적당주의" 철학으로 성공한 예는 없다. 도전자는 지속적인 차별화를 확고히 함으로써만 성공할 수 있으며, 이는 경영진과 조직의 과도한 헌신을 요구한다.

위에서 살펴본 올즈모빌과 새턴의 차이를 다른 식으로 표현하자면, 이렇게 말할 수 있다. 새턴은 벽돌의 2피트 아래를 겨냥했다.

벽돌의 2피트 아래 겨냥하기

주먹으로 벽돌을 깨뜨려 보는 것이 당신의 오랜 희망 사항이었다고 가정해 보자.

과거에 벽돌을 격파하는 광경을 본 후, 당신은 강건한 몸과 마음에 매료되었다. 그래서 가르침을 받으려고 유단자를 찾아가게 되었다.

사범의 가르침은 다음과 같다. 만일 벽돌을 깨고 싶다면, 주먹으로 벽돌의 겉면을 겨냥해서는 안 된다. 벽돌을 깨려면 겉면에서 2피트 아래를 겨냥해야 한다. 벽돌의 겉면을 겨냥해 내리칠 때는 자연적으로 몸이 겁을 먹고 피하게 된다. 따라서 그 아래를 겨냥해야만 벽돌을 깰 수 있다. 마찬가지로 도전자 브랜드 — 그리고 도전자 브랜드에 몸담고 있는 사람 — 은 단순한 헌신이 아니라, 과도한 헌신을 통해서만 성공할 수 있다. 도전자 브랜드는 성공을 위해 결정적인 순간에 "적당주의"를 거부한다. 대신에 도전자 브랜드는 성공을 확실히 하고, 도전자의 의도와 전략을 행동과 결과로 전환하려고 시도하는 과정에서 불가피하게 (내부적·외부적으로) 직면하는 타성과 저항을 극복하기 위해 과도하게 헌신한다.

과도하게 헌신하지 못한 사람, 단지 벽돌의 겉면을 겨냥한 도전자의 사례를 살피면서 시작해 보자. 1992년에 영국 노동당은 모진 대가를 치르면서 그러한 교훈을 얻었다. 선거일인 4월 9일 목요일 이전까지 전국의 신문사들이 실시한 여론 조사에서는 하나같이 당시 야당인 노동당의 무난한 승리를 예측했으며, 선거 주일 초반까지도 아무런 변동이 없었다. 10년이 넘게 집권을 하지 못한 노동당은 선거를 이틀 앞둔 화요일인 7일에 선거 캠페인을 모두 중단했는데, 할 일이 더는 남아 있지 않다는 확신 아래 선거 열기를 가라앉힐 겸 모두 집으로 돌아갔다.

하지만 여론 조사 결과와는 상관없이, 그들은 유권자들의 의사 결정 과정이 그다지 확고하지 못하다는 사실을 미처 깨닫지 못했다. 선거에서 다수의 부동층은 선거에 임하는 불과 몇 분 전까지도 마음의 결정을 내리지 못하는 경우가 허다하다. 그리고 이 선거에서 유권자의 펜은 투표소 내의 투표 용지 위에서 말 그대로 오락가락했으며, 막판이 다 되어 어쩔 수 없이 한쪽을 선택하는 식이 되었다. 결국 많은 투표자들이 이전 여론 조사에서 자신이 지지한다고 밝힌 정당을 선택하지 않은 현상이 나타났다. 많은 영국인들은 노동당이 제시한 사회적 약속들을 믿고 싶었지만, 기성 브랜드인 보수당이 집권할 때만큼 경제적 번영을 이룰 수 있을지에 대해서는 확신하지 못하는 경향도 있었다. 더구나 몇 년 전부터 상당한 인기를 모으던 노동당의 기세는 전투에서 이겼다고 판단한 순간, 즉 투표 이틀 전이 되자 어디론가 사라져 버렸다. 결국 이 선거는 기성 브랜드이자 노동당의 경쟁자인 보수당에게 또 다시 5년간의 집권을 허락해 주는 것으로 막을 내렸다.

노동당은 이 선거를 통해 교훈을 얻었다. 이후 5년 동안 그들은 모든 일에 과도하게 헌신했고, 그것을 완수했다고 결코 가정하지 않았다. 이제는 그들이 어떤 사안에서 이기더라도 그것을 재확인했고 계속 다시 확인했다. 그들은 자신들의 주요한 공약에 대해 그들이 해야 하는 것 이상의 노력을 기울이는 식으로 과도하게 헌신했다. 즉, 어떤 약속을 하는 데 그치지 않고, 약속을 지켰다는 사실을 확인받기 위해 약속 당사자들을 직접 만났고, 혹시라도 약속을 지키지 못할 경우 전화로 사정을 설명했다. 실제로 노동당 당원들은 지갑 크기의 카드를 만들어 가지고 다니면서 사람들과 자신들에게 한 약속을 재확인했다.

선거가 열리기 전인 1997년 여론 조사의 결과는 1992년보다 노동당의 승리가 더욱 무난하다는 예측이 나왔지만, 신노동당(그들은 당명을 고쳤다)의 선거 캠페인은 선거 막바지까지 가열차게 계속되었다. 선거 결과는 노동당의 단순한 승리가 아니라, 20세기 영국에서 집권한 그 어느 정당보다도 큰 격차의 대승이었다.

정치 외에서 비즈니스 실행이나 행동에서 과도한 헌신은 무엇을 의미할까? 앞서 살펴보았던 스와치의 사례를 들어 보자. 스와치는 프랑크푸르트의 코메르츠방크 건물에 150여 미터의 오렌지색 시계를 매달았다. 스와치로서는 이 아이디어를 떠올리는 것과 그것을 실행에 옮기는 것은 전혀 별개의 문제였다. 코메르츠방크의 사장이 그처럼 대담한 계획을 실행에 옮기도록 허락했으니 스와치가 매우 운이 좋았다고 생각할지도 모른다. 그렇다면 생각을 조금 진전시켜 그와 같은 아이디어가 처음 제안되었을 때 아마도 우리 회사 내부에 있음직한 타성과 저항에 대해 생각해 보자. 그리고 우리 조직의 누군가가 그 다음으로 중요한 시장에서 우리 브랜드를 위해 비슷한 제안을 할 경우, 솔직히 우리 자신의 개인적 반응이 어떨지 생각해 보자. 그것이 어떤 식으로 수행되어야 하는지를 열성적으로 논의하기 시작할 것인가? 아니면 그것을 재미있는 아이디어라고 감탄하면서도, 실제로는 우리의 조직 문화에서는 결코 이루어질 수 없다며 외면할 것인가?

도전자로서 우리가 벽돌의 2피트 아래를 겨냥하기 위해 필요한 것은 공공연한 저항만큼이나 그러한 숨어 있는 정신적인 타성을 극복하는 것이다. 스와치의 사례에서, 성공은 운이 아니라 과도한 헌신의 결과였다. 독일은 새로운 스위스 시계 산업에 있어서 잠재적으로 가장 큰 유럽 시장이었고, 스와치는 그 시장에서 성공해야만 했다. 은행을 방문하기에 앞서, 그들은 핵심 의사 결정자 — 코메르츠방크 사장 — 가 제기할 반대 사유를 미리 예상했고, 그를 만나기 전에 미리 해답을 마련해 놓았다. 그들은 프랑크푸르트의 시 당국자와 먼저 접촉했고 서면 동의서를 받아냈다. 그래서 후에 코메르츠방크의 사장을 실제로 만나 사장의 첫 반응이 "말도 안 돼요. 무엇보다, 시에서 그걸 허락할 리가 없어요." 같은 것이었을 때, 그들의 대답은 사실상 미리 발급된 허가서를 보여주는 것이었다. 나중에 사장이 은행의 고객 의견에 끼칠 영향에 대해 걱정하자, 스와치는 바로 그 은행 고객들을 상대로 실시한 조사 자료까지 제시했다. 은행의 고객들은 은행이 그와 같은 행동을 통해 인간적인 면모가 있음을 보여주는 것에 대해 호의적이었다. 과도한 헌신을 통해, 즉 성공의 장애물을 미리 예상해서 그것이 제기되기 전에 해결함으로써 스와치는 아주 중요한 지점에서 성공을 거두었다.

스와치 같은 도전자들도 어떤 의미에서는 신노동당처럼 선거전에서 싸우고 있었다. 그들은 변화를 위해 캠페인을 벌이고 있으며,

 제2부 성공하는 도전자 브랜드의 8가지 원칙

변화에 한 표를 던져주기를 호소하고 있다. 그리고 그러한 캠페인에서 어떤 시도의 성공과 실패를 가르는 요소는 우리가 상상하는 것보다 훨씬 더 사소한 것들이다. 왜냐하면 소비자의 의사 결정 과정이 대단히 종잡을 수 없기 때문이다. 판매원이 고객에게 어떻게 말을 거느냐, 혹은 중요한 구매자에게 배송 문제를 얼마나 잘 확신시키느냐, 혹은 출시 당시에 얼마나 뉴스에 소개되느냐 등등, 이러한 것들 중 어느 것이라도 현상의 유지 혹은 역전에 중요한 영향을 미칠 수 있다.

과도한 헌신에 있어 첫 번째 과제는 도전자가 반드시 성공해야 하는 결정적인 지점을 파악하는 것이다. 클라우제비츠는 말했다. "장군은 승리를 결정짓는 — 다른 모든 곳에서 패배한다고 하더라도 — 결정적인 지점에 모든 힘을 쏟아야 한다." 이 점에 있어서 파레토 효과(이른바 80대 20의 법칙)는 표적의 선택 못지 않게 행동의 선택에도 적용된다. 하지만 지난해에 사업 성공에 가장 중요한 영향을 미쳤던 한두 가지 행동을 꼽는 일은 별로 어렵지 않은 반면, 우리가 과도하게 헌신해야 할 한두 가지 결정적 차별화 요소를 미리 예측하기란 쉽지 않다.

만약 도전자로서 우리가 몇몇 굵은 획에 초점을 맞춰 마케팅 그림을 그리고 있다면, 한두 가지 핵심 요소와 그 뒤에 숨은 저항을 예상하기가 비교적 쉽다. 우리는 특히 과도한 헌신을 위해 스와치가 전략적 파트너에게 접근하는 관례를 깨뜨리고, 새턴이 자동차 판매의 관행적인 구조와 단절하는 것을 보았다.

그렇지만 과도한 헌신은 예기치 못한 결정적인 상황이 갑작스레

닥쳤을 때 어떻게 대처하느냐에 의해서도 평가될 수 있다. 테스코가 식품의 품질에서 전반적인 쇼핑 경험으로 전장을 옮김으로써 영국의 식료품 소매 시장의 주도권을 위한 선거전에서 성공적으로 싸우고 있을 당시, 그들이 개발한 가장 경쟁적인 무기는 원 인 프론트(One in Front)라고 불리는 고객 서비스 제안이었다. 그것은 계산을 하려고 줄을 서서 기다리는 고객이 한 사람이라도 있으면 계산대를 추가로 개방한다는 약속이었다. 이 아이디어는 테스코 안팎에서 열렬한 환영을 받았다. 따라서 테스코는 이 약속을 테마로 하는 광고 제작에 들어갔고 본격적인 실시에 앞서 직원 교육을 위해 한 달의 준비 기간을 두었다.

하지만 어느 금요일 테스코는 경쟁사인 세인스버리가 개점 125주년을 기념해서 본질적으로 똑같은 아이디어를 시행하면서 일주일 내에 광고를 내보낼 것이라는 사실을 전해 들었다. 테스코는 어떻게 해야 했을까? 한편으로 그들은 주요 경쟁사가 총체적인 쇼핑 경험의 개선이라는 그들 전략에서 중요하고 효과적인 아이디어의 이점을 향유하게끔 내버려둘 수 없었다. 다른 한편으로 테스코 자신은 아직 준비가 덜 된 상태였다. 소비자들에게 서비스의 시작을 알릴 광고는 이미 제작되어 있었지만, "원 인 프론트"의 교육은 고사하고 직원들에게 아직 공식적으로 발표하지도 않는 상태였다.

그래서 테스코는 과감한 결정을 내렸다. 그들은 직원 교육을 독려했고, 나흘 뒤에 광고를 내보냈다. 서비스 개시를 당초 계획보다 25일 앞당기면서 시간의 압박과 임박한 대중 발표를 내세워 제때에 직원들이 준비를 갖추게 했다. 결국 세인스버리는 기선을 빼앗

겼고, 광고를 내보내지도 못했다. 그래서 테스코는 경쟁에서 결정적인 한 걸음을 앞서 내딛게 되었다.

렉서스는 더욱 나아갔다. 1989년 11월, LS400을 출시한 지 석 달이 지났을 무렵, 렉서스는 새 자동차 8000대를 리콜해야 하는 처지가 되었다. 원칙적으로 우수한 성능과 고급스러움에 기초해 업계를 재정의하려고 하는 기업으로서는 깊은 상처였지만, 렉서스는 오히려 그것을 기회로 바꾸었다. 렉서스는 언론의 나쁜 보도를 최소화하기 위해서는 이러한 측면에서도 다른 모든 고급 자동차 브랜드들보다 훨씬 더 뛰어나야 한다는 사실을 깨달았다. 렉서스 판매 직원들은 서비스와 친절함에 대한 모든 기대를 의도적으로 뛰어넘기 위해 그들은 부품을 가지고 고객을 방문해 수리를 해주었고, 현장에서 작업을 할 수 없는 경우에는 고객의 자동차를 회수해 작업이 끝나는 즉시 다시 탁송해 주었다. 그리고 필요하다면 연료를 채워주거나 렌터카를 내주기도 했다. 3년이 지난 뒤 자동차 매체들은 고급 자동차 리콜을 렉서스의 LS400의 리콜 기준에 따라 판정하기에 이르렀다. 벽돌의 2피트 아래를 겨냥함으로써 렉서스는 잠재적인 재앙을 긍정적인 입소문의 원천으로 바꾸었다.

물론 판돈이 아주 엄청나게 크거나 회사 규모가 작을 경우, 강한 동기부여가 이루어지고 과도한 헌신이 자연스럽게 일어나기도 한다. 스와치는 동기부여가 확실했다. 브랜드 출시의 성공에 스위스 시계 산업의 성공이 달려 있었고, 독일은 거대하고도 아주 중요한 시장이었다. 그리고 오클리의 짐 제너드처럼 당신이 300달러로 첫 사업을 시작하면서 자신만이 아니라 임신 8개월인 아내를 책임져야 할 상황이라면, 다른 선택은 없다. 서크드솔레는 로스앤젤레스에서 첫 공연을 하면서 개막 첫날에 가진 돈을 몽땅 털어 넣었다. 공연이 실패할 경우 몬트리올로 돌아갈 기름값도 남지 않은 상황이었다. 조직의 모든 사람들에게 그만큼 훌륭한 자극제는 없었다.

라스베가스는 어쩔 수 없이 스스로를 재창조해야 했다. 어떤 산업도 그 도시에 진출하려고 하지 않았기 때문이다. 애틀랜틱시티에서 도박이 합법화되자 라스베가스는 독점을 위협받았고, 다른 사업들으로 다각화를 시도했다. 그러나 항공 우주 산업과 하이테크 산업을 유치하려는 적극적인 노력에도 불구하고(네바다 주는 비공해 산업과 비용수 업종만을 지원할 수 있었다) 기업들은 라스베가스로 들어오려고 하지 않았다. 그들은 스스로에게 물었다. 어떤 부모가 도박의 도시에서 자녀들을 키우려고 할까? 그래서 라스베가스는 더 큰 도박을 해야 했다. 그들은 처음으로 돌아가 자신을 돌아보았고, 라스베가스에서 호텔 하나가 유독 더 다양한 부류의 손님들을 끌어들이고 있음을 알아냈다. 서커스서커스(Circus Circus)라는 이 예외적인 호텔은 자주색과 흰색이 섞인 서커스 천막 모양을 하고 있었다. 그리고 그들이 알게 된 것은 서커스서커스가 도심 교통량의 상당량을 차지하고 있다는 사실이었다. 사람들은 주로 도박을 하러 라스베가스에 오지만, 서커스서커스에는 즐기러 오고 있었다. 그래서 라스베가스는 놀랄 정도로 환상적인 호텔들을 짓기 시작했고, 이러한 엄청난 노력에 힘입어 트레주어아일랜드는 도박보다 비도박 사업으로 더 많은 수익을 내는 새로운 세대의 호텔 중 첫 번째가 되었다. 과연 과도한 헌신은 어디에서 나왔을까? 세계 어

 제2부 성공하는 도전자 브랜드의 8가지 원칙

느 도시보다 라스베가스의 호텔이 가장 환상적인 것은 우연이 아니다. 라스베가스는 지역 공동체의 생존 여부가 호텔 사업의 성공에 달려 있는 세계에서 유일한 도시이기 때문이다. 도박의 도시로서의 위치가 위협받음으로써 라스베가스는 도전자가 되어 위락의 도시로서 미국의 다른 도시들과 대결해야 했다. 노르웨이에는 "제일 배고픈 늑대가 제일 사냥을 잘한다."는 속담이 있다.

이것이 우리에게 결정적으로 중요한 사항이다. 왜냐하면 우리들 대부분이 그런 상황에 처해 있지 않기 때문이다. 우리는 그만큼 규모가 작지 않고, 아내가 임신하지도 않았으며, 여전히 트럭에는 연료가 절반쯤 남아 있다. 어쩌면 그 점이 문제일지도 모른다. 도전자가 되려는 우리는 목표를 정할 때, 그리고 조직 내부와 외부의 저항을 예상하고 극복하는 방법을 찾을 때, 배고픔을 느껴야 한다.

벽돌의 2피트 아래 겨냥하기 : 목표의 정의

우리는 도전자는 마음가짐이라고 말했다. 따라서 도전자 조직의 리더는 먼저 자기 자신을 이기려는 마음가짐이 있어야 한다는 점은 두말할 필요가 없다. 개인적 헌신은 바로 주변에 있는 사람들에게 영향을 미치며, 큰 위험을 스스로 무릅쓰는 것은 개인적 헌신을 최대한으로 이끌어낸다. 음반 사업을 처음 시작할 때, 브랜슨은 우편 주문 사업체를 차렸다. 1972년에 영국 우체국 노조가 넉 달간의 파업을 선언하자, 브랜슨은 사업을 그만두어야 할 만큼 큰 위기에 직면했는데, 그래도 더욱 더 자신의 사업에 헌신했다. 그는 점포 몇 군데 열어 그곳에서 음반을 판매하기 시작했다. 그래서 탄생한 것이 버진메가스토어(Virgin Megastore)이며, 바로 버진이라는 이름이 오늘날의 거대 브랜드의 초석이 되었다.

이러한 개인적 헌신은 역사상 위대한 도전자들의 특성이며, 아주 최근까지도 그들의 성공에서 나타난다. 예를 들어 알렉산더 대왕을 생각해 보자. 이 마케도니아인은 스무 살이 되기 전에 서방세계의 가장 큰 군대(페르시아군)를 물리쳐 오늘날 터키, 시리아, 이집트, 이라크, 이란, 인도 북부를 모두 포함하는 제국을 건설하는 서막을 열었다. 기원전 325년에 페르시아군을 물리친 알렉산더와 마케도니아인들은 이미 그리스에서 펀자브 지역까지 정복했다. 하지만 그의 부대 중 일부는 10년이 넘게 전투를 치르면서 충성심에 동요가 일기 시작했다. 군인들 대다수는 귀환을 바랐지만 알렉산더는 계속해서 진군하기를 원했다. 결정적인 어려움은 물탄(Multan)의 언덕 요새를 포위했을 때 나타났다. 요새에 주둔한 대담한 인도인들은 갈수록 전의를 잃어 가는 마케도니아 군대의 연이은 공격을 격퇴했고, 마침내 알렉산더는 다음에 치를 공격의 결과가 전투 이상의 것에 달려 있음을 직감했다.

그는 도박을 감행했다. 알렉산더는 소규모 엘리트 부대인 기사들을 직접 이끌고 성벽의 사다리를 올랐다. 공격은 대부분 격퇴당했지만, 알렉산더와 세 명의 기사만은 성벽 위에 올라섰다. 나머지 그리스 군대는 본래 위치로 물러나고 있었다. 기사들은 알렉산더에게 자신들이 엄호할 테니 성벽 밖으로 뛰어내리라고 소리쳤다. 하지만 알렉산더는 오히려 반대로 행동했다. 놀랍게도 그는 적군

이 즐비한 요새 안으로 뛰어들었고, 그리스 군대의 시야에서 사라졌다.

성벽 꼭대기에 있던 기사 세 명도 왕을 따라 뛰어내렸다. 그들은 벽을 등진 채 알렉산더를 보호하며 적군의 접근을 차단했다. 한편 지도자가 곧 죽을 위기에 처하자, 그리스 공격군 사이에서는 비탄의 함성이 울려 퍼졌다. 그들은 알렉산더 대왕을 구하기 위해 필사적으로 성벽에 달려들었다. 동료의 어깨를 밟고 성벽에 오르는 이들이 있었고, 사다리를 부숴서 그것을 진흙 벽에 박아 넣고 발판으로 삼는 이들도 있었다.

절망의 순간에 그들은 승리를 쟁취했다. 그들이 마침내 알렉산더 대왕에게 다가갔을 때, 왕을 보호하던 기사 두 명은 죽고 왕은 부상은 입었지만, 요새는 함락되었다. 그들의 충성심은 되살아났다. 그래서 알렉산더는 고국으로 돌아가기 전에 인도 북서부 지역을 제국의 영토에 포함시킬 수 있었다.

기업의 리더가 일단 도전자의 마음가짐을 갖추었다면, 그 다음 단계는 조직의 핵심 그룹에 동일한 마음가짐을 전파하는 것이다 (이것은 이 책 15장의 주요 내용이다. 여기에서는 그러한 마음가짐의 일면만을 살펴볼 것이다).

하지만 직원들에게 어떻게 동기부여를 할 것인가는 그와는 아주 다른 문제이다. 직원들의 동기부여 역시 과도한 헌신에 달려 있지만, 그것은 새로운 차원의 목표에 모두가 과도하게 헌신(전념)하도록 하는 것이다. 목표에 대한 과도한 헌신(전념)은 이행에 있어 과도한 헌신을 창출하는 데 도움이 된다.

다시 새턴으로 돌아가 보자. 새턴은 출범하면서 고객 만족이 아닌 고객 열광(enthusiam)을 자신의 목표로 세웠다. 그러한 목표는 사실상 자동차 사업에서 과도한 헌신을 요구하는 것이었다. 즉 대부분의 소비자들이 차량의 구매 과정에 대해 아주 냉소적인 상황에서 단순히 "구매의 고통"을 덜어주는 차원을 넘어 고객 열광을 창출하는 것은 구매 과정의 모든 것에 대한 재평가를 요구하는 일이었다. 새턴이 고객 만족을 확실히 이루기 위해서 고객 감동이라는 더 큰 목표를 세웠다고 하는 것은 지나치게 냉소적일지도 모르지만, 아무튼 다른 자동차 회사들이 고객 만족이라는 목표를 세우고도 고객 무관심조차 해결하지 못한다는 점만은 확실하다.

우리가 깨달아야 할 핵심적인 사항은 이것이다. 기업이 아무리 좋은 의도를 말한다고 해서 소비자들이 믿어 주지 않는다는 사실이다. 많은 직장인들이 『초우량 기업의 조건』(In Search of Excellence)이라는 책을 읽었거나 혹은 읽은 척한다.(사실상 많은 직장인들이 이 책을 가지고 있고, 새로운 직장을 시작하기 전에 한 번씩은 읽어 보곤 한다). 하지만 중요한 것은 그들이 기업의 사명 선언이나 고객 만족 프로그램에 대해 알고 있다고 해서 세상이 바뀐 것처럼 보이지는 않는다는 사실이다. 그러한 훌륭한 의도들은 그들이 느끼거나 누릴 수 있는 서비스의 일반적인 질로 이어지지 않았다. 그래서 소비자들은 당신의 의도에 대해서는 흥미가 없다. 그들은 당신이 지금 당장 하려고 하는 것에 관심을 갖는다. 더구나 요즘처럼 "과대 선전이 난무하는" 세상에서 소비자는 약속과 실천 사이에 괴리가 있음을 항상 발견하기 때문에, 기업의 마케팅 약속 자체를 사실상 평가 절하하는 경향이 있다. 그리고 기업이 실제로 하려고 하는 것조차 믿지 않는 경우가 빈번하다(미주리 주의 별명은 "보여 줘"이다). 따라서 의도만으로는 충분치 않다. 의도를 행동으로 바꾸기 위한 유일한 방법은 — 모든 것이 결과에 달려 있다면 — 과도하게 헌신하는 것이다.

이 문제를 우리 자신에게 적용해 보자. 논의를 원활히 하기 위해서 우리가 브랜드의 성공을 위해 고객들(최종 사용자, 거래처, 혹은 다른 청중들)과 상호작용을 해왔다고 가정하고, 아래의 세 가지 질문에 답해 보자.

1. 고객 서비스와 관련해 우리 회사 기업 사명 선언문의 야망은 무엇인가?
2. 우리는 그러한 야망을 정말로 얼마나 실천하고 있는가?
3. 지난 3년 동안 실제 그 목표에 정말로 얼마나 가까이 근접해 왔는가?

(솔직한 자신의 심정을 표현한 경우) 대부분의 회사들은 다음과 같은 답변을 내놓을 것이다.

1. "고객의 기대를 뛰어넘는 것."
2. "어느 정도 하고 있다."
3. "한참 멀었다."

확실히 우리 자신이 여러 다양한 업종을 두루 경험해본 소비자라면, 우리의 기대를 뛰어넘을 만큼 훌륭한 서비스를 보여준 브랜드의 숫자는 손가락으로 꼽을 정도에 불과할 것이다. 따라서 우리가 전혀 다른 종류의 전략과 전혀 다른 종류의 행동을 창출하기 위해서는, 직원들에게 제시한 목적과 목표를 근본적으로 재구성할 필요가 있다. 예를 들어 우리가 더욱 첨예한 도전자 상황에 처해 있으며, 성공이 사실상 생존과 밀접히 연관되어 있는 경우를 상상해 보자. 혹은 우리의 내년도 목표가 고객 만족과 매출 규모라는 두 가지 측면 모두에서 갑자기 두 배로 늘어났다고 가정해 보자. 내년에는 현재와 동일한 마케팅 자원과 동일한 가격으로 수익을 두 배 늘려야 하는 상황인 것이다. 어떠한 전략을 세워야 할까? 고객 서비스의 목표는? 이 두 가지 목표를 새로운 행동으로 옮길 방안은?

진지하게 고려할 때, 나는 모든 것이 근본적으로 바뀌어야 한다고 제안한다(유니레버의 니알 피츠제럴드는 조금 다른 형태로 그러한 과제에 접근한 것으로 전해진다. 그는 어느 팀도 문제를 해결하지 못하는 상황에 처하자 자원과 인력을 아예 절반으로 줄여버렸다. 더 큰 역경을 통해서 돌파구를 찾고자 한 것이다). 점진주의의 모든 사고, 혹은 지난해에 썼던 전술적 행동에 대한 의존을 버리고, 결정적인 지점에 과감하게 몸을 던져야 한다. 성공하기 위해서는 과도한 헌신을 요구하는 목표를 세워야 한다. 어쩌면 초창기의 나이키처럼, 구매자가 아닌 "팬"을 만드는 것을 목표로 정하고 그와 유사한 결과의 창출을 기대해야 한다.

벽돌의 2피트 아래 겨냥하기 : 조직 외부의 저항에 대처하기

오클리가 아이웨어로 옮겨가기 시작했을 때, 거래점이나 직원만큼이나 그들에게 중요한 소비자층이 있었다. 그것은 그들이 자신들의 제품 사용을 간청하는 운동 선수들이었다. 나이키나 리복만큼 풍부한 자금력이 없었던 오클리는 유명 선수들에게 큰 돈을 안겨줄 여력이 없었고, 또 무명 선수들라 해도 오클리 제품의 팬이 아니라면 제품 착용을 권하기가 쉽지 않았다. 오클리 제품은 독특한 모양으로, 미적인 면만이 아니라 실용성을 따져 렌즈를 디자인했기 때문이었다(예를 들어 그것은 빛의 일그러짐을 최소화하면서 얼굴 윤곽을 따라 만든 최초의 렌즈였다). 처음에 이것은 꽤 난감한 문제였다. 철인 3종 경기 선수인 스콧 틴리를 공장으로 초대해 새로 나온 제품들을 착용하게 했을 때에도 오클리의 사장인 마이크 파넬은 문제가 있다는 것을 즉시 알아챘다. 틴리는 선글라스의 성능에 감탄했지만 새로운 스타일을 불편해 하는 것 같았다. 틴리는 선글라스를 착용한 후 바닥을 내려다보거나 고개를 이리저리 돌리며 빛의 굴절이나 간섭을 살폈다. 그런 다음 발밑을 쳐다보면서 "예, 아주 좋군요."라고 말했다. 그리고 그는 고개를 들기 전에 선글라스를 벗었다. 분명히 그것을 착용한 채 고개를 들거나 파넬을 쳐다보기를 주저하는 눈치였다.

파넬은 틴리가 새로운 제품의 외형을 좋아하지 않는다는 사실을 깨닫고, 이것이 극복해야 하는 중요한 난관이라는 것을 알았다. 틴리가 실제로 아이웨어를 착용하고 자랑하지는 않는다 해도, 적어도 신체적으로나 정서적으로도 편안하게 보여야 했다.

그래서 파넬은 이 문제를 직접 거론하기보다는 틴리에게 새 선글라스를 긴 채로 공장의 이곳저곳을 둘러보고, 그런 다음에 안경이 편안하게 느껴지는지 보라고 부탁했다(오클리 공장의 근로자들은 대부분 격의 없는 캘리포니아의 문화에서 스포츠팬이었고 운동 선수와의 접촉에도 익숙했다).

틴리는 커피를 한 잔을 대접 받은 후 산보에 나섰다. "스콧, 색상이 멋진데요." 공장 로비에서 매력적인 한 젊은 여성이 말을 걸어 왔다. "그래요?" 틴리는 턱을 약간 들어 올리며 물었다.

복도에서 그는 다른 직원 두 명이 말을 붙였다. 공장의 농구 코트에서도 한 사람을 마주쳤다. 제품 연구소에서도 한 아가씨도 말을 걸었다.

오클리의 공장 문을 나설 즈음, 틴리는 새 선글라스를 친구들 앞에서 무척 써보고 싶어 했다.

틴리에게 스스럼없이 말을 건넨 사람은 물론 가짜였다고 파넬은 밝혔다. 하지만 그는 그 경험이 탄리를 팬으로 만들기를 바랐으며, 기회를 가만히 내버려 두지 않았다. 파넬은 벽돌의 2피트 아래를 겨냥한 것이다.

벽돌의 2피트 아래 겨냥하기 : 조직 내부 저항의 예측

마케팅 활동을 통해서도 단기적인 성공을 거둘 수는 있다. 하지만 장기적인 성공은 기업과 직원들의 매일매일의 활동에 달려 있다.

 제2부 성공하는 도전자 브랜드의 8가지 원칙

기업이 마케팅 전략의 핵심 요소를 제공하는 데 과도한 헌신을 하기 위해서는, 먼저 조직 내에서 실행에 대한 과도한 헌신을 이끌어 내야 한다.

이것을 이루기 위한 간단한 2단계 접근 방법이 있다. 우선 성공 여부를 좌우하는 핵심 과제나 마케팅 아이디어에 초점을 맞추고 각각에 대해 그것이 실패할 수 있는 이유 세 가지를 파악하는 것이다. 그런 다음 그것을 실행하기에 앞서 각각의 숨은 장애물들을 극복하는 가장 효과적인 방법에 대해 토론하는 것이다.

이러한 장애물들을 알아보는 것은 대체로 어렵지 않다. 그리고 우리가 살펴보았듯이, 도전자는 핵심적인 마케팅 활동을 실행하기에 앞서 그러한 장애물들을 극복할 수 있는 이상적인 환경을 가지고 있다.

이번에는 또 다른 정치 이야기를 들어 보자. 당신이 미국 대통령에게 개인적인 자문을 하고 있다고 가정해 보자. 어느 유명 신문사에서 대통령과 그의 아내가 연루된 명백히 불미스러워 보이는 과거 토지 거래 사건을 들추어냈다고 상상해 보자. 이 문제가 불거질 경우 이미 흔들리고 있는 대통령의 인기에 상당한 치명상을 입힐 것으로 보인다.

신문은 토지 거래와 관련된 어떤 문서의 제시를 요구했다. 당신과 대통령은 올바른 대처 방법에 대해 견해가 달랐다. 대통령은 무조건 부인하려는 생각이다. 반대로 당신을 포함해 대통령과 가까운 다른 조언자들은 신문사의 요구를 따르자는 쪽이다. 사태를 악화시키고 부풀리기보다는 한두 차례 비난 기사를 감수하고 일단락

짓는 것이 더 낫다고 판단하고 있다.

당신은 대통령의 뜻을 거스르는 한이 있어도 당신의 뜻을 관철하기로 마음먹고 의견을 강하게 밀고 나가기로 결심한다.

당신은 그렇게 했다. 설득력이 뛰어난 당신은 얼마간 반대에 부딪히고, 서로 고성이 오고가기는 했지만, 결국 대통령에게 당신의 뜻을 관철시키기에 이르렀다. 마침내 대통령은 아내와 개인적인 전화 통화를 하겠으니 10분만 여유를 달라고 한다.

이것이 물론 당신이 놓친 실수이다. 당신은 노력을 기울였지만 과도하게 헌신하지는 못했다. 당신은 상황이 어떻든 간에 대통령이 최종적으로 판단과 조언을 요청할 만한 사람이 그의 아내, 부통령, 아주 절친한 친구 등 서너 명 있다는 사실을 알았는데, 이 점을 미리 대비하지 못했다. 결론적으로, 대통령이 아내에게 전화를 걸고, 대통령의 아내가 당신의 제안을 완강히 거부함으로써 일은 그녀의 뜻대로 진행된다. 그로 인해 소문은 더욱 부풀어 오르고, 대통령은 자신의 남은 임기 동안 무수한 다른 의혹에 시달리게 된다. 이러한 상황에서 과도한 헌신은 대통령의 최종적인 반응이 어떨지 미리 예상해서, 그가 조언을 구하게 될 다른 사람들에게도 미리 손을 써두는 것을 뜻하는 것이다.

그래서 과도한 헌신을 위한 첫 번째 연습을 우리는 "화이트워터"로 지칭할 것이다.

화이트워터 Whitewater 동사 : 핵심적인 마케팅 과제 각각에 대해 그것이 실패할 수 있는 (혹은 평범한 것으로 전락하는) 분명한

 제2부 성공하는 도전자 브랜드의 8가지 원칙

이유 세 가지를 스스로 물어본다. 그런 다음 그 이유들 각각을 중립화하거나 뒤집는 가장 효과적인 방법을 토론하다.

두 번째 연습은 오클리 설립자의 이름을 딴 "제너드"로 칭할 것이다.

제너드 Jannard 동사 : 동일한 질문을 세 가지 다른 방식으로 스스로 물어본다. (1) 그러한 활동의 성공을 어떻게 보장할 것인가? (2) 만일 우리의 직장이 거기에 달려 있다면 우리는 어떻게 그것의 성공을 보장할 것인가? 마지막으로 (그리고 이 연습의 명칭이 제너드인 것은 바로 이 때문이다) (3) 그것이 우리의 사업이고, 은행 잔고가 300달러밖에 없으며, 가족의 생계가 거기에 달려 있다면, 어떻게 그 성공을 보장할 것인가?

이 연습은 어떤 사람에게는 다소 가볍게 보일지도 모르지만, 사실은 매우 진지한 연습이다. 그것은 다음과 같은 질문에 답할 때 나타나는 동어반복의 문제를 해결한다. "내가 필요하다고 생각하는 것보다 더 많은 노력을 필요로 하는 것을 어떻게 계획할 수 있을까? 그런데 정의상, 수정된 계획은 내가 필요하다고 생각하는 것일 것이다." 따라서 위에서 제시한 각 단계를 따라가면, 그 질문에 대한 대답이 분명해진다.

이 연습의 또 다른 가치는 본래 "도전자 개인"과 본래 "기성의 개인"을 구분해 준다는 데 있다. 연습을 수행할 때, 어떤 이들은 연습이 의도한 대로 실제로 한다. 즉, 그들은 과제에 대해 충분히 생각하고 성공을 보장하는 더욱 강력하고 상상력 넘치는 방법을 개발하면서 더욱 더 헌신적이 된다. 그렇지만 그와는 정확히 반대로 행동하는 이들도 있다. 걸려 있는 판돈이 점점 커지면 점점 더 보수적이 되어 가며, 가족의 생계가 위협받기 전까지는 가능한 한 관습적으로 행동한다.

과연 이 연습이 구분하는 두 가지 유형의 사람 가운데 어느 쪽이 도전자 회사의 성공에 더 도움이 될지는 스스로 명확히 판단해야 한다.

희생과 과도한 헌신

우리는 앞서 도전자 마케팅의 핵심은 더 이상 마케팅을 "전략"과 "실행"(execution)이라는 차원으로 접근하지 않고, 대신 우리의 활동(action)을 태도(attitude) −전 략(strategy) −행 동(behavior)이라는 도전자의 3요소로 나누는 것이라고 언급한 바 있다. 도전자는 좋은 아이디어를 독점하기 때문에 비범한 것이 아니라, 좋은 아이디어가 일어나게끔 만든다는 점에서 비범한 것이다. 이는 다음 세 가지와 관련이 있다.

1. 정신적인 각오, 그리고 철저한 준비(제1원칙).
2. 아이디어의 사용이 어떻게 정체성을 정의하고 리더십을 창출

하며 소비자와의 관계를 강화하는지에 대한 분명한 인식(제2,
3, 4원칙).

3. 계획 : 실행에 있어 저항과 타성을 예측하고, 벽돌의 2피트
아래를 겨냥하는 것(제6원칙).

이러한 점에서 희생은 과도한 헌신과는 반대이면서, 동시에 과
도한 헌신을 가능하게 하는 것이다. 즉, 희생은 정체성을 정의할
뿐만 아니라 과도한 헌신을 할 수 있게 한다.

10

Use Advertising and Publicity as a High-Leverage Asset

광고와 홍보를
전략적 지렛대로 활용하라

"우리는 새로운 접근 방법을 가져야 한다. 이제는 제품이 아니라 마케팅이 왕이다."

— 랜돌프 듀크, 할스턴

대부분의 광고는 형편없다. 소비자와 신문은 갈수록 참신한 것을 찾는다. 이 두 가지의 결합은 열의에 찬 도전자 브랜드에게 거대한 기회를 제공한다.

1장에서 우리는 광고 혹은 마케팅 케뮤니케이션에서 극복해야 할 끔찍한 장애물들 — 넘쳐나는 광고, "시청자"의 주의 산만, 과대 선전 등 — 에 대해 살펴보았다. 이러한 커뮤니케이션 문제에 대해 『뉴욕 포스트』의 전 편집장은 젊은 후배들에게 보내는 글에서 다소 직설적으로 요약하고 있다.

여보게, 젊은이. 내가 하나 말해 주지. 자네는 독자를 붙들어야 해. 독자가 지금 전철을 타고 있어. 전철 안은 아주 더워. 그는 요즘 여직원에게 수작을 걸고 있는데, 여직원이 도무지 시간을 내주지를 않아.

아내는 남편을 못 잡아먹어 안달이야. 아이들은 어디에 매어놓아야 할 상황이지만, 가진 돈도 별로 없어. 옆 자리에 앉은 녀석은 악취를 풍기고, 전철 안은 혼잡하지. 자네는 그가 자네 기사를 읽어 줬으면 싶겠지? 그러려면 더 재미있게 써야지.[1]

그는 물론 소비자들이 돈을 주고 구입하는 신문 뉴스에 대해 이야기를 하고 있다. 소비자들은 대부분의 광고를 아마 돈을 주는 한이 있더라도 없애 버리고 싶을 것이다. 그것은 가장 기본적인 요건조차 갖추지 못했다. 이런 실험을 한번 해보라. 오늘밤 의자에 앉아 땅콩 봉지를 가지고 한 시간 반 동안 텔레비전 광고를 보라. 훌륭한 커뮤니케이션라면 최소한 적실성과 차별성이 있어야 한다는 것을 기본 전제로 하자. 바로 이러한 기본 전제를 충족하는 광고를 땅콩 개수로 세어 보라. 나머지 땅콩은 모두 먹어치워라.

이런 실험이 실망스러울지는 몰라도, 적어도 배는 고프지 않을 것이다.

고객 대화라는 측면에서 보면 광고의 시청은 일종의 가벼운 대화와 같다. 기성 브랜드와 소비자는 서로를 잘 안다. 대화가 줄어들더라도 문제가 없을 정도로 관계가 편안하며 안정되어 있다. 기성 브랜드는 광고를 통해 자극을 주거나 거부감을 불러일으키지도 않는다. 광고는 단지 소비자와의 불편한 침묵을 깨고 브랜드가 있다는 것을 상기시키는 한 가지 방식일 뿐이다. 때때로 그것은 흥미로운 이야깃거리이기도 하다. 예를 들어 잡지에 실린 고급 스킨케어 광고는 동호회의 소식지 같은 구실을 하는데, 회상도가 비사용자에게는 낮지만 사용자에게는 높은 편이다. 비사용자는 거의 광고를 그냥 지나쳐 버리지만, 특정 브랜드를 사용하는 사람은 회사의 스타일과 광고 모델을 알아보고, 비슷한 친구들과 이야기할 때 광고를 화제에 올리곤 한다.

하지만 2장의 표 2.2에서 드러났듯이 광고의 이야기에 주의를 기울이는 사람들은 갈수록 줄어들고 있다. 그래서 일차적으로 우리는 도전자가 튀는 것 외에는 달리 선택의 여지가 없다는 사실을 인정해야 한다. 차별화는 생존의 문제이다. 도전자는 잡담을 할 수 없으며, 주목을 끌어야 한다. 현저성과 변화는 우리의 구호이다.

만일 우리의 실질적인 광고 점유율이 우리 "업종"의 나머지 기업들과의 인위적인 비교가 아니라, 전체 업종의 광고 비용에서 우리의 매체 예산이 차지하는 비율이라면(카테고리는 없다는 점을 상기할 때), 도전자는 상황을 그저 받아들이고 만족하기보다는 자신이 하는 모든 것에서, 그리고 돌파구가 요구되는 광고, 홍보, 디자인에서 과감한 포지션을 취해야 한다. 기성 브랜드들은 메시지의 양과 반복에 주로 의존하지만, 적은 자원으로 많은 것을 이루려는 도전자에게는 명확한 커뮤니케이션만으로는 충분하지 않다. 단지 커뮤니케이션이 아니라 표적 고객의 상상력을 사로잡는 것을 목표로 해야 한다.

다른 차원에서 마케팅의 도전에 대한 이러한 관점은, 도전자에게 거대한 기회를 나타낸다. 왜냐하면 이것이 기성 브랜드에게는 잠재적으로 불리한 몇 안 되는 것 중의 하나이기 때문이다(다른 주요 한두 가지는 브랜드로서 개별화하는 능력이 없다는 것과 조직으로서 과거에 의존한다는 것이다). 브랜드 리더는 이미 가진 것을 지키려 하고 다수의 고객들과의 마찰을 피하려 하기 때문에 대담한 광고나 홍보 활동을 하려 하지 않는다. 대부분의 브랜드 리더들은 당연히 변화를 꺼리고, 그래서 안정적인 문화(브랜드 리더의 문화에서는 현재의 일을 망치지 않는 한 승진을 하게 된다)와 안정적인 광고를 지향한다. 따라서 도전자에게 (광고와 홍보에서) 창의성은 기성 브랜드에 대한 경쟁 우위의 주요 원천으로서 과감히 추구하고 사용해야 하는 비즈니스 수단이다.

이러한 맥락에서 볼 때, 광고는 단순히 마케팅 믹스의 일부가 아니다. 광고는 ─ 적어도 잠재적으로는 ─ 고 레버리지(high-leverage) 자산이라고 할 수 있다. 더 나아가 광고와, 올바른 홍보의 일관되고 전략적인 추구는 사실상 도전자가 가질 수 있는 가장 강력한 비즈니스 수단이 될 수 있다.

미국에서 에너자이저는 사람들의 예상을 깨는 공격적인 광고와 조금은 불손한 아이콘을 내세워 관여도가 낮은 업종의 2등 브랜드에서 유행어 즉 대중 문화의 한 부분으로 올라섰다. 그러자 듀라셀도 어쩔 수 없이 마케팅 방식을 완전히 바꿔야 했다. 이들이 건전지 회사라는 점을 기억하라. 건전지는 사람들이 그에 관해 생각하기를 원하지 않고, 생각하는 경우가 있다면 고작해야 건전지가 모두 닳아 버린 성가신 경우뿐이다. 에너자이저 이야기가 보여주고 있는 것은 관여도가 낮은 업종이란 없으며, 다만 관여도가 낮은 마케팅만 있다는 사실이다.

하지만 이 장의 목적은 광고의 힘을 나열하는 것이 아니다. 광고 사례들을 깊이 있게 연구한 많은 서적들이 있다(예를 들어 애드버타이징 워크 시리즈나 애드워크 시리즈들을 참고하라). 대부분의 독자들은 이미 앱솔루트 같은 브랜드의 성공적인 광고에 대해 잘 알고 있을 것이며, 여기에서는 지배적인 브랜드 리더가 있는 정적인 시장에서 도전자의 성공을 위한 지렛대 역할을 하는 광고의 잠재적인 힘에 대한 보다 극적인 설명에 국한하고자 한다. 7장에서 우리는 패스트푸드 브랜드인 잭인더박스가 기울어가던 운명을 역전시킨 새로운 마케팅 활동을 살펴보았다. 그러한 활동은 잭을 등장시킨 새로운 광고 캠페인에 의해 주도되었다. 플라스틱 어릿광대 머리의 설립자 잭은 자신의 이름을 딴 회사에 어떤 느낌을 흔들어 넣기 위해 돌아왔다(이는 일종의 "대표 버거"인 점보잭(Jumbo Jack)을 새로운 시장 가격으로 재출시한 것에 의해 상징화된다). 새로운 광고와 마케팅을 시작한 이후 잭인더박스의 매출은 급속히 증가하였고, 이는 다시 회사의 주가를 여섯 배나 올려 놓았다. 그리고 이러한 성과는 사실상 점포 차원에서 제품 변화가 거의 없었다는 점에서, 전적으로 "잭"이 광고와 매장 판촉에서 성공적인 지렛대 역할을 한 덕분이었다.

도전자를 위한 광고와 홍보의 잠재적이고 특별한 힘을 인정한다면, 다음과 같은 질문을 던질 수 있다. 우리가 도전자 기업으로서 사고하고 행동하는 데 있어, 광고와 홍보를 전략적 지렛대로 간주한다는 것은 실제로 무슨 의미일까?

그것은 변화를 의미한다. 광고와 홍보가 전략적 지렛대가 되려면, 기업은 이러한 마케팅 수단의 새로운 중요성에 입각해 그것의 개발 및 승인 정책을 획기적으로 변화시켜야 한다. 하지만 내부적인 프로세스 측면에서 우리는 그것을 여전히 마케팅 믹스의 일부로서 다루고 있다. 즉 도전자 브랜드에 있어 광고와 홍보가 중요하다는 점에 동의하면서도, 어떻게 조직이 자신과 자신의 프로세스들을 재구성해야 하는가에 대한 그것의 함의를 이해하지 못하고 있는 것이다. 우리의 전략적 접근 방식에 있어 근본적인 변화가 있어야 한다. 1장에서 이끌어낸 결론을 되짚어보면 시청자, 소비자, 카테고리에 대해 우리가 지녔던 가정들은 대부분은 시대에 뒤떨어진 것이 되었다. 커뮤니케이션도 마찬가지다. 우리는 이제 아이디어 비즈니스 안에 있어야 한다.

이러한 점들로부터 두 가지 주요한 함의를 얻을 수 있다. 첫째, 창조적 혁신은 전략적 필수품이라는 것이다. 우리는 도전자로서 표적 고객의 상상력을 사로잡을 수 있는 아이디어가 필요하다. 아이디어를 가지고 있지 않다면, 시간과 자원이 한정된 상황에서 창의적인 면뿐만이 아니라 전략적인 면에서도 실패할 수밖에 없다.

두 번째 함의는 만일 창조적 혁신이 전략적 필수품이라면, 전략의 질은 창조적 혁신이 만들어내는 아이디어의 질에 의해 결정된다는 것이다.

아이디어의 전략적 우위 인정하기

아이디어의 전략적 우위를 인정한다고 해서, "흥미롭고 창의적이기만 하면 모든 아이디어가 브랜드에게 적합하다거나" 혹은 (광고, 디자인에서부터 홍보, 다이렉트 메일까지 어떤 매체이든 간에) 아이디어가 먼저이고 나중에 전략을 개선하는 것이 옳다고는 말하는 것은 아니다.

이것이 말하는 바는, 표적 고객의 상상력을 사로잡는 것은 메시지를 전달하는 것과는 전혀 다른 문제이며, 상상력을 사로잡고 싶다면 "충분히 좋은 것은 충분하지 않다."라는 제이 치아트(Jay Chiat)의 말을 되새겨볼 필요가 있다. 아이디어 의존 사업에서 전략은 적어도 한 가지 이상의 강력한 아이디어를 위한 비옥한 토양이 되어야만 한다. 그래야 좋은 전략이라 할 수 있다. 이 새로운 문화에서는 "전략은 훌륭한데, 크리에이티브 팀이 좋은 아이디어를 만들어내지 못했다."라는 말은 더 이상 온당치 않다. 기본적으로 역량 있는 인재들을 보유하고 있다고 가정할 때, 이는 단지 그것이 결코 훌륭한 전략이 아니었음을 의미한다.

따라서 브랜드 전략은 그것의 표현에 있어 어느 정도 내재적인 유연성을 가질 필요가 있으며, 전략 개발 과정은 그러한 유연성이 가능하도록 변화되어야 한다. 만일 브랜드 전략의 표현이 표적 고객의 상상력을 사로잡을 수 있는 획기적인 아이디어로 연결되지 못한다면, 전략의 또 다른 표현을 찾아보아야 한다. 전략의 개발은 선형적이기보다는 유기적일 필요가 있다. 즉 전략과 아이디어가 실질적으로 동시에 개발되지 않는 한, 전략은 새로운 빅 아이디어를 포용할 수 있을만큼 충분히 유연해야 한다.

일부 사람들은 이러한 개념을 받아들이기 어려울 것이다. 분석과 조사를 통해 올바른 전략을 마련했다면, 전략은 아이디어가 따라가야 하는 궤도가 되어야 한다고 주장할 것이다. 그러나 그러한 전제에는 결함이 있다. 사실 엄격한 연역적 사고로부터 추론할 수 있는, 오직 한 가지 전략적 해결책만이 있는 문제들이 여전히 존재하기는 하지만, 그것은 갈수록 줄어들고 있다. 새로운 비즈니스 세계에서 대부분의 전략적 문제들은 전략적 단계에서조차 엄밀한 분석 이상으로 상상력을 요구한다.

새로운 종류의 개발팀
새로운 종류의 전략 개발 과정

이는 전략 개발 과정에 있어 어떤 변화가 필요하다는 것을 제시한다. 우리는 흔히 이것을 조직의 각 팀들이 각자의 분리된 업무를 최종 제품으로 가는 경로를 따라 수행하는 것으로 생각해 왔다 — 예를 들면 전략 팀이 먼저 광고 기획서의 "타당성"을 분석하고 나면, 크리에이티브 팀이 그것을 넘겨받아 완전무결한 몇 개의 단어로 다듬는 것이다.

하지만 만일 우리가 아이디어의 전략적 우위를 인정한다면, 우리는 처음부터 전략적 과정에 모든 분야들, 특히 크리에이티브 분야를 포함시켜야 한다. 왜냐하면 전략과 창의적 아이디어는 함께 개발되어야 하는 것이기 때문이다. 따라서 이 새로운 모델 아래에서 개발팀은 처음부터 여러 분야간 협력체제가 되어야 하며, 각 단계에 모든 분야가 적극적으로 참여해야 한다. 이는 더 이상 한 분야에서 다른 분야로의 낡은 형태의 "바통 전달하기"가 아니다. 모든 분야가 동시에 문제에 관여해야 한다.

그리고 우리는 분명히, 브랜드와 아이디어를 위한 신선한 출발점을 제공할 소비자 문제에 관한 통찰을 다른 곳에서 찾아야 할 필요가 있다. 만일 지금까지 해온 것이 시장에 대한 포커스 그룹 인터뷰와 정량 조사였다면 — 다시 말해 해당 업종의 다른 이들과 똑같은 질문을 똑같은 방식으로 물었다면 — 우리는 출발하기 전에 이미 약점을 지니고 있다. 우리의 새로운 전략적 접근의 핵심은 관행적인 조사의 한계를 깨닫는 것이다. 이는 주로 포커스 그룹 중심의 관행적 방식이 새롭게 등장하는 아이디어를 평가하는 데 쓸모가 없기 때문이 아니라, 그것이 출발하기에 전략적으로 가장 비옥한 지점이 아니기 때문이다. 대신에 우리는 다양한 측면에서 해당 업종과 소비자의 현재적·잠재적 관계를 동시에 탐색하면서, 문제를 살펴보아야 한다.

1950년대의 유명한 일본 영화 『라쇼몽』에서는 네 명의 인물이 중세 일본의 마을 외곽에서 일어난 강간과 살인 사건에 대해 법정에서 진술하고 있다. 사건에 연루된 네 인물은 각자 자신의 시각으로 얼마 전의 사건을 법정에서 자세히 이야기한다. 각각의 이야기는 앞서 진술한 사람의 이야기와 어느 정도 관련성이 있기는 하지만, 몇 가지 핵심에서는 다른 사람들과 매우 다르다. 각 인물은 자신에게 유리하게 자신만의 시각으로 진실을 왜곡한다.[2]

영화가 지적하고 있는 점은 인간의 이야기 속에는 절대적인 진실이 없다는 것이다. 우리는 진실의 어떤 측면을 의도적으로 감추거나 우연히 잊는다. 그리고 종종 우리가 어떤 사람 혹은 제품과 관련하여 갖고 있는 편견이나 관계의 비합리적인 여과 장치에 대해 알지 못한다(언론 학교에서는 이와 비슷한 점을 지적하는 실험을 한다. 학생들이 있는 교실에 낯선 두 사람이 갑자기 들어와 언쟁을 하며 서로 약을 올리다가 치고받고 하는 지경까지 간다. 그런 다음 학생들에게 방금 그들이 본 사건에 대해 기술하도록 한다. 학생들이 기술한 내용들 중에는 완전히 일치하는 것이 하나도 없는데, 이 학생들이 훈련을 받은 관찰자라는 점을 염두에 둔다면 더욱 놀라운 일이다).

이와 마찬가지로, 사람들 혹은 소비자들은 브랜드와 명확한 관계를 맺지 않는다. 만일 그들에게 다른 종류의 질문을 다른 방식으로 묻는다면, 우리는 자신의 브랜드나 경쟁 브랜드와 그들의 관계에 대한 다른 종류의 그림을 얻게 될 것이다. 예를 들어 젊은 남성 8명의 포커스 그룹에게 그들과 자동차 스테레오와의 관계를 물어본다고 가정하자. 그들은 독립성에 대해 말할 것이다. 즉, 자동차는 하고 싶은 것을 마음껏 할 수 있는 자유로움의 첫 번째 경험이며, 그들이 소유하는 첫 번째 영역이다. 그들은 차 안에서 담배를 피우거나, 데이트를 하거나, 노래를 부르거나 하면서 그들이 하고 싶은 대로 행동할 수 있다. 그리고 그들은 자동차의 중요한 요소로서 음악과의 관계를 말할 것이다. 즉, 그들은 좋아하는 음악을 최대로 시끄럽게 틀어놓을 수도 있다. 그들은 음악을 온몸으로 만끽하는 쿵쾅대는 진동에 관해 말할 것이다. 그것은 차 안에서의 본능적인 경험이다. 그리고 이 모든 것은 사실이다. 그것은 실제로 자

신과 자동차 스테레오의 관계에 대한 하나의 견해이다.[3]

그렇다면 이제 그들 중 몇 명과 함께 하루 동안 자동차를 타고 돌아다닌다고 상상해 보자. 당신은 흥미로운 현상을 목격한다. 빨간 신호등에 걸려 자동차를 세울 때, 예쁜 여성이 맞은 편 도로에 서 있으면, 그들은 차창을 내리고 스테레오의 볼륨을 높인다. 이것은 자동차 안에서의 경험이나 음악과의 강력한 관계와는 관련이 없다. 그것은 과시, 성, 힘과 관련이 있다. 자동차의 바깥에 있는 모든 사람들에게 자신의 스테레오를 과시하려는 것일 뿐이다.

카 스테레오와 그들의 관계에 관한 위 두 가지 "이야기" 모두는 틀리지 않다. 그들이 포커스 그룹에서 음악과 관련된 본능적인 경험에 대해 말한 것은 거짓이 아니었다. 또한 이성에게 강한 인상을 주려는 욕구가 있다고 해서 그들이 실제로 음악에는 관심이 없다고는 말할 수 없다. 하지만 그것들은 자동차 스테레오 브랜드를 포지셔닝하는 두 가지 전혀 다른 유효한 방법을 제시한다. 그리고 잠재적 아이디어를 위한 두 가지 전혀 다른 원천을 제공한다. 소비자는 자신과 어느 업종과의 관계를 말로 풀어내는 데 익숙하지 않으므로(아무리 포커스 그룹의 경험이 많다고 할지라도), 그들의 조사실에서 벗어나 실제 일상에 더욱 가까이 다가갈수록, 동일한 문제에 대한 더욱 다양한 시각을 얻을 수 있으며, 강력한 아이디어를 위한 전략적 발판을 발견할 가능성도 더욱 커진다.

물론 이러한 것들은 소비자와 브랜드의 관계에 관한 이야기를 말해 주는 단지 두 가지 방식일 뿐이다. 만일 경쟁사 광고에 대한 기호론적 분석을 한다면 시장에서의 기회에 대한 세 번째 시각을 얻을 수 있을 것이다. 사회학자는 네 번째 관점을 제시할 것이다. 크리에이티 부서의 사람이라면 과거에 광고나 디자인에서 어떤 표현들이 사용되었는지(그리고 장차 어떤 다른 표현이 남아 있는지)의 측면에서 그 업종을 마음속으로 그려보는 식으로 자연적으로 다섯 번째를 생각할 것이다.

이러한 개념을 좀더 확장해 보는 것도 흥미롭다. 우리는 주변의 세상을 관찰할 때 으뜸 감각에 의존하게 된다. 즉, 정보를 받아들이고 의사 결정을 내릴 때 유독 하나의 감각에만 의지한다. 대부분의 경우 그것은 시각이다. 세상에 대해 다른 시각을 갖거나 사물을 다르게 바라보기를 원한다면, 눈을 가림으로써 으뜸 감각의 이용을 잠시 중단할 수 있을 것이다. 그렇게 하면 시각 외의 다른 감각들이 세상에 대해 전혀 다른 식의 이야기를 들려준다는 사실에 놀라게 될 것이다. 그것이 들려주는 이야기 또한 진실이며 통찰력 있는 것이지만, 평상시에는 으뜸 감각에 의해 그것의 입력이 대체로 차단되어 왔다. 하지만 일단 우리가 잠시나마 시각에만 의존하는 것을 멈춘다면, 시각을 다시 사용하게 될 때는 다른 감각들에 대한 더 나은 인식과 함께 사용되기 때문에 시각은 이전에 없었던 새로운 가치를 가지게 된다.

마케터로서 조사를 할 때도 마찬가지다. 우리는 한 종류의 렌즈 — 포커스 그룹, 추적 조사, 혹은 이용 실태 및 만족도 조사 — 를 통해서만 소비자를 바라보게 된다. 다른 종류의 조사방법들은 다른 방식으로 이야기를 들려주고, 우리의 브랜드가 활동하는 세상과 그것이 제공하는 기회에 대해 더욱 신선한 방식을 일깨워준다.

브랜드의 가치를 높이고 경쟁 우위를 가져다줄 아이디어의 새로운 원천을 끊임없이 찾고 있는 도전자의 경우, "다감각적" 조사 방법이 매년 시장의 탐색와 재탐색 과정에서 체계적으로 활용되어야 한다.

광고와 홍보 : 파문과 리스크

어떤 도전자들에게 뉴스 보도는 돈을 들인 광고보다 출시 모멘텀을 얻는 데 훨씬 중요하다는 것이 밝혀졌다. 버진애틀랜틱(Virgin Atlantic)이 항공업계에 진출한 후 브랜슨과 회사를 크게 부각시킨 것은 광고나 마케팅 자체가 아니었다. 처음에 브랜슨과 그의 브랜드를 유명하게 만든 것은 도전자라는 이름에 걸맞게 대서양 횡단 기록을 깨려고 한 브랜슨 자신의 시도였다(사우스웨스트의 사장도 자신의 홍보에 유사한 재능을 가지고 있다. 아마도 도전자 항공사의 창립자의 DNA에는 어떤 공통점이 있는지도 모른다).

신생 텔레비전 방송사들은 심지어 사회적 논란을 통해 막대한 이득을 얻었다. 테리 라콜타라는 이름의 주부는 폭스의 초창기 프로그램인 『못 말리는 번디 가족』에 대한 반대 캠페인을 벌였다. 라콜타 부인은 광고주 45곳에 편지를 썼고, 『나이트라인』, 『엔터테인먼트 투나잇』, 『굿모닝』, 『아메리카』 등에 초대를 받았을 뿐 아니라 『뉴욕 타임스』의 1면에 실리기도 했다. 거기에서 그녀는 프로그램의 저속하고 상업적인 속성에 대해, 그리고 불필요한 성적인 표현에 대해 우려와 불평을 토로했다. 이것을 보도한 뉴스 방송사들은 당연히 화면의 일부를 방송에 내보냈고, 새로운 방송사를 알지 못하는 시청자를 위해 폭스의 과거를 조명했다. 라콜타 부인에게는 안 된 일이지만, 결과적으로 이러한 소동은『못 말리는 번디 가족』과 폭스에 대해 전국적인 관심을 불러일으켰고, 폭스는 어떠한 마케팅 활동으로도 거둘 수 없는 수확을 얻게 되었다. 폭스의 홍보 책임자였던 브래드 튜렐은 그것이 풋내기 채널에 약 1억 달러의 광고 가치가 있었다고 추정했다. 좀더 장기적인 관점에서 라콜타 부인은 부지불식간에 미래 성장을 위한 성공의 기회를 폭스에 제공했고, 폭스는 어느 때보다 성공적으로 순풍을 타게 되었다.

폭스가 우연히 논란에 휘말려 성공을 거두었다면, 1982년에 영국에서 네 번째 채널로 출범한 채널 4는 좀더 의도적으로 그것을 이용했다. 새로운 방송사는 출범 다음날 아침에 중요 뉴스가 되었다. 프로그램 중 하나인『브룩사이드』에 욕설과 엉덩이 노출이 있었기 때문이었다. 프로그램 제작자는 일반적인 연속극이 아니라 "사회적 드라마"로서의 특성을 유지하려면 선정적일 수밖에 없다고 생각했지만, 그것은 또한 채널의 출범일 저녁을 겨냥한 교묘한 마케팅 카드이기도 했다. 폭스와 마찬가지로, 대담하고 논쟁적인 내용으로 뉴스의 첫머리를 장식함으로써 초반에 성과를 거두자, 그들의 행동은 더욱 대담해졌다. 채널 4는 노골적인 언어와 성적인 내용으로 방송계에서 공공연한 논란을 일으켰고, 기자들이 방송사 홍보 부서가 논쟁의 소지가 있는 주제로 관심을 끌 것이라고 밝힌 프로그램의 사전 자료 화면을 요구하는 정도까지 되었다. 영국의 보수적인 신문사인 『데일리 메일』은 라콜타 부인과 같은 역할을 맡았고, 채널 4와 오랫동안 원수로 지내면서 특히 도움이 되었다. 채널 4는 화면 한쪽 구석에 빨간 삼각형을 띠워서 시청자들이 채널 4의 자극적인 내용에 기분이 상할지 모른다는 경고 제도를 도입했다. 작고 빨간 삼각형이 화면에 뜨는 동안에 시청률은 획기적으로 높아졌다.

어느 회사든지 일정 규모를 넘어서면 홍보 부서를 따로 두기 마련인데, 도전자의 특이한 점은 그들이 PR을 유리하게 활용한다는 데 있는 것이 아니라 PR에 굶주린 나머지(전통적인 마케팅 자원이 부족한 상황에서 남들보다 두드러지거나 정체성을 부각시킬 필요가 있기 때문에) 그것을 과감하고 일관되게 만들어낸다는 점이다. 이것은 홍보 제작이 기성 브랜드와 비교할 때 마케팅 과정에서 훨씬 더 중심적인 역할을 맡고 있음을 의미한다. 작은 회사들도 처음부터 악명을 떨쳐서 유명해지는 것을 꺼리지 않는다. 예를 들어 데스 시거렛(Death cigarette)의 경우, 모든 브랜드들을 그런 뉴스와 입소문을 이용해 구축했다. 여성 구두 브랜드인 캔디(Candie)는 제니 맥카시가 속옷을 발목까지 내린 채 화장실 변기에 앉아 있는 모습의 광고를 만들었다. 『타임』지는 혀를 찼고 광고 게제를 거부했으며, 그 즉시 캔디는 원하는 브랜드 이미지를 얻을 수 있었다. 물론 자녀를 둔 어머니라면 그런 사진을 결코 좋아하지 않을 것이다.

하지만 이러한 홍보 활동이 악명을 무분별하게 유발한다는 인상을 준다면, 분명 잘못된 것이다. 도전이 무례한 공격을 의미하지 않듯이, 도전자의 PR은 충격적 요소나 논란을 꼭 요구하지는 않는

  제2부 성공하는 도전자 브랜드의 8가지 원칙

테스코 매장의 무뚝뚝한 생선

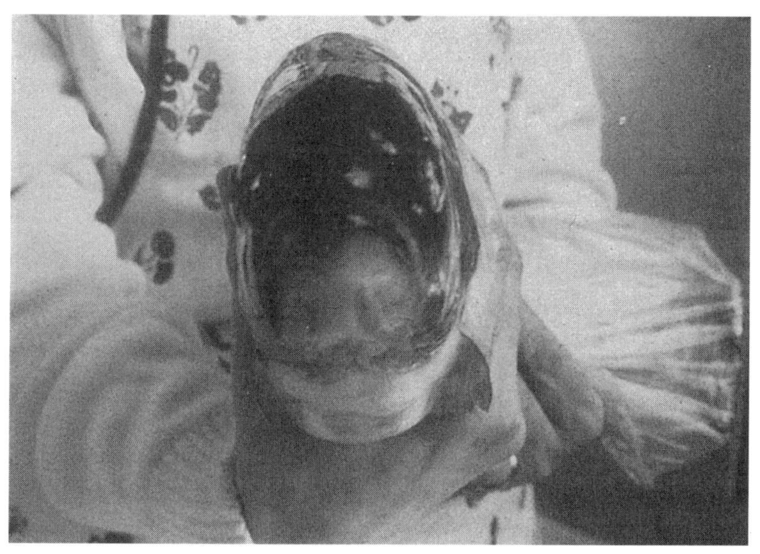

다. 어떤 도전자들은 홍보의 파문(ripple)을 유발하는 광고를 제작하는 데 초점을 맞춘다. 파문이 만들어지는 것은 광고가 재미있거나 논란을 불러일으키기 때문만이 아니라 뉴스거리가 되기 때문이다. 영국의 잡화 소매업체인 테스코(Tesco)는 식품을 구매한 손님이 어떤 이유로든 불만을 제기할 경우 환불해 주는 정책을 도입했다. 광고를 맡은 로 하워드 스핑크(Lowe Howard-Spink)는 송어를 구입한 여성이 송어의 품질이 아닌 단순히 얼굴 생김새가 마음에 들지 않아서 반품을 요구했다는 내용의 광고를 제작했다. 이 여성은 송어가 "너무 무뚝뚝하다"고 생각했다. 점포의 생선 판매원이 여자 손님에게 "잘 생기고 쾌활한 놈"을 골라주자 그녀는 행복해하며 돌아갔다.

타블로이드판 신문들에게 그 광고는 거절할 수 없는 유혹과도 같았다. 곧 영국 전역에서 기자들은 침울해 보이는 물고기를 점포로 다시 가져가서 담당자에게 "좀더 행복한" 녀석으로 골라 달라는 요청을 하기 시작했다. 테스코의 생선 매장 직원들은 적절하게 응대했고, 새로운 뉴스거리가 탄생했다.

앱솔루트 성공의 많은 부분은 매번 광고를 사용해 PR이라는 파문을 일으킨 덕분이었다. 예를 들어 예술가들에게 앱솔루트 병에 대한 사진 작업을 의뢰한 것을 살펴보라. 헬무트 뉴턴은 세계적인 패션 디자이너 7명이 작업한 앱솔루트의 디자인에 대한 사진 촬영을 부탁받았는데, 세계 곳곳에서 전시된 그 사진들은 여러 다양한 잡지의 기사에 오르내렸고, 예술 갤러리에 전시되었으며, 심지어 텔레비전에서 다루어지기도 했다. 비록 각 사진들은 잡지 광고로는 한 번밖에 쓰이지 않았지만, 나중에 앱솔루트는 헬무트 뉴턴의 사진 작품들이 본래 광고 효과의 10배 이상의 "사후 파동"을 일으켰다고 평가했다.

사람이 위험을 겁내기보다는 손실을 더 두려워한다는 개념은 가장 대담하게 홍보를 시도하는 기업이 어째서 잃을 것이 거의 없는 작은 규모의 도전자들인지를 설명해 준다. 베를린의 사무용 빌딩인 쾨니히스타트 테라센(Königstadt-Terrassen)의 예를 들어 보자. 현대적이고 값비싼 미테 지역에서 약 150미터 떨어진 이 빌딩은 아주 적은 마케팅 예산으로 잠재 임차인들에게 기성 브랜드를 버리고 도로를 조금만 걸어 내려오면 상당히 괜찮은 가격에 사무실을 구할 수 있다는 점을 설득해야 했다.

 제2부 성공하는 도전자 브랜드의 8가지 원칙

쾌니히스타트 테라센 : 식당

해결책은 세 가지 새로운 매체를 만들어내는 것이었다. 첫째는 쓰레기통이었다. 미테 지역 근방의 쓰레기통에는 하룻밤 사이에 스티커가 부착되었고, 스티커에는 "미테 지역에 사무실을 임대하느니 차라리 여기에 돈을 버리세요."라는 글귀가 적혀 있었다. 그 밑에는 새로운 사무실이 있는 곳의 전화 번호와 함께 마지막에 "미테에 침을 뱉으시오."라고 쓰여 있었다(임대료가 턱없이 높고 그 근방에 대안이 있음을 동시에 나타낸다). 두 번째 매체는 콘돔이었다. 콘돔의 겉봉에 "아이를 낳을 돈이 없다고요? 아마도 사무실 공간에 너무 낭비를 하시는군요."라는 문구를 넣고 전화 번호를 적어 두었다. 그런 다음 콘돔을 인근 식당과 술집에 배포했다.

처음 두 가지는 입소문을 타고 퍼진 반면, 세 번째 매체는 신문 보도로까지 이어졌다. 어느 새벽, 미테 근방의 도보에는 경찰이

쾌니히스타트 테라센 : 도보

"사망" 사건이 발생했을 때 하는 방식대로 분필로 그린 여섯 개의 윤곽이 남아 있었다. 바로 그 옆에는 "사무실 임대료를 내지 못해 뛰어 내렸음."이라는 글귀와 함께 전화 번호가 적혀 있었다. 130만 제곱미터 면적의 빈 사무실이 있는 도시에서 그들은 넉 달 만에 임대 수입을 52퍼센트나 증가시켰다.

이 사례는 이목을 끌기만 하는 홍보와 지능적인 도전자 마케팅의 차이를 우리에게 일러준다. 쾌니히스타트 테라센이 시도한 모든 일들의 일차적인 목적은 확실한 입소문과 대중적 관심을 유발하는 것이었지만, 그것은 또한 매우 교묘하고 효과적인 커뮤니케이션이기도 했다. 그들은 지역의 표적 시장 내에서 현저성을 창출했고, 확실하게 상품의 장점을 알렸으며, 기존 업체에 대한 뿌리

깊은 편견(지배적인 소비자 자기만족)에 대해서도 재평가를 이끌어냈다. 그리고 그들만의 개성을 창출하기 시작했다. 아울러 이미 사무실을 옮기기로 결심한 사람들에게 은연중에 아부를 했다. 사무실 임대업이 본래 관여도가 그다지 높은 업종이 아니라는 점에서 그것은 대단한 것이었다.

홍보와 이야깃거리

앞에서 우리는 광고와 홍보를 교묘하게 결합해서 대중 문화 속으로 진입한 도전자들에 대해 살펴보았다. 이들은 전통적인 매체들에서 상대적으로 낮은 광고 점유율을 상쇄하기 위한 방어적 조치로서, 그리고 브랜드 리더가 가지지 못한 방식으로 문화적 구성의 한 부분이 되기 위한 경쟁 우위의 원천으로서 그것을 이용했다. 하지만 어떤 도전자들은 광고와 홍보를 함께 사용하는 방식이 아니라, 전통적인 광고로부터는 아예 등을 돌리고 대신 가용한 모든 마케팅 예산을 홍보의 직접 혹은 간접 생산에 쏟아 부음으로써 단기적으로나 장기적으로 성공을 거두었다.

예를 들어 법적 소송은 도전자 항공사들에게 상당히 유력한 홍보 수단인 듯하다. 소규모의 저가 항공사로 서유럽의 항로에서 경쟁하는 이지젯(Easyjet)은 네덜란드로 가는 새 항공 노선을 취득한 후 자신이 익숙한 마케팅 상황에 있음을 깨달았다. 즉, 그들은 새로운 항로를 얻었다는 행복감은 잠재적인 표적 시장에서 자신의 인지도와 가격의 이점을 신속히 구축해야 하는 필요성에 의해 재빨리 대체되었다. 동시에 그들은 전통적인 매체를 통해서 거대하고 더욱 굳건한 경쟁사들에 맞서기에는 상대적으로 아주 적은 돈밖에 없었다.

그래서 이지젯은 매체에 광고를 게재하는 데 모든 예산을 쓰지 않는 대신, 그것을 계획의 3분의 1로 줄이고 나머지 돈은 변호사들에게 지출하고 투자했다. KLM(네덜란드 국적 항공사)가 불공정한 경쟁 행위를 한다며 유럽 법원에 법률 소송을 제기한 이지젯은 자신들을 단지 시장에 진입한 신생 항공사라기보다는 대중의 편에 서 있는 항공사로 포지셔닝을 했다. 법원의 판결이 있던 날, 이지젯은 텔레비전, 라디오, 신문에 등장했다. 이 날 소규모의 라디오 광고를 내보냈는데, "대형 항공사"의 기장이 이륙하면서 비행기 승객들에게 그들이 식사를 위해 지불한 돈에 대해 감사한다고 말하는 내용이었다. 그 광고는 불난 데 기름을 붓는 격이었고, 이지젯 소송에 관한 시사 프로그램이 진행되는 동안 내보내졌다.

한 달이 지나자, 이지젯을 찾는 소비자들은 두 배로 늘어났고, 두 달이 지난 뒤에는 세 배로 늘었다. 엄밀하게 좌석 점유율(저가 항공사 사업에서 수익성의 척도)은 같은 기간 35퍼센트에서 70퍼센트로 상승했다.

그리고 이는 홍보를 이용해 단기적인 성과를 얻은 사례인 반면 — 이지젯은 일단 소송이 해결되자 네덜란드에서 다시 광고로 돌아갔다 — 소수의 도전자들, 예를 들어 바디샵과 스타벅스는 입소문, 그리고 거기에서 생기는 이야깃거리를 이용하여 광고를 전혀

  제2부 성공하는 도전자 브랜드의 8가지 원칙

하지 않으면서도 최근까지 성공적으로 사업을 이끌고 있다. 비록 이 두 기업은 자신의 소매 매장을 보유하고 있다는 점에서 확실히 특이하지만, 비소매 기반의 도전자에게 흥미로운 교훈을 제공하며, 이런 점에서 그들의 사례를 좀더 자세히 논의해 볼 만하다.

스타벅스는 "경험의 브랜드"이며 동시에 한 잔의 커피가 종착지이다. 그리고 그것이 제공하는 경험이 열망을 불러일으킨다. 그곳에는 재즈, 커피 전문가가 된 듯한 느낌을 갖게 하는 커피 원두에 관한 정보, 유사 이탈리아어들이 있다. 이 모든 것은 사람들에게 그들이 줄을 서서 기다리는 동안에는 "커피에 대해 잘 알고 있는" 듯한 느낌이 들게 하고, 사무실 동료들 앞에 컵을 내려놓을 때는 인생의 중요한 것을 구하기 위해 노력하는 사람처럼 보이게 한다. 그렇게해서 스타벅스는 처음에 얼리아답터들에게 자신을 자랑할 수 있는 권리를 주었다. 그 다음엔 제품에 대한 열광과 열망적 일체화의 기회를 통해 더 많은 사람들을 끌어들였다. 스타벅스는 "이벤트"를 통해 대중적 관심을 유발하지는 않았지만, 그들이 성공적으로 개발해낸 브랜드 사용자 관계의 숭배적 성격은 원더브라와 에너자이저 버니가 광고를 통해 이루어낸 아이콘 차원은 아니지만, 일반 대중들 사이에서 확실한 입소문 효과를 만들어냈다.

반면에 바디샵은 "화제의 브랜드"(issue brand)이다. 이들은 특별한 사회적 문제에 대한 그들의 입장을 표명함으로써 의식적으로 홍보와 뉴스를 만들기 시작했다. 바디샵의 경우, 살아 있는 설립자가 전면에 나서고 회사는 그 뒤에 있다. 바디샵의 애니타 로딕은 허황된 행동이나 브랜슨처럼 기성 체제에 대한 반발을 통해 대중적 관심을 유발한 것이 아니라 동물의 권리, 여성의 신체적 학대, 아프리카 문화 같은 다양한 문제에 대해 강력한 개인적 입장을 표명함으로써 성공적으로 신문의 기삿거리가 되었다. 도전자로서 사업 수완이 뛰어난 바디샵은 다른 거대 화장품 업체들과의 핵심적인 차별성으로서 이러한 사회적 윤리 문제를 활용했지만, 소비자에게는 브랜드에 공감을 표시하는 어떠한 희생적 행동도 요구하지 않았다.

오히려 바디샵 제품은 육체적 쾌락주의를 정신적 고상함과 특이하게 결합시켰다. 밖에서 활동하는 것만큼이나 거품이 가득 찬 욕조에 앉아서도 내적으로 고상한 느낌을 가질 수 있다는 식이었다. 고전적으로 이 두 가지는 정반대되는 것이었다. 즉, 쏟아지는 비를 맞으며 외국 영사관 앞에서 플래카드를 흔들면서 더 좋은 세상을 만들든지, 아니면 향기로운 거품 욕조에 기대 앉아 자신의 몸을 가꾸든지 둘 중 하나만 가능했다. 로딕의 뛰어난 점은 이 두 가지를 조화시켜 미덕을 사치스럽게 만들면서, 소비자에게는 제품 구매와 그 효과를 즐기는 일 외의 다른 어떤 사회적 노력도 요구하지 않는 화제의 브랜드를 창출했다는 점이다.

스타벅스와 바디샵은 자신만의 매장을 가지고 있고 최근까지도 광고의 이용 없이 성공을 거둔 점 외에도 많은 공통점이 있다. 첫째, 두 브랜드는 기쁨을 제공함으로써 성공을 거두었다. 즉, 일상적인 생활에서 맛보는 짧은 순간의 즐거움을 제공했다. 둘째, 이 즐거움은 각각의 경우, 보다 강렬한 제품에 그 뿌리를 두고 있다. 바디샵은 과일과 허브 성분의 매력, 스타벅스는 커피 원두와 구매 과정의 매력이 있었다. 셋째, 두 브랜드는 그들 나름의 방식으로, 안목이나 사회적 계몽의 측면에서 자신들이 누구인지에 대한 소비자의 인식을 확장했다. 즉 그들 각각은 감성적이고 기능적으로 소비자들에게 독특한 경험을 제공했고, 자신들의 매장을 이용해 그러한 경험과 일체감의 감성적이고 기능적인 기초를 교육하고 확산시켰다. 넷째, 성장의 주요한 시기에 두 브랜드는 브랜드와 자신을 동일시하고, 그것에 관해 이야기를 하는 소비자층을 창출했다. 그들은 특별한 사용자 그룹이라기 보다는 일종의 동호회(club)에 가까웠다.

이제는 입소문이 광고만 하는 것보다는 소비자에게 훨씬 강력한 영향을 미친다. 더구나 입소문은 스스로 퍼져 나간다는 점에서 훨씬 효과적이다. 전통적인 마케팅 자원이 부족한 상황에 있다면 입소문은 아주 필수적이다. 사람들은 정말로 성공적인 이야기깃거리를 마치 자신의 경험인냥 생각하고 평가한다. 포커스 그룹의 모든 사람들은 브랜드와 관련해 놀라운 일을 겪은 누군가를 알고 있다고 주장할 것이다. 그들은 자신들이 그 놀라운 경험으로부터 분리되어 있다고 느끼지 않는다. 영국의 소매 체인점인 막스앤스펜서(Marks and Spencer, 광고를 이용하지 않고 큰 성장을 이룩한 또 다른 브랜드)의 품질 관리는 그러한 이야깃거리에 속한다. 당시 영국 소매점의 이미지는 고품질과 혁신적인 식료품 정책을 통해 1980년대와 1990년대 초반에 좋아지고 있었다. 포커스 그룹에 참석한 한 응답자는 자신의 친구가 경험한 것에 대해 이야기를 했다.

집에서 저녁 파티를 준비하던 그의 친구는 점포가 문을 닫기 전에 서둘러 식품을 사고 있었다. 하지만 막스앤스펜서의 계산원은 상점에서 마지막으로 남은 고기 팩을 유통 기간이 한 시간 넘었다는 이유로 판매할 수 없다고 했다. 친구는 간절하게 통사정을 하며 상점 책임자를 부르는 지경까지 되었지만, 막스앤스펜서 직원은 품질 기준을 깰 수는 없다면서 고집을 꺾지 않았다. 조사에 참석한 다른 사람들은 감명을 받고 진지하게 고개를 끄떡일 것이다. 그들은 모두 개인적으로 그와 비슷한 경험을 한 누군가를 알고 있었다. 그리고 다음 사람도 자기 친구에게 일어났던 이야기를 털어놓기 시작할 것이다.[4]

이처럼 사회적인 통화(currency)를 일관되게 창출하는 브랜드는 그들을 둘러싼 이야깃거리나 신화를 창조하기 시작한다. 그러한 이야깃거리는 브랜드 자산 이상의 것이며, 그보다 한 단계 높은 차원에서 움직인다. 왜냐하면 브랜드 자산은 조사 과정에서 소비자가 브랜드에 대해 떠올리는 인식이나 사실로 정의될 수 있지만, 신화는 소비자가 요청 받지 않은 브랜드에 대해 적극적으로 전달하는 인식이나 사실들로 정의될 수 있기 때문이다. 따라서 브랜드 자산은 수동적이고 개인적이며 잔류하는 것 — 개인의 머릿속에서 인식의 집합으로 자리잡고 있다가 구매 과정이 다시 시작될 때 그 개인 안에서 촉발된다 — 인 반면에, 이야깃거리는 적극적이고 사회적이며 스스로 퍼져나간다. 그것은 기존 사용자층과 잠재 사용자층 사이에 쉽게 퍼지는 바이러스성 자산과 같다. 정말로 가장 강력한 모멘텀의 시기에 도전자는 브랜드 리더보다 한 단계 위에 있다고 볼 수 있다. 왜냐하면 브랜드 리더는 강력한 자산을 향유하지

　제2부 성공하는 도전자 브랜드의 8가지 원칙

만, 도전자는 강력한 이야깃거리를 향유하기 때문이다. 즉, 도전자는 브랜드 광고와 마케팅을 통해 아이콘 차원에서 ─ 그것을 대중문화의 기준점으로 만들면서 ─ 혹은 저변의 입소문을 통해서 그것을 향유한다.

야심 있는 도전자 브랜드가 어떻게 그러한 이야깃거리를 창출하고 이용하는지 이해하기 위해, 먼저 이야깃거리가 어떻게 해서 생기는지 살펴보도록 하자. 그것이 생겨나는 것은 대체로 소비자가 아래의 네 가지 상황 중 하나에 있기 때문이다.

1. **자랑거리.** 소비자가 가치 있는 어떤 것을 발견한 경우이다. 예를 들어 자신이 새로 나온 최고급 맥주나 새로운 음악 그룹을 처음 발견했다고 느낄 때이다. 어제 라디오에서 새로운 밴드의 노래를 들었어. 시애틀 출신이라는데, 자네도 들어보라고. 크게 히트할 거야. 이 재킷? 아, 이것은 나파피리라는 작은 이탈리아 회사 제품이야. 이 회사의 옷이 맘에 들어. 하지만 이탈리아 밖에서는 구입이 불가능해. 작년에 거기에 스키 타러 갔었다가 발견했지.

2. **제품 열광.** 소비자가 제품의 성능이 놀랄 만큼 인상적이라는 점을 우연히 알았을 때이다. 예를 들어 랜드로버가 비포장 도로 4000마일을 쉬지 않고 달릴 수 있도록 설계되었다는 것을 알았을 때, 오늘 아침 탑승한 비행기에서 잠에서 깨자 안마사가 목 마사지를 해주었을 때, 어젯밤 아이스크림 가게에서 토피 초콜릿 퍼지를 엄청나게 많이 얹어줬을 때 등이다.

3. **열망적 일체감.** 소비자가 강한 정체성과 정신(ethos, 예를 들어

어떤 사회적 현안에 동조하는 것)을 가진 브랜드를 발견하고 그것에 대해 감탄하거나 일체감을 느끼는 경우이다. 오스트레일리아의 서핑 브랜드인 립컬(Ripcurl)의 이사들이 매주 토요일 아침에 파도타기를 하도록 요구받는다는 — 광고 담당 이사는 53세나 되지만 — 사실을 알게 된다면, 그것은 나에게 아직까지 매각되지 않은 고지식한 의류 회사가 있음을 전달한다(인지된 진정성은 도전자의 인내력의 토대이다). 야외 활동용 의류 회사인 파타고니아가 세전 이익의 10퍼센트를 환경 보호에 기부함을 알게 된다면, 그러한 종류의 제품을 구매할 때 나는 단지 사회적 양심만이 아니라 등산이나 멋진 야외 활동에 관한 어떤 철학에 동조하게 된다. 그것은 자연을 훼손하지 않고 보존하는 것, 받지 않고 주는 것 등에 관한 철학이다.

4. 뉴스 가치. 소비자가 동료들과의 대화거리로 삼고 싶을 만큼 놀랍고 아주 흥미로우며 충격적인 마케팅 활동을 접하는 경우이다. 예를 들어 벤앤제리스가 그저 재미 삼아 버몬트의 한 도시에서 2만 파운드의 선디 아이스크림을 만든 것이나, 그 아이스크림을 "마차"에 싣고 미국 전역을 다니면서 지나가는 사람들에게 공짜로 나눠주는 것을 들 수 있다.

이것은 브랜드가 스스로 화젯거리가 되고 사회적 통화 — 이른바 자판기 대화 — 을 만들어내는 핵심적인 네 가지 방법이다. 그리고 이러한 통화를 갖기 위해서는 소비자가 그것이 그들에게만 이러한 효과가 있다고 느껴서는 충분하지 않다. 그것이 그들의 청중에게도 놀라움을 줄 것이라고 느낄 필요가 있다.

 제2부 성공하는 도전자 브랜드의 8가지 원칙

광고를 이용하지 않고 공격적인 성장을 바라는 도전자라면 이 모든 것을 적극적으로 이용하려 할 것이다. 도전자는 확신을 가질 만한 탁월한 제품을 가지고 있을 것이다. 초기에 자랑거리는 열혈 지지자를 만들어내기 위해 중요하지만, 브랜드가 일단 시장에 진출해 어느 정도 성장을 이룬 후에는 그것에만 의존해서는 안 된다. 따라서 도전자는 열망적인 일체감을 불러일으킬 수 있는 어떤 특성들을 브랜드의 정체성으로 구축하고, 새로운 가치를 지속적으로 창출할 수 있는 인력과 아이디어에 마케팅 예산을 투입해야 한다.

때때로 도전자는 광고를 통해 그러한 이야깃거리를 더 폭넓은 청중에게 반복적으로 알림으로써 퍼뜨리기도 한다. 새턴이 자동차 리콜 기간 동안, 새턴의 판매원은 자동차를 가져오지 못하는 알래스카의 고객을 위해 멀리까지 날아갔다. 판매원은 엔진이 두 개 달린 비행기를 임대해 알래스카에 도착했고, 고객의 차고에서 정비를 마친 후 같은 날 비행기를 타고 되돌아왔다. 이 사건에 대한 자연스런 언론 보도 외에도, 새턴의 광고 대행사(할리니앤파트너)는 그 아름다운 신화를 텔레비전 광고로 제작하여 확산시켰다.

그러므로 브랜드의 이야깃거리는 정체성, 헌신, 경험들이 서로 어우러져서 발생한다. 과도한 헌신 혹은 제품의 과도한 성능은 고객을 감동시키는 경험을 이끌어낸다. 브랜드와 소비자와의 관계에서 이것이 지속적으로 일어난다는 것은 그러한 경험이 요행이 아니라 브랜드 정체성의 반영으로 볼 수 있음을 의미한다. 특히 브랜드로부터 강력하게 투영된 정체성의 인식이 그것에 동반하는 경우에는 더욱 그렇다. 소비자는 다음날 자신의 친구들에게 그것에 대

해 이야기한다. 그러면 도전자는 수동적이고 개인적인 자산뿐만이
아니라 스스로 퍼져나가는 사회적인 이야깃거리를 가지게 된다.
그리고 이것이야말로 브랜드 리더에 대한 경쟁 우위의 원천이다.

소비자 중심이 아니라 아이디어 중심이 되라

"우리의 가장 큰 경쟁자는 우리 자신이다."

— 마누엘 J. 코르테즈, 라스베가스 관광공사 사장 겸 CEO

1988년에 광고 대행사 치아트데이(지금은 TBWA의 계열사)는 벨딩상(Beldings Awards)의 모든 부문을 휩쓸었다. 로스앤젤레스 지역을 기반으로 하는 벨딩상은 웨스트우드 동부 지역에서는 실질적인 권위가 없었지만, 로스앤젤레스 광고인들 사이에서는 자부심의 원천이었고, 치아트데이가 기세를 올리고 있었다. 치아트데이의 작품이 시상식을 지배했고, 작은 분홍색 버니가 혼자 받은 은접시가 작은 산을 이루었다.

당시 치아트데이의 크리에이티브 디렉터인 밥 쿠퍼먼은 제이 치아트와 시상대에 나란히 올라서서 행복해하는 그의 크리에이티브 팀원을 내려다보았다. 그들은 재능과 알코올에 흠뻑 취해 있었고 그들의 테이블에는 은으로 된 벨딩 접시들이 가득했다. 쿠퍼먼은 치아트에게 천천히 말했다. "이것은 광고 대행사를 망하게 하기에 꼭 알맞은 것이군."

쿠퍼먼의 예언은 적중했다. 동부 연안의 유명 광고 회사들에 맞서는 서부 연안의 도전자인 치아트데이는 창조적 재능이 서서히 내리막길에 접어들었고, 이러한 추세는 1990년대 초반까지 계속되었다. 한 때 "80년대의 광고 회사"로 불렸던 이 회사는 이제는 그것이 부정적인 의미로 들렸다. 하지만 다시 치아트데이는 조직을 정비하고 초점을 새롭게 맞춤으로써 역경에서 벗어날 수 있었다. 그들은 10년만에 비로소 로스앤젤레스에서 열리는 소규모 시상식들을 다시 휩쓸기 시작했고, 한층 폭넓은 차원에서 그들의 명성을 재구축했다.

위 이야기는 도전자가 되는 데 가장 큰 위협이 성공이라는 점을 보여준다. 성공은 물론 매우 위험한 것이다. 업계에 성공적으로 진입 혹은 재진입하는 것이 하나의 문제라면, 자기만족이나 과도한 확장에 의해 망가지지 않고 계속해서 성공을 유지하는 것은 전혀 다른 문제이다. 애플에서부터 모시모(Mossimo)에 이르기까지, 서부 지역의 마케팅 전장에는 기세 좋게 출발했지만 모멘텀을 유지하기 못한 부상당한 도전자들이 곳곳에 널려 있다.

따라서 모멘텀을 상실하기 전에 이러한 문제에 우리가 어떻게 대처해야 하는지 — 즉, 어떻게 역경에서 모멘텀을 회복할 것인가가 아니라 어떻게 모멘텀을 계속 유지해야 하는지 — 를 고려하지 않는다면, 성공적인 도전자를 위한 "전략 프로그램" 과정은 완전하지 못할 것이다.

  제2부 성공하는 도전자 브랜드의 8가지 원칙

모멘텀

도전자에게 모멘텀은 두 가지 이유로 결정적으로 중요하다. 첫째, 실제적(actual) 모멘텀은 투자 수익률(ROI)의 원천이며, 따라서 매출과 수익에서 성장의 척도이다. 하지만 둘째, 인지된(perceived) 모멘텀은 이 브랜드가 업종을 주도하고 있고 주목할 가치가 있다는 소비자의 인식이며, 이는 미래 자산의 기초이자, 현재 수익을 능가할 미래의 투자 수익의 씨앗이다.

대부분의 도전자들이 모멘텀을 상실하는 이유는 그들이 동일한 위치에 머무르기 위해서는 변화해야 한다는 사실을 깨닫지 못하기 때문이다. 즉, 그들은 핵심 정체성이 아니라 정체성을 소비자가 경험하고 자극을 받는 방식을 변화시켜야 한다. 성숙한 시장에서 도전자 브랜드의 초기 성공 기반은 그들이 브랜드 리더와는 다른 식으로 사용자와의 관계를 개발한 것이었다. 당시에 신선하고 색다른 이러한 관계는 그 업계에서 소비자들에게 익숙했던 틀을 깨는 브랜드(팀버랜드와 새턴처럼)의 등장에 대한 소비자의 반응에서 비롯되었다.

하지만 한 브랜드가 성공하면 업계의 나머지들도 그 성공의 기초를 자신의 것으로 흡수하려고 한다. 아이스 맥주가 처음 세상에 나오자, 곧 이어 다른 아이스 맥주가 등장했고, 여러 아이스 맥주들이 줄지어 쏟아졌다. 결국 아이스 맥주, 즐거움을 주는 비행기 혹은 사용자 친화적인 컴퓨터만으로는 성공을 장담할 수가 없게 되었다. 혁신과 마찬가지로 아이디어도 복제가 되므로(흔히 더욱 약화된 형태이지만), 결국 처음의 관계를 지탱하는 최초 아이디어의 위력은 줄어들고 만다. 따라서 처음의 제품 제안에 의존하는 도전자는 신선함을 잃고 만다.

그리고 물론 소비자로서 우리는 쉽게 싫증을 낸다. 어제 우리를 흥분시키던 것이 오늘은 지긋지긋하게 느껴진다(이것은 지금이 20세기이기 때문이 아니라 우리가 사람이기 때문이다. 로마 시인 루크레티우스가 로마인들은 항상 새로운 것만을 바란다고 불평을 털어놓은 것은 지금으로부터 2000년 전이었다). 그것은 단지 우리의 지루함의 문턱이 낮아져서만이 아니라, 우리의 편안함의 영역(comfort zone)이 확장되어 예전의 놀랍고 신선한 것들까지 포함하게 되었기 때문이다. 하지만 편안함의 영역은 브랜드 리더에게만 유리하다. 만일 도전자가 편안함의 영역 바깥에 머물지 못한다면, 즉 다소 자극적으로 차별성을 보이지 못한다면, 점차 유통의 영역에서 보이지 않게 될 것이고, 소비자의 무관심 속에서 서서히 죽음을 맞이하게 될 것이다. 왕성한 식욕으로 늘 새로운 것에 굶주려 있는 소비자는 해당 업종에서 더욱 새롭고 맛있는 먹거리를 찾아 움직인다.

이는 곧 도전자가 시장에 진입할 때 제시한 아이디어의 효력이 필연적으로 지속될 수 없음을 뜻한다. 도전자는 더욱 자주 소비자와의 관계에 양분을 공급하고 재충전해야 하며, 이는 소비자를 자극하고 선동하는 아이디어를 끊임없이 만들어야 한다는 것을 의미한다. 한두 번이 아니라 줄기차게 말이다. 소비자와의 관계는 늘 신선하게 유지해야 하며, 그 관계가 처음 이루어졌을 때만큼이나 신선해야 한다. 우리는 도전자를 위한 기본적인 동력이 모멘텀 —

    제2부 성공하는 도전자 브랜드의 8가지 원칙

우리 브랜드가 업계를 주도하고 있다는 느낌 — 이라는 점을 결코 놓쳐서는 안 된다. 따라서 성공적인 도전자 브랜드는 결코 가만히 있을 여유가 있을 수 없다. 그들은 끊임없이 소비자와의 관계에서 시장을 앞서가도록 노력해야 한다. 그런 움직임의 연료가 바로 아이디어인 것이다.

실제적 모멘텀을 유지하지 못할 경우, 규모라도 키우려는 유혹에 빠져 라인 확장이나 유통망 같은 어쩌면 독이 들어 있는 술잔을 받는다. 이로 인해 브랜드의 핵심 자산이 훼손되고 핵심 사용자들을 잃으며 사용자층의 형성이 잠식되어 더욱 급격한 쇠락으로 이어진다. 우리가 이미 보았듯이 도전자가 일단 신뢰성과 핵심 사용자들을 잃어버린다면, 그것은 태평양에서 길을 잃은 격이다. 다른 한편으로 인지된 모멘텀을 유지하지 못할 경우, 브랜드는 "냉동 건조" 상태에 빠지게 되며, 일정 기간 소비자의 의식 속에 꼼짝없이 갇혀 있거나, 혹시라도 기억에 떠오르더라도 이미 과거의 것이 되어 버리기 일쑤이다. 따라서 모멘텀을 가진 브랜드라고는 보기 어렵게 된다.

큰 성공을 거둔 브랜드일수록 이러한 위험은 더욱 커지게 된다. 미국에서 스와치는 1980년대 후반에 엄청난 성공을 거둔 이후 냉동 건조 상태가 되었으며, 1980년대의 한 시기를 특징지었던 경박함의 느낌 그리고 비합리적 낙관주의와 영원히 결부되어 버렸다. 에비앙(Evian)도 미국에 진출하고 얼마 되지 않아 일어난 운동 붐을 성공적으로 활용하였지만, 그로 인해 만들어진 "에어로빅 액세서리"의 이미지를 없애는 데 한동안 모진 애를 써야 했다. 1979년 영국의 신발 브랜드인 킥커스(Kickers)는 자존심이 강한 15~25세의 여성들이 갖고 싶어하는 유일한 부츠였지만, 1980년에는 진화하지 못한 채 화석화됨으로써 결국 감성적인 역사가 되고 말았다. 성공이 클수록, 생존하기 위해서는 더 높이 뛰어야 한다.

모멘텀 유지하기 1: 지속적인 아이디어의 생산

아이디어를 이용해 관계를 강화해야 한다는 것은 기술 혁신이나 제품 뉴스를 활용해 관계를 강화해야 한다는 것과는 전혀 의미가 다르다. 관계를 발전시키거나 새롭게 하기 위해 전적으로 혁신에 의존하는 업종들이 분명히 있기는 있다(예를 들어 3M은 최근 5년 내에 출시한 제품들에서 전체 수익의 30퍼센트를 거둬들인다). 대형 브랜드가 광고 효과를 높이기 위해 최첨단 제품도 아니면서 일정한 간격으로 제품 뉴스를 만들어내는 것은 물론 마케팅의 일부이다. 그러한 뉴스는 대개 미미한 제품 혁신이며 — 20퍼센트 이상의 라놀린 성분 함유, 듀얼 에어백의 기본 장착, 두텁고 아작아작 부서지는 튀김옷 등 — 대체로, 단순히 대중과의 관계를 유지해야 하는 브랜드 리더에게 효과적이다. 기성 브랜드로서 그들의 위치는 제품의 갱신에 의해 손쉽게 확고해지고, 기능적 신뢰성 면에서 자신이 최고라는 사실을 소비자에게 심어준다.

하지만 도전자들을 살펴보면, 그들이 내세우는 아이디어는 제품

 제2부 성공하는 도전자 브랜드의 8가지 원칙

뉴스와는 전혀 다르다는 사실을 알 수 있다. 혁신과 아이디어의 차이는 아우디의 최근 개발을 통해 분명하게 설명된다. 차량을 완전히 알루미늄으로만 제작하는 것은 혁신이며, 그것이 순수한 알루미늄으로 만든 최초의 자동차라는 것을 보여주기 위해 도색을 하지 않고 내버려두기로 한 것은 아이디어에 속한다. 원거리 통신 화상 회의는 혁신이지만, MCI의 "친구와 가족들"(친구나 가족 간 장거리 통화의 요금 할인)은 아이디어이다. 항공 사업에서 전자 매표 시스템은 혁신이지만, 위층 좌석에 바를 설치하는 것은 아이디어이다. 도전자의 아이디어는 연구 개발 부서에서 나오기보다는 핵심 마케팅 팀이나 열성적인 소비자 혹은 회사 설립자의 사무실을 우연히 방문한 누군가로부터 나오는 경향이 있으며, 그것들은 제품에 대한 아이디어라기보다는 마케팅에 관한 아이디어인 것이 보통이다. 이러한 마케팅 아이디어는 매우 야심찬 것들이다. 그것은 프랑크푸르트에 있는 코메르츠방크 건물에 오렌지색 대형 시계를 매단다든지, 발전소에 브래지어 영상을 투사하는 식이다. 이들은 소비자의 상상력을 불러일으키고 자극한다.

　가장 단순한 차원에서, 도전자는 상투적인 마케팅 관행(광고, 프로모션, 후원 등)을 뛰어넘는 커뮤니케이션 아이디어를 활용하는 것처럼 보인다. 왜냐하면 업계에서 기존 업체들의 자리를 빼앗으려면, 이미 브랜드 리더에 의해 욕구가 충족되었다고 생각하는 소비자들의 상상력과 감성을 사로잡아야 하기 때문이다. 소니의 플레이스테이션은 출시 전부터 전통적인 광고로는 단지 브랜드 리더의 차원을 넘어 대표 상품이 되려는 목표를 달성하기에도 부족하다고

소니 플레이스테이션 : 크래시 밴디쿠트

크래시가 낡은 트럭을 몰고 미국 닌텐도 본사로 향한다. 트럭에서 내린 크래시는 확성기를 집어 들고 외치기 시작한다.
크래시 : 이봐, 배관공! 콧수염 아저씨, 이제 단단히 각오해.

크래시가 주차장에 서 있는 장면.
크래시 : 이제 짐을 싸라고. 난 자네를 놀래 주려고 왔어. 잘 보라구. 이게 뭐라고 생각하나? 자네는 리얼타임, 3D, 뛰어난 유기적인 환경을 보게 될 걸세
크래시가 트럭 위의 장막을 걷어내자, "크래시 밴디쿠트" 게임 화면이 나오는 텔레비전이 쌓여 있다. 텔레비전에는 모두 다른 장면들이 나온다.
크래시 : 이걸 보니 기분이 어때? 이제 자네 수명이 얼마 안 남았다는 게 실감이 나나?

생각했다. 그들은 미국에서 공식적으로 제품을 출시하기 4개월 전에 하나의 아이콘과 하마리도 맥스(Hamarido Max, 일본의 게임 잡지에서 나온 표현으로, 게임의 "속임수" 요소를 일컫는다)라는 캐릭터를 이용해 게임의 여론 주도층을 대상으로 소위 "바이러스" 마케팅을 실시했다. 아이콘과 용어들 — 이것은 나중에 "당신은 준비되지 않았다."라는 출시 슬로건으로 발전한다 — 은 나이트클럽의 손도장 (입장을 허가하는 표시) 같은 뜻밖의 형태로 자신을 드러냈으며, 록 콘서트의 마지막에 관중들을 향해 던지는 드럼스틱이나 도심 지역에 뿌려진 출처 불명의 전단에도 새겨졌다.

9월에 소니가 진출할 즈음에, 그러한 활동들은 플레이스테이션

 제2부 성공하는 도전자 브랜드의 8가지 원칙

소니 플레이스테이션 : 크래시 밴디쿠트(다음 편을 기대하세요)

트럭 옆의 밴디쿠트에게 보안 요원이 다가서는 장면. 보안 요원이 크래시의 팔꿈치를 잡는다.
보안 요원 : 이 곳에서 나가세요.
크래시 : 이 손 치워요.
카메라가 트럭 위의 텔레비전 화면들을 비추자 일제히 플레이스테이션 로고가 나온다. 그 중 하나에서 U-R-Not-e라는 글자가 번쩍인다. "크래시 밴디쿠트"라는 게임 로고가 클로즈업된다.

보안 요원과 크래시가 함께 주차장을 걸어가는 장면.
보안 요원 : 이탈리아 출신이오?
크래시 : 아뇨, 밴디쿠트는 오스트레일리아 이름이에요.

에 대한 기대 심리를 높이는 데 기여했으며, 그래서 일본에서 실어 보낸 게임기의 첫 선적분을 구입하기 위해 25달러의 예치금을 낸 사람들이 25,000명이나 되었다. 그리고 해커들은 플레이스테이션의 공식 웹사이트가 문을 열기 이틀 전에 그 내용에 관한 정보를 캐내려고 침입하기도 했다(이 모든 것은 텔레비전이나 인쇄 광고를 내보내기 전에 이루어졌다는 사실을 주목하라). 이후 크리스마스 성수기를 맞아 플레이스테이션은 불과 두 달 전에 출시된 브랜드 리더의 게임기(세가의 세턴)보다 많이 팔렸고, 그 후 2년이 채 지나기 전에 모든 게임기들을 제치고 브랜드 리더의 자리에 우뚝 섰다.

소니 플레이스테이션의 마케팅 그룹은 표적 고객의 상상력을 사로잡고 유지하기 위해 단순한 커뮤니케이션보다는 아이디어의 전략적 활용에 치중했다(그들이 그래야만 했던 측면도 적잖이 있었다. 남성다움, 자연스런 냉소, 멋져야 하는 압박이 서구 시장에서 15~25세 남성 여론 주도층을 세상에서 가장 어렵고 마케팅 반발이 심한 대상으로 만들었다). 크래시라는 이름의 밴디쿠트(캥거루쥐)가 등장하는 그들 자신의 "아이콘 캐릭터" 게임을 출시할 당시, 마케팅 도전은 배관공 마리오(닌텐도)와 소닉더헤지호그(세가)처럼 널리 알려지고 사랑스러운 캐릭터의 자리를 어떻게 빼앗느냐였다.

그것을 실행하는 해법은 나라에 따라 달랐지만, 기본적인 접근 방법 — 새로운 제품의 게임 플레이에 대한 전통적인 커뮤니케이션은 충분하지 않다는 점 — 은 어디서나 동일했다. 미국에서는 약 170센티미터의 붉은오렌지색 털의 크래시 밴디쿠트 인형이 미국 닌텐도의 본사로 향했다. 밴디쿠트는 닌텐도 정문 바깥에서 확성기로 배관공 마리오를 부르며 도전자답게 싸움을 한판 벌이려고 들었다. 그리고 닌텐도의 보안 요원 제복 차림의 배우가 우리의 털북숭이 영웅을 "강제로" 내쫓는 장면 — 실제 사건이 아니라 짜여진 연기였지만 — 을 담은 다큐멘터리 형식의 영화는 30초짜리 광고로 편집되어 새 게임을 출시할 때 사용되었다.

영국에서도 그러한 광고만으로는 소닉과 마리오 같은 기성 캐릭터들을 무너뜨리기에는 역부족이라는 판단이 섰다. 그래서 소니는 밴디쿠트가 영국에서는 희귀종에 속하므로 각별한 관심이 필요하다는 생각을 전개하는 컨셉을 만들어냈다. 그들은 일차적으로 밴디쿠트를 "보호"하려는 수많은 활동을 전개했고, 실제로 "밴디쿠트가 지나고 있음."이라는 도로 표지판을 곳곳에 배치했다. "밴디쿠트는 크리스마스 때만이 아니라 언제나 소중합니다."라는 고상한 내용의 차량용 스티커를 제작했으며, 무선 통신으로 잉글랜드 북부 지역에서 야생 서식하는 소규모 밴디쿠트 무리가 발견되었다는 식의 장난을 치기도 했다(이 장난은 실제로 『포틴타임스』라는 특이하고 비상식적인 사건들을 다루는 잡지에 소개되기도 했다).

그뿐만이 아니다. 프랑스에서 포뮬러원 레이싱 게임을 출시할 당시 플레이스테이션은 소비자들이 보는 잡지 속에 비행기의 위생 봉투를 끼워뒀는데, 게임의 사실성이 워낙 뛰어나서 멀미를 느낄지 모른다는 것을 나타내려는 의도였다. 소니 플레이스테이션은 경쟁자들에 대한 우위를 확보하기 위해 종래의 광고나 홍보를 훨씬 뛰어넘는 아이디어를 전 세계에 걸쳐 체계적으로 활용했다. 마케팅 차원에서도 그러한 아이디어의 반복된 사용은 차별화의 원천으로서 개성을 유지하는 데 도움이 될 수 있다.

난도스(Nando's)는 페리페리 치킨을 주요 품목으로 하는 남아프리카의 페스트푸드 체인으로서, "현장에서" 상상력이 넘치는 아이디어를 통해 불손한 개성에 지속적으로 활력을 불어넣으며 KFC를 바짝 추격하고 있다. 소비자들은 "죽은 닭들"(X-Fowls)이라는 황당한 글귀가 적힌 난도스의 배송 트럭(그것은 결국 죽은 닭들을 나르고 있다)과 황홀한 맛을 내기 위해 한 쌍의 교미하는 닭으로 치킨을 만든다고 밝히는 명백히 과장된 광고에 익숙해 있다. 사람들은 뒤 범퍼에 줄로 깡통을 매달고 주요 도시들을 돌아다니는 배송 트럭들을 통해 매리네이드로 절인 신제품이 출시된 것을 처음으로 알았

다. 트럭의 뒤편에는 전설적인 "방금 매리네이드에 절였음."이라
는 문구가 손으로 쓰여져 있었다.

이러한 점에서 난도스의 성공은 일관성에서 나온다. 단지 한 번
만 하는 것은 재미는 있겠지만 그다지 의미가 없을 것이다. KFC를
구식으로 보이게 하고 난도스가 더 매력적이라고 느끼게 만드는
것은 일관되게 과장되고 활기찬 실행이다. 그것이 모멘텀을 유지
시킨다.

우리가 이미 논의했던 두 브랜드는 반복된 혁신과 아이디어의
점증적 사용 간의 차이를 더욱 더 잘 보여준다. 그중 하나인 새턴
은 그다지 혁신적인 자동차는 아니다. 새턴은 매우 이성적이고 차
분한 세단이다. 하지만 새턴의 초창기 성공은 대중의 상상력을 사
로잡은 여러 가지 아이디어들에서 비롯되었다. 즉, 디트로이트가
아닌 미국의 소도시에 공장을 세운 것, 가격 흥정을 없앤 것, 60초
짜리 광고의 차분함을 이용한 것, 모든 자동차 전시장에 반으로 절
단된 자동차를 놓아둔 것(새턴 자동차의 단순한 미덕을 분명하게 드러내
기 위해), 홈커밍 모임을 생각해낸 것 등, 이것들은 정체성의 샘에
서 나온 아이디어들이며, 자동차 시장의 주요 흐름과는 모든 면에
서 반대라는 점에서 대중의 상상력을 사로잡았다.

두 번째 예는 테스코(Tesco)이다. 6장에서 살펴보았듯이 테스코
는 업계의 브랜드 리더인 세인스버리가 선택한 영역에서는 그들을
능가할 수 없음을 깨달았다. 하지만 분명히 식품의 차원(신선함의
인식과 구색)에서 경쟁할 수 있어야 했지만, 테스코는 자신들이 싸
워 이길 수 있는 또 다른 영역을 개척할 필요가 있었다. 그래서 식

   제2부 성공하는 도전자 브랜드의 8가지 원칙

품 부문에서 한 걸음 물러나 식품을 둘러싼 전반적인 쇼핑 경험을 살펴보았을 때 반격의 단서를 찾았다. 테스코는 최상의 쇼핑 경험이라는 기반 위에서 스스로를 마케팅하면서, "작은 일이라도 기꺼이 도와드리겠습니다."(Every little helps)라는 광고 문구를 만들었다. 그것은 거창하지는 않지만 현실적인 약속이었고, 소비자의 심금을 울릴 수 있는 약속이었다.

그러나 이 전략의 핵심은 단순히 "소비자의 편"에 선 것처럼 보이는 것이 아니었다. 그것은 "누구보다도 우리가 당신을 더 잘 이해합니다."라는 말 외에는 아무 것도 하지 않는 브랜드들의 공통된 피난처일 뿐이었다. 테스코의 전략은 소비자의 편에 선 것처럼 보이려는 것이 아니라, 실제 그러한 소비자들에 대한 이해를 행동으로 옮기는 최초의 소매업체가 되는 것이었다. 그 전략을 실천한 증거, 즉 실제로 총체적인 쇼핑 경험을 개선했음을 보여주는 예는 많다. 테스코는 먼저 자신들의 약속을 알리고, 그 다음엔 그것을 실천하였고 어느 것에서든 최초가 되려고 했다. 그러면서도 테스코는 늘 고객을 위한 자신들의 노력이 충분치 않다고 생각했다.

아래는 테스코가 3년 동안 도입하고 촉진한 아이디어들의 사례들이며, 대개 이들 각각에 대해 구체적인 광고를 실시했다.

- "원 인 프론트"(One in front). 계산대에 줄을 서서 기다리는 고객이 두 명 이상이면, 다른 계산대를 추가로 개방한다.
- 아기 기저귀 갈아주는 시설.
- 아기를 동반한 어머니를 위해 우유를 데워 주는 서비스.

- 자녀를 동반한 고객에게 출구에서 가까운 주차 구역 배정.
- 계산대에서 상품 담아주기.
- 포인트 보상 제도를 시행하는 클럽 카드.
- 캘빈 클라인 속옷, 리바이스 청바지 등을 절반 가격에 판매.
- "구매 전 시식". 조리 식품을 시식해본 후에 구매하는 방식.
- "정확한 계산" 약속. 고객에게 내준 거스름돈이 틀렸을 때, 차액의 두 배를 돌려주는 제도.

이러한 사례는 모두 각기 나름대로 영국의 식료품 소비자들에게 새로운 아이디어였다. 그리고 이들 각각은 "작은 일이라도 기꺼이 도와드리겠습니다."라는 공통의 주제로 연결되었다.

테스코가 한 약속의 힘은 소비자에게 내놓은 아이디어의 다양성과 일관성에 있음을 알 수 있다. 숫자 3의 개념이 없는 아메리카의 토착 부족이 있는데, 그들은 수를 "하나, 둘, 여럿"으로 센다. 마찬가지로 수많은 약속들을 접하는 냉소적인 소비자들은 어떤 브랜드가 한 아이디어를 한 번 실천하는 것을 볼 경우, 그것을 단지 우연으로 여기는 경향이 있다. 그리고 그와 같은 실천을 두 번째 본 뒤에는 그 브랜드가 확실히 노력을 한다고 생각하지만 판단은 유보된다. 그리고 만약 그것을 세 번째 보게 되면 더는 그 아이디어에 대해 왈가불가하지 않게 된다. 그렇게 테스코는 새로운 아이디어를 연속해서 내놓고, 그 약속을 끊임없이 실천하는 모습을 보여줌으로써 사람들의 마음을 사로잡았다.

마켓 리더십의 차원에서는 공격적인 신규 점포 개발과 함께 새로운 마케팅 정책의 결과, 테스코는 세인스버리의 매장 면적당 매출을 따라잡았고, 처음으로 시장 점유율에서도 앞서게 되었다. 사고의 리더십 차원에서는, 테스코가 내놓은 연속적인 혁신 방안들은 갈수록 매체의 관심을 끌었다. 예를 들어 테스코가 가정 배달을 계획하기 시작했을 때, 영국의 일요일자 신문들은 그 내용을 하나같이 경제면의 머릿기사로 실었다.*

　"하나, 둘, 여럿"에 대한 예를 마지막으로 하나만 더 들어 보자. 1998년 4월, 비가 내리는 어느 날 저녁에 나는 비행기를 타고 프랑크푸르트 공항에 내렸다. 로스앤젤레스에서 생활하며 4년 만의 유럽 방문이었기 때문에, 나는 독일의 수많은 새로운 회사들과 역동적인 브랜드들을 보며 무척 새로운 느낌을 받았다(심지어 당시 내리던 비조차도 그랬다). 밤 11시경에 홀리데이인 호텔에 도착했다. 택시에서 내려 호텔 문을 밀고 들어서자, 호텔 접수 데스크 앞의 로비 한 가운데에 오렌지색 메르세데스 SLK가 자리잡고 있었다. 누

---

* 밀워드 브라운 인터내셔널의 설립자인 고든 브라운은 다른 아이디어와 암묵적으로 다른 주장을 가지고 지속적으로 관계를 강화하는 것이 장점이 있다고 역설한다. "어떤 주장이 다른 사람에게 먹혀들든, 먹혀들지 않든 간에, 그것을 너무 많이 반복 사용하는 것은 효과적이지 않다. 예를 들어 어느 사무직 종사자가 점심 시간에 마거릿 대처에 대해 이야기하면서, 그녀가 훌륭한 총리였다는 점을 상대방에게 설득 있다고 가정해 보자. 그는 이렇게 말할 것이다. '이것 봐, 최근의 영국 총리들 윌슨, 캘러핸, 히스는 모두 시류를 쫓기만 했어. 하지만 적어도 대처는 단호한 자세로 사회를 변화시키려고 했단 말이야.' 그리고 다음날 똑같은 주제에 대해 대처 총리의 지지자는 어제와 똑같은 말을 하지는 않을 것이다. 만약 어제 했던 주장이 제대로 먹혀들지 않았다면, 오늘도 그 주장은 통하지 않을 것이기 때문이다. 따라서 지지자는 본능적으로 방향을 바꿔서, 이를테면 대처가 노조와 협상을 벌였던 것에 관해 말할 것이다. 계속해서 설득을 시도해야 한다면, 우리는 똑같은 주장을 반복하기보다 새로운 것을 찾아낸다." — 저자.

가 자동차가 그곳에 두었든지 간에, 내 주의를 사로잡은 것은 그 화려한 색상과 메르세데스의 측면에 검정색으로 적힌 "식스트"(Sixt)라는 단어였다 — 호텔에 체크인하려면 로비 한가운데에 있는 차량의 앞을 어쩔 수 없이 지나가야 했다. 10분 뒤 객실에 들어섰을 때, 나는 주머니에 든 것들을 꺼내 침대 옆 탁자 위에 모두 올려놓았는데, 이때 또 다시 그 단어를 발견했다. 착륙 전에 루프트한자 항공이 제공한 물 티슈의 포장에도 같은 단어가 적혀 있었던 것이다. 그래서 나는 그 단어를 기억하게 되었다.

다음날 나는 궁금증을 참지 못하고, 독일인 동료에게 전에 한 번도 들어본 적이 없는 그 렌터카 회사(나는 렌터카 회사일 것이라고 짐작했다)에 대해 물었다. 독일인 동료는 내게 좀더 많은 사실을 알려주었고, 그 회사가 포르쉐 911을 하루에 99마르크(약 55달러)에 빌려준다는 말을 덧붙였다. 나는 깜짝 놀랐다. 식스트라는 회사가 포르쉐를 겨우 55달러에 빌려주면서 어떻게 사업을 운영한다는 것일까? 동료는 꼭 그렇지는 않다고 설명했다. 식스트가 싼 가격에 빌려 주는 포르쉐는 단 한 대뿐이라는 것이었다. 하지만 식스트가 우리의 주목을 끈 것은 틀림없었다.

그곳에서의 모든 일정을 마친 뒤 나는 택시를 타고 공항으로 향했다. 평소 공항에서 렌터카 회사의 광고를 발견하는 것은 흔한 일이며, 식스트의 리무진을 그곳에서 또 발견했다는 사실은 그리 놀랄 만한 일도 아니었다. 하지만 나는 자동차의 위치에 그만 기겁하고 말았다. 리무진은 약 10미터 높이의 허공에 매달려 커다란 강철 기둥의 쇠사슬에 지탱된 채 아래로 향해 있었다. 텔레비전 광고나

   제2부 성공하는 도전자 브랜드의 8가지 원칙

인쇄 광고를 하나도 보지 않았지만, 나는 24시간 동안 식스트의 아이디어 네 가지를 접한 셈이었다.

식스트가 깨뜨린 것은 표현의 관행(오렌지색 메르세데스), 매체의 관행(항공사에서 제공한 물 티슈, 15미터 공중에 매달린 자동차), 그리고 경험의 관행(적어도 원칙적으로는 나도 사용할 수 있을 만큼 저렴한 가격으로 포르쉐를 빌려줌)이었다. 이 네 가지 아이디어는 식스트 브랜드의 포지션과 사업에 임하는 태도를 매우 선명하게 정의하고 있었다. 식스트에 대해 나는 무척 깊은 인상을 받았다. 독일의 렌터카 업계에는 비록 마켓 리더는 아니더라도 새로운 사고의 리더가 등장한 것이고, 비록 당장은 아니더라도 몇 년 후에는 식스트가 도전자의 위치에 설 것임을 알 수 있었다. 더욱이 이러한 상호 작용 중 어느 것도 기술 혁신이나 주류 광고와는 전혀 관련이 없었다.

(아이디어가 경제적 건강의 기초라는 개념은 단지 브랜드에만 국한되거나 특정한 시장의 미시적 차원에만 적용되는 것이 아니다. 소위 신성장 이론을 널리 알린 스탠포드 대학의 폴 로머 교수에 따르면, 사실상 현대의 국민 경제를 성공적으로 이끄는 것은 아이디어이다. 로머 교수는 경제를 이끄는 데 있어 아이디어의 가치에 대해서 아이디어는 지식과 마찬가지로 풍부하고, 서로를 발판으로 삼을 수 있으며, 개발과 재생산 비용이 저렴하다고 말한다).

따라서 브랜드 리더는 역사적으로 제품 뉴스를 이용해 합리적인 욕구에 대한 만족을 새롭게하면서 소비자의 신뢰를 유지해온 데 반해, 도전자의 목표는 실제적 · 인지된 모멘텀을 유지하는 것이며, 이는 표적 고객과의 관계를 강화하고 끊임없이 재자극하는 아이디어의 지속적인 활용을 통해 이루어진다. 이러한 아이디어에는 표적 고객을 자극하고 놀라게 하며, 그들로 하여금 이미 친숙하고 편안하게 느껴지는 것들에서 벗어나게 만드는 고유한 힘이 있다. 앞으로 살펴보겠지만, 그러한 아이디어들은 소비자의 감성적 욕망을 단순히 반영하기보다는 그것을 예측하는 능력으로부터 나온다.

간단해 보인다. 그렇지 않은가? 그것은 결국 맨 처음 도전자가 어떻게 성공에 이르게 되었는가와 본질적으로 아무런 차이가 없다. 하지만 많은 도전자들은 일단 어느 정도 성공을 거둔 뒤에는 자기만족에 빠지거나 방어적이 되고, 엄청난 가속이 붙던 시기와 같은 속도로 관계를 계속해서 강화하지 못한다.

내가 말하고자 하는 것은 계속해서 좋은 아이디어를 가지는 것이 중요하다는 피상적인 주장이 아니다. 성공을 거둔 다음에는 휴식을 취하는 자연적인 경향이 있다 하더라도(클로드 보낭제는 그것을 "전사의 휴식"이라고 불렀다), 도전자라면 반드시 모멘텀을 유지해야 하며 — 이는 자극적인 아이디어를 통해 소비자 관계의 신선함을 유지함으로써만 가능하다 — 따라서, 여기서 실질적인 문제는 보다 체계적으로 그러한 아이디어의 생산이 회사의 마케팅 생활의 일부가 되도록 만드는 것이다.

우리는 아이디어의 쇠퇴라는 개념을 제품의 쇠퇴에 비유해서 생각해볼 수 있다. 어떤 아이디어가 경쟁자의 모방에 의해 가치가 떨어졌거나 혹은 소비자가 지겨워하기 때문에 그들에게 더 이상 자극을 줄 수 없을 땐 그 아이디어는 쇠퇴할 수밖에 없다. 한 발 더 나아가서, 우리는 어떤 아이디어를 다른 경쟁업체가 모방하기 전에 재빨리 더 나은 아이디어로 대체함으로써 본래의 아이디어를 스스로 쇠퇴시킬 수도 있다. 결국 자신이 만든 제품과 스스로 경쟁하는 것은 주요 카테고리 리더가 자신의 우위를 지켜 나가는 방법이며, 이는 단지 소프트웨어 산업에만 국한되는 것은 아니다. 질레트(Gillette)는 자신이 만든 기존 제품을 계속해서 쇠퇴시키는 것을 목표로 삼은 기업이다. 액셀은 센서로 대체되었고, 센서는 센서2에 길을 양보했다.

여기에서 흥미로운 점을 발견할 수 있는데, 질레트는 매번 새로운 면도기 세대를 시장에 진입시킬 때면, 뒤를 이을 후계자에 대한 연구에 이미 착수한 상태라는 점이다. 질레트의 회장은 "면도용품 업계에서 우리가 주요 신제품을 내놓을 때면 항상 그 뒤를 이을 제품 개발에 착수해 있다."고 말하면서 "시장을 선도해야 한다."고 강조했다.[1] 아이디어도 마찬가지다. 도전자는 어떤 아이디어를 내놓은 뒤 다른 경쟁자보다 앞서서 그 아이디어를 다른 새 아이디어로 대체해야 한다.

아이디어와 모멘텀의 공생 관계에 대한 증거는 『인디펜던트』의 초대 편집자인 안드레아스 스미스의 회고록의 정곡을 찌르는 증언에서 찾아볼 수 있다. 『인디펜던트』는 『가디언』, 『타임스』와 맞서기 위해 1986년 10월 7일에 창간된 영국의 주요 신문이다.

나의 업무의 핵심은 매주 월요일 우리가 무엇을 해야 하는지에 대한 10~15개의 아이디어를 가지고 편집 회의에 참석하는 것이었다 … 편집 회의는 여러 아이디어들 중에서 좋지 않은 것들을 빼버리고 좋은 것들을 남기는 작업이었다. 하지만 나는 그것에 대해 어떤 긍지도 느끼지 못했다.

　수 년 동안 그러한 시스템은 잘 굴러갔지만, 편집인 임기를 마칠 즈음이 되자 아이디어의 샘이 마르기 시작했다. 회의 때 내놓는 아이디어 수가 줄어들고, 5~10가지 정도밖에는 떠오르지 않았다. 그러다가 5개도 어려워지기 시작했다. 나는 이것이 무척 걱정되었다.[2]

『인디펜던트』는 창간 후 처음 몇 년 동안 엄청난 성공을 거두었다. 영국에서 새로운 신문이 성공을 거둔 예는 수십 년 동안 찾기 어려웠는데, 『인디펜던트』는 어느 새 발행 부수에서 『타임스』와 맞먹을 정도가 되었다. 하지만 스미스가 회사를 떠난 즈음부터 아이디어가 줄기 시작하면서 『타임스』와는 다시 상당한 격차로 뒤떨어지게 되었고, 이후 『인디펜던트』는 시장에서의 재도약에도 실패하고 소유주도 바뀌고 말았다.

　이것은 아이디어가 풍부한 문화와 성장의 공생 관계를 보여주는 전형적인 예라고 말할 수 있다.

모멘텀 유지하기 2 : 정체성/경험에 접근하는 다른 방식의 제공

우리는 도전자가 모멘텀을 유지하는 ― 그래서 성공에 이르는 ― 조건이 아이디어임을 살펴보았다. 어떤 도전자들은 오늘날의 새턴처럼 강력한 출발 뒤에 아이디어의 고갈을 겪거나, 1980년대 후반

　제2부 성공하는 도전자 브랜드의 8가지 원칙

의 애플처럼 정상에 도달해 미끄럼을 타기도 한다. 테스코처럼 관계를 새롭게 하는 아이디어를 지속적으로 내놓는 도전자들은 계속해서 성장한다.

그렇지만 도전자가 성장하면서 직면하는 다른 종류의 도전이 있다. 그것은 소비자에게 있어 브랜드의 의미가 변화하는 것이다. 브랜드 리더는 소비자에게 소속감을 주며, 더 큰 공동체의 일부라는 느낌을 주는 데 반해, 도전자가 제공하는 것은 (적어도 처음 출발할 당시에는) 개인화(individualization), 혹은 앞서가는 어떤 것의 일부가 되게 하는 것이다. 그래서 도전자는 처음 출발 당시의 속도와 모멘텀을 유지하기가 어려운데, 그것은 소비자가 싫증을 내기 때문만이 아니라 브랜드가 소비자를 개인화하고, 소비자에 관한 커뮤니케이션 수단이 되는 능력을 상실했기 때문이다. 따라서 브랜드의 의미가 근본적으로 변하기 시작한다. 다른 모든 사람들이 똑같이 사용하고 있다면, 어떻게 그것이 개별 소비자에게 가치가 있다고 말할 수 있겠는가?

그러므로 성공적인 도전자는 중반에 기로에 직면하게 된다. 핵심적인 지지층을 유지하기 위해 본래의 성공 공식을 계속 유지할 것인가, 아니면 성장을 지속하기 위해 자신의 호소력의 본질을 바꿀 것인가?

방안 1 : 피터팬 전략

어떤 도전자들은 피터팬이 되려고 하며, 결코 성장함이 없이(어쨌거나 나는 이것을 비하할 뜻이 전혀 없다) 처음에 통했던 방식을 유지하면서 성공을 지속한다. 퀵실버(Quiksilver)는 브랜드의 진품성(authenticity)을 유지할 필요성에 대해 말한다. 그들 말대로 하면, 그들 옷은 "바다에서"(in the wate) 입어야 한다. 파도타기 애호가들은 그들의 옷이 시카고의 매장에서 아이들에게 판매되는 것을 안다면, 더 이상 입으려 하지 않을 것이다. 오클리는 "발견될 수 있게" 해야 할 필요성, 바로 유통망의 제한을 이야기한다.

두 브랜드 모두 장수를 위해 자연스럽게 매출과 실제적 모멘텀에 상한선을 두고 있다.

방안 2 : 재창조 전략

마돈나에 대해 생각해 보자. 마돈나는 대중 문화의 아이콘으로서 동시대의 많은 이들보다 더 오래 살아남았다. 그것은 그녀의 음악적 재능과 취향에 대한 변함없는 소비자의 관심 때문이 아니라, 그녀가 끊임없이 그녀 자신과 스타로서의 마돈나와 음악가로서의 마돈나에 대한 접근점을 재창조해(reinvent) 왔기 때문이다. 처녀, 물질적 여성, 금발의 야망, 성적 대상, 에비타, 어머니 등 그녀는 끊임없이 새로운 얼굴, 자신의 브랜드에 대한 새로운 접근점을 대중에게 제시하고 있다. 각각의 얼굴들은 다르지만 동일한 것이다. 즉, 그것은 그 자신의 개성, 그 자신의 감성을 갖고 있지만, 각각에 있어 그것은 여전히 우리를 초대하는 게임으로서의 마돈나이다(도전자 마돈나와는 정반대로 문화적 기성 브랜드인 마사 스튜어트는 언제나 변

 제2부 성공하는 도전자 브랜드의 8가지 원칙

함없는 모습만을 보여준다).

우리의 도전자 가운데 서크드솔레도 그들의 모멘텀을 유지하기 위해 동일한 전략을 추구하고 있다. 그들의 순회 공연은 매번 새로운 작품들로 재창조되고, 같은 도시에서 같은 청중들을 대상으로 같은 쇼를 보여주는 경우는 절대로 없다. 브랜드의 각각의 새로운 모습은 색다른 상품명(살탱방코, 알제리아 등), 색다른 주제, 색다른 분위기, 연극, 서커스, 춤의 색다른 혼합을 제공한다. 즉, 그들 고유의 정체성을 경험하는 새로운 방식을 제공한다. 그들은 같은 자리에 머물기 위해서 변화하는 것이다.

이러한 재창조 방안은 무형의 컨텐츠를 취급하는 엔터테인먼트 브랜드에게는 비교적 쉬운 편이다. 보다 전통적인 업종들은 셋째 방안, 즉 대량 맞춤에 의존하는 경향이 있다.

방안 3 : 대량 맞춤 전략

피터팬 전략을 피하고 그 대신 브랜드 리더로 성장하려고 하는 도전자들은 다음과 같은 까다로운 질문에 우선 답해야 한다. 정체성의 브랜드에서 소속감의 브랜드로 어떻게 신속히 전환할 것인가 — 다시 말해 브랜드 리더의 역할을 어떻게 모방할 것인가? 그리고 덩치가 키우면서 어떻게 배타적으로 남아 있을 것인가?

위 두 질문의 해답은 대량 맞춤 혹은 "개인적 소속감"에서 찾을 수 있다. 우리가 대중 엔터테인먼트 분야에 있다면, 아마도 우리의 모델은 시트콤 『사인펠드』(Seinfeld)일 것이다. 사람들은 『사인펠드』를 모두 좋아하며 — 미국에서 5년 넘게 1등 자리를 지켰다 — 그래서 이 브랜드의 소비자가 되면 그들 모두는 공통된 어떤 것을 가졌다. 하지만 이 쇼는 성격이 아주 다른 네 명의 등장 인물과 그들 간에 균등하게 배분된 스토리 라인으로 짜여져 있다. 그래서 『사인펠드』 브랜드의 서로 다른 소비자 네 명에게 가장 좋아하는 TV 프로그램을 말해 보라고 한다면, 그들은 『사인펠드』를 꼽겠지만, 그들이 좋아하는 인물은 모두 다른 인물들일 것이고, 또 그들이 가장 마음에 들었던 이야기도 그들이 좋아하는 인물이 등장하는 장면일 것이다. 바꿔 말하면 『사인펠드』의 소비자들은 쇼에 대해 모두 다같이 열광하면서도, 제각각 『사인펠드』의 어떤 "개인적 부분"을 소유할 수 있다. 즉, 『사인펠드』는 소속감을 느끼게 하는데, 그것은 개인적 소속감이다.

아마도 이것이 대중적 인기를 유지하는 도전자의 방법과 브랜드 리더의 방법 간에 핵심적인 차이일 것이다. 즉, 모든 사람들은 동일한 이유로 브랜드 리더를 구매하지만, 대중 시장의 도전자는 여러 가지 다양한 측면에서 브랜드에 접근할 수 있도록 함으로써 성공한다.

대중 문화의 차원에서 이것은 텔레비전 프로그램에만 국한되는 것은 아니다. 스파이스 걸스(Spice Girls)는 음악에서 이것을 시도한 최근의 예에 속한다(몽키스 이래로 "제조된" 밴드의 오랜 마케팅 계보 가운데 가장 최근이다). 스파이스 걸스의 다섯 여가수 — 스캐어리, 진저, 베이비, 스포티, 포시 — 는 단일한 메시지("여성의 힘")를 전달하며 차별화된 특성으로 아홉 살 여자아이부터 여든 살의 노파, 축

 제2부 성공하는 도전자 브랜드의 8가지 원칙

구를 좋아하는 스무 살의 청년까지 끌어들인다. 사람들은 누구나 스파이스 걸스의 팬이 될 수 있지만, 스파이스 걸스에 접근하는 방식은 제각각 다를 수 있다.

브랜드 차원에서는 스타벅스에서 그와 비슷하게 작동되는 어떤 것을 발견할 수 있다. 스타벅스는 처음에는 소비자에게 "발견하는 기쁨"을 줬지만, 하워드 슐츠가 점포망을 확장한 이후 그 발견의 기쁨은 줄어들었는데, 그래도 스타벅스를 찾는 소비자들은 스타벅스에 대해서가 아닌 "자신만의 스타벅스"에 대해 이야기하기 시작했다. 즉, 그들은 자신의 입맛에 맞는 커피, 자신이 즐겨 찾는 점포("나는 주로 맨해튼 해변로와 하이랜드 모퉁이에 있는 스타벅스 점포를 찾는다"는 식으로)에 대해 이야기하게 되었다. 즉, 모든 이들이 개인적이지만 소속감을 느끼는 것이다.

한편, 재창조 전략과 대량 맞춤 전략은 도전자 브랜드를 위한 성장의 원천을 제공하는 데 있어 어떤 장점을 가지고 있지만, 어느 것도 그 자체만으로는 충분하지 않다. 재창조 전략은 관계를 지속적으로 새롭게 해야 하는데, 브랜드 전체를 2~3년마다 재창조하는 것은 패션 분야가 아니라면 제대로 실천하기 어렵고 바람직하지도 않다. 반면에 대량 맞춤 전략은 대중적 호소를 위한 기반을 제공하지만, 일단 성공을 성취하게 되면 그것을 지탱하는 수단이 없다.

도전자의 모멘텀을 유지하는 가장 강력한 해결책은 이 두 전략을 섞는 것이다. 우리는 그것을 라인 갱신(Line Renewal) 전략이라고 부르겠다.

방안 4: 라인 갱신 전략

다양한 접근점을 갖추지 않고 시작한 일부 브랜드들은 성장해 가면서 그것들을 만든다. 어떤 면에서, 그것은 앱솔루트처럼 무척 단순할 수 있다. 앱솔루트는 여러 가지 맛의 제품을 출시했는데, 그것들 특유의 저음은 개별적인 광고들(예를 들어, 앱솔루트 큐란의 여성 속옷 광고 혹은 앱솔루트 펩퍼의 그을린 종이 광고)에 반영되어 있다. 반면 다른 도전자들은 훨씬 더 명시적으로 브랜드에 대한 다양한 접근점을 추구해 왔는데, 그 각각은 분명하게 정의된 호소력과 개성을 갖고 있었다.

탱고(Tango)의 예를 살펴보자. 탱고는 오렌지 탱고 캠페인의 개발에서 창조적 혁신을 이루어내는 한편, 다양한 맛을 통한 브랜드에 대한 폭넓은 접근점을 개발함으로써 개념적으로도 혁신을 이루어냈다. 각각의 접근점들은 단순히 다양한 맛으로서만이 아니라, 그 맛이 불러일으키는 서로 다른 환기를 통해 독특하고 잘 개발된 개성으로서 제공되었다.

오렌지는 "향기로운 맛"을 제공하고, 사과는 분명히 섹스와 유혹을, 까막까치밥나무는 열정과 호전성을, 그리고 레몬은 또 다른 개성을 제공한다. 만약 탱고가 오렌지만을 계속 고집했다면 아마도 그들의 광고와 브랜드는 지금쯤 시들해졌을 것이다. 하지만 각각의 라인 확장을 브랜드의 분신으로 만듦으로써 탱고는 브랜드와 소비자의 관계를 다차원적이고 신선하게 유지할 수 있었다.

이처럼 그것들은 단순히 제품 뉴스(product news) 또는 라인 확

 제2부 성공하는 도전자 브랜드의 8가지 원칙

장이 아니라 거의 새로운 경험이었다. 그리고 이러한 접근점들을 창출하면서, 탱고는 그것들을 이용해 처음에 자신을 세간의 화제가 되게 만들었던 비예측성의 느낌을 유지했다.

우리는 이것을 라인 확장보다는 라인 갱신으로 부를 수 있을 것이다. 라인 확장은 다른 형태의 제품을 내놓음으로써 소비자와 동일한 관계를 맺으려 하지만, 라인 갱신은 "동일하지만 다른" 제품을 제공해 관계를 새롭게 하려고 한다. 탱고의 경우, 만일 소비자가 본래의 맛 이외의 다른 것에는 관심이 없다면, 새로운 맛들은 처음 소비자가 그것을 접했을 때만큼이나 브랜드가 계속해서 놀랍고 불손하리라는 것을 안심시키는 역할을 한다. 하지만 다양한 맛에 관심이 있는 사람들에게 있어, 이 브랜드는 좀더 발전하고 개별화할 수 있는 능력을 제공한다. 그렇게 함으로서 탱고는 재창조와 대량 맞춤의 결합을 보여준다.

라스베가스는 또 다른 예일 수 있다. 라스베가스 도시 전체에 대한 관심을 다시 불러일으킨 것은 새로운 테마 호텔들이었다. 그들은 세계 최대의 도시(뉴욕)에 이어 유럽의 가장 낭만적인 도시(파리)를 사막 한가운데에 축소해 옮겨 놓았다. 그리고 지금도 이탈리아의 호숫가 마을을 건설하는 일이 한창이다(물이 아주 부족한 곳에서 벨라지오를 만들고 있다). 이러한 각각의 테마 호텔들은 새롭고 다채로운 경험을 제공하면서, 그 자체로도 많은 수익을 올릴뿐만 아니라, 전체로서 도시와 소비자의 관계를 위한 새로운 접근점을 제공한다. 환상적인 유흥의 종착지로서 라스베가스의 정체성은 동일하지만, 소비자는 그러한 브랜드 경험에 접근하는 환상을 선택하고 개별화할 수 있다.

라스베가스를 찾은 두 쌍의 부부가 있다고 가정하자. 한 쌍은 카이사르의 궁전을, 다른 한 쌍은 파리 호텔을 좋아하지만, 두 쌍 모두 거기서 얼마나 도박을 즐길지에 대해 이야기한다. 그리고 다음에 다시 왔을 때, 한 쌍은 또 다시 카이사르의 궁전에, 다른 한 쌍은 새로 문을 연 벨라지오 호텔에 묵을 것이다. 즉, 한 쌍은 같은 곳에서 머무르기를 좋아하고, 다른 쌍은 새로운 경험을 좋아한다 (브랜드에 대한 새로운 접근점의 부가적인 가치는 여러 가지 중에서 가장 선호하는 것을 고를 수 있게 하는 것이다. 라스베가스가 환상적 경험에 접근하는 새롭고 다양한 방식을 계속적으로 창출하는 것은 어떤 의미에서는 그것을 발견하는 즐거움을 주라는 오클리의 철학과 유사점이 있다. 다만 오클리는 유통의 요소로서 그것에 관해 말하고 있을 뿐이다).

따라서 라인 갱신 방식은 도전자가 계속해서 모멘텀을 유지하도록 하는 가장 흥미로운 잠재력을 제공한다. 요약해 보면, 라인 갱신 전략에는 다음 네 가지 요소가 있다.

1. 단순한 커뮤니케이션보다는 아이디어를 지속적으로 활용한다.
2. 그와 같은 아이디어의 신선한 출발 토대를 제공하면서, 동시에 차별화된 접근점을 제공하는 브랜드의 새로운 면이나 구현체를 구축한다.
3. 이러한 각각의 새로운 접근점들에서 브랜드의 정체성에 관한 신선한 사고 방식을 이끌어낸다.
4. 그리고 이것을 체계적이고 일관되게 실행에 옮긴다.

 제2부 성공하는 도전자 브랜드의 8가지 원칙

성장과 정체성

그렇다면 우리의 핵심 정체성을 변화시키지 않으면서 라인 갱신 전략을 실행하는 방법은 무엇일까? 우리는 할리데이비슨의 끔찍한 사례를 떠올리지 않을 수 없다. 할리데이비슨은 시대를 따라 움직이려 했고 자신이 정말로 누구였는지를 잃어버린 브랜드가 아니었는가?

앞서 우리가 논의한 두 브랜드의 핵심 정체성은 변하지 않았다. 탱고는 핵심에 있어 여전히 놀랍고 불손하다. 탱고의 과일들은 분명히 사람들의 감정이나 기분을 자극해 변화된 감정의 세계로 데려간다. 즉, 사람들로 하여금 외국인 혐오(까막까치밥나무)에서, 종교적 광신(레몬), 폭발 직전 노부인과 방귀 뀌기(오렌지)에 이르기까지 사회적 금기들을 꺼리낌 없이 얘기하게 만든다.

라스베가스 역시 지속적으로 다양한 종류의 변화된 모습을 제공한다. 그것은 글래머의 환상을 제공하고, 그러한 환상들에 둘러싸여 평생을 살수 있는 능력을 지닌 부자가 되는 환상을 제공한다.

라인 갱신 전략은 사실상 강력하게 정의된 핵심 정체성이 없으면 제대로 작동하지 않는다. 속이 텅 빈 브랜드의 라인 갱신은 단순히 제품과 브랜드의 발산에 그칠 뿐이다(그러한 브랜드의 발산은 팀버랜드와 폴로 셔츠처럼 어떤 브랜드가 자신의 존재 이유가 없는 영역에 침범할 때에도 일어난다).

연금술

기성 브랜드와 기성의 사고를 가진 기업들은 도전자를 폄하하는 데 열성이다. 그들은 장기적으로 보라고 말한다. 도전자 사례가 단기적 성장의 흥미로운 모델일지 몰라도, 종종 지속적이고 장기적인 성장의 측면에서는 형편 없는 사례라고 지적한다. 물론 그런 말들이 틀리지는 않다. 도전자가 처음의 약속 후에 비틀거리거나 활력을 잃거나, 정체에 빠지는 수도 있다. 처음의 약속 때문에 집중적인 조명을 받아 오히려 약점이 더 잘 부각되는 수도 있다.

나는 이에 대해 두 가지 답변을 주고자 한다. 첫째, 도전자가 지속적으로 성장을 유지하지 못하는 데 대한 비난은 사실 전혀 문제가 아니다. 모든 브랜드가 흥하고 망하기 때문이다. 도전자가 정말로 직면하는 실패는 그들이 쇠퇴하기 시작할 때 스스로를 재창조하지 못하는 것이다. 다시 말해, 같은 자리에 머물기 위해서는 변화해야 한다는 사실을 이해하지 못하는 것이다.

둘째, 우리가 모든 면에서 도전자를 완벽한 모범으로 떠받들지는 않는다는 점이다. 도전자가 시장에서 급속한 성장을 구축하는 데 성공을 거두는 것에서 우리가 교훈을 얻기는 하지만, 그렇다고 해서 우리가 그후에 있을 수 있는 도전자의 기복마저 무조건 따라야 하는 것은 아니다. 그리고 우리는 항상 장기적인 시각으로만 바라볼 수는 없다. 물론, 일부 도전자들은 장기적인 성공을 보장하기 위해 조치를 취해 두는 경우도 있지만 말이다.

그리고 8번째 원칙을 논의하면서, 우리는 물론 가장 불확실하고

 제2부 성공하는 도전자 브랜드의 8가지 원칙

투기적인 지대 위에 서있다. 이것은 극히 어렵고 야심에 찬 영역이다. 즉 우리는 연금술사의 돌, 혹은 영생의 비법에 맞먹는 마케팅 방법을 찾고 있는 것이다. 하지만 만일 우리가 모험을 감행할 준비가 되었다면, 모멘텀의 유지는 앞에서 제시한 마케팅 태도, 전략, 행동의 준수뿐만 아니라, 근본적인 문화적 변화를 요구한다는 사실을 알 수 있을 것이다. 도전자가 소비자의 상상력을 사로잡는 아이디어를 계속해서 창출하는 것이 중요하다고 말하는 것과 실제로 그것을 실행하는 것은 별개의 문제다. 아이디어는 즉석 파이처럼 필요한 시간에 맞춰 틀림없이 제공되는 것이 아니다. 아이디어는 불규칙하고, 필요할 때 떠오르는 일이 드물며, 심지어 아이디어가 떠오르더라도 쉽게 무시되거나 사라져 버리기 일쑤다.

그러므로 우리는 브랜드 지원과 조직 구성에 대한 우리의 전반적인 사고 방식을 재고해볼 필요가 있다. 다시 말해, 우리는 소비자 중심의 문화에서 아이디어 중심의 문화로 옮겨가야 한다.

불안정한 비행

"여기에 어떤 형태의 위계가 존재하지만, 그것을 찾으려면 열심히 살펴보아야 한다."

— 윌버트 다스, 디젤의 수석 디자이너[1]

군용기 설계와 제작에서 F16 전투기의 탄생은 혁명과도 같은 일대 사건이었다. 당시까지 모든 전투기는 안정되게 비행하도록 제작되었다. 말하자면 전투기 조종사가 어떤 이유로 조종간을 놓치더라도 비행기가 계속해서 안정되게 날 수 있게 제작을 했다는 것이다. 하지만 비행기 제작 기술자들은 안정된 항로의 유지에 의해서가 아니라 전투기의 기동 능력에 의해 방어과 공격이 극대화된다는 점을 깨달았다. 기동 능력이란 본래 경로에서 가능한 한 재빨리 벗어나 다른 경로로 끼어드는 것을 말한다. 그래서 비행의 안정성을 강화하는 기체 설계 방식은 그러한 기동 능력을 높이는 데는 걸림돌이 되었다.

혁신은 비행기의 기체를 본질적으로 불안정하게 설계하는 것이었다. 즉, 전투기 기수에 있는 컴퓨터 장치가 조종사의 통제 하에

보정되지 않으면, 전투기 날개와 수평 안정판이 저절로 본래의 항로를 이탈하게 하는 것이었다. 그로 인해 전투기는 안정하게 날 필요가 있을 때는 그렇게 비행하지만(기수에 부착된 컴퓨터 장치의 보조를 받음으로써), 그것의 내재적인 불안정성은 지상의 어떤 비행기보다도 빠르게 적의 후방으로 이동하거나 적의 공격 경로에서 벗어날 수 있게 한다. 사실상 F16 전투기의 가장 큰 위험은 컴퓨터에 총알을 맞는 것이며, 이때 기체는 통제 불능의 상태로 회전하며 곤두박질을 치게 된다.

우리가 불안정하게 요동치는 미래의 시장을 향해 나아가면서, 한 조직과 다른 조직의 가장 중요하고 인상적인 차이는 그것이 얼마나 안정하게 혹은 불안정하게 비행하는지의 정도라고 말하고 싶다. 우리가 살펴보는 대부분의 조직들 — 그리고 거의 모든 기성 기업들 — 은 초창기의 폭격기나 전투기처럼 안정된 비행을 한다. 그들의 기체에는 면밀한 절차들, 평가 위원회, 숙련된 기술자들, 전수받은 지혜 등을 통해 내재적인 안정성이 구축된다. 이 모든 것들은 그들이 항상 다니던 경로를 늘 똑같이 비행하게끔 한다. 그들은 직원을 채용할 때에도 그들 자신의 이미지를 가진 사람을 뽑는다. 물론 그들은 그 이미지가 본질적으로 좋은 것이라고 믿고 있다. 그러한 안정성은 꾸준한 발전을 가능하게 하지만, 한편으로는 활발하게 변화하는 영역에서는 회사의 반응과 적응 속도를 느리게 한다.

이와는 다르게, 도전자 조직은 아이디어를 더 신속하게 내놓고 보완하며 반응해야 하기 때문에 불안한 비행을 하도록 만들어지곤 한다. 그들은 소규모 인원으로 조직을 꾸리고, 서로 덜 감시하며, 일을 진행해 가는 도중에 절차를 보완하고, 힘 빠지는 조사에 오래 매달리지도 않고 정보에 입각한 본능에 더욱 많이 의지한다. 그들은 다양한 분야에 소질이 있으며, 팀플레이어로서의 자질뿐 아니라 재능과 태도에 의해 선발된다. 따라서 대화를 하거나 회의를 할 때도 열정을 뿜어내며 서로 마찰을 일으키거나 감정적이 되기도 한다.

물론, 기수에 부착된 컴퓨터의 통제에 많은 부분 의존하는 것이 사실이다. 단순히 빠르기만 하고 무작위로 움직이는 불안한 비행이 아니라, 월등한 기동성을 확보하는 것은 바로 그러한 컴퓨터 덕분이다. 도전자 조직의 경우, 컴퓨터에 해당하는 것은 많으면 다섯 명, 이상적으로는 두세 명으로 이루어진 소규모 집단이다. 이들은 각각의 조직 내부에서 일어나는 모든 일들과 밀접한 관련을 맺는다. 아이디어는 모두 이들을 거치고, 의사 결정 역시 이들의 몫이다. 조직 내에서 이들을 모르는 사람은 없으며, 이들은 조직의 모든 인원들과 밀접한 쌍방향 커뮤니케이션을 한다.

사실상 많은 면에서, 이 기민하고 유능한 소규모 집단은 많은 미국 기업들의 출발점이었던 차고의 유산과 관련이 있다. 핸리 포드는 이웃집 창고를, 휴렛과 팩커드는 팔로알토에 있는 차고를 썼다. 잡스와 워즈니악은 함께 일했고, 모시모와 웨스트코스트 패션 브랜드 등도 마찬가지다. 즉, 두 사람이 아이디어와 공간을 공유하면서 성공이나 실패를 모두 책임지는 식이다. 차고는 재량의 공간으로, 어떤 제약이나 서열이 거의 없다. 차고에서는 마음을 고쳐먹거나, 아이디어를 바꾼다든지, 주장을 하고, 고함을 지를 수 있다. 정말로 중요한 것은 다른 사람의 감정이 아니라 차고를 벗어날 수 있는 아이디어인지 아닌지 여부다. 차고는 정장을 입은 사람들로 가득 찰 일이 없고, 개인적으로 그리고 직업적으로 서로 잘 아는 사람들이 공유하는 장소다. 차고에서는 오로지 성공이면 충분하고, 모두가 함께 책임을 진다. 빈둥거리면 성공할 수 없다. 차고는 아이디어를 떠올리고, 그 아이디어를 가능한 한 끝까지 밀고 나가서 최종 결정을 내리는 곳이다. 야망은 크고 시간은 제한되어 있기 때문이다. 요컨대 차고는 그들이 종종 성취하게 될 거대 기업의 문화와는 완전히 상반된 요소를 지닌 곳이다.

따라서 이 장에서 우리는 도전자 문화를 형성하는 또 다른 기본 요소들을 살펴볼 것이다. 모든 밑바탕에는 세심한 의사 결정자의 관리를 받는 불안정한 조직 구조에 관한 이러한 인식이 깔려 있다.

문화를 회사의 지침에 맞추기

그래서 불안정하게 비행하는 것은 도전자가 자신의 조직을 유연하고 혁신적이 되도록 구조화하는 방법이다. 이 때 도전자 조직의 문화는 자신이 비행하고자 하는 방향의 측면에서 전체적으로 정의되어야 한다. 즉, 아이디어 중심의 성장이라는 과제를 기술하는 전체적인 용어와 방식을 통해 새로운 의제 설정이 이루어져야 한다.

게리 거시(Gary Gersh)가 캐피톨 레코드에 혁명을 일으키러 갔을 때, 그는 조직의 사고 방식이 1960년대에 선셋 거리 근방에 위치한 기념비적인 캐피톨 타워에서 비틀즈, 시나트라, 비치 보이즈의 음반을 제작했던 역사적인 회사와 별반 다른 게 없음을 알아차렸다. 소닉 유스와 너바나밴드를 메이저 음반사(게펜)와 계약시켜 그런지 록(시끄러운 록 음악의 일종 — 옮긴이) 분야를 개척한 업계의 신동인 거시는 이제 캐피톨 레코드를 조금 뒤흔들어 놓아야 한다는 사실을 깨달았다. 캐피톨은 상당한 음악가들을 보유하고 있었지만 거대한 예술가 무리를 지나치게 많이 끌어들였고, 실제로 그들 중 많은 이들은 엠씨 해머처럼 최전성기를 조금씩 지난 이들이었다. 그래서 거시가 제일 먼저 한 일 중 하나는 힙합 부서를 설립하는 것이었다. 그 일을 성사시키기 위해 그는 관행적인 규칙들을 무시하기로 했고, 부서 내에서 마케팅 업무 담당한 사람들에게 부서와 직책의 이름 그리고 업무의 기능도 스스로 정할 것을 요구했다.

일주일 정도가 지난 후 그는 일의 진척 사항을 확인하기 위해 들렀다. 그들은 거시에게 자신들의 이름을 '과일 진열대'(Fruit Stand)라고 정하기로 했다고 말했다. 그들의 음악이 거리에서 울려 퍼질 것이고 다채로운 색상과 신선함으로 가득할 것이라는 것이 이유였다. 그럼 자네들 자신은 뭐라고 부를 예정인가? 거시가 물었다. "마케팅 이사"는 잠시 생각해 보더니, 자신들이 모든 세부적 사항들을 정하지는 못했지만 자신은 "거리의 웃음 이사"(Director of Kerbside Chuckles)로 할 것이라고 대답했다.

이러한 비관행적 접근은 그룹의 마케팅 사고로 퍼져 나갔다. 예를 들어 새로운 밴드를 대중에게 선보이기 위해, 그들은 그 밴드의 곡을 녹음한 다음 가게에서 구입한 값싼 테이프에 담아 파티가 열리는 장소들에 뿌렸다. 그 음악 테이프가 불법적으로 유통되는 해적판처럼 보이도록 만든 것이다. 이처럼 그들은 실제 앨범을 출시하기 전에 여론을 주도하는 핵심 집단에게 자신들의 음악가를 먼저 알리는 방법을 썼다. 거시가 장려한 문화의 독창성은 결과의 독창성으로 고스란히 나타났다.

새로운 종류의 업무를 완수하기 위해서는 이처럼 새로운 직책과 문화를 창출할 필요가 있다. 하지만 이러한 인식에는 비관행적인 조직 구조와 업무 위임이 동반되어야 한다. 1981년 SAS(스칸디나비아 항공)를 회생시키려는 얀 칼슨(Jan Carlzon) 사장의 초기의 야망에 있어 가장 중심적인 것은 항공사의 기본적인 업무 수행의 개선이었다. 그것 없이는 다른 어떠한 서비스 개선도 의미가 없었다. 그는 자신의 항공사에 단지 시간을 더 잘 지키는 항공사가 아니라, 1년 내에 유럽에서 시간을 가장 잘 엄수하는 항공사가 되어야 하는 과제를 부과했다. 그는 격려 연설이나 변화 컨설턴트 고용보다는 조직 내에서 한 사람을 골라 그에게 목표 달성에 대한 절대적인 책임을 맡겼다. 절대적인 권한을 준 것 외에는 따로 예산을 늘려주지도 않았다. SAS는 4개월 만에 그들의 목표를 달성했다.

도전자 기업에서 문화적 방향의 변경은 기초적 기준점을 바꾸고 과제를 기술하는 핵심 용어를 바꾸는 차원에서 과제 기술에 변화를 줌으로써 더 효과적으로 이루어질 수 있다. 예를 들어 초창기의 폭스에서 배리 딜러(Barry Diller)는 내부적으로 새로운 방송이라는 말을 쓰지 못하게 했다. 대신 그들은 항상 "아이디어"라는 말을 썼다. 성장기에 있던 마이크로소프트에서 직원들은 "다음 마케팅 과제를 파악하자."라는 말을 쓰지 않았다. 그들은 "다음 지하드(성전)는 어디에서 일어나지?"라고 물었다. 이 두 표현에서 단어의 차이는 무엇을 뜻하는가? 하나는 직업적 책임에 대한 합리적인 진술인 반면, 다른 하나는 자신들의 가까운 미래를 성전으로 정의한다. 두 가지 사고 방식 가운데 어느 쪽이 사업에 더 큰 영향을 미칠 거라고 생각하는가? 어느 쪽이 더 큰 열정과 헌신을 갖고 있을까? 어느 것이 소비자에게 더 큰 영향을 미치게 될까?

다른 예로서 스티브 잡스가 존 스컬리를 끌어들이기 위해 한 유명한 질문을 생각해 보자(컴퓨터 기업가들은 이런 일에 항상 꽤 유능한 편이다). "당신은 평생 설탕물만 팔면서 남을 인생을 보내고 싶소, 아니면 세상을 바꾸고 싶소?" 이것을 미국의 대형 항공사에서 승무 책임자가 비행 전 브리핑의 마지막에 20여 명의 승무원들에게 하는 말과 비교해 보라(항공사는 이제 막 획기적인 변화 프로그램을 시작했다). "승객들에게 물주는 것 잊지 마세요." 기성 브랜드는 그 사소한 업무 특성 때문에 소홀해질 수도 있는 비인격적 업무로서 가장 중요한 고객 서비스(승무 책임자는 승객들에게 음료와 먹을거리를 제공하는 것에 대해 말하고 있었다)에 대해 언급하고 있지만, 도전자 CEO는 자신의 회사에서 함께 일하자는 제안을 하면서 그것을 역사의 진로를 바꿀 중대한 일로 표현했다.

아주 간단한 업무 수행의 변화도 문화를 변화시키는 역할을 할 수 있다. 마루 바닥재인 페르고 같은 브랜드들을 갖고 있는 스웨덴의 화학 회사인 퍼스토프(Perstorp)의 한 고위 관리자는 모든 이메

   제2부 성공하는 도전자 브랜드의 8가지 원칙

일에 대해 2시간 이내에 답신을 준다는 규칙을 세웠다. 이는 그가 장시간 회의를 하지 않는다는 것을 의미한다. 이메일을 통해 들어온 새로운 아이디어나 질문들을 신속하게 체크하고 응답해야 하기 때문이다. 이 관리자의 동료나 부하 직원들은 그가 아이디어, 의사소통, 혹은 속도에 부여하는 중요성에 대해 추호도 의심하지 않는다. 그리고 그것이 요구하는 전부는 하나의 단순한 규칙이다.

문화가 행동에 선행한다

도전자를 위한 방향을 가리키는 이러한 단서들의 목표는 도전자 조직이 단순히 학습된 행동의 결과가 아니라 살아 있는 문화를 갖게 하는 것이다. 행동은 훈련에 의존하고 시간이 지나면서 시들해지지만, 문화는 자기 스스로 전파되고, 신선함을 유지하는 새로운 방법을 찾는다.

대부분의 문화적 변화 모델들에는 일정한 순서가 있다. 즉 활동(action), 행동(behavior), 문화(culture)의 순으로 이어진다. 직원에게 특정한 활동을 수행하게 함으로써 변화 프로그램이 시작되고, 이러한 활동이 반복되면 행동이 되며, 공유된 행동은 장차 문화가 된다. 그렇지만 도전자 기업에서 흥미로운 점은 많은 경우 그들이 문화를 먼저 창출하고 그런 다음 행동을 가르친다는 사실이다. 말하자면 그들은 가르칠 수 없는 특정한 성격을 가진 사람을 뽑고, 그런 다음에 나머지를 가르친다는 것이다.

그래서 허브 켈러허(Herb Kellerher)는 사우스웨스트에서의 직원 채용 정책에 대해 유머 감각과 올바른 자세를 가장 중요하게 살핀다고 말한다. 그의 분명한 전제는 사우스웨스트가 나중에 신입 사원에게 필요한 모든 것을 가르칠 수 있지만, 사람들의 선천적인 태도는 절대로 변화시킬 수 없다는 것이다.[2]

오클리는 솔직히 기술적인 능력을 중요시하지만, 그 이상의 어떤 것, 즉 생산하는 제품과 관련된 야외 스포츠에 참여하고 그것을 좋아하는지를 살펴본다. 그로 인해 오클리의 직원들은 젊고 매우 경쟁적이며, 그들이 만드는 제품에 대해 개인적으로 의욕을 느낀다. 오클리는 또한 팀의 가치에 대한 기본적인 의식을 강조하는데, 그래서 매일 점심 시간에 하는 자전거 경주, 사무실 한가운데에 있는 농구 경기장, 겨울철의 스키 여행 등을 통해 그러한 의식을 고양시킨다.

디젤의 설립자 렌조 로소(Renzo Rosso)는 다음과 같이 말을 하고 있다.

당신은 올바른 사람들을 어떻게 찾는가? 나는 손쉬운 확실한 공식은 없다고 생각한다. 그렇지만 내가 사용하지 않는 방식을 말해줄 수는 있는데, 그것은 가장 직무에 가장 적합한 지원자를 찾으려고 수천 장의 이력서와 경력 증명서를 꼼꼼히 살펴보는 일이다. 디젤은 엄청난 활력과 열정을 지닌 사람들에 의해 만들어져 왔지만, 그들은 인상적인 증명서나 과거 경험과는 거의 관계가 없었다. 나는 매번 새 직원들을 굳게 믿었는데, 그것은 오로지 그들이 뛰어난 개성을 가지고 있

 제2부 성공하는 도전자 브랜드의 8가지 원칙

다고 생각했기 때문이다. 대부분의 경우 그들은 자신들의 기회를 잘 활용해 크게 성장했다.[3]

기성 브랜드는 훈련를 신뢰한다. 즉 그들은 사람들을 가르칠 수 있다고 보는 것이다. 도전자들은 많은 경우 개인적 특성을 신뢰한다. 그것은 사람들에게 가르쳐 줄 수 없는 것으로, 먼저 불꽃이 켜져 있지 않다면 열정을 부채질할 수는 없다고 본다. 따라서 도전자 기업은 직원 선택의 기준으로서 비관행적 특성을 중시하며, 훈련을 통해 습득하기 어려운 그러한 특성들을 가진 직원들을 그들의 가장 중요한 자산으로 여긴다.

아무것도 없는 상태에서 기업이 도전자 문화를 창출하고자 하는 경우, 그 첫 단계는 안정된 직무 수행에 대해서가 아니라 혁신적 활동에 대해 인센티브와 보상을 주고, 개인들을 재동기부여 하는 것이다. 어떻게 직원들에게 완벽한 동기부여를 할지는 분명히 이 책의 범위를 넘어서는 것이지만, 간단히 말하자면 그것의 핵심은 회사가 직원들에게 기대하는 바를 재정의하고, 그것을 기준으로 업무 성과를 평가하는 데 있다. 매년 성과 평가에서 직원들에게 질문 하나를 추가해, 이를테면 "올해 당신이 고안했거나 성취한 아이디어 두 가지가 무엇인가?"라고 질문한 후 그 답변 내용에 따라 승진이나 보너스를 엄청난 비율로 조정한다면, 곧장 문화에서 변화가 일어나는 것을 보기 시작할 것이다. 많은 경우, 지침(brief)을 변화시키는 것은 곧 개인을 변화시키는 것이다.

오클리는 회사 건물을 일종의 지침으로 만들었다. 짐 재너드는

개인적으로 남부 캘리포니아의 신축 본사 건물, 특히 건물 입구와 중앙 홀을 공동 설계했다. 내가 그에게 왜 건물을 그런 식으로 설계했는지 묻자, 그는 이렇게 대답했다. "직원들이 건물에 들어서면 너무 좋아서 가만히 서 있지 못할 정도로 만들고 싶었어요. 내일 다시 돌아오고 싶어서 안달이 나게 하고 싶었어요. 각자 재능을 살려 회사에 기여를 할 수 있는 곳을 필사적으로 찾도록 하고 싶었습니다."

일단 누군가가 개인들을 위한 지침을 정의하면, 두 번째 단계는 가장 창조적인 결과를 생산하도록 어떻게 그 개인들을 결합시킬 것인가, 특히 어떻게 촉매를 심고 기를 것인가이다.

촉매 기르기

도전자 기업은 재능 이상의 것을 찾는다. 열정과 추진력도 물론 중요해 보이지만(오클리에서 직원을 채용할 때 마이크 파넬이 경쟁 정신을 추구한다는 점을 고려하라), 어떤 도전자들은 그러한 기질 이상의 것을 찾는다. 그들은 어떤 과도한 집착이나 심지어 기이한 특성을 원하기도 한다. 조나선 워버턴(Jonathan Warburton)은 역사적으로 보수적인 랭커셔 빵 가문에 새로운 활력을 불어 넣은 세 사촌 가운데 한 사람으로 — 그렇게 함으로써 회사를 영국에서 브랜드 리더의 자리(마켓 리더가 아니라)에 올려 놓았다 — 2등 기업은 "고용될 수 없는 사람, 제품 광신자. 거대한 기성 기업에서 내뱉어진 사람"을 고용해야 한다고 믿는다. 조나선 워버턴은 데이빗 핸더슨의 이야기, 즉 회사의 제품 책임자가 시장에서 구할 수 있는 최상급의 밀을 독점적으로 계약하기 위해 캐나다 밀 생산자 협회의 모든 회원 500명과 개별적으로 로비를 벌인 것과 관련하여, 그러한 노력은 "워버턴스의 방식이 아니라 괴짜의 행동"이라고 지적했다. 다시 말해 그것은 워버턴스의 문화에서 나온 것이 아니라 핸더슨의 개인적인 문화, 즉 핸더슨의 제품 품질에 대한 강박 관념과도 같은 집착에서 비롯되었다는 것이다. 바로 자기 나름의 원칙에 따라 행동하는 누군가로 인해 워버턴스는 차별성을 얻게 되었다는 것이다. 스컹크워크스(Skunkworks)는 인적자원 부서를 아예 없애버리는 것을 검토한 적이 있는데, 그 부서가 재능과 열정, 차이를 만드는 능력보다는 잘못된 특성들 — 안정성, 관리 능력, 문화적 적합성 — 을 찾거나 중시한다고 보았기 때문이었다.

물론 전적으로 독불장군과 괴짜들로 이루어진 회사를 가질 수는 없으며, 그런 회사가 똑바로 나아가기를 기대하는 것도 무리일 것이다. 사실 그런 특이한 인물들은 원칙이라기보다는 예외에 속한다(브라질 축구 대표팀의 전임 코치는 말을 빌리자면 "누군가는 피아노를 날라야 한다"). 그러나 조직에서 그들의 중요성은 그들의 개인적인 성과 이상의 것이다. 그것은 보다 폭넓은 팀에 촉매로서 그들의 영향력에 있다 — 그들의 아이디어나 접근 방식의 유별남이 팀의 나머지에게 다소 불편함과 불균형, 심지어 불안정한 느낌을 주기 때문이다(이 점에 관해서 각 팀의 리더는 나머지 팀원에 대한 불안정성의 영향을

  제2부 성공하는 도전자 브랜드의 8가지 원칙

관리하는 소형 컴퓨터가 될 필요가 있다). 도전자 조직에서 이것은 단순히 그런 개인들이 나름대로 이루어낼 수 있는 성과 때문만이 아니라 의도적으로 다양하게 구성된 팀으로서 이룰 수 있는 성과 때문에 중요하다. 즉, 중요한 차이를 만드는 것은 개인의 채용 정책만큼이나 그러한 조직이 직원들을 결합하는 방식에 있다. 그 핵심은 구성원들 중에 촉매를 심는 것이며, 그러한 촉매는 스스로 아이디어를 가지고 있을 뿐만 아니라 다른 사람들과 충돌을 일으키는 사람이다.

존 클리즈(John Cleese)는 서로 다른 두 가지가 만나 새로운 생명을 탄생시킨다는 것이 생물학의 기본 원리라고 지적했다. 즉 두 남성 혹은 두 여성이 섹스는 할 수 있지만, 오로지 남성과 여성이 만나야만 새로운 생명체가 나온다는 것이다. MIT의 니콜라스 네그로폰테(Nicholas Negroponte)는 좀더 학문적으로 이렇게 말했다. "새로운 아이디어가 반드시 기존 지적 영역의 경계 안에 자리잡고 있는 것은 아니다. 사실상 그것들은 아주 종종 가장자리나 기묘한 교차점에 있다."[4] 혁신의 가능성을 높이기 위해 어떤 프로젝트 팀에 여러 분야 사람들을 함께 집어넣는 MIT의 정책 — "기묘한 교차점"을 만드는 정책 — 은 닛산의 디자인 연구소에서 게리 허슈버그(Gerry Hirschberg)에 의해 이른바 "창조적 마찰"의 체계적인 활용으로 이어졌다. 그는 확연히 다른 방식으로 세상을 보는 두 사람을 한데 집어넣었다 — 안경 디자이너를 포드처럼 좀더 틀에 박힌 어떤 곳에서 배우고 자란 사람과 짝지은 것이다(실제로 이것은 우리가 두 번째 원칙의 끝부분에서 논의한 조직 구조와 흡사하다. 거기에서 우리는 한편으로 브랜드에 대한 지식, 다른 한편으로 업종에 관한 순수함 간에 지적인 충돌이 필요함을 살펴보았다).

　이러한 다양한 짝짓기 개념을 일종의 새로운 경영 기법이라고 생각하는 사람들은 백화점 브랜드인 몽고메리 워드(Montgomery Ward)의 초창기를 되돌아보는 것이 흥미로운 일일 것이다. 1871년 우편 주문 점포를 처음 설립한 애론(Aron) 몽고메리 워드는 제품을 보지 않고 구매하는 방식을 제안함으로써 소매업의 관행적인 규칙에 도전했는데(기묘하게도 델을 예견하고 있는 듯하다), 얼마 후 사업 파트너로 조지 트론(George R. Throne)을 영입했다. 이 두 사람의 관계에 대해서는 다음과 같은 이야기가 전해진다. "워드 씨는 사냥개 같은 성격의 소유자였다. 말하자면 그는 이곳저곳 모든 곳에서 모든 것을 살펴보며, 눈에 띄는 모든 것을 사려고 들었다. 트론 씨의 성격은 정반대였다. 그는 어떤 것도 찾아내려고 하지 않았지만, 그래도 그것을 얻게 되면 그것을 가지고 무엇을 해야 하는지에 알고 있었다 … 만약 둘 중에 한 명이 혼자서 사업을 성공적으로 운영할 수 있었을지는 의문이지만, 아무튼 둘이 합쳐서 이룩한 성공은 대단했다."[5]

　따라서 그러한 차이의 결과는 평온한 상호 의존과 조용한 이해라는 의미에서의 팀워크가 아니다. 그것은 아이디어의 충돌이다(네그로폰테가 고상하게 "교차점"이라고 부른 것은 사실 고함의 대결이었을 가능성이 더 크다). 도전자 경영진의 직무는 그러한 교차점을 정기적으로 창출하는 것이다.

아이디어를 위한 세 가지 풍토

우리는 아이디어 중심의 문화로 움직이는 첫 단계가 개인들에 대한 새로운 방향 설정과 동기 부여라는 점을 살펴보았다. 두 번째 단계는 그러한 개인들을 촉매와 결합시키는 방식이다. 그리고 아이디어 중심의 문화를 창출하는 데 있어 세 번째 단계는 아이디어가 번성할 수 있는 올바른 풍토를 창출하는 것이다. "크리에이티브는 어떤 부서가 아니다."라는 빌 번바크(Bill Bernbach)의 유명한 언명은 확실히 두 가지를 의미하고 있다. 첫째 좋은 아이디어는 어디에서든 나올 수 있으며, 둘째 그 아이디어는 깨지기 쉽다는 사실이다. 조직에서 아이디어를 내놓는 것뿐만 아니라 좋은 아이디어가 꽃을 피우도록 돕는 것도 모두의 직무이다.

물론 그런 환경은 저절로 조성되지 않는다. 이것이 일어나게끔 하려면, 세 가지 풍토가 중요하다. 인식의 풍토, 성장의 풍토, 결정의 풍토가 그것이다.

인식의 풍토

나중에 살펴보겠지만, 소비자를 예측하는 능력은 매우 중요하다. 그러한 예측으로 도전자가 시장에 더욱 빠르게 대처할 수 있을 뿐 아니라, 우리의 표적 고객이 생각하고 행동하는 방식에 대해 강력한 감각을 갖는다는 것은 훌륭한 아이디어 혹은 훌륭한 아이디어의 씨앗이 나타날 때 그것을 확실하게 인식하는 데 기본이 되기 때문이다.

건전한 인식의 풍토에 필수적인 두 번째는 모든 핵심 팀원들이 같은 방식으로 아이디어들을 인식하게끔 해야 한다는 점이다. 즉 성공적인 결과물의 기준이 무엇일지에 대해 동일한 기본적인 예상을 가지고 일을 시작해야 한다는 것이다. 치명적인 것은 전략을 실행하게 되었을 때 팀원들 간에 근본적인 인식의 차이가 발견되는 것이다.

예를 들어 당신이 혁신적인 포장을 개발하는 데 참여했다고 하자. 지침서가 준비되고, 포장 디자인 회사가 그것을 가져간다. 그리고 6주 후에 그들은 스스로 훌륭한 아이디어라고 생각하는 것을 제시한다. 당신의 그룹 가운데 두 명이 아주 흥분한 채 그것을 받는다. 대단한 아이디어라고 그들은 소리친다 — 업계의 어떤 것과도 완전히 다르다.

하지만 잠깐. 이게 뭐야? 테이블에는 두 번째 그룹이 있는데, 그들은 이 동일한 포장을 끔찍한 것으로 보는 것 같다. 그들은 그것이 업계의 어떤 것들과 비슷하지 않다는 점에는 동의하지만, 바로 그것이 그렇게 끔찍한 이유라고 말한다. 그들은 그로 인해 업계의 어떤 소비자도 그것을 보고 제품으로 인식하지 않을 것이라고 반박한다.

하지만 첫 번째 그룹은 주장을 굽히지 않는다. 그것이 정말로 눈에 띈다는 것이다. 다른 집단이 고개를 젓는다. 오히려 첫 번째 그룹이 한쪽으로 치우쳤다는 것이다. 그들은 그것이 물론 이야기의 절반만 말하고 있다고 지적한다. 즉, 포지셔닝에 핵심적인 두 가지 메시지가 있는데, 모두 배제되었다는 것이다.

그렇게 계속 이어진다. 실행에 관한 이러한 논의는 단지 아무도 지침(brief)의 진정한 함의를 논의하지 않았다는 점을 보여줄 뿐이다. 시간은 낭비되고, 의욕이 저하되며, 가능성이 있는 아이디어 하나를 잃게 된다. 결국 도전자 조직의 모두가 공범이 된다. 이를 방지하기 위해서는 각 프로젝트가 시작될 때 각 팀원의 기본적인 가정에 대한 공통의 이해가 마련되어야 한다. 즉 무엇이 지침에 맞는 성공적인 결과물을 구성하는지 그렇지 않은지에 대한 틀을 잡아야 한다. 이 과정에서 개방적 태도가 요구된다. 그러한 태도는 주요 프로젝트를 시작하는 첫 날에 특히 유용한데, 시작 단계에서 업종에 대한 자신의 편견이 다른 업종에 대한 참고를 통해 도전받고 공개된다. 이것은 '바깥에서의 이틀' 프로그램의 일부 연습들에서 수행하는 기능 중 하나가 될 것이다.

성장의 풍토

우리는 강력한 아이디어의 진귀함을 인식해야 한다. 그리고 강력한 아이디어의 생존은 자주 그것의 발생이 진귀한 것처럼 취약하다. 통찰력과 아이디어는 그것을 만들고 그것에 의해 위협받는 사람들의 자아만큼 깨지기 쉽다.

따라서 핵심 의사 결정자는 아주 중요하다. 의사 결정자는 아이디어 중심의 문화를 구축하고 첫눈에 훌륭한 아이디어의 씨앗을 알아볼 수 있도록 소비자에 대해 강력한 감각을 갖는 것 외에도,

성장하는 아이디어를 지키고 보호하는 과정에도 밀접하게 관여해야 한다. 스컹크워크스(Skunkworks)는 현장 순회 경영(Management by Walking Around, MBWA)을 통해 아이디어의 성장을 촉진했는데, 그 이유는 직원들이 MBWA를 통해 경영진의 관심을 받거나 연결되어 있다고 느끼기 때문이 아니라, 훌륭한 아이디어를 살리고 키우기 위해서는 "조짐이 일어날 때" 경영진이 거기에 있어야 한다고 믿기 때문이었다.

그들은 적자생존이라는 다윈의 관점을 채택하기보다는, 아이디어의 죽음은 정당한 원인(아이디어의 허약함)이 아니라 종종 그릇된 원인 때문에(예를 들어 아이디어의 창안자가 진정한 응용 방법을 인식하지 못해서) 일어나므로, 조직의 상급 관리자는 아이디어의 창안자들과 지속적이며 무작위적으로 만나면서 아이디어 씨앗이 처음 발견되었을 때 그것을 확인하고 보호해야 한다는 견해를 갖고 있다.

만일 조짐이 일어날 때 그들이 세 블록 떨어진 사무실에 앉아 있다면, 그 조짐은 오랫동안 이어지지 못할 것이다. 결국 얼마 후 그것이 완전히 멈추어 버린다면 아이디어의 문화는 갑자기 상실되고 마는 것이다.

물론 아이디어의 성장은 그것을 보호해 주는 것만을 의미하지 않는다. 그것은 또한 더 많이 요구하고, 뒤에서 밀어 주는 것이다. 그리고 사람들이 "아이디어를 끝까지 밀고 나가도록" 격려하는 것이다.

 제2부 성공하는 도전자 브랜드의 8가지 원칙

결정의 풍토

대부분의 기업들에서 아이디어들은 — 그것이 마케팅이든 디자인이든 광고든 혹은 신제품에 대한 아이디어든 — 조직의 각 계층의 사람들이 거기에 참여하고 기여하게 한다는 차원에서 대체로 여러 계층을 거쳐 조직의 상부로 전달된다. 그리고 각 개인들은 아이디어에 가치를 더하는 것을 자신의 직무라고 여기며, 그것을 수정하는 것을 의미 있는 것으로 생각한다. 그래서 아이디어가 핵심 의사 결정자에게 도달할 즈음이 되면, 크게 변형된 상태가 된다.

이것은 도전자에겐 미친 짓이다. 이와 같은 상황에서 이끌어낼 수 있는 유일한 결론은, 회사가 아이디어들을 자신이 사용할 수 있는 가장 중요한 도구 중 하나로 여기지 않는다는 사실이다. 기업들이 2~3년마다(이는 흔히 광고 캠페인이나 포장 디자인의 수명이다) 내리는 2~3개의 주요한 결정을 살펴볼 때, 매우 다른 규칙들이 적용된다. 예를 들어, 이러한 일들이 재무 계획에 일어날까? CEO의 선택에는? 주주들에 대한 연설에는?

나는 그렇게 생각하지 않는다. 이것들은 모두 매우 중요한 사안들로서, 변덕스럽거나 경험이 모자란 하급자에게 맡겨둘 수 없다. 아이디어가 누구에 의해 생산되든, 그것은 동일하게 존중되어야 하지만 그 생산의 모든 단계에서 최고 상급자의 기술이 개입되어야 한다(이 말은 경험이 부족한 사람이 아이디어를 떠올릴 수 없다는 말이 아니라, 단지 그들이 언제나 생명을 불어넣을지 그렇지 않을지 판단하는 최적의 사람은 아니라는 말이다).

핵심 의사 결정자가 자연적으로 우연히 발견할 수 있는 경우가
아니라면. 아이디어는 너무 일찍 노출되거나 희석되지 않도록 해
야 한다. 젊은 도전자 기업에서는 어떤 조짐이 있을 때 의사 결정
권자가 자연적으로 알게 되는데, 이는 기업의 구조가 수평적이기
때문이다. 즉 회사의 설립자는 자주 아이디어 창출 과정 자체에 관
여하기 때문에 아이디어를 쉽게 인식할 수 있는 위치에 있다. 여러
층과 위계가 있는 대형 다국적 기업의 경우는 아이디어가 한 번의
결정으로 즉시 꼭대기로 보내져야 한다.

도전자 기업에서 소비자의 역할

그런데 아이디어와 어떻게 아이디어의 생산을 기업의 구조에 결합
시킬 것인가를 살피기에 앞서, 잠시 우리가 외견상 멀어져 왔던 문
제를 좀더 면밀히 살펴보자. 우리는 오랫동안 소비자 중심이 될 필
요가 있다고 들어왔기 때문에 일부 독자는 이 장의 모든 개념이 다
소 혼란스러울 것이다. 만일 우리가 아이디어 중심의 회사로 옮기
는 것에 대해 말하고 있다면, 결국 소비자의 역할은 정확히 무엇인
가?

우리는 소비자 이해를 중요하지 않은 것으로서 배제하는 것은
아니다. 그 대신 우리는 소비자 이해가 그 자체로서 기업 내부에서
혹은 브랜드를 위해 거의 활력을 창출하지 못한다는 점을 인식하
고 있는 것이다. 아래에서 다루어지는 것처럼 여기에는 가끔씩 예

외가 있기는 하지만, 일반적으로 말해서 소비자는 도전자 기업을 전진시키는 원동력이 될 수는 없다. 그보다 소비자 이해는 활력을 창출하는 원동력을 위한 받침대 혹은 도약대가 되어야 하며, 원동력은 바로 아이디어 중심의 문화이다.

소비자 이해에 관해 이야기하는 것은 독자들의 의견을 다음과 같은 식으로 갈리게 만들 것이다. 일부 독자들은 과거에 소비자 혹은 경쟁자의 분석에 얼마나 많은 비중을 두었는지 떠올리고(단순히 세 저자 즉 피터 드러커, 마이클 포터, 오마에 겐이치의 엄청난 영향력을 생각해 보라) 온전히 수용하기가 어렵다고 생각할 것이다. 이 독자들은 테스코, 새턴 같은 기업들이 다시 스스로 순수해짐으로써, 즉 단지 소비자가 진정으로 무엇을 원하는지에 대해 더욱 더 귀기울임으로써 향유하게 된 엄청난 이득을 지적할 것이다. 따라서 모든 시장의 미래를 형성하는 데 소비자가 아무 역할도 못한다고 물리치는 것은 이러한 독자의 눈으로는 확실히 다소 성급한 결론이다.

반대로 다른 독자들은 기꺼이 나보다 훨씬 더 강하게 소비자들이 원하거나 필요하다고 말하는 것들을 알 필요가 없다고 주장할 것이다. 강력한 기업들은 더 이상 소비자에 의해 인도되지 않으며 오히려 소비자를 인도하고 있다고 말하는 게 유행이 되었다는 것이다. 그것이 마치 모든 업종과 모든 사업 기회에 대해 전적으로 진실인 것처럼 말이다. 그들은 첨단 업종을 보라고 말할 것이다. 소비자는 누군가가 제품을 만들고 시장에 내놓을 때까지 그러한 것의 필요성에 대해 상상조차 없었을 것이다. 제품을 만들면, 소비자가 올 것이다.

표 12.1 세 가지 유형의 업종

	병에 걸린 업종	동시대적 업종	상상이 안 되는 업종
예	자동차 이동 통신업체	파스타 소스	게임 소프트웨어
선도자	소비자 주도	아이디어 중심	아이디어 주도
조사의 역할	질문을 할 수 있고 답변을 얻을 수 있음.	질문을 할 수 없고 답변을 얻을 수 있음.	질문을 할 수 없고 답변을 얻을 수 없음.
핵심 과제	익숙한 것을 바람직하게 함.	익숙한 것을 새롭게 함.	새로운 것을 익숙하게 함.

확실히 이 두 번째의 사고 방식의 매력을 이해할 수 있을 것이다. 특히 그것은 기업 사명 선언문에 명시한 대로 소비자 주도의 개념을 아직까지 실천하지 못하고 있는 모든 기업들에게 분명히 약간의 안도감으로 다가올 것이다. 이러한 사고의 추종자들에게 고객은 더 이상 왕(혹은 여왕)이 아니라 어린 통치자일 뿐이다. 그는 너무 어린 나이에 권좌를 물려받았기 때문에 자신이 무엇을 진정으로 바라는지 알지 못한다. 그래서 소비자는 우리가 그들 대신 섭정이 되어 자상한 마음으로 그들이 무엇이 필요한지를 가르쳐 달라고 요구한다는 것이다.

그러나 이러한 생각은 역시 지나치게 단순화된 것이며, 일부 브랜드와 사업체들에게는 명백히 들어맞지만, 다른 쪽에서는 명백히 적용되지 않는다. 그 대신 우리는 우리가 종사하고 거래하는 업종을 세 유형으로 나누어볼 필요가 있다(표 12.1 참조).

병에 걸린 업종에서는 단순히 소비자에 귀기울이기만 해도 여전

  제2부 성공하는 도전자 브랜드의 8가지 원칙

히 얻게 되는 이득이 있다. 자동차 판매 분야는 아마도 병에 걸린 업종의 가장 대표적인 예일 것이다. 제조사는 판매상들에 대한 영향력이 거의 없으며, 그래서 구매 과정에 대해 소비자가 진정으로 원하는 것을 실행하지 못하고 있다. 그렇지만 질병이 반드시 구식이거나 시대에 뒤떨어진 산업에만 있는 것은 아니다. 가장 최신 산업들 가운데 일부도 이러한 유형에 속할 수 있다. 예를 들어 이동 통신 업체들은 규제 하에 있는 업종으로서, 대부분의 기존 사업자들은 자연스러운 시장 성장에 따라 높은 수익을 올리고 있으며, 비교적 최근까지도 소비자의 진정한 바람에 맞춰 브랜드를 변화시킬 필요성을 거의 느끼지 못하고 있다. 컴퓨터 기업들은 소비자가 개인용 컴퓨터를 직접 가정에서 편안하게 설치할 수 있는 단순함의 수준도 이해하지 못하는 것처럼 보인다.

병에 걸린 업종에서는 소비자에게 올바른 질문을 할 자세가 되어 있다면 누구나 그 질병이 무엇인지 알 수 있다. 이익은 소비자를 위해 가장 먼저 달려들어 질병을 치료하는 기업이 차지하게 될 것이며, 시장의 나머지 기업들은 사태를 지켜보다가 비즈니스의 흐름에 의해 마지못해 따라가게 된다. 예를 들어 이동 통신 업종에서 모든 사업자들은 소비자가 실제로 통화하는 시간이 아니라 가장 근접한 분 단위로 반올림되는 요금제에 대해 불만이 있음을 알았다. 그래서 가장 먼저 그것을 바꾸었다고 마케팅한 기업(예를 들어 영국에서는 오렌지)이 경쟁 우위를 얻었다. 버진 다이렉트(Virgin Direct)는 사람들이 금융 기관으로부터 마치 바보나 어린애 취급을 당하는 대신에, 솔직한 이야기나 어른 대 어른의 대화를 원한다는 사실을 이해하고 있음을 마케팅하고 있다.

따라서 이러한 업종에서 도전자를 위한 기회는 소비자에게 익숙한 것을 바람직하게 바꾸는 것이다. 가장 적게는 질병의 고통을 덜어주고, 더욱 좋게는 치료를 제공하는 것이다. 이 업종에서 소비자와의 긴밀한 협력 관계는 그러한 이해가 행동이 뒷받침되는 아이디어로 전환된다면 여전히 경쟁 우위의 원천이 될 수 있다. 소비자들이 공감만으로 이끌리는 때는 오래 전에 지났다.

동시대적 업종의 경우 소비자는 겉으로는 해당 업종의 발전에 만족해(혹은 지겨워) 한다(예를 들어 타이어 표면의 디자인에서 다음 혁신을 기다리고 있는 소비자는 세상에 없다). 그들은 업계의 혁신에 대해 다음번 도약을 상상하고 싶어하지도 않고, 그럴 수도 없다(패스트푸드 회사들은 비디오 게임 제작사와 연합하여 개발한 전자 주문 방식을 시험하고 있는데, 이런 일이 포커스 그룹의 누군가에 의해 자발적으로 건의되는 경우는 거의 드물다). 소비자의 제안으로 당장 이득을 보는 경우가 있을 수는 있지만, 대부분의 경우 그것은 이미 남획된 상태이다. 기존 업계의 틀에서 대부분의 기회는 이미 고갈되었고, 소비자들 자신이 업계에 너무 가까이 있기 때문에 자발적으로 어떤 획기적인 것을 떠올릴 수 없다. 이러한 상황의 예는 주전자 시장일 것이다. 포커스 그룹에서 유럽의 소비자에게 어떤 종류의 주전자를 좋아하는지 질문한다면, 그들은 백색이나 스테인레스 철제품에 즉각적이고 강하게 반응할 것이다. 이것은 주방의 위생에 관한 20세기 초의 관심사에 뿌리를 둔 주전자에 대한 인식에 부합하는 것이다. 당시에 주전자는 무엇보다도 효율적이고 소박한 도구여야 했다. 그렇지만 오늘날처럼, 주방이 가정의 즐거움에서 보다 중심적인 부분이 되고, 음식의 즐거움이 더욱 장려하고 찬미되는 감각적 시대에는, 주전자의 감성적 역할 또한 우리가 모르는 사이에 바뀌었을 수 있다 — 예를 들어 그것은 커피만큼이나 감각을 유혹하는 데 사용되는 것이다. 따라서 새로운 종류의 알레시(Alessi) 주전자를 디자인하는 디자이너들은 주전자에 대한 빅토리아 시대의 기능성의 개념에 도전하고 있다. 다양한 색상의 몸체와 장식적인 주둥이를 통해 할머니 시대의 깨끗함보다는 현대적 주방의 감각적 즐거움을 찬미하고 있다.

따라서 중앙에 위치한 이러한 업종의 경우, 우리는 소비자 대중에 대해 직접적인 질문을 던지는 것은 단지 위험을 무릅쓰는 것임을 발견하게 된다. 이것은 브랜드 리더에는 문제가 되지 않을 것이다. 왜냐하면 만일 프록터 앤 갬블의 근육을 가지고 있다면, 어떤 것을 개발해 그것의 중요성을 소비자의 마음에 심어줄 수 있기 때문이다. 그러나 도전자로서 우리는 그러한 근육도 힘도 없다. 우리는 소비자를 끌어들일 새로운 기반을 찾아야 하지만, 그것은 그들의 흥미를 즉각적으로 자극할 수 있는 기반이어야 한다. 이것은 예를 들어, 아이디어의 상호 교류를 통해 나올 수 있다. 말하자면 다른 업종의 혁신적 아이디어를 빌려다 우리 자신의 업종에 적용하는 것이다. 이러한 업종들에서 리더십은 다른 업종으로부터의 학습을 이용해 해당 업종을 자신에게 유리하게 재정의하는 것으로부터 나올 것이다. 소비자는 이러한 다른 업종들에 대해 그들이 좋아하는 것을 우리에게 말해줄 수 있겠지만, 그것들을 직접적으로 우리 업종을 위한 아이디어로 전환할 수는 없을 것이다.

여기에서 소비자와의 유용한 대화는 매우 진단적이고 탐색적이며 해석적이 될 것이다. 소비자들은 업계의 다음 발전이 어떤 형태이기를 바라는지에 대해 자발적으로 답할 수는 없겠지만, 그들의 반응과 응답은 소중한 방향을 제시해 줄 수 있다. 그리고 실제로, 소비자가 신선한 근거를 제시할지도 모른다는 희망으로, 브랜드와 소비자 간의 관계를 진부한 방식으로 탐색하기를 거부하는 도전자에게는 정말로 기회가 있을 수 있다(예를 들어 10장의 "라쇼몽"식 접근의 토론을 보라).

이와 동시에 이전 7가지 원칙들의 논의 과정에서 나온 일부 연습들을 활용하여, 우리는 초기에는 아마도 첨단의 소비자들만이 상상하거나 호의적인 반응을 보일 새로운 아이디어의 개발을 시도할 수 있을 것이다. 또한 규칙적으로 논의를 접하고, 그래서 시장에 대해 말하고 생각하는 능력이 앞서게 된 소규모 응답자 패널들을 활용하는 것도 이러한 상황에서 소비자의 피드백을 얻는 또 다른 유용한 방법이 될 수 있다.

따라서 이러한 업종에서 도전자를 위한 바람직한 최종 승부수는 익숙한 것을 새롭고 신선하고 자극적으로 만들고, 그렇게 함으로써 업계에서 사고의 리더십을 장악하는 아이디어의 창출이다.

세 번째 업종, 즉 상상이 안 되는 업종은, 소비자들이 자신이 원하는 것을 개념적으로 상상할 수 있는 위치에도 있지 않거나, 개념적 형태의 혁신적인 아이디어에 반응조차 하지 않은 경우이다. 제품의 매력을 가늠할 수 있으려면 소비자들은 그것들을 경험하거나 때로는 함께 생활해 보아야 한다. 이러한 업종의 예에는 첨단 기업 (US 로보틱스 파일럿), 콘텐츠 주도형 오락 업종(게임 소프트웨어, 텔레비전 방송), 혹은 새로운 경험 지향적 소매 환경(스타벅스, 레인포리스트 카페) 등이 있다.

예를 들어 하워드 슐츠는 스타벅스를 성장시킨 아이디어를 여러 차례의 포커스 그룹 조사를 통해 개발하지 않았다. 그것은 베로나의 거리를 걸어가면서 떠올랐다. 거기에서 그는 시애틀의 원래 스타벅스에서 발견한 고품질 커피와 이탈리아 커피 하우스의 세련된 분위기를 융합하는 아이디어를 떠올렸다. 그리고 나서 그는 점포를 열었고, 그러한 결합은 전적으로 새로운 업종을 창출했다. 재즈, 이국적인 언어, 바리스타의 개념은 소비자가 아닌 슐츠의 머리에서 나왔는데, 이는 이탈리아의 거리와 미국의 생활 양식이라는 명백히 다른 문화들을 융합시킨 결과였다.

상상이 안 되는 업종에서 경쟁하기 가장 어렵게 만드는 것은 바로 이러한 도약이다. 즉 소비자들의 보증이 전혀 없는 상태에서 의사 결정을 해야 한다는 점에서 어렵고, 그리고 그에 따른 위험을 감수하려면 감성적인 비전과 완고한 신념이 요구된다는 점에서 어렵다. 여기에서 마케팅의 도전은 결국 소비자가 아직 필요하다고 생각하지 못하는 브랜드/제품을 뿌리내리게 하는 것, 즉 새로운 것을 익숙하게 만드는 것이다. 이러한 업종들 가운데 하나를 구축하거나 그 안에서 경쟁하려고 할 때는 새로운 아이디어를 시도하고 지켜보는 것 외에 다른 대안은 없다.

그렇지만 미리 예측하는 힘을 키울 수는 있다.

예측하느냐 아니면 죽느냐

경영 컨설턴팅 회사인 부즈 앨런 앤 해밀턴(Booz, Allen & Hamilton)은 다양한 마케팅과 경영 문화들에 있어 소비자 조사들의 활용을 관찰했다.[6] 그리고 기업들이 조사를 다음 세 가지 용도로 활용하고 있음을 확인했다.

1. **"모니터링"**(Monitoring) **조사.** 이것은 구매 행태 연구와 같은 전형적인 양적 조사이다. 여기에서 조사자는 질문 사항을 정하고 소비자에게 몇 가지 가능한 응답 중에서 선택하게 한다. 이러한 종류의 조사는 특성상 주기적으로 — 가능하면 3~4년마다 한 번씩 — 외부 전문가에게 의뢰하며, 주요 보고서를 통해 경영진에게 보고된다.

2. **"상호작용"**(Interactive) **조사.** 이 조사는 질적 조사인 경우가 많으며, 대개 확인된 문제들에 대한 제안된 답들을 놓고 탐색하는 것으로 이루어진다. 표적 고객 앞에 자극물을 갖다 놓고(예를 들어 신제품, 포장이나 광고) 거기에 반응하게끔 한다. 관찰 조사보다는 덜 체계적이고 더 개방적이기 때문에, 비록 한정된 주제 내에서긴 하지만, 소비자가 자발적으로 기여할 수 있게 한다.

3. **"조망"**(Looking out) **조사.** 이것은 소비자가 의제를 설정하는 조사이다. 본질적으로, 소비자의 마음속에 있는 사안에 대한 개방적인 조사로서 질적 조사, 관찰 조사, 혹은 참여적 조사일 수도 있다. 경영진이 적극 관여하며 자주(아마도 매주) 실행된다.

  제2부 성공하는 도전자 브랜드의 8가지 원칙

부즈 앨런 앤 해밀턴은 그들이 관찰한 기업들에서 소비자에 대한 조사와 그 활용에 대한 매우 상이한 두 가지 철학이 있음을 발견했다. 프록터 앤 갬블이나 유니레버 같이 어떤 시장에서든 미리 결정된 전략적 개발 모델을 갖고 있는 대기업들은 대체로 처음 두 가지 조사 방식을 선호하는 경향을 보였다. 그들은 전략적이고 창의적인 방향으로 주요 의사 결정을 내리는 데 도움이 될 질문을 정의하고, 통계적으로 의미 있는 답변들을 찾았다(이러한 접근 방식에는 마케팅의 역할이 기성의 필요에 대응하는 것이라는 관점이 암묵적으로 담겨 있다).

다른 한편으로 이 경영 컨설팅 회사는 BMW, 나이키, 펩시같이 더욱 혁신적이고 기업가적 문화를 갖춘 두 번째 그룹도 발견했다. 그들은 아주 다른 방식으로 조사를 활용하고 있었다. 이 그룹에서 조사의 목적은 결정을 합리화하는 것뿐 아니라 통찰력을 얻는 것이었다. 이 목적을 위해 그들은 2, 3번의 조사 — 통계적으로는 덜 의미가 있지만 더욱 개방된 상호 작용 — 에 더욱 초점을 맞추었고, 이때 소비자에게 질문을 정하게 하여, 그들을 틀에 얽매이지 않고 상호작용하는 대화로 유도했다. 조사는 훨씬 자유롭고 정기적인 대화 — 아마도 매주 — 형식이었으며, 회사의 경영진이 적극적으로 관여했다.

예를 들어 나이키는 자신의 운동 선수들과 야외에서의 정기적인 만남을 통해 가장 고차원적 수준의 스포츠 경쟁에 있어 변화하는 욕구와 불만의 변화를 파악하고 있다. 영국의 소매점인 테스코는 금요일 저녁에 소비자가 주제를 정하는 점내 미팅을 해오고 있는

데, 이 회의에는 조직의 고위 간부들이 참석한다.

　여기서 조사의 목적은 결정을 내리는 것과 관련이 있다기보다는 더욱 현명하게 경영을 하는 것과 관련이 있다. 소비자가 논의할 주제를 정하는 정기적인 대화를 통해, 경영진은 수면의 새로운 작은 파문과 새롭게 출현하는 경향에 대해 더욱 명확한 감각을 갖게 되며, 소비자에게 답변이나 판단을 요구하기보다는 그들이 어떻게 반응할지 미리 예상할 수 있는 능력을 키우게 된다. 전체적으로, 이러한 조사의 효과는 경영의 자신감을 길러주고 더욱 신속하게 결정을 내릴 수 있게 만드는 것이다. 왜냐하면 그것은 계속해서 소비자들로 하여금 마음속에 있는 것을 꺼내 놓도록 하기 때문이다. 그리고 그렇게 함으로써 어디서든 아이디어가 나올 때 좋은 아이디어에 반응하는 — 그것을 알아보는 — 의사 결정자의 능력을 날카롭게 한다.

　이는 동시대적 업종이나 상상이 안 되는 업종의 도전자에게 있어, 조직의 핵심 팀과 소비자 간에 요구되는 관계를 잘 설명한다. 그것은 바로 소비자에 대한 직관적으로 매우 강한 느낌(표면적 그리고 심오한 측면 모두)이며, 그들의 생활을 가능한 한 그대로 답습해 보는 진단적 조사에 직접 참여함으로써 얻을 수 있다. 그리고 이는 빠르게 변화하는 시장에서 대규모의 양적 연구보다 더 큰 가치가 있을 것이다. 기업의 의사 결정자와 핵심 팀은 소비자들에 대한 정확한 가정들이 필요하며, 그들이 누구이고 어떠한지에 대한 직접적이고 본능적인 지식이 중심적인 여과기, 즉 아이디어가 판단되고 평가되는 잣대가 되어야 한다. 우리는 소비자에 대해 자신의 동료만큼 잘 알아야 한다.

일화 하나. 파리의 구두 디자이너인 로돌프 메뉘뒤에(Rodolphe Menudier)는 작품들을 디자인하기 전에 실제로 소비자가 생활하는 방식대로 자신의 아파트를 꾸밈으로써 소비자의 생활 속으로 들어가려고 한다 — 실제 그의 라이트뱅크 아파트에는 다음 작품들의 표적 고객들이 사용할 것으로 상상되는 물품들이 두 수레 분량이나 있을 정도다. 그는 이렇게 말한다. "작품들을 디자인할 때, 나는 우선 이 신발들을 신을 사람들이 살아가는 곳을 상상합니다. 즉 그곳의 환경, 기후, 물건들, 생활 방식을 떠올리는 겁니다. 그렇게 해서 나는 부지불식간에 제 아파트를 채우고 꾸미게 됩니다. 매 시즌마다 영감을 줄 만한 물건이나 가구들을 무의식적으로 찾고, 그것들을 아파트로 가져옵니다. 그래서 제 주변의 모든 것이 어쨌든 신발과 관련되게 됩니다."[7]

이제 도전자 기업을 위한 하나의 아이디어가 있다.

불안정한 조직 이끌기

그렇다면 우리는 이 모든 것을 통해 리더십에 대해 무엇을 배울 수 있을까? 기업을 운영하기 위한 도전자 프로그램의 필요성을 이해하고 8가지 원칙을 개념적으로 이해하는 것과 매일매일의 기초 위에서 기업을 이끄는 것, 즉 실제로 "비행기 앞머리의 컴퓨터"가 되는 것은 별개의 것이다. 지금까지 우리가 살펴본 증거들은 도전자

기업의 강력한 리더십과 도전자 문화가 다음 사항들에 달려있음을 제시한다.

- 정체성에 대한 명확한 인식을 갖고, 그것을 향해 나아가면서 기업의 모든 활동의 초점을 맞춘다.
- 직원을 선발할 때 직접 관여한다. 특히 가르칠 수 없는 특성 즉 열정, 가공되지 않은 재능, 촉매로서의 능력을 찾는다.
- 그러한 사람들이 신선한 발상, 독창적 제안이나 아이디어의 지속적 흐름을 만들어낼 수 있도록 서로 결합시킨다.
- 그에 따른 불안정성을 "컴퓨터"나 "차고" 같은 핵심 그룹을 구성해 관리한다.
- 그러한 아이디어들을 신속하고 빈번하게 수면으로 떠오르도록 수직적 층계를 제거한다.
- 지속적이고 무작위적으로 돌아다니며 그러한 아이디어를 초기에 알아본다("조짐이 일어날 때" 거기에 있음).
- 아이디어를 위한 풍토를 조성한다.
- 소비자를 예측하는 능력을 키워서 강력한 아이디어와 마주쳤을 때 그것을 알아보며, 그것이 찾아왔을 때 확신을 갖고 재빨리 대응한다.
- 도전자 프로그램을 실행한다.

끝으로, 도전자 기업에서의 리더십은 극적인 감각을 주입하는 것에 관한 것이다. 1983년과 1984년 애플의 복도에 울려 퍼진 스티브 잡스의 함성을 기억하라. 매킨토시는 완성되기까지 고작 100일 밖에 걸리지 않았다. 그는 변화를 독려했고, 내부의 로켓이 지상에서 이륙하게 만들었다.

변화와 도전

조직 내에서 도전자 프로그램이 실패할 확률은 아무리 낮게 잡아도 50퍼센트에 이른다. 그리고 이것은 확실히 매우 낮은 수치이며, 개인적 경험에서 볼 때 실패 확률은 훨씬 더 높다. 한 기업에서 5년 넘게 다닌 사람이라면 3~5 차례의 "최고 경영자의 연설"을 듣게 되는데, 언제나 변화와 혁신에 대한 약속을 말한다(그리고 직원들이 기업의 "진정한 자산"이라고 역설한다).

하지만 그러한 연설이 청중에게 미치는 긍정적 효과는 겨우 오후까지만 지속될뿐이다. 역으로, 그러한 실패의 누적된 비용은 무형적이고 엄청나다. 그것은 리더에 대한 신뢰 상실을 가져올 뿐만이 아니라, 장래 조직의 변화에 대한 신랄한 냉소(그리고 저항)가 자라나게 한다. 심지어 회사 내에서 그러한 변화의 필요성이 점점 필수적인 것으로 인식되는 경우에조차 그러한 반응들이 나타난다.

이러한 실패의 원인은 변화 자체의 핵심 개념에 있다고 나는 생각한다. 변화는 근본적으로 결함이 있는데, 바로 절대적인 방향이 없다는 점이다. 변화는 수단이지 목적이 아니다. 『하버드 비즈니스 리뷰』에 『변화, 그리고 변화에 당황하는 관리자』라는 글이 실린 적이 있는데, 그러한 당황은 정확히 말해서 변화 자체가 좋은 것이 아니기 때문에 일어난다. 변화는 우리를 놀라게 하는데, 그것은 변화에는 정해진 목표 지점이 없기 때문이다. 변화 자체는 우리가 추구하거나 우리 자신을 평가할 수 있는 목표 지점을 제공하지 않는다. 그러한 변화의 여정을 시작할 때, 우리는 상세한 지도를 기대하기는 어렵다. 하지만 모든 이들을 위한 나침반은 최소한 있어야 할 것이다.

그래서 도전은 외부적인 소비자 마케팅 뿐만 아니라, 어쩌면 내부적인 여정을 위한 강력한 개념적 틀이기도 하다. 우리는 외적으로는 물론 내적으로도 "변화"를 "도전"이라는 아이디어로 대체해야 한다. 왜냐하면 도전의 개념은 본질적으로 우리가 필요로 하는 나침반을 제공하기 때문이다. 변화와는 달리, 도전은 초점을 맞추고 방향을 제시한다. 그것은 동기를 부여하는 중심 목표, 즉 잡아야 할 큰 물고기라는 확실한 목표를 가지고 있기 때문이다. 그렇지 않으면 그것은 도전이 아닐 것이다.

따라서 도전은 그 수단들을 비교적 단순하게 만들고, 심지어 자명하게까지 만든다. 중심적 도전을 이해하는 것은 설사 경영진이 일일이 지시를 하지 않더라도, 어떤 주어진 과제에 따르는 행동을 알려준다. 바꿔 말해서, 설사 내가 무엇을 해야 할지 구체적 지시를 받지 못한 경우라도, 공통된 도전에 대한 이해를 바탕으로 필요한 행동을 취할 수 있다.

우리는 변화와 도전의 차이는 다음과 같이 요약할 수 있다.

변화	도전
과정	과제
수단 지향적	목표 지향적
초점 없음	초점 있음
설명이 필요함	자명함
많은 의견	단일한 생각
이성적	감성적
혼란스럽고 겁남	활력이 넘침
복잡한 수단	한 가지 수단

바클레이스 은행(Barclays Bank)의 마틴 테일러는, 정말로 강력한 모든 사업은 다섯 살배기 아이도 이해할 수 있을 만큼 단순하다고 생각한다. 이와 동일한 것이 유동적이거나 전환 과정에 있는 사업에 훨씬 더 유효하다. 즉 도전, 그리고 기업이 어떻게 그 도전에 맞설 것인지는 아주 간단하게 정의되어야 한다.

아이디어 중심의 기업으로
옮겨 간다는 의미 : 마지막 사고

브랜드가 모멘텀을 유지하는 것은 어려운 일이며, 도전자도 예외가 아니다. 오랫동안 그러한 모멘텀을 유지하는 도전자들을 살펴보면, 모멘텀의 유지는 소비자 주도에서 아이디어 주도의 문화로 옮겨 가는 데 달려 있다. 비록 소비자가 현재의 제품에 소리 높여 불만을 표시하는 질병에 걸린 업종들이 여전히 있기는 하지만, 테스코 같은 브랜드는 이러한 업종에서 계속적인 성공은 소비자를 이해하는 데서 오는 것이 아니며 단순히 소비자를 이해하고 있음을 보여줌은 더 더욱 아니라는 사실을 증명한다. 그것은 소비자와 브랜드의 관계를 새롭게 하고 신선하게 하는 아이디어의 지속적인 활용에서 오는 것이다. 혁신이 아니라 아이디어인 것이다. 한 가지 마지막 사례는 이것이 요구하는 마음가짐에서 변화의 정도를 보여 줄 것이다.

마케팅 측면에서 브랜드를 위한 "지원"에 대해 많은 이야기가 있다. 이것은 대체로 일정한 기간 동안 브랜드를 위해 소비자에게 들이는 광고나 판촉성 지출의 수준을 의미한다. 이러한 지원이 중단되거나 급격하게 줄어들었을 때 브랜드에 미치는 영향을 살펴보는 연구가 이루어졌고, 연구 결과에 따르면 브랜드는 단기적으로는 유지되지만, 일년 정도가 지나면 가속적으로 쇠퇴하기 시작한다는 것이다.

그렇지만 폴 로머(Paul Romer) 교수의 이론을 마케팅에 적용한다면, 그것은 우리가 도전자 브랜드를 위한 "지원"의 모든 정의를 돈으로부터 아이디어로 재구성해야 한다는 것을 제시한다. 아이디어들은 분명히 자금 지원을 받아야 하겠지만, 회사 내부에서의 그러한 사고는 단순히 적절한 재무적 지원만을 의미하는 것이 아니라, 브랜드를 활기차고 생명력이 넘치게 만드는 아이디어 자체에 대한 적절한 투자를 의미한다. 이것은 단지 자금의 투자뿐만이 아니라

　제2부 성공하는 도전자 브랜드의 8가지 원칙

시간, 작업 문화, 개인적 습관, 그리고 인력의 투자이다.

따라서 이것은 단지 도전자가 브랜드 리더가 신제품을 개발할 때와 마찬가지 방식으로 아이디어 부서나 아이디어 담당 이사라는 새로운 직책을 만드는 문제는 아닐 것이다. 그것은 최소한 기업이 그 아이디어의 중요성을 인식하고 그것을 체계적으로 다루기로 했음을 의미하는 흥미로운 출발점일 수 있겠지만, 그것으로는 충분하지 않다.

아이디어가 도전자의 성장을 위한 연료이고, 기업이 아이디어와 창의적인 사고를 우선시해야 한다면, 기업의 무게 중심은 소비자 중심(혹은 분석 중심) 기업을 지향하는 것에서 아이디어 중심 기업을 지향하는 것으로 옮겨가야 한다. 단순히 새로운 직책이나 부서를 만드는 것이 아니라, 아이디어의 창출과 적용이 그 동안 기업의 중심에 있던 소비자, 그리고 그것에서 연유하는 모든 구조와 과정, 규칙들을 대체해야 한다. 소비자는 아이디어를 위한 중요한 보조 수단으로 남겠지만, 그 자체가 원동력이 될 수는 없다.

도전자 기업의 원동력은 아이디어이다. 왜냐하면 아이디어의 고갈은 곧 모멘텀의 상실로 이어지기 때문이다. 브랜드가 마케팅 지원이 사라지면 일년 정도는 버틸 수 있고, 그 다음부터 쇠퇴하기 시작한다는 연구 결과처럼, 도전자의 모멘텀과 아이디어도 마찬가지이다. 따라서 모멘텀이 약화된다는 것을 느끼기 시작할 때는 모멘텀을 되찾기에 너무 늦어 버린다(예를 들어 새턴은 지난 3년에 걸쳐 자동차 업종에 관한 신선한 사고를 밀어붙이지 못했고, 그 때문에 초기의 풍부한 아이디어들이 제공했던 탁월한 성공을 유지하는 데 실패했다). 해결책은 지속적인 풍부함을 창출하는 것, 즉 아이디어 문화가 되는 것이다. 이것이야말로 도전자 기업이 기계적 확대율 — 전과 동일하거나 더 적은 투자로 더 거대한 수익의 지속적인 창출 — 을 이끌어내는 유일한 방법이다.

13

The Relationship Between the Eight Credos

8가지 원칙들의 관계

나는 이 책의 처음 부분에서 8가지 원칙의 본질을 확립한 후에 그것을 우리 자신에게 적용할 수 있는 과정의 시작으로 전환하겠다고 말한 바 있다. 어떤 도전자도 공식적으로 그런 과정을 거치지 않았다는 점에서 이것이 거대한 사후 합리화일 수 있겠지만, 나는 그들의 집합적인 마케팅 직관의 단계들을 따라가고자 하는 이들을 위해 그 과정을 공식적인 것으로 만드는 데 관심을 갖고 있다. 이러한 과정은 도전자들이 갖춰야 하는 야망과 도전자 기업의 문화적 특성을 살펴본 후 15장에서 상세히 다룰 것이다. 하지만 먼저, 8가지 원칙들을 전체적으로 검토해볼 필요가 있다.

도전자가 된다는 것은 어떤 일련의 행동이 아니다. 그것은 그러한 행동으로 표현된 마음가짐이며 세상을 보는 방식이다. 마음가짐으로서 그것은 내면에서 우러나오거나 감정적으로 헌신하는 것이다. 그렇기 때문에 거의 종교적인 신념의 표현으로서 "원칙" (credo)이라는 단어를 사용한 것이다. 무엇을 희생해야 하는지에 대한 인식은 변화할 수 있지만, 희생해야만 한다는 믿음은 변할 수 없다.

이러한 마음가짐을 생각할 때, 8가지 원칙은 확실히 고립적으로 작동하지 않는다. 우리는 나중에 실제로 그것들을 4단계의 전략적 마케팅 과정으로 전환할 것이다. 이러한 과정에서, 하나의 원칙에서 취해진 결정이나 행동은 반드시 다른 원칙에서 반영되거나 각색된다. 이는 지금까지 나온 많은 브랜드 사례들이 각 장에서 겹쳐서 사용되는 것을 보아도 분명하게 알 수 있다. 즉, 깨뜨려진 업계의 관행은 종종 브랜드를 위한 재평가의 상징으로 활용될 것이며, 만일 이러한 재평가의 표적이 외부에 있다면, 그것들은 극적인 광고나 홍보 이벤트를 통해 표현될 것이다.

더 나아가, 비록 8가지 원칙들이 확실히 마케팅 전략에 엄청난 함의를 가지고 있다 하더라도, 분명한 것은 마케팅 전략이 다음과 같은 도전자 마케팅 3요소 가운데 하나일 뿐이라는 사실이다.

1. 태도와 각오.
2. 마케팅 전략.
3. 마케팅 행동.

마케팅 행동는 브랜드의 정체성과 소비자에 대한 포지셔닝의 표현에 대한 하나의 사고 방식이며, 역사적으로 마케터들 활동의 기초로 간주되어 온 4P(포지셔닝(Positioning), 제품(Product), 판촉(Promotion), 가격(Price))를 훨씬 뛰어넘는 것이다. 그리고 태도(Attitude)와 각오(Preparaion)는 마음을 열고 순수함을 다시 갖추기 위해서뿐만 아니라, 마케팅 전략을 행동으로 전환하기 위해서도 필요하다. 마케팅 기업들의 가장 큰 실패 중 하나는 불완전함이다. 리 클로(Lee Clow)는 그의 에이전시로부터 어떻게 혁신적 사고를 끌어낼 수 있었는지에 대해 질문을 받자, "그것을 원해야 합니다."라고 대답했다. 불완전함은 대체로 정신적 각오가 되어 있지 않기 때문에 발생한다. 실패한 사람들은 충분히 "원하지" 않는다.

따라서 8가지 원칙들 사이에는 사실상 구조적인 관계가 있다(반드시 시간적인 순서가 있는 아니다).

물론 모든 도전자들이 8가지 원칙을 빠짐없이 충족하지는 않는다. 예를 들어 어떤 도전자는 광고를 전혀 하지 않는다. 앱솔루트는 재평가를 위한 어떤 극적인 상징도 결코 제시하지 않았다. 이것은 중요한 반박인데, 가설을 시험하는 방식은 결국 그것을 입증하려는 것이 아니라 반증하려는 것이기 때문이다.

이에 대한 반응은 두 가지로 나눠진다. 첫째는 수많은 도전자들 간에 놀랍게도 계획의 완벽한 유사성이 존재한다는 것이다. 즉 일부 사례는 전체적인 패턴에서 다소 벗어나겠지만, 전반적인 형태와 특성의 공통된 요소가 분명히 있다고 본다.

두 번째 대답은 이 책이 업종, 문화, 혹은 출발 지점에 관계없이 포괄적으로 적용되는 절대적인 공식이 되려고 하지 않는다는 점이다. 즉 8가지 원칙들은 성장을 방해하는 전략적인 문제나 마케팅

의 맹점을 극복하는 데 도움이 되는 활동들의 집합체로 보는 것이
훨씬 더 유용하다는 것이다.

중요한 점은, 8가지 원칙들이 각각의 일품 요리 메뉴가 아니라
서로 연관된 활동들의 집합체(cluster)로 간주되어야 한다는 것이
다. 왜냐하면 절반의 도전자가 되려고 하는 것은 절반만 임신하겠
다고 하는 것과 같기 때문이다 ― 그것은 동일한 정도의 혼란을 야
기하고 실망스러운 결과로 이어질 것이 뻔하다.

종이 호랑이 : 절반의 도전자가 되는 위험

마오쩌둥(毛澤東)이 "모든 반동은 종이 호랑이다."라는 글을 썼을
때, 그는 물론 겉으로는 강력한 도전자가 되려고 하지만 (근육이 아
니라 종이로 만들어졌기 때문에) 성공하기 위한 진정한 실체가 결여된
사람들이 있다는 것을 의미했다. 마찬가지로, 8가지 원칙 중에서
흥미로운 두세 가지만 골라서 시범적으로 시도해 보는 것은 아무
런 의미가 없다. 그것은 먼저 외부와 내부 고객에게 혼란스런 신호
를 보낸다(경쟁자의 엉덩이를 확실하게 걷어차고 있는가, 그렇지 않은가?).
두 번째로 그것은 지속적인 모멘텀을 창출하지 못한다.

『컨트리 라이프』(Country Life)는 영국의 토지 소유자들을 위한
잡지다. 20세기 내내 지방의 교양인을 독자로 확보한 이 잡지는 사
회 사건, 전원 문제 등을 다루었고, 특히 멋진 보석으로 치장한 아
름다운 젊은 여성의 흑백 초상화를 매달 싣는 것으로 유명했다. 독

자들에게 그 사진 속 인물은 "진주의 여성들"로 알려졌다.

『컨트리 라이프』의 구독률이 오랫동안 서서히 감소하자, 1997년 새로운 변신이 요구되었다. 좀더 활기찬 것을 좋아하는 젊은 독자층을 잡으려면 변화가 필요했다.

이 잡지의 편집자는 재평가의 상징으로서 "진주의 여성들"에 변화를 주기로 결정했다. 그들은 목에 진주를 두르고 줄무늬 셔츠를 입는 중상류 스타일의 사진 대신에 사진 작가인 존 스와넬에게 벗은 몸 위로 우아하게 진주를 늘어뜨린 여성의 나체 사진을 찍도록 했다. 이것은 매우 고상했지만 ─『플레이보이』에 게재할 만한 것은 아니었다 ─ 논란을 불러일으켰다. 영국의 로맨스 소설가이며 약 80년 동안 이 잡지의 독자인 80세의 바바라 카트랜드 부인의 말이 영국 언론들에 널리 인용되었다. "요즘에는 모든 것이 왜 그렇게 천박해지는지 정말 정말 슬퍼요. 왜 사람들은 신사숙녀처럼 행동할 수 없는 걸까요?"

그녀의 반응은 정확히 핵심을 꼬집었다. 『컨트리 라이프』는 그들의 미래가 달려 있는 표적 고객들로부터 재평가를 이끌어 내기 위해 죽어가는 과거의 일부를 희생하기로 했다. 그러나 그들은 재평가의 상징을 창출하고 나서, 그것을 계속 밀고 나가지 못했다. 오늘날 이 잡지는 5년, 10년, 20년 전과 사실상 동일하다. 그러한 행동의 약속은 이행되지 않았다. 그리고 매출 성과도 결과적으로 극적인 변화를 보여주지 못했다.

6장에서 논의했던 웨일즈의 생수 브랜드인 타이난트는 암청색 병 덕분에, 로스앤젤레스처럼 웨일즈 계곡에서 아주 멀리 떨어진

곳의 레스토랑들로부터 엄청난 관심을 끌었다. 병 안의 내용물이 가장 중요하다 — 그래서 그것을 볼 수 있어야 한다 — 는 관행이 지배하는 생수 업계에서, 그들은 짙은 청색 병을 만들어 내용물 자체를 보이지 않게 했다. 하지만 타이난트는 내용물에 어떤 정통성을 부여함으로써 병의 성공을 이용하는 데 실패했다. 업계의 관행을 깨뜨려 모멘텀을 얻은 다음, 타이난트는 둘 중 하나를 택해야 했다. 즉 보다 실체적인 요소에 뿌리를 박고, 과도한 실행에 뿌리를 둔 자신의 정체성을 정의하든지, 아니면 자신의 핵심 자산이 병임을 파악하고, 그리고 자신이 (물 사업보다는) 패션 사업에 종사한다는 사실을 인식하고서, 자신이 속한 시장의 법칙에 따라 정기적으로 자신을 재창조해야 했다(아이디어 중심이 되고, 광고와 홍보를 전략적 지렛대로 활용한다).

한두 가지 원칙들을 좇아도 어느 정도 성공을 거둘 수는 있지만, 절반의 도전자가 됨으로써 거두어들일 수 있는 이익은 기껏해야 단기간에 그친다. 그것이 초기에 브랜드의 지평에서 금전적으로 유리한 새로운 장소를 제공할 수는 있지만, 성장을 지속시키지는 못할 것이다.

마지막 예로서 당신이 휴 그랜트(Hugh Grant)의 여자 친구라고 가정해 보자. 당신의 애인은 『네 번의 결혼식과 한 번의 장례식』의 성공에 힘입어 하룻밤 사이에 세상에서 가장 인기 있는 결혼 상대자가 되었고 오스카 상 후보에도 올랐다. 전도가 유망한 여배우이며 자존심이 강한 당신은 앞으로 영원히 "휴 그랜트의 여자 친구"라는 꼬리표를 달고 다녀야 할지 모른다는 생각에 점점 더 기운이 빠진다. 당신은 무엇을 해야 할까?

당신이 할 일은 세계의 언론이 당신의 애인을 주목할 때 세계적인 이벤트를 통해 당신 자신에 대한 재평가의 상징을 창출하는 것이다. 당신은 꽉 조인 베르사체 드레스를 입고 나타난다. 드레스의 넓게 트인 양옆은 드레스 안에 있는 것이 약간의 향수뿐이라는 사실을 넌지시 나타내며, 드레스의 앞쪽은 실제로 그럴 가능성이 있다는 것을 한 번 더 말해준다. 만약 카메라가 충분히 오랫동안 당신에게 머문다면 그 의혹을 확인하거나 부인하는 뜻밖의 일이 일어날 수도 있다. 그 결과는 어떨까? 당신은 휴 그랜트의 여자 친구로 행사장에 나타났지만, 다음날 아침 서구의 모든 신문들에서 엘리자베스 헐리(Elizabeth Hurley)로 소개된다(머지않아 화장품 브랜드인 에스티 로더와의 멋진 계약도 이어진다).

이 연습은 확실히 엘리자베스 헐리를 스포트라이트 속으로 밀어넣었지만, 그 외에 아무것도 뒤따르지 않았기 때문에 그것은 그녀를 진정한 도전자로 만들지는 못했다. 그것은 그녀에게 모델이나 패션의 여신의 본질을 재정의할 기회를 주었지만, 그녀는 그 업계의 리더십을 발전시킬 만한 시도를 하지 않았다(예를 들어 한때 랑콤의 전속 모델이었던 이사벨라 로셀리니는 대단히 여성적인 얼굴과 그녀의 나이로, 그리고 치아의 틈을 "완벽하게" 만드는 것을 거부함으로써 모델 업계의 관행을 깨뜨렸다). 물론 헐리의 다른 절반인 과거의 검소했던 휴 그랜트는 어느 날 밤 선셋 대로에서 흰색 BMW를 탄 채 무심결에 그 자신에 대한 재평가의 상징을 창조했다. 이것도 아직 어떤 일관된 도전자 행동이 뒤따르지 않고 있다.

도전자의 야망은 무엇이어야 하는가?

"나는 온 세상을 뒤엎을 작정이다."
— 무하마드 알리, 1964년

모든 도전자들이 필연적으로 성장에 굶주려 있지만, 그들이 세운 구체적인 목표 수준은 매우 다양하다. 테스코, 워버턴스, 신노동당은 모두 1등이 되기를 바랐다. 다른 한편으로 버진 콜라(Virgin Cola)는 펩시를 밀어내고 코카콜라에 이어 2등이 되기를 바랄 "뿐"이었다. 사우스웨스트는 장거리 노선은 운항하지 않겠다고 선언했고, 오클리는 오직 오직 일곱 종류의 안경테만 판매하며, 새턴은 한 가지(형태는 세 가지이지만) 자동차 모델만 판매한다. 하지만 이러한 모든 제한들은 불가피하게 현실적인 목표로서 업계 3위 안에 드는 것을 가로막는다. 폭스의 경우, 전체적으로 4위의 방송사이지만, 수익성 있는 특정 시청자층에서는 브랜드 리더이다. 폭스는 세계적으로 잘 알려진 강력한 브랜드이자 방송사의 지원 없이도 오랫동안 스스로 생명력을 유지하고 있는 『X 파일』과 『심슨』을 제작했다.

그래서 도전자가 되는 것은 반드시 1등이 되겠다고 열망하는 것이나, 온 세상을 뒤엎으려는 것을 의미하지 않는다. 다른 목표들도 그만큼 중요하며, 목표의 달성은 파도의 크기가 아니라 형태와 관련이 있다(파도를 타고 해변까지 갈 수 있을지를 결정하는 것은 파도의 형태이다). 하지만 업계 내에서 우리의 야망이 무엇이든 간에, 8가지 원칙에 대한 이해를 통해 성공적인 도전자 브랜드의 지표들을 찾

 제2부 성공하는 도전자 브랜드의 8가지 원칙

는다면, 그것은 새로운 도전자 들을 위한 중요한 보완적 목표를 제
공해줄 것이다.

수직적 · 수평적 현저성

당신은 그 업종의 제품을 구매하지는 않더라도 도전자를 알아본
다. 그것은 당신의 의식에 침입한다. 그것은 매우 높은 인지도를
가지고 있다. 이것은 중요한데, 왜냐하면 그것은 1장에서 제시된
일반적인 자발적 인지도와 최초 상기도 간의 준기하급수적인 관계
를 극복해야 하기 때문이다(그림 1.1). 동일한 조사에서 나온 다른
부차적인 결론도 우리에게 마찬가지로 중요하다 — 즉 사람들이
눈여겨보아야 하는 두 유형의 브랜드가 있는데, 그들은 다른 움직
임을 보인다는 것이다.

첫 번째 유형은 자발적 인지도의 수준이 주어졌을 때, 최초 상기
도가 기대되는 것보다 낮은 경우이다(즉 그림 1.1의 그래프에서 곡선
아래에 위치한다). 이러한 브랜드는 쇠퇴기에 있다. 브랜드 점유율이
떨어지고 있지 않지만, 조만간 그렇게 될 것이다. 두 번째 유형은
자발적 인지도 수준이 주어졌을 때, 최초 상기도가 기대되는 것보
다 더 큰 경우이다(즉 그래프에서 곡선의 위쪽에 위치한다). 이것은 점
유율이 증가하려고 하는 브랜드이다. 그것은 관심과 호기심을 불
러일으키며, 가까운 장래에 다른 상대방의 점유율을 잠식하기 시
작할 것이다.

이것은 브랜드의 현저성이 도전자 혹은 잠재적 도전자 브랜드의

첫 번째 지표임을 나타낸다. 현저성은 그 자체로도 중요하지만, 가까운 장래의 성장을 예고하는 것이다.

이것은 관행적인 의미에서의 현저성이다. 하지만 도전자에게는 두 번째 형태의 현저성이 있는데, 그것은 사회적 현저성이다. 즉 누구나 어떤 도전자가 사람들의 입에 오르내리는지 알고 있다. 현저성은 수직적으로(즉, 브랜드들에 대한 개인의 지식 안에서)뿐만 아니라, 수평적으로도(즉, 개인들 간) 나타난다. 도전자의 정체성이나 포지션에 대한 호기심, 흥분, 혹은 심지어 그것에 대한 자신의 감정을 해결할 수 없는 일시적인 상태가 사람들로 하여금 다른 사람에게 그것에 대해 이야기하게 만드는 것이다.

도전자는 개인적인 현저성뿐 아니라 사회적인 현저성도 창출해야 한다.

모멘텀의 느낌

현저성은 사람들이 알고 있는 브랜드가 상승세에 있으며 파장을 일으키고 있다는 느낌을 동반할 필요가 있다. 우리는 이것을 모멘텀의 느낌이라고 부를 수 있다 — 단순히 브랜드가 존재한다는 느낌만이 아니라 파장을 일으키기 시작했다는 느낌이다. 그것은 주목을 받는 브랜드이다(물론 이것은 자신의 현저성을 일으키는 능력을 증가시킨다).

우리는 도전자에게는 (단순히 최종 고객이 아니라 모든 청중들 사이에서) 모멘텀의 느낌이 수적 우위의 느낌보다 훨씬 더 중요하다는 점

 제2부 성공하는 도전자 브랜드의 8가지 원칙

을 살펴보았다. 모멘텀은 얼리아답터들을 사로잡을 뿐만 아니라 초기에 다수의 사용자들을 끌어들이는데, 그것이 사람들의 시선을 끌기 때문이다. 예를 들어 영국의 금융 시장에서 버진을 살펴보자. 비록 아직 시장 점유율은 비교적 낮지만, 버진은 금융 서비스 분야의 소비자들이 "주목해야 할 브랜드"로 인식하고 있고, 따라서 다음번 거래의 중요한 고려 대상이 되고 있다. 스탠포드 출신의 파도타기 교수가 언급한 것처럼, 어떤 파도를 타야 할지 결정할 때 중요한 것은 파도의 크기가 아니라 형태이다.

느껴진 모멘텀의 위력은 얼리아답터들이 초기에 브랜드와 관계를 맺으려는 욕망에서뿐만 아니라, 브랜드의 인기가 높아진다면 그것이 아마도 좋은 것이라는 광범위한 청중들의 일반적인 믿음에서 나온다. 닛산에 대해 일반 소비자들과 "브랜드 저장고"(Brand Vault)라는 연습을 수행할 때(15장 참조), 프로젝트 팀이 벽에 붙여 놓은 것 가운데 하나는 다음과 같은 『월 스트리트 저널』의 기사 제목이었다.

닛산, 혼다를 따라잡고 도요타를 위협하다

실제로 미국에서 닛산은 1995년에 처음으로 매출에서 혼다를 추월했다. 혼다가 닛산보다 훨씬 규모가 크다고 생각했던 소비자들에게 이것은 상당한 충격이었으며, 브랜드 인식에 매우 흥미로운 영향을 미쳤다. 그들은 닛산을 단순히 주목해야 할 브랜드로만 인식하지 않았다. 그들은 즉각적으로 닛산이 자신들이 가정했던 것보다 더 좋은 차일 것이라고 생각했다. 연습에 참가한 소비자들은 만일 많은 사람들이 그것을 산다면, 틀림없이 어떤 좋은 점이 있기 때문일 거라고 생각했다.

이것의 요점은 모멘텀의 느낌이 절대적이거나 상대적일 수 있다는 것이다. 즉 단순히 그 브랜드를 주목하는 정도일 수도 있고, 혹은 그 브랜드가 바람직한 기준을 통과했다고 생각할 수도 있다. 그리고 그러한 기준의 통과는 확실히 우리의 인식에 추가적인 영향을 미친다.

만일 내가 당신에게 1996년에 미국의 주요 양념류 중에서 칠레 소스가 케첩을 앞질렀다거나, 1995년에 최초로 개인용 컴퓨터가 텔레비전보다 더 많이 판매되었다고 이야기한다면, 그로 인해 당신은 그것들 각각의 미래를 재평가하게 된다(그리고 승자와 패자 모두와 관련된 당신의 위치를 재평가한다). 브랜드도 마찬가지다. 만일 내가 유럽에서 발급되는 골드 비자 카드 가운데 새로 나온 하나의 신용 카드가 20퍼센트의 점유율을 보인다고 당신에게 이야기한다면, 그 브랜드에 아무런 관심도 갖지 않기는 어려운 일이다.

모멘텀의 느낌과 사회적 현저성은 도전자 브랜드의 구매자에게 일종의 대안적인 구매 정당화를 제공한다. 이것은 브랜드 리더가 제공하는 것과는 다른 종류의 사회적 인정에 대한 보증이다. 구매자가 동료들에 구매 정당화를 해야 할 때, 브랜드 리더나 기성 브랜드는 비난받지 않을 선택이라는 보증을 제공하는데, 모멘텀의 느낌은 도전자가 구매자에게 그러한 보증을 제공하는 몇 안 되는 방법 중 하나이다. 영국에서 대우 자동차의 구매자들은 믿을 만하

 제2부 성공하는 도전자 브랜드의 8가지 원칙

고 검증된 브랜드라는 확실성은 부족했지만, 그 대신 모든 사람들의 입에 오르내리는 기업의 자동차를 샀다는 사실을 좋아했다.

문화적 지형의 일부 되기

에너자이저 버니는 탄생 이후 미국 언론의 시사 만화가들에 의해 사용되었고, 그 대부분은 정치적인 것이었다. 대통령 후보였던 로스 페로가 주요 풍자 대상이었지만, 사담 후세인까지도 귀를 달고 북을 든 채 언론에 나타났다. 그렇지만 더욱 놀라운 것은 몇 년 후 러시아에서 에너자이저 광고가 나간 지 채 일년도 안 돼서 그와 정확히 동일한 모습을 한 보리스 옐친이 러시아의 일간지 『이즈베스티야』의 만화에서 등장했다는 사실이다. 각 나라에서 이루어진 풍자는 정확히 같았고, 풍자에서 사용된 아이콘도 정확히 동일했다 ― 왜냐하면 버니는 두 나라 모두에서 매우 신속하게 건전지 업종의 유일하게 의미 있는 장점, 즉 "오래감"에 대한 상징이 되었기 때문이었다(여기에서 우리는 이 업종이 본래 관여도가 낮은 업종이라는 점을 되새겨 보아야 한다). 입소문을 창출하는 것은 그것이 스스로 전파되는 마케팅이라는 점에서 도전자의 중요한 목표가 되어야 한다. 브랜드가 대중 문화에서 공통적으로 이해되는 참조점으로 사용된다면, 이는 측정할 수 없는 성공의 수단을 가진 것이다.

대중 문화의 일부가 된다는 것은 양날의 칼이 될 수도 있다. 만약 브랜드가 모멘텀을 유지하지 못한다면, 그것은 일시적인 대중 문화의 일부가 되는 것을 의미한다. 브랜드가 대중 문화의 일부로

머물 수 없다면, 그것은 항상 특정한 시간과 장소와 연관되는 "냉동 건조된" 브랜드일 수 있다. 그래서, 예를 들어 로라 애슐리 (Laura Ashley)의 꽃무늬 의상은 그것의 스타일과 상관없이 이제는 거의 시대착오적으로 보인다. "화사한" 느낌을 원하는 여성들을 위한 브랜드를 만들고자 했던 설립자의 비전은, 20년 전 순박함이 유행이었던 시기에 상당한 대중적 호감을 누렸고, 브랜드는 일종의 아이콘이 되었다. 하지만 스스로 변화하지 못함으로써 대중의 지평이 아니라 사회적 역사의 지평으로 넘겨졌으며, 아이들과 소녀들에게만 어울린다고 인식되는 의류 브랜드가 되었다.

정체성의 강도

도전자에게 있어 사용자층 사이에서 일체감의 강도는 특히 중요하다. 따라서 도전자에게 사용자 그룹의 규모도 중요하지만, 유통망 유지와 투자 회수의 조건이 갖추어져 있다면, 주요한 목표는 사용자 그룹의 형태, 즉 애착의 강도가 되어야 한다. 우리는 강력한 일체감, 브랜드와 제품에 대한 더욱 강력한 선호, 높은 판매 실적을 바란다. 낮은 선호는 우리에게 필요한 성장을 가져다줄 수 없다.

진동

모멘텀을 향유하는 도전자 브랜드의 또 다른 지표는 진동 (vibrancy)이다 ― 이는 일단 소비자가 브랜드를 인지했을 때 상상속에서 반향을 일으키는 정도를 의미한다. 이것은 상상의 양과 다양성, 혹은 소비자가 브랜드에 대해 질문을 받았을 때 자발적으로 이야기하는 속성의 측면에서 매우 간단히 측정될 수 있다. 만일 그들이 단 두 마디만 꺼내고 주춤거린다면 브랜드는 범용화되고 있거나 너무 틈새 시장에 있거나 죽은 것이다. 반대로 사용자가 아니면서도 매우 흥미롭고 다양하고 오랫동안 브랜드에 대해 이야기할 수 있다면, 우리는 브랜드 리더가 될 수 있는 브랜드를 만들어 가고 있다고 할 수 있다.[1]

나머지 시장에 미치는 영향

도전자에게 있어 성공의 또 다른 지표는 도전자가 다른 기업들을 위해 시장의 규칙을 재정의하는 정도이다. 도전자는 지나가면서 흔적을 남긴다. 즉 그들은 뒤따라올 기업들을 위해 길을 만들어 놓는다. 예를 들어. 폭스는 지난 50년 동안 미국에서 네 번째 방송사의 설립을 시도한 두 번째 경우였다(1946~1955년 앨런 B. 듀몬트 연구소에 의한 불운한 시도가 있었다). 이제는 물론 누구나 뛰어들고 싶어한다.

이것은 물론 우리가 원하는 바는 아니지만, 만일 업계의 규칙을 우리에게 유리하게 변화시킨다면, 그것은 우리에게 이득이 될 수 있다. 렉서스는 고급 승용차의 가격을 재정의했고, 메르세데스가 곧 그 뒤를 따랐다. 버진애틀랜틱의 탁월한 오락 서비스는 브리티시 항공으로 하여금 기내 오락을 제공하도록 만들었다.

도전자 전략 프로그램의 이용

EATING THE BIG FISH

14

1등에 머무르는 것은 2등처럼 생각함을 의미한다

"우리가 이루었다고 생각한 바로 그날 우리는 실패에 대한 걱정을 시작
해야 한다."

— 리치 티어링크, 할리데이비슨 CEO 사장[1]

보다 넓은 관련성

지금까지의 전제는, 도전자는 전략과 행동에 있어서 자신만의 모
델이 필요하다는 것이었다. 우리는 위치와 자원에서 브랜드 리더
와는 완전히 다르며, 따라서 완전히 다른 일련의 교전 규칙들이 필
요하다는 것이었다.

그렇지만 도전자 모델은 다른 상황에 있는 다른 종류의 브랜드
에게도 유용할 수 있다. 이 책의 초점은 당연히 도전자들에게 맞춰
져 있지만, 이 장에서는 도전자 사고의 두 가지 다른 적용에 관해
간략히 살펴볼 것이다. 그것은 더 큰 경쟁자 이외의 일종의 "큰 물
고기"에 직면해 있는 브랜드들과 브랜드 리더들이다.

큰 물고기는 무엇인가?

처음 7가지 원칙의 전제는 큰 물고기가 브랜드 리더라는 것이었
다. 그리고 8번째 원칙에서 지적한 것처럼, 큰 물고기는 사실상 어
떤 브랜드의 성장, 변화 또는 생존을 위해 극복해야 하는 중심적
문제이다. 즉 그것은 어떤 유용한 전략적 대화가 이루어지기 위해
분명히 파악될 필요가 있는 결정적 초점이다. 기업이 직면하는 6
가지 기본적인 마케팅 도전이 있으며, 자신보다 더 큰 경쟁 상대는
대개 도전자 브랜드에게 가장 위협적인 것이기는 하지만, 여러 위
협 가운데 하나일 뿐이다.

6가지 기본적인 마케팅 도전은 모두 다음과 같다.

1. 우월한 경쟁적 위치에 있는, 더 큰 경쟁자의 노골적인 공격에
위협을 받고 있는 브랜드(예를 들어 펩시 또는 버진애틀랜틱).

2. 자신에게 불리한 사회적 상황이나 여론에 직면한 기성 브랜
드(사회적 상황이 불리하게 움직이는 예로는 증류주 세계에서 위스키, 저지
방 세계에서 치즈 같은 고지방 제품, 또는 모피 등이다. 사회적 여론이 불리하
게 움직이는 브랜드 사례로는 로라 애슐리나 시장에서 독점적 지배력을 가지
고 있는 가스나 전화 사업자 같은 공공 기업을 들 수 있다).

3. 업계의 규칙이 끊임없이 변화하거나, 곧 급속히 변화하려고
하는 업계의 브랜드(이러한 도전에 직면한 사례로는 컴퓨터와 같은 하이
테크 시장, 젊은 취향의 패션 산업, 혹은 비디오 게임과 같은 오락 분야이다.
또한 자신의 업종이 침체에 빠져들고 있는 브랜드도 포함될 수 있다).

  제3부 도전자 전략 프로그램의 이용

4. 새로운 종류의 경쟁에 의해 위협받는 브랜드(예를 들어 아날로그 기업인 코닥은 디지털 기술로부터 도전을 받고 있다. 다른 사례는 전통적 레저 신발 제조업체들이 스포츠 운동화의 폭발적 성장에 굴복한 것이나, 영국의 주유소들이 복합 잡화점에 시장을 빼앗기는 것을 들 수 있다).

5. 업종의 범용 상품화나 소매점의 공격적인 개별 상표 전략 때문에 전통적 소매점의 역할이 줄어들고 있는 브랜드.

6. 명백한 지배적 위치로 인해 느슨해진 브랜드.

이러한 브랜드들은 엄밀히 말해서 도전자 브랜드가 아니라, 그들 삶의 중요한 전환기적 순간에 도전에 직면해 있는 브랜드이다. 그렇기 때문에 공격적인 이유에서뿐만 아니라 방어적인 이유에서 그들은 도전자와 연관된 사고와 행동의 일부 또는 전부를 고려해야 할 필요가 있다(예를 들어 사고의 리더십 장악 혹은 재평가의 상징 창출). 다시 말해, 당장의 목표는 급속한 성장을 이루어내는 것만큼이나 지배적인 위협을 중립화시키면서, 경기장에 계속 남아 있는 것일 수 있다. 새로운 마케팅 시대에는 도전자 브랜드와 그것의 기본적인 전략적 접근이 브랜드 리더의 역사적인 모델보다 훨씬 더 강력하고 광범위한 모델이라는 게 입증될지 모른다.

브랜드 리더와 큰 물고기

마치 다른 브랜드는 안중에도 없는 양 시장을 어슬렁거리는 브랜드 리더의 확신과 거만은 더 이상 용납되지 않는다. 오늘날, 1등에 머무르려면 2등처럼 행동해야 한다. 브랜드 리더에게 요구되는 것을 다루는 것이 이 책의 주요한 목적은 아니지만, 이 장에서는 간략하게나마 세 브랜드 — 나이키, 마이크로소프트, 인텔 — 가 21세기에 브랜드 리더가 된다는 것의 의미를 어떻게 그리고 왜 재정의했는지에 대해 살펴본다. 무엇보다도 그들은 여러 해 동안 계속해서 도전자처럼 생각하고 행동해 왔기 때문이다.

우리가 만일 1등 브랜드라면, 우리를 집어삼키려고 위협하는 큰 물고기는 우리 자신, 바로 우리의 성공이다. 시장에서 1등이 된 덕분에 주어진 확실한 안전과 수익성 때문에 우리는 손해를 싫어하고 방어적이 되었다. 무엇보다 먼저 우리를 성공으로 이끌고 우리 브랜드를 최고로 만든 행동 방식을 그만둔다. 의기양양하게 걸으며, 브랜드 리더십의 낡은 규칙을 따른다. 결코 2등 브랜드를 인정하지 않는다. 자신감이 넘치는 것이다.

하지만 최근까지 나이키가 계속 신발 시장을 지배한 이유는 한 발짝 앞서 나가기 위해 해마다 광고 이미지를 새로 만들었기 때문이었다. 그리고 그것은 항상 놀라웠다. 브랜드 점유율이라는 측면에서 볼 때 이제 나이키는 기성 브랜드이지만, 최근까지도 계속 신발 시장에서 가장 배고프고 가장 파괴적인 브랜드인 것처럼 행동했다 — 지금까지 나이키가 리복부터 아디다스까지 모든 기업들의 격렬한 공격을 막아낸 것도 바로 이 도전자의 마음가짐을 가진 덕분이었다. 한 가지 사례로서 1996년 올림픽을 생각해 보자. 리복이 스포츠 정신에 대한 찬미에 있어 드디어 나이키와 겨뤄볼 만하다고 여기는 광고를 제작하면서 올림픽에 혼신의 힘을 기울였을 때, 나이키는 이번에는 자신이 이루어낸 역사적 승리의 화려한 장면을 벗겨내는 광고 캠페인을 제작했다. 그들은 마라톤 주자가 경기 종반에 운동화에 토하는 장면을 보여주었다. 상징이 더럽혀진 것이었다. 헤로인 광고의 초췌한 주인공이 마약 복용자에게 주는 뒤틀어진 호소처럼, 이 이미지는 힘든 운동을 진정으로 이해한다는 게 무엇인지를 대중적으로 재창조해냈다. 그리고 운동 영웅주의의 횃불을 들어올렸던 브랜드인 나이키는 그것을 뒤집어버린 최초의 브랜드가 되었다.

브랜드 리더가 된다는 것은 무엇을 의미하는가?
도전자 행동의 세 가지 위치

우리는 세 번째 원칙에서 브랜드 리더에는 두 종류 — 마켓 리더와 사고 리더 — 가 있다는 것에 대해 이야기했고, 이 두 가지는 흔히 같지 않음을 지적했다. 우리는 마켓 리더십과 브랜드 리더십 간의 한층 두드러지는 두 가지 차이점을 생각해볼 수 있다. 첫째는 어떤 마켓 리더들은 소비자 선호의 힘이 아니라 유통망의 힘을 통해 실제로 마켓 리더가 된다는 것이다. 시장에 있는 다른 브랜드들은 나란히 놓였을 때 더 강력하게 선호될 수 있지만, 유통 근육이 부족하다. 맥주 시장이 이것의 좋은 사례이다. 즉, 칼링 블랙 레이블 (Carling Black Label)은 영국 남부 지역에서는 소비자들에게 조롱을

당하고 그곳의 시음 테스트에서도 상대적으로 안 좋은 성적을 보였지만, 오랫동안 영국에서 전국적인 브랜드 리더였다. 칼링의 시장 점유율, 인지도, 심지어 수익성을 보면, 확실히 그렇다. 그렇지만 칼링의 리더십은 그 브랜드를 소유한 바스(Bass)의 유통 근육 덕분이었다. 따라서 마켓 리더십의 중요한 기준은 규모 그 자체가 아니라 점포당 판매율이다.[2]

두 번째 차이는 많은 마켓 리더들이 점점 더 마켓 리더인 동시에 도전자가 되고 있다는 것이다. 업종 구분의 모호성이 가속화되고 규제 완화와 수렴이 이루어지고 있는 요즘에는 잡화 소매점이 성공적으로 은행업과 석유 판매업에 진출하고 있고(세인스버리), 의상 디자이너가 화장품을 판매하고 있으며(랄프 로렌), 음악 브랜드가 자신의 이름을 보드카에 부착하고(버진) 있는 가운데, 많은 마켓 리더들이 점점 더 마켓 리더이면서 동시에 도전자가 되고 있다.

캘빈 클라인(Calvin Klein)은 하위 도전자 브랜드들을 출시한 거대한 마스터 브랜드의 사례이다. 예를 들면, 시케이원(cKone)이라는 브랜드가 있다. 소비자의 입장에서 업종은 의미가 없으며, 마켓 리더의 입장에서는 업종이 "없을수록" 더 낫다. 따라서 이 책의 서문에 있는 도전자의 첫 번째 정의는 진실과는 다소 거리가 있다 — 정확히 말해서 카테고리가 없기 때문이다. 현재의 세계에서 대부분의 브랜드는 브랜드 리더인 동시에 도전자이다. 예를 들어 BMW는 스포츠카 쪽에서는 브랜드 리더이지만, 고급 승용차 쪽에서는 도전자이다.

이것이 제시하는 것은 무엇인가? 모두가 갑자기 도전자라는 것인가? 확실히 그것은 아니다. 그렇지만 이것은 네 가지 사항을 제시한다.

1. 도전자의 사고는 겉으로는 평안한 브랜드 리더처럼 보이는 기업들 내부에서도 역시 중요한 역할을 할 수 있다.

2. 따라서 도전자의 주요 가치는 그것을 하나의 마음가짐으로서 생각하는 데 있다. 이것은 이미 지적했듯이, 이는 단지 공격적이 되는 것을 의미하지 않는다. 그것은 현재 위치에 만족하지 않으면서, 현재 보유하고 있는 자원을 초과하는 야망을 가지고, 그러한 간격의 마케팅적 함의를 받아드릴 각오를 하는 것을 의미한다.

3. 이것이 또한 제시하는 것은, 브랜드를 정의하고 차별화하는 가장 유용한 방법은 아마도 시장에서의 위치라기보다는 감성적·정신적 상태라는 점이다. 그들은 본래 기성 브랜드인가, 도전자 브랜드인가?

4. 그리고 네 번째 함의는 다음과 같다. 오늘날 비즈니스와 마케팅 환경의 변덕과 속도는 브랜드 리더가 1등으로 남아 있기 위해서는 2등처럼 생각하고 심지어 행동할 것을 요구한다. 1등 브랜드들이 브랜드 리더십을 유지하는 방법에 관한 낡은 모델은 시장에서 자신의 위치에 관계없이 2등 브랜드, 즉 도전자 모델로 대체되어야 한다.

지난 20년 동안 가장 영향력 있는 브랜드 세 가지를 살펴보도록 하자. 각각은 자신들의 업계를 지배하고 정의해 왔지만, 그들은 끊임없이 변화를 시도해 왔다. 따라서 브랜드 리더로서 그들의 새로움(recency)은 곧 그들 업종의 새로움을 의미했다. 그와 같이, 그들은 흥미롭고 다양한 교훈들을 제시한다. 그들의 운영자 — 마이크로소프트의 빌 게이츠, 인텔의 앤드류 그로브, 나이키의 필 나이트 — 는 브랜드 리더십을 유지하려면 무엇이 필요한지를 재정의해 왔다. 그리고 그렇게 해온 이유는 각각 한 가지 중요한 사항 — "도전자 위치"(Challenger location) — 에서 여전히 2등처럼 생각하거나 행동하기 때문이다.

예를 들어 앤드류 그로브는 안절부절 못한다. 그의 교훈은 내적인 마음가짐의 교훈이다. 도전자의 라이프사이클을 보면, 편안함과 보호는 침체로 이어진다는 것을 경고하는 많은 증거들이 있다. 안절부절 못하는 것은 성공적인 비즈니스의 친구이다. 그것은 이랬다저랬다 하는 것과는 다르다. 그것은 창조적인 불안함이다. 팩맨(Pacman)같은 리더들은 여기저기 돌아다니면서 아이디어들을 받아들이고, 아이디어들을 만들어낼 촉매를 심었다. 그러나 그로브는 그것을 완전히 새로운 차원으로 가져갔다. 그로브의 유명한 경구가 우리에게 가르치는 것처럼, 실제로 편집증적이지는 않더라도, 브랜드 리더는 적어도 항상 주위를 경계하고 있어야 한다. 따라서 도전자 행동의 첫 번째 위치는 우리의 머리 속이다.

나이트와 게이츠는 다른 교훈을 보여주고 있다. 그 교훈은 생각하고 행동하는 방식에 있어서 "무대 위"와 "무대 뒤"의 차이를 이해하는 게 중요하다는 것이다. 그리고 흥미있는 것은 그들이 서로 반대되는 방법으로 동일한 것을 보여주었다는 것이다. 이것은 도전자 행동의 두 번째와 세 번째 위치를 설명한다.

밖에서보다 안에서 더 작아지기

게이츠의 교훈은 내부적 행동에 관한 교훈이다. 최근 몇 년 동안 마이크로소프트의 성공은 대부분 인지된 임계 규모에서 비롯된 것이다. 마이크로소프트는 거대하다. 즉, 호환성, 편리함, 정보의 이동성이 중요한 시장에서 소비자들은 마이크로소프트 프로그램이 컴퓨터를 사용하는 "모든 이"가 가지고 있는 소프트웨어라고 인식한다. 따라서 이는 컴퓨터와 프린터 제조업자에 의한 표준화된 채택과 소비자들 사이에서 선호를 의미한다.

그렇지만 밖에서는 크다는 것이 기업의 성공에 중요한 반면, 내부에서 마이크로소프트는 여전히 작게 생각하는 것에 엄청난 강조점을 두었다. 이것은 부분적으로 여전히 약자라는 느낌으로부터 비롯되었다 — 브랜드 리더가 된 이후에도 아주 오랫동안 제 자신을 그렇게 보는 것이다. 그리고 어떤 새로운 시장으로 확장해 나갈 때는 물론 도전자인 것이다 — 데이터베이스에서는 오라클, 서버에서는 유닉스, 브라우저에서는 네스케이프가 있었다.

하지만 그것은 마음가짐 이상의 것이었다. 마이크로소프트는 조직을 구성하는 방식에서 한층 더 적극적으로 나아갔기 때문이다. 조직은 싸우고 있는 각각의 경쟁자들보다 더 작은 단위들로 쪼개졌다. 스스로 더 작은 물고기로 변한 것이다. 예를 들어 네스케이프를 죽이려는 팀은 네스케이프 팀보다 의도적으로 더 작아지도록 설계되었다(실제로 스컹크워크스는 이러한 아이디어를 운영 원칙으로 삼았다. 그들은 신속하게 돌파구에 도달하기 위해서는 "어떤 프로젝트에 관련된 사람들의 숫자는 거의 지독하리만큼 제한되어야 한다."고 믿었다).

　작아짐으로써 생기는 배고픔과 태도의 이점은 회사의 내부 구조에 의해 한층 더 강화되었다. 그들은 조직의 정체 현상을 막기 위해 12~14개월마다 개인들의 부서 이동을 단행하는 한편, 다른 IT 기업들이 분권화를 추진할 때 그들은 그와 반대로 조직을 집중화시켰다. 두 가지를 한꺼번에 취한 결과, 마이크로소프트는 불안정하게 비행할 수 있었고, 게이츠와 보먼은 비행기의 컴퓨터 역할을 하였다. 그들은 이메일을 통해 회사의 직원들과 거의 실시간으로 직접 의사소통을 할 수 있었다. 이는 대단히 실험적인 문화 뿐만 아니라 조직이 급히 방향을 전환할 수 있는 능력을 낳았다. 가장 인상적인 사례는 1995년 12월에 있었던 일로, 마이크로소프트가 단 24시간 만에 전체 비즈니스 전략을 바꾸어 놓은 일이다. 그 유명한 결정적 전환의 순간에, 게이츠는 자신이 인터넷이 가진 미래의 힘에 관해 잘못 생각하고 있다는 사실을 깨달았다. 이튿날 그는 이메일을 통해 전 세계에 있는 24,000명의 마이크로소프트 직원들에게 실수의 본질에 대해 이야기했고, 어떻게 회사가 그것을 바로잡을지에 대해 지침을 제시했다. 게이츠는 단 하루 만에 체계와 방향을 재설정했다. 하지만 게이츠의 그러한 능력만큼 놀라웠던 점은 그것에 재빨리 반응하는 조직의 능력이었다. 그러한 능력은 작은 조직 단위와 변화에 대한 익숙함에서 나왔다.

　이제 일부 거대한 다국적 기업들은 극한 상황에서 스스로를 작게 생각하는 방식을 활용하고 있다. 우리는 유니레버(Unilever)의 회장이 브랜드 팀이 전략적 난관에 봉착하자 인력과 예산을 반으로 줄이고 문제를 여러 번 재검토해 보도록 지시하는 것을 보았다. 그렇게 함으로써 그는 강제적으로 더 예리한 사고와 더 근본적인 전략적 재창조를 유도했다. 그러나 마이크로소프트의 사례는 브랜드 리더가 브랜드 리더십을 공격적으로 유지하거나 강화시키기 위해서는(게이츠는 언제나 방어가 아니라 공격에 주안점을 두었다) 이것을 내부 조직 속에 구조화시켜야 한다는 것을 보여준다. 따라서 내부적으로 작아지는 것이 도전자 행동의 두 번째 위치이다.

안에서보다 밖에서 더 작아지기

필 나이츠의 교훈은 반대로 외부적 행동에 관한 교훈이다. 즉, 그것은 브랜드가 어떻게 소비자에게 자신의 겉얼굴을 제시할지와 하나의 핵심적 차원에서 안에서보다 밖에서 더 작아지는 것에 관한 교훈이다. 나이키가 사실상 업계의 골리앗이지만 항상 다윗처럼 행동해야 한다고 그는 말해 왔다.

이것은 나이키에게 중요하다. 왜냐하면 나이키는 내부와 외부의 임계 규모라는 두 가지 문제에 직면해 있기 때문이다. 매년 여러 차례의 패션 "시즌" 때문에, 제품 개발과 출시, 판매의 관리 업무는 엄청나게 복잡한 활동이 되었다. 그 결과 그들은 운영상의 확장에 대처하기 위해 더욱더 공정 위주로 움직이게 되었고, 정교한 방식으로 내부 업무를 처리했다.

다른 한편으로 리복과 아디다스의 위협, 그리고 더욱 중요하게는 나이키 자신이 지배적인 기성 브랜드가 되고 있다는 점증하는 소비자의 인식에 대응하기 위해 나이키가 바깥 세상에 내보이는 얼굴은 여전히 스티브 프리폰테인(Steve Prefontaine)의 얼굴이다. 그는 관습을 거부하는 배고픈 인물이고, 사람들을 놀라게 하는 능력을 갖고 있으며, 자신의 운동화에 토하는 선수이다.

안에서보다 바깥에서 더 작아짐으로써 나이키는 다음과 같은 주요한 각각의 청중들을 대면하는 자신의 외적 인격(persona)의 균형을 유지할 수 있었다.

- 소비자에게는 2등으로 보이지는 않더라도, 적어도 반 기성(anti-establishment) 브랜드로 보일 필요가 있다.
- 판매상에게는 시장에서 주요한 브랜드, 선도자, 지배자, 모든 의류 형태에서 "반드시 구비해야 할 품목"으로 보일 필요가 있다.
- 어떤 기업의 광고 모델을 할지 선택하는 운동 선수에게는 다른 운동화 업체보다 더욱 많은 스타 잠재력을 제공하는 기업으로 보일 필요가 있다.

그렇지만 이러한 탁월한 노력에도 불구하고 나이키는 이제 너무도 지배적이고 너무도 널리 확산되어 있어서, 아주 뛰어난 마케팅 환상으로도 기성 브랜드의 본질을 위장하기 힘든 위치에 다가서고 있다.

요 약

세 가지 브랜드 그리고 세 명의 운영자가 지난 20년 동안 브랜드 리더십의 의미를 재정의해 왔다. 우리는 권위와 엄숙함을 지닌 브랜드 리더의 자신감에 대해 이야기하는 데 익숙하지만, 이 새로운 브랜드 리더들은 그와는 아주 다른 방식으로 행동한다. 그들은 편집증적이고, 스스로 약자라고 생각한다. 그들은 1등의 자리에 있기 위해 2등처럼 생각한다. 그리고 그들은 이러한 마음가짐을 자신의 정체성과 행동 방식의 물리적 구조로 전환한다. 안에서는 고릴라, 밖에서는 게릴라가 되어(혹은 그 반대로) 도전자 행동의 세 가지 위치 가운데 하나 또는 그 이상에서 그들이 한때 그랬던 것처럼 도전자로서 행동함으로써 자신의 지배를 유지한다. 이를 위해 조직의 구조를 인위적으로 재조정해야 한다면, 그들은 기꺼이 그렇게 한다.

바깥에서의 이틀

우리는 하드웨어 사회로부터 소프트웨어 사회로 나아가고 있다. 비즈니스 차원에서 본다면, 이것은 우리가 물리적 제품을 통해 성공하는 기업으로부터 소비자 경험을 통해 성공하는 기업으로 나아가고 있다는 의미이다. 중요한 것은 더 이상 박스의 크기가 아니라 박스의 내용인 것처럼, 사람들의 숫자나 심지어 직원들의 재능이 아니라 그들이 과제에 대해 어떻게 생각하고 행동하느냐가 바로 미래에는 중요한 결정 요인이 될 것이다. 그리고 이것은 조직의 상층부에 있는 핵심 그룹의 행동과 모범에서부터 시작되어야 한다. 회사의 핵심 인물들이 도전자 프로그램을 계속 운영하는 것이 필요하다. 우리는 군인을 원하는 게 아니라 전도사를 원한다.

건축가들은 "빌딩을 프로그램하는 것"에 대해 이야기한다. 이는 빌딩이 거기에서 일하게 될 사람들과 어떻게 상호 작용할 필요가 있는지를 이해하는 것이다. 이와 마찬가지 방식으로 도전자는 사실상 일련의 행동들이라기보다는 문제에 대한 기본적인 사고 방식이기 때문에, 중요한 것은 당신이나 내가 아니라 조직의 핵심 그룹이 그러한 사고 방식을 받아들이도록 만드는 것이다. 또는 그들이 스스로를 프로그램하도록 만드는 것이다. 우리가 그들을 프로그램하는 것은 유쾌한 일이 아닐 뿐 아니라 비현실적인 생각이다. 그들은 스스로를 프로그램해야 한다. 그들은 스스로를 도전자로 변화시켜야 한다.

"바깥에서의 이틀"은 회사 내 핵심 그룹이 그들 스스로를 프로그램하게 함으로써 전사적으로 도전자 프로그램을 운영하도록 만들기 위한 것이다. 일종의 소프트웨어처럼 바깥에서의 이틀 과정(그리고 훨씬 더 장기적인 전략 과정)은 앞으로 계속 개선되고 업데이트될 것이다. 질레트 정신에서, 대체 아이디어의 개발은 첫 번째 제품이 출시되었을 때 이미 진행되고 것처럼 말이다.

준 비

우리 자신

먼저, 과도한 헌신이 있어야 한다. 그것은 분명해 보일지 모르지만, 이러한 프로젝트의 리더로서 우리는 "물에 발가락을 담그는"

식으로 연습을 할 수 없다. 연습은 우리 자신과 사람들에게 하나의 분기점, 즉, 태도 변화를 위한 촉매제로 간주되어야 한다.

이러한 식으로 혼신을 다해 연습에 임해야 하는 실제적인 이유가 있다. 당신이 바깥에서의 이틀 과정에 참여하길 원하는 사람들은 언제나 다른 중요한 문제들을 갖고 있고, 따라서 우선 순위의 갈등이 일어날 수 있기 때문이다. 아마도 그 중 누군가는 거기에 참가할 수 없는 그럴싸한 변명을 늘어놓을 것이다. 그들 모두가 이틀 과정에 참여하도록 하기 위해, 집단적 사고 과정에 참여하도록 하기 위해 우리가 무엇을 요구할지 결정해야 한다. 이 이틀 과정의 중요성을 그들에게 전달하려면 어떤 종류의 본보기가 준비되어야 하는가?

둘째, 희생이 있어야 한다. 이틀 과정에 참여하는 그룹은 소규모일 필요가 있다. 처음에는 8명을 넘어서는 안 되고, 4명이나 5명이 가장 적당하다. 과정에 참가할 사람을 선별하는 것은 사람들에게 하나의 신호를 보낼 것이다. 따라서 우리는 이 과정에 대한 우리 자신의 인사 목표를 신중하게 결정할 필요가 있다. 이 모임에서 실제로 중요한 역할을 할 핵심 인물은 누가 될 것인가 그리고 암묵적으로 그 이후에는 누가 될 것인가? 그리고 누구를 배제시킬 것이며, 이는 어떤 메시지를 그들과 다른 사람들에 전달할 것인가?그리고 이러한 그룹에 관한 사실이 전하는 공개적 메시지는 무엇인가? 그리고 우리는 어떻게 그러한 메시지를 가능한 한 유익하게 만들 수 있을까?

그들

이틀 과정에 참가하는 사람들은 적어도 이 책『큰 물고기를 잡아라』의 10페이지 요약본을 읽어야 하며, 책 전체를 읽으면 더욱 좋다(10페이지 분량의 요약본은 eatbigfish@aol.com을 통해 요청할 수 있다). 참가자들 각자는 과정에 참가하기 전에 자신의 업종 밖에 있는 사례들을 살펴보는 것의 이점에 대해 기본적인 지식을 갖출 필요가 있다.

이 외에 고려해야 할 선택적 준비 사항으로는 다음과 같은 것이 있다. 기존의 이사회 혹은 VP(부사장) 그룹을 대체한다고 생각해 보라. 사람이 아니라 그들의 직책과 직무 책임을 대체하는 것이다. 판매, 마케팅, 재무, 고객 서비스의 VP(부사장) 대신에 우리가 이야기해 온 아이디어들을 반영하는 직책을 선택해 보라. 예를 들면 이런 것이다.

아이디어 VP
추진력 VP
소비자 신화 VP
큰 물고기 VP
정체성 VP

각 참가자에게 이러한 새로운 직책 중 하나를 주어라. 각자는 이러한 각각의 주제와 관련해서 지난 몇 년 간의 회사의 수행 성과에 관해 준비하고 그룹에게 보고해야 한다. 예를 들어 아이디어 VP는 회사의 아이디어 문화가 어느 정도인지, 지난해 나타난 가장 중요한 3~4가지 아이디어는 무엇이고, 그것들이 어떻게 개발되었는지, 그런 아이디어의 내부적 · 외부적 영향은 무엇인지 등에 관해 보고할 수 있어야 한다.

큰 물고기 VP는 회사의 미래에 가장 큰 도전을 제기하는 한 가지 중심 문제를 회사가 올바르게 파악하고, 그것을 극복하는 데 역점을 두도록 할 책임이 있다. 보고서는 이것이 지난 해의 문제였는지, 중심적 도전, 즉 큰 물고기의 본질에 대해 명시적인 합의가 있었는지, 그리고 회사 전체 또는 마케팅 그룹이 그 도전에 대처하는 데 개별적 혹은 집단적 에너지를 모았는지에 초점을 맞춰야 한다.

추진력 VP는 지난 5~10년 동안의 회사의 실제 모멘텀(매출)과 인지된 모멘텀(소비자 인식)을 살펴볼 책임이 있다. 가장 급속한 성장을 이루었던 시기 혹은 지체되었던 시기에 기여한 요인은 무엇이었는가? 아와 같은 식으로 다른 직책의 사람들도 동일한 방식으로 임무가 할당되고 기술될 수 있다.

이러한 연습은 선택적이다. 왜냐하면 그것에 대한 반응이 이틀 과정에 참가하는 사람들의 유형에 달려 있기 때문이다. 어떤 그룹은 본래 상상력이 풍부하고 이러한 형식의 연습이 요구하는 자유로운 사고를 수용할 수 있도 있고, 반대로, 어떤 그룹은 접근 방식에 있어 지나치게 이성적이고 상상력이 그다지 풍부하지 못할 수도 있다. 후자 그룹의 경우, 당신은 바깥에서의 이틀 과정의 효과가 나타날 때까지 그러한 연습을 보류할 수 있다.

어쨌든 모든 사람들에게 큰 물고기에 대한 그들의 생각을 모임에 가져오도록 요청하라. 즉, 브랜드, 회사 혹은 사업이 직면하고 있는 가장 큰 하나의 도전은 무엇인가?

집단적 준비

그날에는 다음과 같은 탐험적 사고의 기본적인 규칙을 지킬 필요가 있을 것이다.

1. 아무도 "하지만 내 업종은 달라."라고 말해서는 안 된다. 그 대신 각자는 자신의 업종에서 그와 유사한 것이 무엇일지 이해하려고 해야 한다. 스타벅스에 대한 연구에서 자동차에 관한 교훈을 끌어내는 방법은 이 방식을 쉽게 잊어버리는 사람들에게 좋은 사례가 될 것이다.
2. 모든 도전은 긍정적이어야 하며("재미있는 아이디어이지만 너무 멀리 갔어, 신디?"), 부정적이어서는 안 된다(지금 피우고 있는 게 도대체 정확히 뭐야, 론?).

장 소

헨리 포드 이후, 차고는 휴렛팩커드, 애플, 클래시 같은 세계에서 가장 성공한 많은 기업들과 도전자들의 출생지가 되어 왔다. 방 하나에서 두세 명의 사람이 어떤 아이디어를 가혹하게 두들겨 생명을 불어넣는다.[1] 이것을 흉내 내 이틀 간의 워크숍은 "차고"에서 열릴 것이다. 그 공간은 점차 친숙해질 것이다. 처음에는 벽면이 빈 종이로 덮여서 시작되고, 빈 종이는 각각의 단계가 완성되면서 점차 채워지게 될 것이다. 이 방은 회사에서 떨어진 곳에 있을 것이다. 왜냐하면 새로운 시작의 상징성 외에도 주의의 집중이 필요하기 때문이다.

이틀 과정의 목적은 단순히 회사 또는 브랜드 그리고 비즈니스를 발전시키는 다양한 접근법을 개발하는 것이 아니다. 차고의 정신에 비추어, 그것은 전적으로 새로운 것, 즉 새로운 회사, 브랜드를 위한 새로운 아이디어, 미래를 위한 새로운 출발점을 창출하는 것이다(당신은 이틀 과정이 끝난 뒤에도 핵심 그룹이 만나서 처음 모임 이후에 도출된 합의를 실천할 당신의 차고 혹은 전투 본부를 유지하고 싶을 수 있다).

마지막으로, 이 이틀 과정은 "임시 방편의 대책"을 만들기 위한 것도 아니며, 마케팅과 문화적 변화를 위한 아주 장기적인 과정의 대체품도 아니라는 사실을 지적해야겠다. 그것의 목적은 다음과 같이 정리할 수 있다.

1. 회사의 사업을 근본적으로 바꾸어놓을 잠재력이 있는 혁신적인 전략적 접근 방법을 개발하는 것.
2. 회사의 핵심 마케팅, 생산, 판매 팀이 시장과 그 잠재력을 새롭게 바라보는 방법의 첫발을 떼는 것.
3. 프로그램에 참가한 모든 사람들이 사업 개발에 대한 새롭고 좀더 공격적인 태도를 갖도록 하는 것.

 제3부 도전자 전략 프로그램의 이용

한 마디로 바깥에서의 이틀 과정은 도전자가 되기 위해 떠나야 할 여정의 첫 걸음이다. 즉 땅에서 로켓을 이륙시키는 작업을 시작하는 것이다.

첫 날

단계 1 : 태도와 각오

모든 것을 계획한 뒤에는, 우리는 행동에 들어가야 할 것이다. 실행은 기업들 간에 주요한 차별화 요소이다. 많은 기업들이 꿈을 꾸고, 많은 기업들이 가능성 있는 아이디어를 생각해내지만, 아주 적은 기업만이 그것을 실행한다. 이것은 그들이 올바른 태도를 견지하지 못했기 때문이다. 따라서 처음부터 올바른 태도를 견지하는 것이 도전자 프로그램의 첫 번째 목적이다. 이 단계는 사람들이 주의를 가장 덜 기울이는 경향이 있지만, 아마도 전체 과정에서 가장 중요한 단계일 것이다.

직전의 과거와 단절하기(원칙 1)

전제 : 모든 것이 재검토되어야 한다. 현재 가치 있는 브랜드와 광고 자산 그리고 업계 규칙을 포함해 모든 가정이 재검토되어야 한다.

여기에서 재검토와 거부 간에는 중요한 차이가 있다. 이틀 과정을 시작하면서, 우리는 우리 앞에 놓인 실제의 도전, 가능성, 자산을 명확하게 바라볼 수 있도록 우리의 마음을 비워야 하고, 그러기 위해서는 직전의 과거와 단절해야 한다. 이틀이 지나면, 원래 가라앉아 있었던 어떤 가치와 자산들이 새롭게 수면 위로 부상할 것이다. 하지만 시작할 때 모든 것을 말끔히 치워 놓지 않으면, 결코 그러한 일들은 일어나지 않을 것이다.

연습 : "앤드루 그로브"

스스로를 해고하라. 일을 했던 빌딩과 사무실을 떠나라. 완전히 새로운 팀으로서 새로운 방으로 들어가라. 그것은 단지 어떤 새로운 팀이 아니라 전혀 다른 문화적 태도를 갖고 있는 팀이다. 우리는 실제적이지만 상상력이 있는 기업가이다. 우리는 브랜슨, 후이젱가, 그로브이다. 야망이 있고 재빠르다.

우리가 신선한 모든 것을 찾고 있다고 상상하라. 직관적으로, 우리 자신의 계승자의 새롭고 현실적이며 야심찬 눈으로 볼 때 우리 각자가 제일 먼저 해야 할 일은 무엇인가?

이 연습에 자신의이름을 제공한 인물처럼, 우리는 이것을 두 부분으로 나누어볼 수 있다. 첫째, 우리가 그만두려고 하는 한 가지를 파악하라(그로브의 경우, 이는 메모리 사업에 머무르는 것이었다). 그런 다음 그 대신에 하고 싶은 한 가지를 제시하라(예를 들어 마이크로프로세서에 집중하는 것). 이것이 직전 과거와 단절하는 첫 번째 단계이다.

두 번째 단계는 우리 앞에 있는 벽에 업계의 규칙 다섯 가지를 적는 것이다. 그리고 팀원 각자는 개개의 규칙이 더 이상 진실이 아닌 이유를 설득력 있게 제시해야 한다.

세 번째, 우리의 브랜드에 대해서도 동일한 방식으로 하라. 우리의 마케팅 전략의 다섯 가지 주춧돌은 무엇인가? 이것들은 아마도 다음과 같은 것들로 구성되어 있을 것이다.

업종의 정의

표적 고객의 정의

주요 브랜드 자산

브랜드 약속

광고 자산

다시 한번, 팀에게 각각의 정의가 더 이상 적절하지 않은 적어도 한 가지 이유를 제시하도록 요청하라. 그리고 그 내용을 벽에 적어라. 이 단계에서는 어떤 성역도 존재하지 않는다는 것을 명심하라. 모든 것이 재검토되어야 한다.

우리의 큰 물고기는 무엇인가?

전제 : 우리는 하루하루의 사소한 일에 지나치게 몰두해 있어서 더 큰 문제와 기회에는 눈이 멀어 있다. 어제의 표적 고객을 어떻게 쟁취할지에 대한 세부 계획과 전술에 빠진 나머지, 종종 우리는 지금 극복해야 하는 중심 문제, 오늘 우리가 대치하고 있는 큰 물고기를 보지 못하고 있다.

연습 : "큰 물고기"

이 연습의 핵심은 큰 물고기를 파악하는 것이다. 이것은 이미 이전의 연습을 수행하면서 참가자들의 답변을 통해 암묵적으로 제기되었다. 이 연습은 그것을 좀더 분명히 하기 위한 것이다.

큰 물고기는 다음 중 하나일 것이다.

- 당신의 업종에 있거나, 어쩌면 현재는 업종 밖에 있는 경쟁력 있는 기업(예를 들어, 코닥과 휴렛팩커드).
- 어떤 이슈(예를 들어, 담배 광고 금지).
- 어떤 트렌드(예를 들어, 저지방 선호).
- 어떤 기술적 혁신(예를 들어, 디지털, 웹).
- 우리 자신(예를 들어, 태도, 보수성, 구조).

참가자들은 각각의 사항에서 중심적 위협이 무엇인지를 파악하면서, 이 사항들 하나하나를 따져 보아야 한다. 일단 다섯 가지 사항이 모두 논의되면, 큰 물고기에 대해 의견을 모아라.

방 한가운데에 있는 중심 차트에 그것을 적어라(클린턴의 선거 운동 중에 "바보야, 중요한 건 경제야!"라는 문구가 운동본부의 중앙을 차지하고 있었다). 이틀 과정을 진행하면서 큰 물고기에 대한 집단적인 시각이 변화할 수도 있지만, 참가자들은 항상 그들 앞에 있는 주요한 도전에 대해 공통적인 시각을 가질 필요가 있다. 그리고 그러한 도전의 본질이 항상 대화의 주요한 주제가 되어야 한다.

단계 2 : 도전자 전략

등대의 정체성 구축하기(원칙 2)

전제 : 도전자의 성공의 토대는 당신이 누구인가에 대한 분명한 인식 그리고 그러한 정체성의 일관되고 강력한 전달이다.

더욱이 도전자는 브랜드 리더보다 가용할 수 있는 자원이 적기 때문에, 도전자가 하는 모든 것이 그러한 정체성을 가능한 한 강력하게 전달하도록 해야 한다. 도전자에겐 모든 것이 커뮤니케이션 수단이다.

기존 브랜드의 경우 : 핵심 정체성의 재발견

연습 : 브랜드 저장고

우리는 누구인가? 여기에서 기본적인 전제는 회사의 정체성이 이미 존재한다는 것이다. 다시 말해 잠재적으로 가치 있는 브랜드의 과거의 많은 요소가 일종의 저장고(vault)에 보관되어 있다는 것이다.

우리는 그러한 사실, 자산, 혹은 아이디어들에서 현재의 도전에 가장 적합한 요소를 찾아서 그것을 확대할 필요가 있다. 여기에서 우리는 가치를 추가하려는 것이 아니라 가치를 추출(그리고 재적용)하려는 것이다.

이 연습의 자극제는 정체성에 관해 다른 사람들의 이야기를 경청하는 것이다. 그들은 일정 기간 브랜드와 함께 살아온 회사 안팎에 있는 브랜드 소비자이다. 특히 다음과 같은 사람들이다.

- 주요 소비자.
- 장기 근무 직원("정말로 브랜드를 이해하고 있는 사람들은 엔지니어들이다").

보통의 경우, 이것은 조사의 형태를 취하게 될 것이며, 보고서는 조사 당일 제출되어야 한다. 조사를 위해 선발된 사람들은 관찰 장비가 갖춰져 있는 장소에 모이게 될 것이다. 그리고 이틀 과정의 참가자들에 의해 관찰될 것이다. 직접 관찰이 불가능하다면, 텔레비전 모니터를 통한 관찰도 가능하다.

조사가 이루어지는 방의 벽면은 브랜드가 탄생한 이후 삶의 각 단계에 있는 브랜드를 보여주는 자료로 뒤덮일 것이다. 탄생에 관한 사실, 초기 사업 원칙들, 광고, 포장 그래픽, 포장 형태, 뉴스 기사, 제품을 사용한 유명인사, 스폰서 활동 등이다. 조사 대상자들은 20~30분 동안 각자 자료들을 검토한 다음, 자리에 앉아 특별히 마음에 와닿는 브랜드의 역사적 정체성의 요소들에 대해 논의하도록 요구받는다. 그들은 다음과 같은 이유 때문에 그와 같은 느낌을 받았을 것이다.

- 그것이 브랜드에 관해 특별한 그 무엇을 강력하고 명확하게 구현하는 것처럼 보이고

 제3부 도전자 전략 프로그램의 이용

- 브랜드와 그들의 관계가 가장 강렬했을 때, 그리고 브랜드가 그들 삶에서 자신의 역할과 가치에 대한 가장 분명한 인식을 갖고 있었던 때를 구현하는 브랜드의 과거 순간들이며,
- 어떤 면에서 현재에도 흥미롭거나 혹은 잠재적으로 타당해 보이는 새로운 정보를 제시하고 있다.

이러한 조사 결과는 브랜드의 무성한 과거 중에서 어떤 요소가 미래를 위한 진정한 토대를 제공할지에 대한 분명한 시각을 제공할 것이다.

신규 브랜드나 항상 약하게 정의되어 온 브랜드의 경우

전제 : 정체성에 관해 이야기하는 전통적인 방식은 목적 의식적이고 하향식의 접근 방법을 취한다. 누군가가 자신이 원하는 정체성을 정하면, 곧장 그대로 실행되는 것이다. 하지만 대부분의 도전자들에게 완전한 정체성의 출현은 하나의 여정이다. 즉 브랜드가 성숙함에 따라 정체성이 정교화되고 개발되는 것이다. 폭스의 경우 정체성은 4단계의 과정을 거쳐 완성되었다.

1. 단계 1 : 차별화. 폭스는 그들이 다른 방송사보다 특정한 종류의 프로그램에 훨씬 좋은 반응을 얻고 있으며 — 젊은이 편향적인 프로그램 — 다른 채널과 다른 소재들을 다루고 사실을 알아차렸다. 그래서 그들은 이와 같이 자신을 차별화하는 프로그램을 더욱 더 강화하기로 결정했다.

2. 단계 2 : 개념. 폭스는 그들의 가장 성공적인 저녁 프로그램의 핵심 요소를 요약하는 개념 ― "대안적 코미디" ― 을 만들어 냈다. 그들의 상징적 상품에 대한 직접적이고 일차원적인 설명이기도 한 이 개념은 자신의 활동 공간과 존재 이유에 대한 윤곽을 제시하면서, 이 신생 방송사를 위한 소비자 역할을 정립할 수 있게 하였다.

3. 단계 3 : 개성. 짐과 태미 페이 베이커의 사형 집행 장면이 들어 있는 폭스의 첫 번째 광고는 논란을 불러일으켰다. 광고는 불손했으며, 더욱 중요한 것으로 매우 건방졌다. 폭스는 어느 누구에게도 비위를 맞추려 하지 않는 방송사였다. 폭스는 자신과 소비자를 위한 브랜드의 역할 맨 위에 개성을 올려놓았다.

4. 단계 4 : 완전히 성장한 정체성. 1990년대 중반 경에 폭스의 정체성은 매우 명확해졌다. 그것은 코미디에 국한되지 않았고 (예를 들어『멜로스 플레이스』,『비벌리힐스 90210』,『다섯의 파티』) 프로그램들의 개성과 성격에 의해서, 그리고 그들이 어필하려는 시청자의 사고 방식에 의해 정의되었다. 그것은 위험 감수, 불손함, 젊음, 최신 스타일 등과 같은 것이었다.

이와 같은 정체성의 여정은 어떤 의미에서 아래로부터 진행되는 과정이다, 하지만 그렇게 만들어진 정체성은 마케팅 팀의 머릿속에서 전적으로 형성된 것보다 더 오랫동안 지속될 가능성이 있다. 왜냐하면 그것은 시장에서의 성공이나 실패의 객관적 이유들에 의해 정교화되고 다듬어지기 때문이다.

 제3부 도전자 전략 프로그램의 이용

따라서, 정체성을 향한 여정의 연습은 다음과 같은 모습일 것이다.

연습 : "배리 딜러와 정체성의 여정"

1. 차별화. 당신은 소비자의 눈에 당신을 차별화된 존재로 보이게 만드는 어떤 활동을 하고 있는가? 또는 소비자의 눈에 당신을 진정으로 차별화하는 어떤 일을 고려하고 있는가?

2. 개념. 이러한 차별화의 주요 요소들을 통합하는 개념이 있는가? 그 개념은 시장에서 우리를 위해 어떤 역할을 만들어낼 것인가?

3. 개성. 우리는 스스로를 더욱 차별화하기 위해 그러한 개념에 어떤 개성을 입혀야 하는가? 이러한 개성에 관한 무엇이 소비자와 우리 자신 모두에게 확신을 보여주는가?

4. 정체성. 그래서 당신은 누구인가? 어떻게 다른 어느 것도 참조하지 않고, 자기 자신을 명확하게 정의된 방식으로 설명할 수 있는가?

각 단계를 거쳐라. 여정을 창조하라. 각 단계는 시간의 경과에 따라 혹은 뒤따르는 단계에 의해 정교화될 수 있지만, 어느 단계에서든 시작해야 한다. 그리고 우리가 이러한 단계들의 질문에 대한 정확한 답을 갖고 있지 않다면, 그에 답할 수 있게 하는 메카니즘을 만들어야 한다.

연습 : 새턴

새턴은 자기 자신의 정체성을 정의하는 데 경쟁자의 약점을 활용했다. 자동차 업계에서 잘못된 모든 것을 구체적으로 지적함으로써, 새턴은 스스로를 디트로이트의 자동차 회사에 대한 대척점으로 만들었다.

전통적 미국 자동차 회사	새턴의 정체성
산업 도시	미국의 중소 도시
강압적 판매	부드러운 판매
그 자체의 규칙이 있음	다른 소비자 업종과 같음
(예를 들어 가격 흥정)	(예를 들어 단일 가격, 흥정 없음)
철강 제품의 판매	경험의 제공
소비자 의심	소비자 열광
사업자	"친구"
일회성 거래	관계 구축

이러한 연습은 병에 걸린 업종, 예를 들어 은행이 가장 적합하다. 그것은 업종의 부정적인 면을 규명하고, 그러한 면에 반대되는 자신의 정체성을 탐색하는 것으로 이루어진다.

이러한 연습에서 피해야 할 함정은 "소비자 편에 서는 것" 혹은 "소비자를 이해하는 것"을 자신의 정체성의 일부로 설정하는 일이다. 이는 너무 피상적이고 당연한 사항이다. 소비자를 이롭게

하는 서비스나 관계를 소비자에게 진정으로 제공하는 것이 도전
자를 위한 하나의 기회일 수 있다. 다만 이 서비스나 혜택의 성격
은 가능한 한 구체적일 필요가 있다.

연습 : "피카소"

지난 2년 동안의 마케팅 활동의 모든 사항을 벽에 적어라. 가능하
다면 내년에 계획하는 것도 함께 적어라.

당신의 모든 마케팅 활동들 중에서 실제로 행할 것 같아 보이는
않는 것을 지워라.

활동을 세 가지 그룹으로 나누어라.

1. 어떤 활동이 정체성을 강하게 전달하는가?
2. 어떤 활동이 정체성과 일관되는가(비록 그것이 정체성을 강하
   게 촉진하지는 않더라도)?
3. 어떤 활동이 정체성과 일관되지 않는가?

2번과 3번에 해당되는 것들을 모두 버려라. 우리가 버린 요소
들이 핵심 정체성을 강하게 전달하는 활동 범주에 들어가게 하려
면 무엇을 해야 하는가?

사고의 리더십 장악하기(원칙 3)

전제 : 급속한 성장을 위해서는 도전자는 해당 업종의 소비자와 새

로운 종류의 관계를 개발해야 한다. 이것은 표현, 매체, 경험의 관행을 선택적으로 깨는 것을 통해 달성된다.

이 과정에서는 관행 타파에 관한 실질적이고 근본적인 사고 방식을 제공하는 연습들을 선택할 수 있다. 주어진 시간 안에 얼마나 많은 연습을 시도하는가는 그것들이 어떻게 작동하는가와 당신이 얼마나 많은 시간을 쓸 수 있는가에 달려 있다. 만약 그것이 당신의 브랜드에 도움이 되지 않는다면, 다른 연습으로 옮겨가라.

연습 : "리처드 브랜슨"

우리의 핵심 제품에 대해 사람들이 느끼는 방식을 어떻게 바꿀까(예를 들어 가장 단순한 형태로, 돈 또는 수프 또는 보드카)?

브랜드 리더의 강점은 그것이 종종 시장에 대해 소비자가 생각하는 방식을 정의하고 소비자가 그렇게 생각하도록 만들 수 있다는 점이다. 하지만 야심차고 지적으로 순진한 질문을 던지는 것은 점진주의를 뛰어 넘어, 극적인 변화와 업종의 아킬레스건 모두의 원천을 찾을 수 있게 한다. 그것은 또한 브랜드 리더의 잠재적 아킬레스건일 수도 있다.

연습 : "이안 슈레이저"

이 연습은 심도 있는 논의가 필요하기 때문에 2인 1조의 방식으로 가장 잘 수행된다. 먼저, 존경하지만 자신의 업종과는 직접적인

 제3부 도전자 전략 프로그램의 이용

관계가 없는 네 개의 도전자 브랜드를 선택한다. 예를 들어 다음과 같은 것이 될 수 있다.

고급 승용차 시장에서 렉서스.

소프트웨어 시장에서 마이크로소프트.

항공 시장에서 사우스웨스트.

금융 서비스 시장에서 골드피시.

그런 다음 당신의 브랜드가 이 업종에 있는 것처럼, 브랜드의 개발과 마케팅에 접근해 보라. 일부는 다른 브랜드의 창업자의 눈을 통해 생각하는 것이 보다 쉽다는 것을 발견할 것이다. 이 브랜드들의 창업자나 마케팅 이사가 우리 업종에 있다면 우리 브랜드를 어떻게 마케팅할까?

연습 : "애니타 로딕"

어느 업종에 진출하기 위한 결정적인(고급 포장 혹은 일반 잡화 유통망 같은) 티켓을 선택하고 그것이 더 이상 사용 가능하지 않게 되었다고 가정해 보라. 이제 무엇으로 그것을 대신해야 하는가?

이 연습에서 특히 가치 있는 것은 그 약점을 그것의 다른 편에 있는 브랜드나 제품 믹스의 요소로 대치한다는 관점에서 생각하는 것이다. 바디샵의 애니타 로딕을 생각해 보라. 우아하고 고급스러운 포장을 할 수 없게 되자, 그녀는 병 안에 있는 것(제품)을 낭만적으로 만드는 데 초점을 맞췄고, 그녀가 믿는 바에 대한 주장을 펼칠 기회로서 병이 진열되는 상점 자체를 이용했다. 이러한 종류의 대치가 어떻게 당신 자신의 브랜드의 마케팅과 행동을 강화시킬 것인가?

연습 : "테드 웨이트"

당신이 전통적인 매체들을 거부한다고 상상하라.

당신은 판매점, 포장 상자, 또는 다른 비전통적 매체를 포함해, 활용 가능한 어느 것이든 매체로 사용할 수 있다. 어떻게 당신의 정체성과 메시지를 비전통적인 매체를 통해 효과적으로 전달할 수 있는가? "거부와 배가"(denying and doubling)는 이 연습에 자극을 더해주는 좋은 방법이다. 즉 현재의 지배적인 매체들을 거부하면서도, 어떻게 하면 현재의 청중들과 두 배로 의사 소통을 할 수 있을까?

연습 : "하워드 슐츠"

스타벅스의 하워드 슐츠는 커피 한 잔을 위해 길게 기다리는 일을 세련된 느낌의 순간으로 바꾸었다. 그게 아니라면 지루한 시간이 되었을 것이다.

따라서 이 연습에서는 어떻게 소비자가 내키지 않는 구매/소비 과정에 참여하게 되는지를 파악하고 그리고 어떻게 그러한 과정을 그들이 가장 좋아하는 부분으로 바꿔놓을 수 있는지를 알아본다.

(다음과 같은 길잡이가 있다. 우리의 표적 고객에게 즐거움 혹은 보상의 느낌을 주는 것은 무엇인가? 배움? 놀이? 기다리는 동안 다른 일을 하는 것? 그들이 특별하다고 느끼도록 만드는 것은 무엇인가? 아첨? 그들 자신의 자부심을 증대시키는 것?)

연습 : "탱고"

탱고의 포장은 청량 음료에서 색깔의 금기를 깨뜨렸다.

우리 업계에서 분명한 금기는 무엇인가?

그것들을 나열해 보라(그것들은 연습을 시작할 때 나열되었던 규칙들과 상당히 가까울 것이다).

이러한 금기 중의 하나를 깨는 것이 우리에게 어째서 이익이 될 수 있는가?

연습 : "존 갈리아노"

존 갈리아노는 패션쇼에 대한 청중들의 기대감을 고조시키기 위해 특별한 초대 방법을 이용한다. 이 연습은 소비자가 제품을 경험하거나 우리와 접촉하기 전에 그들을 어떻게 미리 특정한 방식으로 행동하게 만들 수 있는지를 살펴본다.

먼저 우리는 다음과 같은 것을 명확히 할 필요가 있다.

- 소비자가 우리에 대해 갖고 있는 기대감.
- 우리와의 상호 작용 지점에 도달하기 위해 소비자들이 지나치는 "관문"(예를 들어 내가 자동차 렌탈 업체라면 공항에 착륙하는 것이나 호텔에 체크인하는 것).

우리의 제품에 대한 기대 수준과 우호적 성향을 높이기 위해 우리는 이러한 관문을 어떻게 이용할 수 있을까?(그리고 그러한 기대를 확실히 충족시킬 수 있다는 것을 전달하려면 무엇을 해야 하는가?)

재평가의 상징 창출하기(원칙 4)

전제 : 당신은 현저성과 모멘텀을 창출하면서, 당신의 브랜드에 대한 신속한 평가나 재평가를 유도할 필요가 있다.

연습 : "니콜라스 하이예크"

단계 1

회사나 브랜드의 급속한 성장을 가로막는 주요 소비자 자기만족에 대해 논의하라. 그러한 것들 가운데 어느 것이 지배적인 소비자 자기만족인가?

단계 2

우리의 브랜드에 관한 단 하나의 무엇을 전달하는 것이 이러한 자기만족을 변화시키고, 깨뜨리고, 뒤집겠는가?(스와치가 "스와치,

 제3부 도전자 전략 프로그램의 이용

스위스, 60마르크"라고 했던 것처럼, 이것을 세 가지 커뮤니케이션 포인트로 만들어 보고 싶어할 수 있다).

특히 도시의 가장 높은 빌딩 위에 2주 동안 당신 제품의 상징물을 걸어놓을 수 있다고 가정해 보라.

- 그것은 어떤 제품 혹은 아이디어일 것인가?
- 그것은 어떤 형태로 나타날 것인가?
- 그 위에 어떤 세 가지 것을 적을 것인가?

둘째 날

단계 3 : 전략을 도전자 행동으로 전환하기

그날의 사전 준비 : 어제 토론 과정에서 일었던 먼지가 가라앉았으면, 큰 물고기를 다시 생각해 보라. 모든 사람들이 어제와 동일한 생각을 갖고 있는가? 참가자들이 보다 정교하게 논의해야 할 사항이 있는가?

만일 변화가 있다면, 방 한가운데 있는 중심 차트 위에 다시 한 번 그것을 적어라.

희생 : 우리는 무엇을 희생하려 하는가?(원칙 5)

전제 : 한두 가지 마케팅 행동이 내년 브랜드의 운명에서 결정적 역할을 하게 될 것이다. 이것이 가능하려면 나머지는 희생되어야 한다.

이러한 한두 가지가 실제로 무엇일지의 문제는, 분명히 앞을 내다보기보다는 뒤돌아보는 것이 대답하기가 훨씬 더 쉬울 수 있다. 즉, 과거부터 시작하는 것이 효과적일 수 있다. 지난해에 일어났던 모든 마케팅 활동들을 돌아볼 때, 차이의 80퍼센트를 만든 한두 가지는 무엇인가? 다른 모든 것을 희생한 것은 브랜드 성과에 어떤 실제적 차이를 가져왔는가?

그런 다음 학습 사항을 올해에 적용시켜 보라. 올해에도 다시 무엇이 결정적 요소일지를 결정하는 방법에 대해 그것이 지침을 주는가?

목표와 활동을 구별하는 것이 유용할 수 있다.

1. 벽에다 브랜드를 위한 한 해의 목표들을 적어라. 만일 도움이 된다면, 이 목표들을 이틀 과정의 첫 단계에서 논의했던 마케팅 영역별(청중, 유통, 매체 등)로 나누어라.

가장 덜 중요한 것은 어느 것인가?

그것을 빼내라.

다음으로 덜 중요한 것은?

그것을 빼내라.

두 가지가 남을 때까지 하나씩 빼내라.

뒤로 물러서라. 작년을 기준으로 사용하면, 우리는 실제로 얼마나 많은 목표들을 제외시켰는가?

2. 이 두 가지 목표를 달성하기 위한 모든 마케팅 활동을 적어라.

그것들이 두 개가 될 때까지 빼내라.

당신이 이 두 가지 목표, 이 두 가지 활동에 단지 헌신할 수 있다면 — 과도하게 헌실할 수 있다면 — 브랜드는 얼마나 성공적일 것인가?

과도한 헌신(원칙 6)

원칙적으로 이것은 복잡한 과제가 아니다. 우리는 이전 단계에서 절대적으로 달성해야 할 두 가지 과제를 이미 파악했기 때문이다.

첫째, 우리 스스로에게 물어본다. 우리가 극복해야 할 저항과 희석의 수준은 어떠한가 그리고 그것은 주로 어디에 있는가?

연습 : "화이트워터 게이트"

각각의 핵심 마케팅 과제에서 그것이 실패하는(혹은 그저 그런 수준으로 희석되는) 세 가지 반박할 수 없는 이유를 스스로에게 물어보라. 그런 다음 그것들 각각을 중립화하거나 뒤집을 가장 효과적인 방법에 대해 자유롭게 토론해 보라.

그러한 저항을 극복하는 데 있어 벽돌 아래 2피트는 어떤 모습인가?

두 번째 연습은 오클리의 창업자 이름을 따서 "재너드"라고 부르겠다.

연습 : "짐 재너드"

짐 재너드는 그의 새로운 사업을 300달러를 갖고 시작했다. 그리고 그의 아내는 임신 8개월이었다. 이것은 오클리의 삶에서 결정적인 순간마다 성공을 견인하는 무시무시한 힘으로 작용했다.

이 연습은 비교적 간단하다. 같은 질문을 세 번 물어보는 것으로 구성되어 있다. 단 매번 판돈을 한 단계 씩 높인다.

1. 우리는 이 활동의 성공을 어떻게 보장할 것인가?

2. 일자리가 그것에 달려 있다면 그 성공을 보장하기 위해 어떻게 접근할 것인가?

3. 그리고 마지막으로 (이것은 이 연습이 재너드로 불리는 이유이다) 만일 그것이 자신의 사업이고, 은행에 300달러밖에 없으며 가족의 생계가 거기에 달려 있다면, 어떻게 접근할 것인가?

전략적 지렛대로서 광고와 홍보 활용하기(원칙 7)

우리는 10장에서 입소문은 소비자가 다음 4가지 상황 중의 하나에 있기 때문에 발생한다고 말했다.

1. **자랑거리.** 그들은 가치 있는 어떤 것을 발견했다. 자신이 새로운 브랜드, 새로운 제품을 최초로 발견한 사람이라고 느낀다.

2. **제품 열광.** 그들은 우연히 어떤 브랜드에 대한 제품 성능의

측면을 접했는데, 그것이 놀랍도록 인상적이다(혹은 형편없다).

3. 열망적 일체감. 그들은 강한 정체성과 에토스(정신)가 있는 브랜드를 발견했다(예를 들어 어떤 사회적 이슈에 대해 동조하는 것). 그래서 그들은 존경하거나 그 브랜드와 일체감을 갖고 싶어한다.

4. 뉴스 가치. 그들은 우연히 놀랍고 아주 재미있고 충격을 주는 마케팅 활동에 접하게 되었다. 친구들과의 대화거리가 되기에 충분하다.

우리의 미래 광고가 우리의 목표 달성에 어떻게 도움이 될지 논의하는 것은 분명히 성급한 일이지만, 우리가 어떻게 수행하고 있는지는 적어도 평가할 수 있다.

연습 : "자판기 앞 대화"

우리의 정체성의 확장으로서, 어쩌면 우리가 이미 행하고 있는 어떤 것의 확장으로서, 위에서 언급한 4가지 이유들로 인한 '자판기 앞 대화'를 창출하기 위해서 우리는 무엇을 할 수 있는가?

요약과 계획

둘째 날 마지막에 할 일은 모든 사람들이 동의하는 사고의 핵심 요소를 정리하는 것이다. 다만 그러한 생각들에 대해 확정적으로 판단하거나, 연습 과정에서 등장한 새로운 연관된 이슈를 성급히 해결하려고 하는 일은 없어야 한다.

둘째 날 마지막에 던지는 다음 세 가지 질문은 이틀 간의 과정을 요약하는 것이다.

1. 큰 물고기는 무엇인가?
2. 우리는 누구인가?
3. 각각의 과정에서 우리의 사업을 변화시킬 가장 큰 가능성을 가진 세 가지 아이디어는 무엇인가?

(이틀 과정에서는 8번째 원칙의 이행을 위한 연습은 없음을 주목하라. 이 과정은 전체 여행 중에서 더 나중의 단계에서 시작될 것이다).

다음은 무엇?

2주 후 사후 점검을 위해 하루를 잡아라. 그날의 3분의 1을 모든 것을 취합하는 데 사용하라. 어떤 아이디어와 개념이 도전자로서 당신의 미래에 계속 중심적이 될 것으로 보이는가?

그날의 3분의 1은 다음의 차원에서, 회사로서 당신이 여정을 떠나기에 얼마나 잘 채비를 갖추었는지 점검하는 데 쓰도록 하라.

동업자들.
열정.
지식.

아이디어.

직책과 업무

문화.

  마지막 3분의 1은 향후 6개월을 위한 최초의 계획을 준비하는 데 사용하라. 계획은 외부적 마케팅과 도전자의 마음가짐을 내부적으로 채택하기 시작했음을 알리는 신호와 지침을 포함한다.

  그런 다음, 거기에 과도하게 헌신하라.

16

애플, 위험, 그리고 원형 밧줄

"용기! 용기! 삶! 삶! 그것이 나의 테크닉이다."
— 조지 루크스

19 82년 영국에서 채널 4가 네 번째 방송사로 출범하면서, 아메리칸 풋볼, 프랑스 사이클, 오스트레일리아 축구와 같은 다른 나라 스포츠 경기를 처음으로 방영하였고, 일정 정도 성공을 거두었다. 출범 후 얼마 지나지 않아 채널 4는 이러한 전 세계적인 종목들에 스모 경기를 추가했다. 스모는 다른 잘 알려지지 않은 스포츠들처럼 영국의 안락의자 스포츠맨에게는 생소했으므로, 스모 시즌을 시작하면서 방송은 먼저 앞으로 벌어질 경기의 규칙과 역사와 용어에 관한 1시간짜리 소개 프로그램을 내보냈다. 지난 10년 동안의 요코주나, 즉 가장 위대한 스모 챔피언들(그들 모두는 "덤프트럭", "황소" 같은 인기 있는 별명을 즐겨 붙인다)을 소개하면서, 채널 4는 현재 챔피언 타이틀 보유자(내 생각에 "타이거"였던 것 같다)의 나이든 트레이너 — 스모 용어로 관장 — 와 인터뷰를 하면

 제3부 도전자 전략 프로그램의 이용

서 그에게 제자의 성공 비밀을 물었다.

노인은 매우 명쾌했다. 그는 위대한 스모 선수가 되려면 중요한 세 가지가 있다고 말했다. 첫째는 육체적 힘이다. 하지만 그는 "타이거"도 강했지만 더 강했던 선수들도 있다고 말했다. 그리고는 화면은 챔피언의 모습을 보여주었다. 타이거도 작지는 않았지만 덩치가 두 배인 다른 선수가 우뚝 서 있었다.

관장은 두 번째 중요한 요건은 뛰어난 기술이라고 말했다. 그러나 그는 타이거도 기술이 강했지만 그만큼 잘하거나 더 나은 다른 요코주나도 있었다고 강조했다. 그런 다음 챔피언이 복잡한 손감기 기술로 상대방을 힘차게 잡는 장면이 나왔다.

하지만 세 번째 요건은 바로 '정신'(spirit)이라고 관장은 말했다. 이것이야말로 타이거를 챔피언으로 만든 것이다. 그는 결코 포기하지 않는다. 이기려는 의지를 절대로 잃지 않는다. 화면은 챔피언의 경기 모습을 계속해서 보여주었다. 챔피언은 스모판을 둘러싼 원형 밧줄 너머로 곧 나가떨어질 것 같으면서도, 항상 어쨌든 회생해서 다시 싸웠고, 결국 상대방을 스모판 밖으로 거꾸러뜨리고 링 안에 홀로 남았다.

실제로 도전자 브랜드에는 우리가 지금까지 전혀 다루지 않았던 중요한 영역이 많이 있다. 예를 들어 우연이라는 것이 있다. 마케팅은 과학이 아니며 체스 게임처럼 계책과 역계책의 문제도 아니다. 운이 좋은 것 그리고 그 운이 찾아올 때 어떻게 그것을 이용하느냐가 도전자의 상승에 결정적인 부분이 될 수 있다(예를 들어 아디다스의 세 줄 무늬가 갑자기 로스앤젤레스 남쪽 중심 거리 혹은 할렘 혹은 클리블랜드에서 다시 인기를 얻으리라고 누가 생각이나 했겠는가? 그리고 그것이 도약대가 되어 위기 상황으로부터 튀어 올라 나이키를 위협할 것이라고 생각했겠는가?).

내가 도전자 브랜드의 배후에 있는 사람들을 인터뷰하면 할수록, 원형의 스모 밧줄의 독특한 이미지가 더욱 더 내게 다가온다. 즉, 진정한 경계선으로서 정신의 인식이다. 내가 책을 쓰기 시작한 것은 도전자가 상대방의 우월한 힘을 극복하기 위해 어떻게 재치 있는 테크닉을 이용하는지를 알아보려 함이었다. 하지만 나는 진정으로 차별화 요인을 논의하지 못했다는 사실을 점차 깨닫게 되었다. 그것은 기술하기 힘든 것이었다. 바로 정신이다. 그것은 이야기를 나누면서 느껴지는 그들의 감정이고, 그들이 실제로 말했던 것이 아니라 그들이 자신을 표현하는 방식이다. 그것은 어떤 메시지가 아니라 바로 매체이다.

물론, 비즈니스에 관한 책에서 이러한 종류의 감정에 대해 쓴다는 것은 어려운 일이다. 독자는 아마도 우리가 사례 연구와 분석의 영역에서 자기 수양의 세계로 길을 잘못 들고 있다고 느낄지도 모르겠다. 그리고 어느 순간 독수리의 유연한 사냥, 날개가 부러진 백조, 래브라도 강아지, 모든 인간의 가슴에 숨어 있는 잠재력에 대한 유명한 아메리카 인디언의 격언을 마음속에 떠올릴 것이다.

하지만 동시에, 어떻게 언급되지 않은 놀라운 순간을 남겨둘 수 있을까? 완전히 낯선 이에게 자신이 세운 회사의 여정에 관해 천 번째 이야기를 하고 있는 창업자는 이야기에 너무 취한 나머지 문자 그대로 팔에 소름이 돋히는 자신을 발견한다(그도 나만큼이나 놀랐다. "봐요." 그는 자리에서 일어나 홍보 이사와 나를 향해 마치 우리가 그의 "소름"을 의심이라도 하는 것처럼 털로 뒤덮인 팔뚝을 계속 흔들어 보였다).

위험을 받아들이는 성향, 유리한 경쟁 조건에 대한 선호, 품질 혹은 혁신에 대한 집착, 승리하고자 하는 강렬한 열망, 우월성의 확신, 즐거움(fun)의 느낌 등을 어떻게 빠뜨릴 수 있는가? 이런 것들은 그들이 속해 있는 기업이나 비즈니스에 대해 이야기하는 방식을 너무도 강렬하게 채색한다. 사실상 신이 금지하지 않는 한, 어떻게 이러한 특성들에 대한 이야기를 그만둘 수 있겠는가?

정신이 단지 영감을 불어넣는 것만은 아니다. 좀더 실질적인 차원에서 그것은 도전자 의도와 도전자 행동 간의 차이를 만드는 요인인 것처럼 보인다. 우리는 대개 의도에는 관심을 가지지 않는다. 우리는 완전히 새로운 사고와 행동의 방식을 원한다. 그래서 원칙적으로, 8가지 원칙과 4단계 도전자 과정을 열거함으로써 이 책을 요약하는 것이 가능할 것이다. 그리고 우리는 브랜드 리더와 도전자 브랜드의 차이를 표로 정리해볼 수도 있을 것이다.

브랜드 리더와 도전자 브랜드의 차이

브랜드 리더	도전자
안심	일체감/강화된 자아
동일	다름
규모	모멘텀
혁신	아이디어
인지	예측
주류	대안
안정	불안정

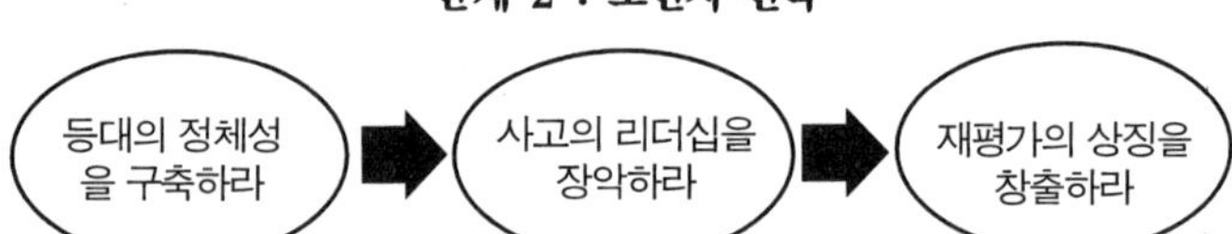

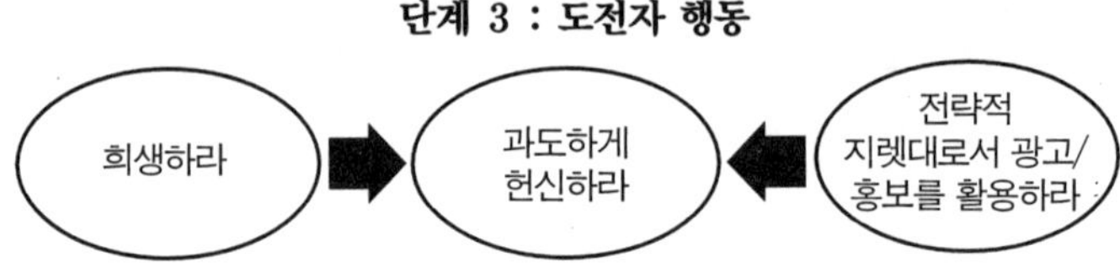

또한 우리는 미래가 "경험 비즈니스"에 달려 있다는 식으로 도전자의 미래에 관해 얘기할 수 있을 것이다. 그리고 나서 우리는 가치에 관한 낡은 수학 공식을 재정의하려 할 것이다. Q(품질)/P(가격) = V(가치)가 아니라 $Q/P \times E$(경험) = V이다. 우리는 이것이 도전자 가치 방정식이며, 미래의 싸움터라고 예측할지도 모른다.

그러나 그것이 독자에게 유용하든 아니든 간에, 이러한 종류의 결론은 결정적인 어떤 것을 빠뜨리고 있다. 허브 켈러허는 이를 잘 지적했다. 그는 캘리포니아에서 셔틀 바이 유나이티드(Shuttle by United)와의 임박한 전투에 관해 질문을 받자, 그들을 정상에 계속 있게 한 것은 그들의 "심장(열정)과 장(용기)"이었다고 대답했다. 또 다른 사례를 들자면, 왜 하워드 슐츠에게 투자하느냐는 질문을 받자, 프라이스 코스트코(Price Cost Co)의 회장은 "그의 눈을 보면 알 수 있어요."라고 대답했다.[1]

조직과 사업에서 감정이 수행하는 역할은 거의 주목을 받지 못하고 있다. 마치 IBM(International Business Machine)이 스스로를 솔루션에 관한 존재라고 정의하는 것처럼, 우리 인간은 국제적 비즈니스 기계가 되어가고 있다. 하지만 감정은 주요한 변수다. 그것이 존 갈리아노의 경우처럼 긍정적인 욕망이냐, 그로브의 경우처럼 두려움이냐는 정말로 문제가 되지 않지만, 어느 것이든 아주 많이 필요하다.

이것은 사람들은 자신이 하고 싶은 일을 할 때 잘 하게 된다는 오래된 진리 이상의 것이다. 그것은 원형의 밧줄 밖으로 곧 내동댕이쳐지려고 하는 느낌이 드는 순간, 어떻게 개인적인 힘을 발휘하여 그것을 극복해내느냐의 문제이다. 다음의 이야기는 이것을 설명하는 데 도움이 될 것이다.

1984년 퀘벡의 어떤 겨울 아침이었다. 네 사람이 지불할 여력이 없는 전화 요금 청구서를 들고 방에 앉아 있다.

네 사람은 서크드솔레의 임원진이다. 서크드솔레는 새로운 서커스단으로 주로 장대 타는 사람들로 이루어져 있었는데, 출범 첫해를 막 끝냈다. 회사는 크게 적자가 났다. 그들은 어려운 실제적인 문제에 대해 논의하고 있다. 특히 그중에서도 테이블 위에 놓인 전화 회사로부터 날아온 청구서가 문제이다. 하지만 현재 은행 잔고로는 도저히 해결할 수 없다. 이야기를 나누는 중에 전화벨이 울린다. 얄궂게도 이탈리아에서 걸어온 수신자 부담 전화이다.

그들은 전화를 받는다. 상대방은 다섯 번째 구성원이자 동업자인 구이 랄리베르테(Guy Laliberté)인데, 다소 흥분한 상태다. 그는 좋은 뉴스라고 말한다. 그가 북부 이탈리아를 여행하면서 알게 된 한 사람으로부터 새로운 큰 천막을 샀다는 것이다. 지금 갖고 있는 것보다 훨씬 거대한 천막이라고 했다.

퀘벡의 방에서는 난리가 난다. 그야말로 끔찍한 일이다. 그들은 무슨 수로 그걸 사냐고 그에게 묻는다. 은행, 빚, 심지어 비참한 전화 청구서. 오, 맙소사.

하지만 이탈리아로부터의 흥분은 사그라들지 않는다. 랄리베르테는 그들이 잘못 보고 있다고 말한다. 올해는 설립한 첫해일 뿐이었다. 내년에는 더욱 더 알려지게 될 것이다. 빌린 돈을 갚으려면 쇼마다 더 넓은 좌석 공간이 필요할 것이다. 이 큰 텐트는 크기가 거의 두 배이고, 1200명을 수용할 수 있다. 그것은 사실상 앞으로 나아가는 아주 현명한 방법인 것이다.

구이 랄리베르테는 매우 설득력 있는 사람이고, 퀘벡에 있는 네 사람은 마침내 설득되고 만다. 그들에게 없는 돈을 가지고 이탈리아에 있는 큰 텐트를 사는 것에 동의한다. 일년 안에 흑자가 나면

갚는다는 조건이다.

이와 같은 패턴은 반복된다. 3년 후 그들은 확장에 대해 다시 논의한다. 캐나다 밖으로 나가야 한다면, 미국 시장을 공략해 보자는 것이다. 많은 사람들이 반대한다. 그들은 나이아가라 폭포의 국경 바로 너머에서 시험 삼아 해보았었고, 그저그런 정도의 성공을 거두었을 뿐이었다. 랄리베르테는 적극 찬성이다. 그는 자신들이 미국에 가야 하고, 계속 움직여야 한다고 주장한다.

상당한 의견 차이가 있다. 몇 년간의 금전적인 어려움을 겪고 난 뒤, 그들 중 많은 이들이 결혼을 하고, 대출을 받아 집을 사고, 연금에 가입해 있다. 창업자들은 그들의 방식대로 밀고 나간다. 하지만 일부 사람들이 떨어져 나가는 것을 감수해야 했다.

그들은 로스앤젤레스에서 페스티벌을 연다. 그들은 쇼의 준비에 모든 가용 자금을 써버렸다. 만일 일이 잘못 된다면 캐나다로 돌아갈 트럭을 마련할 돈도 없다.

쇼는 성공이었다.

그리고 성공은 계속되었다.

서크드솔레가 보여주는 것은 성공적인 도전자가 된다는 것은 단순히 초기에 엄청난 위험을 감수하는 문제는 아니라는 것이다.

도전자는 계속해서 위험을 감수할 용기를 가져야만 번창한다. 심지어 역경에 맞서서 정말로 그 내부에 위험을 감수하는 문화를 강화할 필요가 있다. 즉 더 높은 단계의 성공을 성취하면서, 최초의 성공을 거둔 바로 그 이유를 잊어버리고 보수적인 자기 보호에 빠지기보다는 대담함을 계속 유지하는 것이다.

이러한 문화를 육성하는 일은 도전자 조직에서 리더의 일차적인 책임 가운데 하나다. 왜냐하면 비전과 더불어 문화 역시 조직의 상층부가 본보기가 되어야 하기 때문이다. 워버턴스 베이커리의 사업주인 조나선 워버턴은 이렇게 말한다. "사업주의 가장 큰 책임 중의 하나는 목을 내놓고, 위험을 감수하는 것처럼 보이는 것이다. 왜냐하면 그는 잘릴 염려가 없기 때문이다. 직원들이 올려다보는 꼭대기에 앉은 녀석이 잘릴 염려가 없는데도 목을 내놓으려 하지 않는다면, 직원들이 위험을 감수할 턱이 있겠는가?"

그래서 조직 전체를 통해 그러한 위험 — 알려지고, 교육된 위험 — 을 감수하는 이러한 각오는 중요한 것이다. 단순히 그것이 아이디어 문화의 핵심적인 부분이기 때문이 아니라(아이디어 문화에서는 새로운 아이디어를 옹호하고 추구하는 것이 처음에 아이디어를 얻는 능력만큼이나 성공에 있어 중요하다), 그보다는 위험을 줄이고 마케팅 결정에 안전판을 대는 낡은 모델이 훨씬 더 불합리해 보이기 때문이다.

할리우드의 시나리오 작가인 윌리엄 골드만은 쇼 비즈니스에서 "아무도 어느 것도 알지 못한다."라고 말한다. 그것은 누구도 무엇이 성공하고, 성공하지 않을지 예측할 수 없다는 것을 의미한다. 동일한 것이 도전자 브랜드에게도 진리일 수 있다.

하지만 위험과 보상은 계산하기가 매우 어렵다. 다음 세 가지 중 어떤 결정을 택할 것인지 스스로에게 물어 보라.

1. 당신은 우편 주문 서비스를 제공하고 있다. 우체국 파업이 여러 달은 아니지만 여러 날 동안 계속되면서 당신의 사업을 망치고

있다. 당신은 어떻게 할 것인가?

2. 당신은 음반 사업을 하고 있다. 새로운 음반의 성공 여부에 회사 전체의 운명이 걸려 있다. 하지만 새로운 음반은 10여 개의 3분짜리 노래들로 구성되어 있는 것이 아니라 한 면에 단 하나의 음악이 담겨있고 가사도 전혀 없다. 당신은 어떻게 할 것인가?

3. 당신은 파티에서 웨일스의 공주 옆에 서 있다. 새로 들여온 에어버스 A340 기종의 첫 비행을 기념하는 자리다. 공주는 초록 재킷을 벗고 당신의 항공사 승무원의 복장을 착용하기로 했다. 당신은 샴페인 한 병을 손에 들고 있다. 다른 누군가와 함께 당신은 힘차게 샴페인을 흔들어 뿌릴 것이다. 그런데 그 누군가는 결국 다이애나 공주가 되었다. 당신은 어떻게 할 것인가?

리처드 브랜슨은 이 결정들 하나하나에 직면하게 되었다. 그는 우리들 대부분은 하지 않았을 세 가지 결정을 했고, 그것이 그에게 오늘날의 성공을 만들어준 요소 가운데 하나가 되었다. 우리들 중 일부는 우체국이 파업에 들어가면 매장 판매로 전환했을 것이다. 우리들 중 아주 적은 수는 『튜블러 벨스』(Tubular Bells)라는 혁신적 앨범에 자신의 전부를 걸었을 것이다. 그리고 내 생각에 아무도 웨일스의 공주에게 샴페인을 뿌리지는 못했을 것이다.

우리가 도전자 브랜드가 되기 위한 구조를 만드는 목적 중의 하나는 우리가 바로 리처드 브랜슨, 마이클 델, 이안 슈레이저, 허브 캘러허가 아니기 때문이다. 2등 브랜드에서 일하고 있고, 회사의 설립자도 아닌 우리는 기업가 정신이 필요하다. 구조화된 기업가

정신, 일종의 가드 레일 위에 놓여진 기업가 정신 말이다. 우리가 논의했던 모든 개별적 사례들을 하나의 시스템에 옮겨놓는 것은 우리로 하여금 보다 자신감을 갖게 만든다. 왜냐하면 그것은 그것이 브랜드의 출시부터 재출시까지, 고급 제품부터 대량 판매 브랜드까지, 수많은 다양한 업종들로부터의 학습에서 나오는 것이기 때문이다. 그리고 그러한 시스템은 누군가가 의도적으로 만들어낸 경로라기보다는 일종의 사후 합리화이다.

그러나 그 시스템은 어떤 정신적인 면의 필요성을 대신하지는 못한다. 우리가 비록 위대한 기업가에게서 보이는 위험에 맞서는 분명한 대담함을 갖고 있지는 못한다 하더라도, 최소한의 의지는 필요한 것이다(나는 오랫동안 의지의 힘에 매료되어 왔다. 예를 들어 뉴욕의 유대인 사회에서는 사망률이 유월절 전까지는 감소하다가 유월절이 지나면 다시 오른다. 사람들이 중요한 행사에 참가하려는 의지 하나만으로 생명을 지탱하는 것이다). 적어도 우리는 이것을 가져야 한다. 왜냐하면 행동은 실천하기 어렵고, 시간이 걸리기 때문이다.

사실상 그것은 끝이 없는 과정이다. 일단 도전자가 되는 것을 시작하면 멈출 수 없다. 일단 당신 회사의 눈에 — 소비자의 눈은 말할 것도 없고 — 모멘텀을 창출하기 시작하면, 움직임을 멈추는 것은 바로 죽음을 의미한다. 멈추려면 아예 시작하지 않은 편이 더 낫다.

우리가 진정으로 아이디어 중심이 되고 모멘텀을 유지하기를 바란다면, 우리는 지금과는 완전히 다른 방식으로 시장을 분석해야 한다. 그동안 우리는 주로 우리가 속해 있는 업종 내부만을 바라보는 경향이 있었다. 같은 업종의 경쟁자에 대한 분석을 통해 매년 전략적 지침을 구해온 것이다.

하지만 이 책에 담긴 사례들이 제시하는 것은 자신의 업종에 대한 분석은 사업을 지키는 방법에 대한 사고의 분명히 중요한 전제 조건이긴 하지만, 우리가 진정한 경쟁 우위를 얻고 싶다면 자신의 업종 밖을 내다보아야 한다는 것이다. 우리는 다음 사항에 대한 체계적 분석을 자주 실행해야 한다.

- 2등 브랜드들.
- 우리 업종의 외부.
- 누가 급속한 성장을 보여주고 있는가.

이 분석은 세 가지 사항을 찾기 위한 것이다. 첫 번째는 물론 우리 업종으로 간단히 가져다 쓸 수 있는 개별적인 아이디어다(이들은 "친구와 가족" 아이디어는 통신 분야 이외의 업종에서는 효과적이지 않다고 말한다. 하지만 예를 들어, 어떤 종류의 금융 서비스 혹은 심지어 패스트푸드의 경우에도 우대 할인이 가능하지 않은가?)

이러한 분석이 찾는 두 번째 것은 특정 업종에서 어떻게 돌파구를 이루어냈는지에 대한 통찰이다. 우리는 그것들을 15장에서 보았던 종류의 연습들로 전환함으로써 우리 업종을 위한 함의를 얻을 수 있다. 예를 들어 REI라고 불리는 아웃도어 의류 판매점이 있는 것을 발견하는 경우(여기서는 소비자들이 방수 의류를 테스트할 수 있도록 샤워실을 제공한다), 두 가지 생각이 즉시 떠오른다. 우리는 어떻게 구매 경험을 사용 경험만큼이나 즐겁게 만들 수 있을까? 그리고 우리는 어떻게 그 판매점이 제공하는 시험 사용과 경험을 우리의 구매 시점에서의 차별화의 원천으로 전환할 수 있을까?

분석의 가치는 도전자 프로그램이라는 전체 모델을 정교하게 하는 데 있다. 나는 시작 부분에서 8가지 원칙을 소프트웨어 프로그램처럼 보아야 한다고 말했다. 그러므로 우리가 여기에서 이용하는 것은 첫 번째 버전인 것이다. 새로운 정보가 들어오고 새로운 사고가 이루어짐에 따라, 그것은 다듬어지고 발전하고, 사용자 친화적으로 만들어지고, 보강될 것이다. 핵심 기능과 용도는 동일할 테지만, 한편으로는 상호 작용이 한층 쉬워지고 다른 한편으로는 더 좋은 결과물을 만들어낼 것이다(우리가 2~3년마다 MS오피스와 윈도를 업데이트하는 것처럼). 모델에 의문을 제기하거나 보완하는 새로운 사례가 들어오는 대로, 우리는 그것을 발전시키고 개량할 것이다. 그래서 8년이 지나면 이 최초 버전은 놀랍게도 무미건조하고 조악하게 보일 것이다.

그리고 우리가 밖을 바라본다고 할 때 우리는 단순히 우리 업종의 밖을 의미하지 않는다. 그것은 우리 문화의 밖을 의미한다. 이들 브랜드가 어디에서 만들어졌는지는 중요하지 않다. 요하네스버그, 도쿄, 로스앤젤레스, 암스테르담, 전 세계 그 어디든 우리는 살펴보아야 한다. 나는 특히 미국의 서부 해안을 주목한다. 왜냐하면 그곳의 여건이 결정적이기 때문이다. 왕성한 식물이 자라려면 토양이 비옥해야 한다. 이 책을 마무리면서 미국 서부 해안이 세계에서 도전자 브랜드에 가장 비옥한 토양이라는 사실을 강조하는 것은 바로 이 때문이다.

　최근에 나는 저명한 인류학자인 밥 도이치에게 미국의 본질을 한 문장으로 정의해 달라고 요청했다. 그의 대답은 이랬다. "모든 것을 언제나 손에 쥘 수 있다." 아주 간단하지만 이 대답은 내게 매우 심오해 보였다. 생각하면 할수록 그것은 미국의 개인과 기업의 문화와 성공에 대해 더욱 더 많이 설명해 주었다. 예를 들어 언어의 확장성(미국에서의 새로운 단어의 유입률을 프랑스 또는 영국과 비교해 보라), 스포츠에 대한 열광(스포츠가 미국 문화라는 필 나이트의 언급에 이것이 농축되어 있다), 끊임없이 새로워지는 아메리칸 드림에 대한 믿음, 할리우드라는 신화 장치, 광대한 도로에 대한 사랑, 프런티어 정신 등등.

　그리고 비즈니스 차원에서, 이것은 미국을 도전자 브랜드를 위한 그와 같은 비옥한 땅으로 만드는 것이다. 바로 이러한 유동성과 가능성에 대한 인식이 어째서 지난 15년 동안 수많은 도전자 아이콘들이 미국에서 시작된 이유이다. 꿈, 차고, 그리고 그 꿈이 이루어질 수 있다는 믿음을 가진 수많은 개인들이 있다. 만일 당신이 아주 거대한 아이디어들로 소비자의 자동 선택을 깨뜨릴 수 있다면, 그것은 또한 스타벅스에서 인터넷에 이르기까지 새로운 아이디어와 생활 방식을 빠르게 수용하고 옹호하는 소비자들이 있다는 것을 의미한다.

　그리고 미국 중에서도 서부 해안은 아이디어의 수도이다. 실리콘밸리의 미래 기술로부터 로스앤젤레스의 대중 문화 공장, 시애틀의 그런지(grunge) 음악과 커피의 요람에 이르기까지, 서부 해안은 동부 해안이 숫자는 믿을 때, 그들은 아이디어를 믿는다. 미국이 2등 브랜드를 위한 가장 비옥한 토양이고, 서부 해안이 아이디어를 위한 가장 비옥한 토양이라면, 스스로를 기성 브랜드가 아니라 도전자라고 보는 모든 기업들은 다음 20년 동안 서부 해안을 면밀해 주시해야 한다. 이곳에서 훌륭한 도전자들이 태어나고 성장할 것이며, 새로운 브랜드와 비즈니스 아이콘이 나타날 것이다. 이는 우리가 이곳에서 우리 업종에서 혁신적 전환을 이루어내는 데 도움이 될 아이디어와 영감에 대한 자극제를 발견할 수 것임을 의미한다.

이것은 우리를 다시 애플로 돌아가게 한다. 서부 해안, 포기를 거부하는 의지, 끊임없는 변화 가능성, 이 모든 것이 2등 브랜드를 다시금 현 세대 관리자들의 아이콘으로 만들었던 브랜드에게로 우리를 데려간다. 1984년 이후 한동안 애플은 유명세를 타면서 방향을 잃고 표류하고 있었다. 그러다 결국 자신들을 성공적인 인습 타파자로 만들었던 배고픔과 외곬수의 기질이 무뎌졌고, 자신의 핵심 가치와 정체성마저 잃고 말았다. 1997년 무렵 애널리스트들은 애플이 원형의 밧줄 밖으로 나가떨어졌다고 말했다.

그러나 그들이 스티브 잡스에 대해 알지 못한 사실이 있었다. 그러한 기업 보고서가 나온지 얼마 안 되어, 잡스와 그의 팀은 팬티엄 II보다 확실히 더 빠른 G3를 출시했다. 그리고 3/4분기에는 수익이 발생했으며, 그리고 곧 이은 아이맥의 발표는 애플을 다시금 확실하게 링으로 복귀시킬 것처럼 보였다.

아이맥은 특히 애플이 단순히 혁신으로의 귀환이 아니라 초기의 애플 팬을 만들어주었던 일종의 첨단의 개념적 사고로의 귀환을 의미했다. 아이맥이 출시될 때 설립자와 설계자 모두는 컴퓨터 업계에 완전히 생소한 용어로 그것에 대해 이야기했다. 그 용어들은 완전히 서로 다른 두 분야에서 나왔다.

애플의 디자인 그룹 선임 이사인 조너선 이브는 인터뷰에서 사람들이 투명한 아이맥을 설명하기 위해 사용하고 있는 언어는 하이테크 업계의 언어가 아니라 음식의 언어라고 지적했다. 그리고 스티브 잡스는 1998년 5월 아이맥를 직접 공개하면서, "오늘 우리는 로맨스와 혁신을 컴퓨터 업계에 되돌려주었습니다."라고 말했다. 로맨스? 음식? 컴퓨터 산업에서? 마침내 애플은 다시 도전자처럼 생각하고 행동하고 있었다.

그렇지만 스티브 잡스가 복귀한 뒤 애플로부터 나온 첫 번째 대중 커뮤니케이션인 60초짜리 텔레비전 광고는 제품이나 속도 또는 디자인에 관한 것이 아니었다. 그것은 훨씬 더 근본적인 어떤 것에 관한 것이었다. 그것은 애플의 정체성과 의도에 대해 세상과 그들 자신에게 다시 선언하는 것이었다. 이러한 결정은 위험을 무릅쓴 것이었다. 많은 비평가들은 애플이 한정된 광고 자원을 더 직접적이고 실용적인 제품 선전에 사용했어야 했다고 말했다. 하지만 브랜드의 정체성과 존재 이유에 대한 감성적 선언은 애플의 사용자와 직원 모두들 사이에, 앞으로 전개될 모든 것을 위한 기초를 놓았다.

예술에서부터(마서 그레이엄, 존 레논, 마리아 칼라스) 비즈니스(리처드 브랜슨과 테드 터너), 과학과 스포츠에 이르기까지(알베르트 아인슈

타인과 무하마드 알리) 그들 개별 분야의 전형적인 틀을 깨뜨려 유명해진 사람들의 흑백 몽타주 위로, 그들의 위대함, 즉 사물을 다르게 보는 능력, 야망의 크기, 그리고 절대적인 자기 믿음의 차원에서의 위대함을 찬양하는 목소리가 울려퍼진다.

미친 사람들을 위하여.
그들은 부적응자, 반항아, 사고뭉치.
네모난 구멍에 동그란 마개.

사물을 다르게 보는 사람들.

그들은 규칙을 좋아하지 않는다. 그리고 그들은 현상을 존경하지 않는다.

당신은 그들을 인용하거나 그들에게 동의하지 않을 수 있다. 그리고 그들을 찬미하거나 비방할 수도 있다. 당신이 할 수 없는 오직 한 가지는 그들을 무시하는 것이다.

그들은 세상을 변화시켰기 때문이다. 그들은 인류가 앞으로 나아가게 했다.

어떤 이는 그들을 미친 사람들로 볼지 모르지만, 우리는 천재로 본다. 왜냐하면 세상을 변화시킬 수 있다고 생각할 만큼 미쳐 있는 이들은 실제로 그렇게 하기 때문이다.

광고는 애플 로고 아래 "다르게 생각하라."(think diffent)라는 두
단어와 함께 끝난다.

그리고 비록 이러한 커뮤니케이션 수단을 통해서 애플은 한결같
은 태도로 자신을 위해 그리고 자신에 대해 말하고 있지만, "1984"
캠페인에서처럼 그것의 정신은 전 세계 모든 도전자의 정신을 집
약하고 있다.

후기 :

도전자 프로젝트

많은 사람들이 이 책에 담긴 사고와 아이디어에 대해 의견들을 제시했다. 어떤 이는 자극을 받았고, 어떤 이는 그다지 독창적이지 않다고 보았으며, 어떤 저명한 광고인은 그것에 "반쯤 요리되었음."라는 주목할 만한 꼬리표를 달았다. 이 모든 의견 가운데서 나는 마지막이 가장 흥미롭다.

이러한 사고의 많은 부분은 정말로 거칠다. 그것은 개발과 논의, 더 많은 자료를 필요로 한다. 그리고 더 발전되고 응집된 아이디어가 필요하다. 이러한 이유들 때문에 이 책은 비록 마무리되었지만 끝이 아니라 시작인 셈이다. 그리고 이제부터 도전자 프로젝트가 있다.

도전자 프로젝트는 전 세계 도전자들에 관한 끊임없는 연구이다. 대부분은 비즈니스, 마케팅, 브랜드의 영역에 관한 것이지만 군사 전략과 스포츠와 같은 관련 분야도 포함된다. 데이터베이스의 계속적인 확충과 업데이트를 통해, 연구는 다음과 같은 것을 하고자 한다.

a) 핵심 가정을 정교하게 하고 발전시킨다(8가지 원칙과 4단계 전략 과정).

b) 전략적 틀, 도구, 연습, 그리고 촉매제의 적용 영역을 더욱 더 확장한다. 이 촉매제는 이러한 학습 결과를 세상의 모든 브랜드로 전환할 수 있게 하는 것이다.

나의 바람은 프로그램을 계속적으로 발전시키는 것이다. 그래서 5년 후 더욱 발전된 틀과 아이디어들을 갖고 비교했을 때, 이 책에 담긴 사고와 가정이 조악하고, 또한 "반쯤 요리된 것"처럼 보이게 만드는 것이다. 오늘날 PC 사용자에게 보이는 윈도의 첫 번째 버전처럼 말이다.

만일 당신이 핵심 가정을 정교하게 다듬거나 반박하는 증거들을 제공해 도전자 데이터베이스를 늘리는 데 관심이 있거나, 오프사이트 프로그램과 거기에 포함된 개별 연습을 사용한 경험을 제공하고 싶다면, 편안한 마음으로 도전자 프로젝트(eatbigfish@aol.com)에 이메일을 보내주기 바란다.

1장 _ 큰 물고기의 위협

1   Robert Miller, "OFT Investigates Dixons over Strong Arm tactics," *Times*, May 20, 1997.
2   This is one part of a greater body of unpublished work into this area by Udo van de Sandt, whose thinking this is.
3   I owe this observation --- and graph --- to Cindy Scott.
4   A.S.C. Ehrenberg and M.D. Uncles, "Dirichlet-type Markets: A Position Paper,"(1998). I am grateful to Professor Ehrenberg for allowing me to reproduce this from the publications of the R&D Initiative.
5   Kurt Badenhausen, "Blind Faith," *Financial World*, July 8, 1996.

2장 _ 소비자는 없다

1   I owe much of this line of thinking to original observations by Marty Cooke and Sally Reiman, and some of the substance to subsequent work by Anne Truscott and Fred Sattler.
2   Taken from a series of studies for the Newspaper Advertising Bureau. Approximately 1,000 viewers were queried in each study. Quoted in *TV Dimensions*, 1996.
3   Virginia Valentine and Malcolm Evans, "The Dark Side of the Onion: Rethinking the Meanings of Rational and Emotional Responses," *JMRS* 35.2,(1993).

3장 _ 도전자 브랜드란 무엇인가?

1   *Ad Age*, June 30, 1997.

4장 _ 제1원칙 : 직전의 과거와 단절하라

1   *Fast Company*, October-November 1996.
2   William Taylor, "Message and Muscle: An Interview with Swatch Titan Nicolas Hayek," *Harvard Business Review*, March-April 1993.
3   *The Face*, April 1998.
4   This section owes much to a conversation with Gill Ereaut.
5   The company is Muse Cordero Chen.

5장 _ 제2원칙 : 등대의 정체성을 구축하라

1   Tom Patty influenced many of my thoughts about identity. Kate Edwards helped develop the concept of Lighthouse Brands.
2   As quoted in "From Heroes to Losers" by Professor David Marc, speech

to the Account Planning Group Conference 1996, Los Angeles.

3   Greg Braxton, "How Fox Outran the Hounds," *Los Angeles Times*, March 30, 1997.

4   Peter Doyle, "Building Successful Brands: The Strategic Options," *Journal of Consumer Marketing*, 7(Spring 1990).

5   "Message and Muscle: An Interview with Swatch Titan Nicolas Hayek," *Harvard Business Review*, March-April 1993.

6   Jeanne Sather, "Starbucks Captain," *Business Journal, Portland*, March 3, 1995.

7   This observation is Leslie Butterfield's.

8   Much of this section came from an interview with Robin Wight, and his own thinking on Icon brands.

6장_ **제3원칙 :** 사고의 리더십을 장악하라

1   The whole concept of Thought Leadership came from Matthew Shattock.

7장_ **제4원칙 :** 재평가의 상징을 창출하라

1   *Autoweek*, October 6, 1997.

2   "Message and Muscle: An Interview with Swatch Titan Nicolas Hayek," *Harvard Business Review*, March-April 1993.

8장_ **제5원칙 :** 희생하라

1   Brenda Paik Sunoo, "How Fun Flies at Southwest Airlines," *Personnel Journal*, June 1995.

2   Larry Light, "The Battle for Brand Dominance," Advertising Research Foundation 35th Annual Conference, April 10-12, 1989.

3   Andy Farr and Gordon Brown, "Persuasion or Enhancement: An Experiment," Millward Brown International, MRS Conference 1995.

9장_ **제6원칙 :** 과도하게 헌신하라

1   Edward J Noha, CNA Insurance, address to Professional Insurance Agents of Connecticut, 1990. I am grateful to Bob Ceurworst for drawing my attention to this.

10장_ **제7원칙 :** 광고와 홍보를 전략적 지렛대로 활용하라

1   Elizabeth Bumiller, "Counterculture Shock," *New York Times*, February 13, 1997.

2   My thinking in this area was greatly helped by discussion(and the

development of a speech with) Mark Barden and Dan Baron.

3　This came from an interview with Nigel Jones of BMP DDB, London, whose research it was.

4　Conversations with John Stuart and Megan Kent were a considerable influence on this section.

11장_ 제8원칙(I) : 소비자 중심이 아니라 아이디어 중심이 되라

1　William H Miller, "Gillette's Secret to Sharpness," *Industry Week*, January 3, 1994.

2　"Reading Matters," *Cover*, November 1997.

12장_ 제8원칙(II) : 불안정한 비행

1　Renzo Rosso, "Forty," *Diesel*, 1996.

2　Kenneth Labich, "Is Herb Kelleher America's best CEO?" *Fortune*, May 1994.

3　Renzo Rosso, "Forty," *Diesel*, 1996.

4　*The Independent*, November 18, 1997.

5　"Changes," Chicago *Tribune*, May 2, 1993.

6　This information stems from an interview with Barrie Berg, Booz, Allen & Hamilton.

7　"The Shoe Must Go On," *Frank*, October 1997.

13장_ 8가지 원칙들의 관계

1　This is an observation of David Fong's.

14장_ 마음가짐으로서의 도전자 : 1등에 머무르는 것은 2등처럼 생각함을 의미한다

1　Gina Imperato, "Harley Shifts Gears," *Fast Company*, June-July 1997.

2　This section is another that owes much to Robin Wight and his observations on the meaning of Brand Leadership.

15장_ 도전자 프로그램의 작성 : 바깥에서의 이틀

1　See, for instance, Erik Calonius, "Garage," *Fortune*, March 4, 1996, Barbie Ludovise, "The Start of Something Big," *Los Angeles Times*, May 30, 1996.

16장_ 애플, 위험, 그리고 원형 밧줄

1　"Starbucks Captain," *Business Journal, Portland*, March 3, 1995.

인피니트 그룹 INFINITE
Strategic Identity Solution Provider

PHILOSOPHY

인피니트는 브랜드로 말하고 브랜드로 생활합니다. 브랜드는 감성을 풍성하게 하고 삶의 질을 높이고 기업에게 무한한 가치를 부여하는 힘입니다. 21세기는 한 번 반짝이는 아이디어가 아니라 지속가능한 가치창출을 요구하고 있습니다. 기업은 시대와 시장의 요구를 반영한 가치를 창출할 수 있어야 합니다. 그러기 위해서는 기업의 브랜드를 생활 속의 문화로 만드는 지혜가 필요합니다. 인피니트 그룹은 '전략에 근거한 크리에이티브—크리에이티브를 통한 전략의 완성'이라는 원칙에 기초해 본사 사옥이나 홍보물에 갇힌 생명력 없는 브랜드가 아니라 고객의 마음에 가치와 의미를 뿌리내리는 브랜드, 지속적인 가치를 창출하는 전략적 아이덴티티를 창조하고 있습니다.

SERVICE

Branding

강력한 브랜드 자산의 구축을 위해서는 일관된 전략 수립과 지속적인 실행이 필수적입니다. 인피니트 브랜딩 팀에서는 풍부한 노하우와 전문성을 바탕으로 최고의 브랜드 파워를 구축하는 브랜드 관리 시스템을 제공합니다.

- Branding Strategy Consulting
- Brand Equity Management
- Brand System & Structure Consulting

Design

창조적인 안목과 국제적 감각, 시장의 흐름을 읽고 고객의 마음을 사로잡는 인피니트 디자인 팀의 전문성과 역량은 전 업종, 전 산업에 걸쳐 대한민국을 대표하는 성공 브랜드가 입증하고 있습니다.

- Corporate Identity
- Signage System
- Package System
- Brand Identity
- Retail Identity
- Web Design Consulting

Naming

국내 네이밍의 역사와 함께 시작된 인피니트 네이밍 팀의 핵심 자산은 사람과 실적입니다. 인피니트는 독특하고 참신한 아이디어 헌팅과 함께 아이디어 퀄리티를 평가하고 뒷받침하는 스크리닝 프로세스를 갖추고 있습니다.

- Corporate Name
- Product / Service Name
- Internet Domain

Legalty

인피니트는 1993년에 국내 최초로 상표총람을 발간하는 한편, 변리업무를 전담하는 로펌을 별도 자회사로 두고 브랜드 네이밍 관련 법률서비스를 제공하고 있습니다.

- Trademark Search
- Legal Consulting
- 상표, 상호, 인터넷 도메인 검색 및 등록 대행

MILESTONE

2000~2005년

- GISTICS 업무제휴
- 북경 IND(International Network of Designers) 업무제휴
- 한국품질인증원 & 헤럴드경제 선정 〈한국품질 경쟁력대상〉 브랜드마케팅 부문 수상
- 한경비즈니스 선정 《한국의 톱CI Company》 수상
- 스포츠 서울 선정 〈 P.T.S Top Brand 브랜드 종합 컨설팅 부문〉 대상 수상

1993~1999년

- 브랜드 자산관리 연구센터(Brand Equity Management Center) 신설
- 한국아트디렉터즈클럽 주최 제2회 ADCK 전 수상
- 국내 최초 한국상표총람(도형편, 문자편) 발간
- Package Design Worldstar 수상(비트세제)

1988~1992년

- 법인설립 (CI/BI/Naming Total Identity Consulting Firm)
- Trademark Search System 도입
- Sally Fourmy사와 업무 제휴 – 유니폼 부문
- A.C.C.(아세아 컨설팅)와 업무제휴 – MI, BI 부문
- 한국 신용평가제정 국내최우수 심벌상 수상(삼호물산)
- COMPU.Mark(벨기에)사와 업무 제휴 – Legal Search 부문

PORTPOLIO

CI, BI, 패키지 디자인

SBS, 중앙일보, dhm Communications, posco, 우리은행 WOORI BANK, 롯데백화점, 하이닉스, 한국수출입은행, 풀무원
국가정보원, 리바트, 옥션, 휘센, 홈플러스, 두타, 이끌림, 데시앙, ever, 플레뉴, 임패리얼, 지크

브랜드 네이밍

O HUI, WHISEN, 하나은행, 에버, nhn, 하이트, The history of 후, This, 햇반, 올라이트, 파브, 디오스

브랜드 컨설팅

두산 테크팩 – 브랜드 진단, 브랜드 아키텍처 및 아이덴티티 전략, 브랜드 관리 가이드라인.

해찬들 – 브랜드 진단, 브랜드 아키텍처 전략, 브랜드 관리 가이드라인 컨설팅.

LG전자 '휘센' – 브랜드 진단과 리서치, 브랜드 자산 인덱스, 브랜드 관리 전략 로드맵.

웅진코웨이 – 브랜드 진단과 리서치, 브랜드 포트폴리오 전략, 브랜드 관리 원칙과 가이드라인.

보다 자세한 사항은 www.infinite.co.kr을 참고하세요.